U0329985

# 慕课和全球开放教育

[美]Curtis J. Bonk　　[美] Mimi M. Lee

[美]Thomas C. Reeves　　[美] Thomas H. Reynolds◎主编

焦建利等◎译

# MOOCs and
# Open Education
## Around the World

华东师范大学出版社

上海市版权局著作权合同登记　图字：09 - 2015 - 880 号

# 目　录

# 序言一

## 慕课在未来教育中所扮演的角色
### George Siemens

在过去的半个世纪里,随着大规模开放在线课程(MOOCs)的突然兴起,教育也发生了一些 xiii 变革。在短短几年时间里,慕课成为主流媒体、传统学术会议、期刊、博客和社交媒体争相报道或讨论的主题。自 2011 年秋天至今,慕课成为一个空前狂热的主题。新兴技术公司的首席执行官和大学校长都曾公开宣称传统高等教育已经灭亡,新的教育时代业已来临。

Udacity 是早期的慕课提供商,目前已转向了企业培训,其首席执行官 Sebastian Thrun 宣称,50 年后会仅存 10 所大学,而 Udacity 便是其中一所(Leckart, 2012)。除了这些大胆的宣言和学习科学家们的美好愿景以外,Thrun 还宣称,他们已经发现了学习的"神奇公式"(Carr, 2013)。政府官员也乐于接受这些言论,他们希望找到一个平衡点来减少各州教育投资不均对高等教育造成的影响。加利福尼亚州政府宣称,与慕课提供商合作可以减少教育开支,提高学生成功的几率(Hattori, 2013)。大学的领导也未置身事外,当他们发现弗吉尼亚大学的校长由于对未来趋势缺乏敏锐的嗅觉而遭解雇后(后来又恢复了原职),方才如梦初醒,也开始变得焦虑起来(Rice, 2012)。作为回应,顶尖的大学,比如哈佛大学和麻省理工学院,投资 6 千万美元创建了 edX(MIT News Office, 2012),使得 edX 成为 Coursera 之外可供选择的慕课平台之一。

作为备受瞩目的高等教育界的参与者和观察者,学者们被迫做出回应。第一个对慕课做出实质性回应的是圣何塞州立大学哲学学院的学者。他们认为,开放在线课程试图废除院系和公 xiv 共教育(San Jose State Philosophy Department Faculty, 2013)。它们真的要消亡吗? 一名教授和几个助教凭借一些巧妙的技术手段真的能够应付 20 万个学生吗?

从 2011 年秋到 2014 年初,有关慕课的观念发生了翻天覆地的变化。专家宣称期待已久的传统高等教育的瓦解已经开始,并且他们中的大部分人希望这个宣言能够验证 Peter Drucker 的假设:到 2027 年大学将不复存在(Lenzner & Johnson, 1997)。许多曾经对枯燥乏味的高等教育领域视而不见的咨询公司,现在也迫不及待地投身于变革的对话之中,试图与高校、风投公司、政府争夺话语权。

从 2015 年初慕课的发展来看,这一阶段慕课的发展陷入非常尴尬的局面。慕课所宣扬的高等教育的变革并没有实现,并且慕课在解决一些问题的同时也带来了另外一些新的问题。一些早期慕课的数据一公布,人们就明白了所谓的系统性变革还为时尚早。随着时间的推移,慕课的缺陷——高辍学率、有限的社会交互、严重依赖建构主义教学,以及弱势学生群体的学习成绩不佳等已暴露无遗。更重要的是,教育趋势的变化总是综合了多种因素,并不仅仅只是慕课一个方面。因此,慕课只是反映了未来的趋势,而不是推动这些趋势的因素。值得注意的是,不断增长的知识和社会中个人学习的需求正在发生改变,并且几乎是在疯狂地改变。

在慕课刚刚开始发展的当下,在考虑高等教育长期发展时有两个需要特别关注的方面:

1. 慕课在很大程度上能够解决长期以来学习需求得不到满足的问题。

2. 慕课不是高等教育发展的主要趋势,相反,它是高等教育复杂化、数字化趋势的开端。

慕课从来不是只针对高等教育,而是为了满足教育和培训方面较大的社会需求(参见本书 Ferguson, Sharples 和 Beale 撰写的第 28 章)。这些需求促进了像谷歌、维基百科和社交媒体这类信息获取工具的发展。实际上,在全球互联的 21 世纪,学习需要多种工具和多种方法来建构知识,因为在网络世界中任何事情都会发展得很快。

在这个互联的世界中,疾病传播的速度非常快。事实上,信息的传播也是如此。以 2003 年 SARS 的爆发为例,当 SARS 爆发后,医疗人员借助互联网信息迅速追踪到了 SARS 的病毒源。科学研究缩短了同行评审研究和学术出版的周期,鉴别并弄清楚如何处理 SARS 在当时迫在眉睫。在短短的几个月中,冠状病毒的识别使得医疗专业人士研究出了治疗方案,如此快速的研究也只可能存在于这个互联网的世界中。

个人与社会同样需要这些互联式的学习进程。各行业短期内的变革,通常都包含了对就业的保障。就像 Michael Keppell 在本书第 26 章中所提到的,学习,持续的学习,无论是为了获得大学学位,还是为了工作上的晋升,或者是为了更好地认识世界,都体现了现代生活的方方面面。从传统意义上来说,大学在社会上一直扮演着育人的角色。然而,遗憾的是,四年的高等教育并不能满足现代人对学习和知识的需求。简单来说,以目前的形式来看,大学的体系结构与知识结构,包括大学发展的步伐都是不匹配的。这直接导致学生可以通过类似 Stack Exchange 网络社区、社交媒体和在线学习来满足他们的学习需求。因此,高等教育现在迫切地需要重新构建自身体系,以满足社会和现代学习者的需要。

重新构建高等教育体系迫在眉睫。大学已经变得越来越复杂了。例如,学生情况在发生变化,学生的平均入学年龄在不断增大,学生也多为女性(OECD, 2013),并且传统的全日制大学生不再是大学生的主要组成部分(Davis, 2012)。大学的职能范围正在扩大,以满足更广泛的学习群体的多样化需求。如前所述,高等教育日趋复杂,"大学"这一概念的内涵也在不断丰富,包含先前所没有涉及的人群。

现代生活中各方面的数字化反映了影响学习的其他趋势。高等教育通过扩张来满足学习者群体的历史比较悠久。正如"前言"中所指出的,远程教育和 20 世纪 60 年代开放大学的发展为学习者提供了获得正规教育的二次机会。随着网络的普及,大学开始尝试在线学习和混合学习。这些尝试往往从一些非核心院系中开始,因此其影响极其有限。相比之下,慕课加快了许多院校的数字化进程。一些顶级高校创建了新的院系,并增设了专管学习创新的副院长职位。

此外,慕课和其他数字化学习还有一大好处,即,现在似乎有无限的学习者互动的数据线索可以用于研究。并且,数字化学习研究并不仅限于教育院系的教师,在大学的各个院系中均可进行。一些学术刊物上的特殊问题并不鲜见,这些刊物分享了原先一些孤立学科的研究成果。

慕课作为一个术语有可能在不久的将来将淡出人们的视野。然而,这并不重要,重要的是慕课有效地打开了新的思考方式和实施教育创新的大门。通过揭示数字化学习和一般大学的现状,慕课在理解教育变革方面发挥了重要作用。从这个意义上说,慕课既能折射出学习的变化,也能促使我们理解学习是如何发生变化的。　xvi

《慕课和全球开放教育》这本著作呈现的是远程教育、数字化学习、在线学习和开放学习领域中最杰出、最有影响力的学者和研究者的研究与思考。相信读者读完本书后,对目前发生的各种变化的程度和本质,包括开放教育、教师专业发展、教学质量保障、学生成就以及协作学习将会产生更深刻的认识。不仅如此,读者还能够在阅读本书的过程中加深对现代社会学习精神的理解。

数字化学习策展专家 Curtis Bonk、Mimi Lee、Tom Reeves 和 Tom Reynolds 汇聚了当前学习创新重要阶段的精华。远程教育和在线教育方面的研究者和实践者早已知晓数字化学习会带来新的机遇。本书的主编对学习状态进行了精彩的概述——什么是已知的,学习在发生什么变化,以及学习在实际中意味着什么。虽然教育创新的步伐之大有时令人望而生畏,但本书为社团、大学和个体学者了解所面临的前所未有的机遇,为在知识时代重塑自我提供了依据。

从前预言的学习变革正在进行之中。未来一代将受益于正在构建中的学习结构和学习形式。我们需要进行审慎的指引和周密的对话,以确保学习仍然是一个解放和启蒙的过程,这样才能更好地造福于社会,为人类提供更多的机遇。

George Siemens 博士是德克萨斯大学阿灵顿分校学习创新与网络知识研究实验室执行主任,主要从事教育技术、网络教育、学习分析和开放教育方面的研究。他至少在 35 个国家发表过关于技术和媒介对教育、组织和社会的影响的主题演讲。他的研究工作曾被国内外的报纸(包括《纽约时报》)、广播和电视介绍过。他也获奖无数,其中包括因其在学习、技术以及网络方面的开创性研究而获得圣马丁大学、菲莎河谷大学荣誉博士学位。Siemens 博士是学习分析研究组织的创始成员和第一任主席(http://www. solaresearch. org/)。他曾经就数字化学习和利用学习分析的方法评估教育部门的工作效率的提升以及学习者学习成绩的提升这个问题向澳大利亚、欧盟、加拿大和美国等国的政府机构以及众多的国际大学提过建议。2008 年,他首次提出了慕课的概念。他坚持在博客(http://www. elearnspace. org/blog/)和推特(Twitter: gsiemens)上发表网志。

| 初译 | 交叉 | 二校 | 终审 |
| --- | --- | --- | --- |
| 陈飞 | 刘晓斌 | 范奕博 | 徐品香 |

# 参考文献

Carr, D. F. (2013, August 19). Udacity CEO says MOOC "magic formula" emerging. *Information Week*. Retrieved from http://www. informationweek. com/software/udacity-ceo-says-mooc-magic-formula-emerging/d/d-id/1111221.

Davis, J. (2012, October). *School enrollment and work status: 2011. American community survey briefs*, 11 - 14. US Department of Commerce, Economics and Statistics Administration: United States Census Bureau. Retrieved from http://www. census. gov/prod/2013pubs/acsbr11-14. pdf.

Hattori, K. (2013, January 14). Governor Jerry Brown, Udacity announce pilot program for $150 classes, *EdSurge*. Retrieved from https://www. edsurge. com/n/2013-01-14-governor-jerry-brown-udacity-announce-pilot-program-for-150-classes.

Leckart, S. (2012, March 20). The Stanford education experiment could change higher learning forever. *Wired Magazine*, *20*. Retrieved from http://www. wired. com/2012/03/ff_aiclass/all/.

Lenzner, R., & Johnson, S. S. (1997, March 10), Seeing things as they really are. *Forbes*, *159* (5), 122 - 128. Retrieved from http://www. forbes. com/forbes/1997/0310/5905122a. html.

MIT News Office. (2012, May 2). MIT and Harvard announce edX. *MIT News*. Retrieved from http://newsoffice. mit. edu/2012/mir-harvard-edx-announcement-050212.

OECD. (2013, October). How are university students changing? *Education Indicators in Focus*. Retrieved from http://www. oecd. org/edu/skills-beyond-school/EDIF%202013--N%C2%B015. pdf.

Rice, A. (2012, September 11). Anatomy of a campus coup. *The New York Times*. Retrieved from http://www. nytimes. com/2012/09/16/magazine/teresa-sullivan-uva-ouster. html? pagewanted = all.

San Jose Stare Philosophy Department Faculty. (2013, May 2). An open letter to Professor Michael Sandel from the Philosophy Department at San Jose State U. *Chronicle of Higher Education*. Retrieved from http://chronicle. com/article/The-Document-Open-Letter-From/138937/.

# 序言二

## 慕课推动开放中的教育
### Fred Mulder

　　一本书的序言主要使命是解释其书名中的一些术语及问题。而现在,我想尝试去做的就是　　xviii
如何使《慕课和全球开放教育》这本书的书名更能发人深思。就其长远发展来看,慕课将面临两
大走向,一方面倾向于开放教育,另一方面倾向于在线教育。把"开放教育"和"在线教育"整合
到一个参考模型中,即开放教育的 5 大要素模型(Open Education with five components),该模型
也被称为 5COE 模型,它可以被用于对慕课进行分析。我认为使用动态的表达"开放中的教育"
(opening up education)比使用静态的表达"开放教育"(open education)更有意义。

**走向开放教育**

　　开放教育的首次重大发展要追溯到 19 世纪。当时,伦敦大学开办函授教育体系,为那些距
离大学较远的学生提供了学习机会。20 世纪中期,今天的南非大学的前身①(UNISA)为远程教
育大学赋予了新的角色。然而,开放教育真正的突破是在大约 1970 年伴随着英国开放大学的建
立而开始的。在接下来的 40 年里,这一成功的行动被欧洲乃至世界上的大多数国家纷纷效仿,
使得许多没有接受正规大学教育的学习者有机会享受大学教育。因此,我们可以看到,像在中
国、印度、土耳其这些国家中,那些巨型大学正在招收数以百万计的学生。

　　"开放大学"一词中的"开放"有着多种含义,它包括: (1)开放式入学(没有正式要求);(2)自
由的时间;(3)自由的空间;(4)自由的学习进程;(5)开放的学习过程(即,课程在规模和组成上
都是多样化的);(6)面向所有人群开放(即,在各个年龄段,不同环境中的人群)。但是,没有一　　xix
个开放大学在这 6 个维度上是完全开放的。实际上,各个开放大学的机构建设还是有很大的区
别的。但可以确定的是,由于开放大学的性质和目标,开放大学的学生在传统观念和上述维度

---

① 南非大学始建于 1873 年,是由南非大学、南非理工学院及威斯特大学合并组成的。该大学是南非最大的
面向黑人学生的公立大学,现有在校生约 30 万人,在南非各地不同城市拥有 5 个校园。——译者注

的开放度上远远高于传统大学的学生。然而,值得注意的是,随着教育交互方式的日益融合,传统教育与开放教育的界限也日益模糊。

**数字化开放观念颠覆了传统开放观念**

在过去的 20 年间,数字化开放观念的出现已经颠覆了开放教育的传统观念,而且数字化开放观念深深地影响了教育领域中人们对"开放"一词的关注。2001 年,由麻省理工学院发起的开放式课程(OpenCourseWare, OCW)运动为学生和教育者提供免费的在线课程,标志着数字化形式的课程的兴起。联合国教科文组织很快意识到开放教育对于实现其"全民教育"(Education for All)目标的巨大潜力,并于翌年提出了开放教育资源(OER)这一术语(UNESCO, 2012),这也拉开"全民教育"运动的序幕。简单来说,学习者、教师、机构都可以在线免费获取这些学习材料。开放教育资源可以被再利用、再修改、再重组和再分配,这也促进了所谓的开放式许可(Wikieducator, 2014)。开放教育资源(OER)和开放式课程(OCW)都是数字化开放家族中的一员,这个家族源自软件的开源运动,也包括像开放存取(科学输出)和开放内容(创意作品)等其他先驱。同时,这个家族已经扩展到其他领域,诸如开放数据、开放科学、开放创新、开放实践和开放政策。

这种开放教育的发展趋势、条件和举措极大地改变了世界高等教育。在传统的开放教育从业者正陷入开放教育资源的策略性困境之际,一帮更具创新能力的新的从业者已闯入了这个行业。然而,这两种从业者正通过混合模式不断地融合。与此同时,《开普敦开放教育宣言》(Shuttleworth/OSF, 2008)和《巴黎开放教育资源宣言》(UNESCO, 2012)这两个国际化的里程碑宣言正在影响着开放教育和开放教育资源的发展。《开普敦开放教育宣言》致力于实现开放教育资源发展的愿景,并且号召大家遵守承诺,促进开放教育概念的拓展。《开普敦开放教育宣言》的签署成员有 2 727 个,到目前为止,其大部分是以个人名义签署的。在 2012 年 6 月 20 日至 6 月 22 日,由联合国教科文组织承办的世界开放教育资源大会通过的《巴黎开放教育资源宣言》宣称将持续关注开放教育资源问题。《巴黎开放教育资源宣言》中提出的对世界各国的十个建议,囊括了从"培养使用开放教育资源的意识"到"鼓励用公共基金生产教育资源"方面的内容。显然,这些开放教育资源运动是由公平性、包容性、多样性、质量和效率这些标准所驱动的。

**在线教育**

20 世纪 50 年代,伴随着新生技术和媒体在教育中的应用,在线教育迎来了第二次重大变革。广播以及后来的电视、录制的音频和视频、计算机应用和动画、以计算机为基础的学习、智能导师系统、自动化测试,都曾被应用于教育中,但通常这些技术不会成为主流。重要的是,这些教育传播机制被视为正规教育的有趣而有用的"添加剂"。20 世纪 90 年代,互联网的出现成为最具变革性的技术,它所提供的交流和互动形式被视为教育的必要条件。我们已经进入了数字化学习时代,互联网为我们接受在线学习服务,参加虚拟学习活动,以及利用数字化学习材料提供了机会。

自互联网出现以来,技术在很多方面发生了重大的变革,包括技术更新换代的速度、互动性以及开发新技术和在线平台的潜能都在不断地快速增长。数字材料是可以再生产的,并且几乎是没有成本的。宽带为世界各个角落的学习者提供了学习的机会,已经有 27 亿人通过互联网在线学习。这些资源为地球上人类的教育提供了无限的可能。

**大规模开放在线课程**

2011 年第一批大规模开放在线课程引起了全球轰动。但实际上,慕课第一次在加拿大出现是在 2008 年之前。它与现在的慕课有很大的不同,它所注重的是课程的基本开放性而不是拥有大量的参与者,因此,它们被称为 cMOOCs。它与在 2011 年由美国常春藤联盟①大学所提出的 xMOOCs 有着非常大的区别。慕课的蓬勃发展,特别是自 xMOOC 被提出后,很大程度上是因为这场运动是由斯坦福大学、麻省理工学院这样的美国顶尖大学发起的。与此同时,大量资金的投入、媒体的大肆宣传以及政府的支持,使得人们一开始就对慕课抱有很大期望,甚至许多人声称慕课将会变革,甚至颠覆高等教育(e.g., Barber, Donnelly & Rizvi, 2013; Boxall, 2012)。慕课运动的最近发展,在某种程度上缓解了人们对未来高等教育过激的预测,这有可能使得慕课运动趋向正常化。但是,无论如何,这项运动都将会继续进行,慕课运动必将会影响现代的高等教育。

一个定义并不能充分地界定慕课。本书将提及多种慕课形式和诸如分布式开放协作课程(DOOCs)那样的慕课衍生物。毫无疑问,慕课是一门课程,它与开放教育资源和在线学习材料有很大的区别,其具体表现特征包括向学习者提供学习社区、自动化自我测试、同伴互评、一般没有学分的各种证书等。除此之外,慕课不同于静态的在线文本,慕课是基于视频的讲座加上课程互动以及讨论的课程。 xxi

就慕课的规模性而言,我们已经观察到主要的特别之处是,伴随着慕课数量的增加,慕课的规模也在迅速扩张。就慕课的开放性而言,慕课学习者可以通过互联网免费登录。慕课是一个开放的学习平台,但是,一般来说,慕课并没有一个开放的许可政策。除此之外,慕课的大多数课程需要在固定或者预定的时间内开课,所以,注册用户(而非机构)只能在该固定时间段内学习。

**"开放"与"在线"融合模型的 5 大要素**

我认为,区分开放教育和在线教育这两者的发展变化是很有用的。现在我们试图把它们融

---

① 常青藤联盟通常是指美国东部八所高学术水平、历史悠久的大学,这些大学多成立于美国早期。——译者著

合在一个内涵丰富的参考模型中,使其减少重叠并增强融合。这种方法是非常必要的,因为经过观察,我们发现,高频术语"开放教育"缺乏一个明确、固定的定义,"在线教育"也同样面临相似的问题。然而,正如下文所述,维基百科也没有相关解释(Wikipedia, 2014)。

> 开放教育是一个用来描述机构做法和纲领性举措的集合术语,在传统意义上,它指通过正规教育系统来扩大学习和培训系统通道。而且开放教育中的"开放"一词指的是消除只有通过接受学校教育才能获得机会与认可的壁垒。另外,"开放"教育或者开放的一个方面指的是开放教育资源的开发和应用。例如,一些大学试图消除入学时学术要求的门槛,这样的大学包括英国开放大学和加拿大阿萨巴斯卡大学。这些项目通常是指像数字化学习、慕课和公开课这样的远程学习项目,但是,这些并不是必要的。尽管许多在线学习课程是免费的,然而,取得认证的成本却是一个学习障碍。也有许多开放的教育机构提供免费的认证计划,比如,英国的 UKAS① 和美国的 ANAB② 就为学习者提供获得国家认可的组织机构徽章。

有关在线教育和开放教育的定义,在清晰性、价值性和实用性方面,维基百科缺乏一定的高度。然而,维基百科辩称,开放教育是一个集合术语。这个发现让我们希望能有一个分析性、实用性的框架作为参考模型,能把相关术语都包括进去。我和我的团队为此设计了一个这样的框架——开放教育的5大要素模型,即5COE模型,这个模型不仅适用于开放教育,也适用于在线教育(Mulder, 2012; Mulder & Janssen, 2013)。最近,我们已经开发了一个更精确的版本(目前只有荷兰文版本;参考 Mulder & Janssen, 2014)。5COE 模型中有3个要素是有关教育供给的,有2个要素是有关教育需求的,这就要求我们从更广泛的范围对开放教育,包括在线技术在内的内容进行一个全面的阐述。

5COE 模型的第一个供给方面的要素就是教育资源。把"开放"这一词加到"教育资源"前就是"开放教育资源"(OER)。开放教育资源已经有了明确的定义,以下就是一个国际公认的定义(UNESCO/COL, 2012):

---

① UKAS,即 United Kindom Accreditation Service(英国认证服务),该机构是英国政府唯一承认的专业性认证机构,主要对那些提供证书、测试、审查以及标准制定的机构的资质进行评估。——译者注
② ANAB,该机构由 ANSI(American National Standards Institute,美国国家标准机构)和 ASQ(American Society for Quality,美国质量协会)两家机构合并而成,现在统称 ANSI—ASQ 国家认证委员会(ANSI—ASQ National Accreditation Board),是一家成立于美国的非政府标准制定组织,最为知名的服务就是提供 ISO 认证服务。——译者注

开放教育资源是指基于网络的数字化素材,人们在教育、学习和研究中可以自由、开放地使用和重用这些素材。

教育资源并不是教育的全部组成部分。因此,开放教育资源也不是开放教育的全部组成部分。另外,其他的组成部分也是必须的。

第二个教育供给方面的要素是学习服务。将"开放"一词加到"学习服务"前,就组成了"开放学习服务"(OLS)。OLS意为广泛的网络和虚拟服务,它包括辅导、建议、会议、反馈、社区、团队合作、演讲、资源咨询、浏览网页、测试、检查等。与开放教育资源相比,开放学习服务有的免费,有的收费。

第三个教育供给方面的要素是教学效果。将"开放"一词加到"教学效果"前就组成了"开放教学效果"(OTE)。OTE的概念与人类对教育内容的贡献以及提供的教育经验(一般需要付费)有关。这种贡献包括在教师、导师、培训者、开发人员的努力下,支持各种学习者在一个专业的、开放的、灵活的学习环境中学习。

只从教育的供给方面来看教育是不够的,也需要教育需求的方面来与之相匹配。

在5COE模型中,教育需求方面的第一个组成要素就是学习者需求。当我们把"开放"一词加到"学习者需求"前,这个术语就变成了"开放学习者需求"(OLN),它指的是学习者对教育的期望,包括学习是可负担的、可行的、有趣的,学习还能够为他们产生一定利益等意愿。学生所期望的"开放"的含义不仅与传统的"开放"(包括开放式入学、自由的时间、自由的空间、自由的学习进程、开放的学习过程以及面向所有人群开放)的含义有关,也与促进终身学习的愿景有关(例如,承认先前的学习或实践经验,以及跨越正式教育和非正式学习)。 xxiii

第五个也是最后一个要素是就业能力和素质发展。当我们把"开放"这一词添加到这个术语中就组成"开放就业能力和素质发展"(Open Employability and Capabilities, OEC)。事实上,OEC包括教育可以适应不断变化的社会、教育为劳动力市场做准备以及教育创新和教育全球化等方面的内容。除此之外,教育应该培养学习者的新技能、批判性思维、创造力、道德感、责任感,以及为促进个体成长提供机会。

正如前面所提到的,用集合术语"开放教育"和它的5个组成部分,我们把开放教育和在线教育结合起来。图I.1是5COE模型。

**开放教育和在线教育为教育多样化提供了更多的选择与空间** xxiv

我们都知道,不存在一个理想的教育模式。当然,这种观点也适用于开放教育和在线教育。这也就是说,开放教育不应该被视为一个放之四海而皆准的新学说。

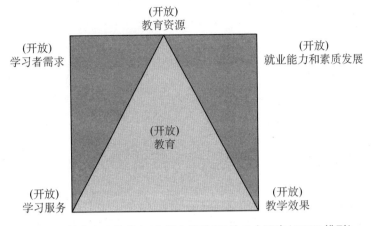

**图 I.1　教育和开放教育(包括在线教育)的 5 大要素(5COE 模型)**

　　高等教育组织机构没必要在 5 个要素上都完全开放。相反,每个机构都可以根据这 5 个要素的开放程度来选择自己的独特开放角度。例如,应用性理工类大学和职业院校将会比研究型大学对开放就业能力和素质发展更感兴趣。使用慕课和与开放教育策略相关的大学将比传统的大学更注重开放学习服务。就学习者需求而言,相较于关注 18—22 岁的青年学习者和全日制学习者的传统大学,像俄亥俄大学(OUs)这样的为迎合终身学习者和业余学习者的大学更关注开放学习者需求。像剑桥/牛津这样追求小规模教学的大学比喜欢大规模教学的综合性大学更注重开放教学效果。最后,起源于加拿大的 cMOOCs 是完全基于开放教育资源的。然而,由美国许多著名大学支持的,由 edX、Coursera、NovoEd① 发起的 xMOOCs 离完全基于开放教育资源还有一定的距离。此外,到目前为止,慕课通常热衷于开放,因此,它并没有过多地关注开放学习服务与开放就业能力和素质发展。

　　各院校在 21 世纪早期表现在开放程度上的不同状况,很好地反映在其特点、环境、多种人群及社会目标群体的需求上,而这些个体越来越渴望通过更好的服务来获得更高层次的教育。当然,教育的开放程度为满足学习者和社会的长期需要提供了相关的机制。即使这种情况的发生需要混合不同方法以及开放的维度(例如,线上与线下的结合),但也产生了一系列的潜在效益。

　　无论什么时候,只要我们能意识到开放教育这 5 个要素的趋势,都是值得赞扬的。然而,我们不仅仅要认同它,我们还要对它持积极欢迎的态度。我和我的团队强烈赞同在开放教育资源的世界中,获取百分之百的开放教育资源是所有教育机构和教学人员的目标所在。我们主张,

① NovoEd 是一家成立于 2013 年 4 月的营利性教育技术公司,该公司与大学、公司等合作面向社会提供慕课课程,同时也提供私播课(SPOC),其中既包含免费课程,也有收费课程。——译者注

无论你处于何种教育体制,认同什么学习理念,身处何种群体,处在哪种教育部门中,你都将会从开放教育中受益。事实上,政府应该"不后悔"选择开放教育资源,因为开放教育资源可以同时承担政府的三个责任,即确保受教育率,提高教学质量和提高教学效率。

xxv

**慕课推动开放中的教育**

写到这里,是时候对这一序言的标题做出一些反思和总结了。

1. 慕课绝对是高等教育中的一个重大变革。它标志着一个重大突破,即开放教育和在线教育这两个长期发展领域的强有力融合。

2. 需要一个有效的分析性和实践性框架来分析开放教育的概念。开放教育可以被用作所有出现"开放"和"在线"词语的教育、学习和教学的参考模型。我们提出的5COE模型就服务于这一目标。这个模型共含有五个要素,其中包括三个教育供给要素和两个教育需求要素。为了和这本书的目标以及你所要阅读的章节保持一致,你可以把5COE模型应用到各种规模和范围的教育计划和项目中去,包括慕课。

3. 序言标题是动态的"开放中的教育",从某种程度上来讲,它是指我们需要把"开放教育"提升到"开放中的教育"。这种改变看似微妙,但是非常重要,因为它强调过程和策略的动态性。此外,它意味着人们日益期望拥有的多种教育机会和经历。在教育的各个方面中,只有教育资源是应该平等开放的,教育资源(或者更大范围上的开放教育资源)的开放对于学习者、教师、教育机构和政府来说都是有益的。基于此,我公开向 Iiyoshi 和 Kumar(2008)表达我的谢意,他们应该是最早采用我的"开放中的教育"一说的人。同样,我想感谢欧盟委员会,2013年9月在一个非常重要的项目启动仪式上,欧盟委员会把这个表述作为其主题标语(European Commission, 2013)。该项目提出了两个主要目标:(1)通过信息通信技术创新教学和学习;(2)通过开放教育资源重塑并促进欧盟的教育现代化。

4. 在序言中,我明确地把联合国教科文组织的"全民教育"使命和"开放教育"融合在一起。通过这个术语,希望读者可以认识到,我们的终极目标是希望开放教育资源、开放教育以及慕课运动能够在全球范围内开展。慕课的到来和扩张是非常令人振奋的,因为慕课成功地吸引了媒体的关注、政客的兴趣,同时它还带来了无限的希冀。但是,学习者、教师、教育机构和团体等方面的共同努力,才是决定慕课能否以及如何在全球的多元文化中推动"教育向所有人开放"的决定性因素。让我们拭目以待吧!

xxvi

当你阅读本书时,你将踏入一个激动人心的旅程中。主编成功地汇集了一些广泛的主题、观点和背景,同时置于一定的视角,使之相互联系。在本书中,你可以学习来自不同国家的慕课,还可以学习到有关教学、质量、创新、终身学习和学习发展方面的一些个案研究。与此同时,你即将阅读的章节将带你超越当前的规范和实践,让你深入了解慕课历史的发展,探讨基本问题,寻求契机,展望未来。

尽管所有的章节都有不同的视角及意义,但是,它们所分享的都是开放的观念。本文试图就本书所有的章节提出一个前置性问题:这本书中一方面描述了慕课和开放教育相关的实践经验,另一方面还提供了慕课和开放教育的思考与模式,那么,这在多大程度上能有助于整合各种观点,并走向真正开放的全民教育呢? 当你阅读完这本书的所有章节,你就会找到答案。欢迎随时给我写信,表达你的个人观点和想法。

**Fred Mulder** 是联合国教科文组织和国际远程教育理事会 OER 教席负责人、荷兰开放大学(OUNL)教授。在此之前,他曾担任了十几年的荷兰开放大学校长。他积极参与联合国教科文组织、经济合作与发展组织(OECD)、欧盟等国家级别的 OER 举措和政策的制定。他目前正在主持首个泛欧慕课倡议——2013 年 4 月,由 EADTU① 发布的 OpenupEd 倡议。此外,他负责管理开放大学的全球 OER 研究生网络(Global OER Graduate Network)。2007 年,Mulder 以他在终身学习方面的贡献获得了皇家勋章,2012 年以他在 OER 方面的贡献获得了 ICDE 杰出个人奖,2014 年获得杰出开放式课程领导者奖。

| 初译 | 交叉 | 二校 | 终审 |
| --- | --- | --- | --- |
| 陈飞 | 刘晓斌 | 范奕博 | 焦建利 |

---

① EADTU,即 European Association of Distance Teaching Universities,欧洲远程教育大学协会,是欧洲领先的高等教育机构。该机构目前的注册会员广泛分布于全世界的 200 多个国家,服务的学习者达到 300 多万之众。——译者注

# 参考文献

Barber, M., Donnelly, K., & Rizvi, S. (2013). *An avalanche is coming: Higher education and the revolution ahead*. IPPR, London. Retrieved from http://www.ippr.org/assets/media/images/media/files/publication/2013/04/avalanche-is-coming_Mar2013_10432.pdf.

Boxall, M. (2012, August 8). MOOCs: A massive opportunity for higher education, or digital hype? *The Guardian*. Retrieved from http://www.theguardian.com/higher-education-network/blog/2012/aug/08/mooc-coursera-higher-education-investment.

European Commission. (2013). *Opening up education: Innovative teaching and learning for all through new technologies and open educational resources*. Brussels, Belgium. Retrieved from http://eur-lex.europa.eu/legal-content/EN/TXT/? qid = 1389115469384&uri = CELEX: 52013DC0654.

Iiyoshi, T., & Kumar, M. S. V. (Eds.) (2008). *Opening up education: The collective advancement of education through open technology, open content, and open knowledge*. MIT Press. Retrieved from http://mitpress.mit.edu/sites/default/files/titles/content/9780262515016_Open_Access_Edition.pdf.

Mulder, F. (2012). *Open educational resources in opening up education*. Presentation at the EU Ministerial Conference in Oslo, December 9 – 11, 2012. Retrieved from http://ministerialconference2012.linkevent.no/F%20Mulder%20parallel.pdf.

Mulder, F. (2013). The logic of national policies and strategies for open educational resources, *International Review of Research on Open and Distance Learning*, 14(2),96 - 105. Retrieved from http://www.irrodl.org/index.php/irrodl/article/view/1536/2518.

Mulder, F., & Janssen, B. (2013). Opening up education. *Trend Report OER 2013*, SURF SIG OER, Utrecht (NL), pp. 36 – 42. Retrieved from http://www.surf.nl/binaries/content/assets/surf/en/knowledgebase/2013/Trend + Report + OER + 2013 _ EN _ DEF + 07032013 + % 28HR%29.pdf.

Mulder, F., & Janssen, B. (2014). Naar OER-onderwijs voor iedereen, *Thema*, No.1, pp. 6 - 13. Retrieved from https://www.surfspace.nl/media/bijlagen/artikel-1577-fb40e5fc2692d2 522a3fdc9d992f958a.pdf.

Shuttleworth Foundation/Open Society Foundation（Shuttleworth/OSF）. （2008）. *The Cape Town Open Education Declaration*. Retrieved from http：//www. capetowndeclaration. org/.

UNESCO. （2002）. *Forum on the impact of open courseware for higher education in developing countries*. Final report，UNESCO，Paris. Retrieved from http：//unesdoc. unesco. org/ images/0012/001285/128515e. pdf.

UNESCO/Commonwealth of Learning. （UNESCO/COL）（2012）. *2012 Paris OER Declaration*. Retrieved from http：//www. unesco. org/new/fileadmin/MULTIMEDIA/HQ/ CI/CI/pdf/Events/Paris%20OER%20Declaration_01. pdf.

Wikieducator. （2014）. *Defining OER*. Retrieved from http：//wikieducator. org/Educators_ care/Defining_OER.

Wikipedia. （2014）. *Open education*. Retrieved from http：//en. wikipedia. org/wiki/Open_ education.

# 前言

## 《慕课和全球开放教育》的前世今生

## Curtis J. Bonk，Mimi M. Lee，Thomas C. Reeves，Thomas H. Reynolds

### 跨越半世纪的开放教育运动

xxviii

本书的很多读者大概都会以为，"开放教育"(Open Education)是一个比较新的词,但是,任何一个在 20 世纪 70 年代早期学习师范教育的人都会记得,老师曾布置过阅读书名为《开放教育》的书籍(参见 Hassett & Weisberg, 1972; Nyquist & Hawes, 1971)。事实上,这些书中提到的很多观点所表达的含义和今天所说的"开放教育"并不相同。例如"以学生为中心、跨学科、基于项目、个性化发展"这些术语在早期的开放教育文献中比比皆是。

50 年前所讲的开放教育与今天所讲的开放教育之间最大的不同就在于,前者主要关注的是儿童早期教育,而今天所讲的开放教育大概更多的是在高等教育领域,或者是被提到的任何形式的成人学习领域。本书用 2 篇序言、8 个部分共计 29 章的内容阐释了后者。此外,两者的另一个显著不同是,50 年前网络技术还不存在,还不能以革命性的方式为世界上的老老少少开启教育机会的大门。

然而,遗憾的是,半个世纪前的那场发生在学校里的开放教育运动终归失败了。事实上,教室的围墙被推倒了,但是很快又建立起来了。失败的最主要原因是,反对者们轻易地就将注意力放在了这场运动的浅表层面,并分散了潜在支持者对开放教育本质的注意力。就像 Altwerger、Edelsky 和 Flores(1987)所说的那样,"开放的空间代替了开放的观念,实体的学习中心代替了学习中心说,极具讽刺意味的是开放教育最终被鉴定为失败,甚至因为被扭曲,它从来未被大规模推广过"(9—10 页)。

xxix

我们为什么要编辑出版这本著作呢? 一个很重要的原因就是,我们希望今天的开放教育运动能够摆脱失败的厄运,不再像之前的那些创新教学实践那样,试图提升教与学却最终使所有的努力付之东流(参见 Haas & Fischman, 2010; Mettler, 2014; Tyack & Cuban, 1997)。目前,慕课正承受着巨大的争议,尽管大部分批评都是颇具见地的,但是,有些批评的产生仅仅是因为,在过去几年间,慕课是开放教育运动中最被广泛提及的话题(参见 White, 2014; Wildavsky, 2014)。尽管对慕课运动提出质疑或者给予关注都是有帮助的,但是,慕课更需要的是深入分析、广泛讨论以及有深度的报道,而非轻率的公开抨击。

无论如何,慕课一旦被像《纽约时报》或者《经济学人》这样的刊物不吝笔墨地赞誉的话,那它早晚会成为大众媒体争相报道和讨论的主题。2014 年,在引用美国纽约洛克菲勒政府研究所高等教育研究主任 Ben Wildavsky 的话时,Gais 说道:"如果说 2012 年是慕课元年的话,那么,我们离从'慕课狂热'到'慕课憎恶'这样的时刻已经不远了。"无独有偶,Audrey Watters 在她著名的"黑客教育博客"(Hack Education Blog)上说道:"如果说 2012 年是慕课元年(Pappano, 2012),那么,2013 年就是反慕课元年(Watters, 2013)。"为了将类似观点表达出来,本书将会选取一些有代表性的、且经过严格编辑的案例,这些案例的观点或者经验都来自于在开放教育一线工作的学者或者先驱们。

只要你用谷歌学术搜索类似"慕课与教育"或者"开放教育资源"等词条,你就会得到一个长长的搜索列表,包括文档、博客文章、新闻报道等。很显然,随着有关慕课和开放教育资源的网络资源不断激增,一本能对全世界有关慕课和开放教育的各种纷繁复杂的、不断增长和演化的观点进行综述的书籍就呼之欲出了。在这些努力中,有一点是很重要的,那就是应该证明,这种新的教育形式能够为那些残障人士以及在信息技术方面没有优势的人拥有更加光明的未来点燃了希望。同时,讨论慕课或者开放教育资源可能会在哪些方面出现问题也是很关键的。我们相信本书能够满足类似上述的需求,但是,我们也认为,这些主题是易变的,其他观点和主题势必会迅速涌现。

也许我们合作编撰这本书最重要的原因是,我们都遵循开放教育运动的信条,我们对实现这些理想有共同积极的观点。虽然 K - 12 领域的开放教育运动在 20 世纪 70 年代推出不久后就惨遭失败,但另一种名叫"开放大学"的开放教育,在同一时期却被广泛推广,并得到了蓬勃发展。James( 1971)将英国开放大学视为一个"新现象",但同时,他也承认,开放大学的灵感来源于"美国、南非、澳大利亚、俄罗斯等国家的发展"。如今,世界各地差不多有 60 所开放大学,招收了超过 1 700 万名学生(Guri-Rosenblit, 2012; Lockwood, 2013; Wikieducator, 2014)。事实上,其中一小部分学校,如印度的英迪拉·甘地国立开放大学、土耳其的阿纳多卢大学、巴基斯坦的伊克巴尔开放大学,各自的入学人数都达到了百万。

作为学者和活动家,我们认为,教育要为地球上的每一个人提供必要的基础,使不同性别、年龄、信仰、财富或社会地位的个体,都能享受个人主要权利,使其幸福感和满足感得到保障,并能维护其自由选择适合自身的学习途径的权益。

**目的和目标**

即使慕课和开放教育资源运动在全球范围内提供了持续拓展的数字化学习机会,但是,很少会有人注意到这些地区或者国家是如何利用这些技术支持学习的。发展中国家或者欠发达国家进行教育变革或改革的可能性已经得到了广泛的讨论。目前,受广泛认可的观点是,数字化学习为青少年以及已经步入工作岗位的年轻人提供了新的教育机会,同时也为更成熟的学习者提供了促进专业发展的机会。混合学习、慕课及其他形式开放教育资源的出现,让数字化学习成为世界各国社会新闻的头版头条。

各种正式以及非正式数字化学习的新形式不断涌现。然而,人们也越来越需要更好地了解世界上不同地区的人是如何实施教育创新实践的,例如慕课和开放教育资源。更重要的是,教育工作者、科研人员、政治家和其他各行各业的人们,想要知道这种教育创新实践的结果是什么,怎样才能做得更好。而且,伴随着数字化学习浪潮的呼声,那些由慕课和开放教育培养起来的学习者促使教育机构和组织设法解决如下问题:信誉问题、资格认证、质量标准、创新评估、学习动机激发及维持,以及所有他们关注的其他领域。似乎每过一周,教育机构和组织就会发表 一个或者多个关于上述主题的重要报告或者公告。

针对以上问题,本书对世界各地的传统院校和机构实施慕课或开放教育的独特经验进行了了解、探究和梳理。我们邀请有想法的领导者和创新者为本书撰稿,他们的研究或者实践为推动慕课或者开放教育运动作出了贡献。非常荣幸,其中的大部分学者不仅很快接受了我们的邀请,而且能够在紧迫的时间内完成他们的写作任务。

本书的作者中,很多人都是长期的开放教育支持者。他们大多曾尝试过在传统学习技术的外边缘进行试验。其中有的人可能设计并教授过一门慕课,或曾精雕细琢、传播推广过一种或多种非常宝贵的开放教育资源,而其他人或是曾经测试了独特的慕课平台或系统,或是为慕课和开放教育机构编写过战略计划,或是进行过慕课和开放教育方面的研究或评估。他们的故事和见解能够帮助人们了解世界各地开放教育的现状。但愿他们的想法会激发其他人继续前行。

在这个技术赋能的新时代,本书的作者们不仅关注各种机会,也关注各种困境。比如,有哪些不同的传输格式、互动选择、评估方案以及商业模式?有哪些亟需被讨论和解决的问题?有哪些关键的议题?对此,各章节的作者解释其各自专长领域的慕课和开放教育趋势及问题,共享其中关键的研究方向和结论,并为未来发展提供建议。他们还将讲述他们个人有关慕课产品和开放教育发展的经历和故事。虽然我们都知道,即便两篇序言及29章内容也无法对当前火遍全球的慕课及开放教育创新实践进行详尽的描述,但是,我们仍然坚信,这本书的许多重要目标终将得以完成。

下面列出的十个关键目标,正是我们在编写《慕课和全球开放教育》时重点考虑的。

**十大目标**

1. 帮助读者更好地理解目前的慕课实践及开放教育项目的范畴。

2. 理解慕课和开放教育是如何通过各种不同方式影响全世界学习者的,包括更好地理解慕课和开放教育在全球潜在的影响。

3. 重点突出目前正在热议的紧迫问题和争议话题。

xxxii　　4. 对慕课和开放教育近期可能遇到的机遇、障碍和趋势进行反思并提出建议。

5. 深入了解数字化学习的最新趋势以及未来计划和愿景,特别是涉及慕课以及非正式或者自主学习的话题。

6. 了解世界各地区的文化是如何与数字化学习及开放教育相互作用的。

7. 讲述一些带感情色彩的故事、经验、试点经历等,讲述者都曾参加过慕课或者开发过重要的开放教育资源。

8. 了解不同的组织、机构乃至整个国家在实施慕课和其他形式的数字化学习和开放教育时所面临的挑战和可能遇到的障碍。

9. 从一些重要学者、训练员、科研人员、管理人员、政府官员、教学设计者、企业家、顾问以及其他涉及到慕课和开放教育运动的人士那里学习。我们试图为读者描述一幅全景图,让他们看看慕课的世界中都有谁,以及他们正在试图解决什么问题。

10. 要认识到许多有关慕课和全球开放教育的问题、批评、可能性和机会都是全球性的。虽然这本书的编写者来自全球不同地区,但是,他们的很多关注点、目标、举措、面临的挑战、问题和成功经验都是相似的。

我们希望本书的读者能够达到其中尽可能多的目标,同时也希望他们能真正理解这些目标的意义。如果读者认为还有哪些目标没有达成,我们希望他们联系我们中任意一位编写者,来表达对其问题的关注,以及对其故事的看法。

**受众和利益相关者**

当你开始快速浏览本书的时候,你会发现慕课对于不同的人有不同的意义。你同样会发现不同的人对开放教育内涵的理解也不尽相同。就慕课而言,有人将它作为生源多样化的一种重要途径,有人认为它的重要贡献在于创造了能够分享观点、资源和最佳实践的全球社区,还有一些人将慕课看成增加教育机会的工具。本书的一些作者从更全面的角度深刻审视了慕课。例如,一些慕课提供者一方面提倡"开放"一词,一方面却通过设定时间段或者平台等方式限制对课程内容的访问,并只让注册过的用户访问。

在关于慕课和开放教育的各种争辩中,新的首字母缩写词不断涌现,例如,你可能已经听闻 xxxiii cMOOCs(测试关联主义学习理论及实际可行性)、xMOOCs(在某些情况下强调成千上万的学生注册量)、pMOOCs(基于问题的学习和基于项目的学习)、BOOCs(巨型开放在线课程)、MOOD(大规模开放在线讨论)(Watters, 2013)、SPOCs(小规模私密在线课程)以及最新的 PD-MOOCs(与教师专业发展及其他专业人士发展相关)(Davis, 2014)。在本书中,读者将会了解到分布式开放协作课程(DOCCs),还有其他形式的慕课及慕课衍生物。各种形式的慕课是正规教育的补充手段,是先进的配置,是更多其他重要的利基市场。

我只想说,我们希望这本书能够开启这样的一场对话:慕课和开放教育如何加速生活在贫困中的人获得平等教育的机会?如何帮助那些希望在职场中提升的人?如何助那些刚刚开启新的职业生涯的人一臂之力?对话的时机已然成熟,因为开放教育运动在过去几年中已被赋予新的含义。这本书可能会将有关慕课和开放教育的讨论,从普通的技术和信息获取视角转向与学习相关的视角。教育和学习的专业人士、政治家、信息技术(IT)经理和其他教育利益相关者需要理解的是,从教育的角度看,网络已经成为一个测试、展示和评估新的学习工具、形式和观点的集散地。慕课是一个基于网络的教与学最新趋势的一个实例。

这本书可以为大学教师、K-12教育工作者、企业管理人员、管理者和IT经理、研究人员、培训师、设计师、研究生以及任何对新兴教育形式感兴趣的人提供新鲜的观点和信息,特别是那些与开放教育和学习技术相关的人。如果高校管理者和教师、企业人员、政府人员以及军队教官热衷于了解有关慕课和开放教育的最新研究,或者想对设计开放教育资源和课程的关键问题有更深入了解的话,本书对于他们或许会有用。一些高校教师和教学设计人员也可能会发现本书的某些特定专题课程和讲座对他们有帮助。同时,如果大学院长或院长办公室人员正在策划教师研讨会和战略规划会议,他们可能会使用本书的一个或多个章节,甚至参考整本书。

我们希望这本书对那些正被利用优质资源而困扰的高等教育管理者有吸引力。事实上,各种教育部门的IT经理可以将这本书用于长期规划和预测的会议和报告。在公司和政府机构的培训经理也可以利用从书中知道的故事、思想和例子,来证明自己的开放教育举措和战略计划。 xxxiv 所有这些人都期望能够以对财政负责的、战略上有利的方式来把握住机遇。

毫无疑问,这样的一份关于慕课和开放教育的综述是独一无二的。它为大学校园里教学管理者和教职工提供了很大的帮助,使他们能够进行有关在线或开放教学方式的人力资源培训。这方面的内容在今天是已经存在且充裕的。今天的大学校园、学校、公司,甚至军队中都有很多迟疑的、忧虑的、不情愿的,甚至是反抗的教员、训练员和员工。这本书能够为你开启一个新的起点,帮助你设计与慕课和开放教育相关的教学内容和支持。这本书所详细阐释的很多故事和体验能够激发你投身慕课实践,不管你是学习者,还是教师。阅读或者接触过本书的政治家会发现,将有无数新的可能性来促进个人的终身学习,这些个人包括来自世界各个社区和地区的人们。当今世界的公民拥有很多使用免费开放资源的机会(Bonk,2009),是时候好好利用一下这些数字资源了。

**本书起源: 拉斯维加斯的偶然经历**

需要指出的是,本书的写作动机来源于一个为期一天的名为"慕课和全球开放教育"的会前研讨会。本书的四位主编利用 E-learn2013 会议召开前的时间聚集到一起。可能有人对这个会议不太熟悉,E-learn 会议是由计算机教育促进协会(AACE)举办的,每年 10 月或者 11 月召开。2013 年,E-learn 会议的会前讨论会在拉斯维加斯举办,吸引了超过 100 名参与者,以及两位优秀的主讲嘉宾——Paul Kim 和 George Siemens。受到参会者所迸发的高度热情鼓舞,我们决定编撰此书。书中的章节不仅包括研讨会主讲嘉宾的演讲内容,也包括来自世界各地 60 多位学者的观点和看法,这些学者大都是慕课和开放教育的一线工作者。

本书从回顾开放和远程教育的历史开始,并提供针对当前趋势和事件的独到见解和批评。有些作者还讨论了慕课和开放教育及相应实践所提供的机会。其他章节讨论了这其中的教学问题、教学设计和质量标准及管理方面的机遇和挑战。本书结尾,几位作者指出了慕课、开放教育以及相关的教育创新当前所面临的问题,同时也强调了近在咫尺的独特机遇。我们建议你对书中每个部分所提出的问题和思考都作出回应,无论你是独自阅读此书,还是和学生、同事以及工作团队一同阅读。同时,在阅读本书的过程中,你还可以看到许多建议、经验以及在每一章节中充满智慧并且十分有趣的预言。

通读本书的八大部分 29 个章节,你会读到有关慕课学习认证政策、慕课教学设计实践、慕课中的学习者、慕课课程管理、质量保证标准、移动以及泛在学习(ubiquitous learning)的传播、用于慕课的新兴技术及其可靠性以及许许多多其他话题的真知灼见。不同的读者可能会对不同的章节感兴趣,比如,教师可能会与那些讨论慕课教学设计以及原则的章节的作者产生共鸣,而管理者则可能会对开发具体课程、项目或者特殊学习内容的决策过程感兴趣。而同时毋庸置疑,他们也会对最终的结果感兴趣。

新的教育趋势(慕课以及开放教育)的支持者会面对许多困难以及汹涌而来的批评,事实的确如此,大多数批评不仅来自那些有着悠久历史的教育机构和组织,还包括那些新近成立的组织。许多企业和高等教育机构的管理者忽视了这些创新型的学习传播模式,但是另外一些人则迫切想获得更多的信息。为了说明这些问题,本书囊括了许多不同的观点,比如有些章节是由教育技术专业领域内的学者执笔所写的，而有些章节则是由企业或者非营利性组织的创始人所写的。当然，另外一些章节是由那些引领这些创新型学习传播模式的管理者所写的。

本书各章节作者分别来自于许多不同的国家，比如，澳大利亚、加拿大、德国、肯尼亚、印度、爱尔兰、日本、马来西亚、印度尼西亚、荷兰、新西兰、菲律宾、南非、英国以及美国。有些读者可能会质疑这 15 个国家的情况还不足以全面概括全球范围内的慕课与开放教育的形势，但是，这里需要特别指出的是，各章节作者所描述的创新计划、特殊的合作关系、开创性的政策以及其他协作计划还涉及许多其他不同的国家。比如，非洲有 18 个国家参与发起非洲虚拟大学（African Virtual University，AVU）①计划，该计划同时还包括来自其他 27 个国家的 53 个合作机构。因此，很确定的是，当把这些国家都考虑在内，本书的辐射面还是比较大的。

有些读者会问："慕课以及开放教育能够对那些弱势群体或者多样化的学习者产生怎样的影响？"作为回应，我们特意在本书中收录了在这方面有显著研究成果的学者的作品，他们提供了大量有关弱势群体或者欠发达地区的人们学习慕课的数据以及情况描述。比如，除了上文提到的 AVU，本书的读者还可以了解到由英联邦学习共同体（Commonwealth of Learning，COL）②资助的具有鲜明特征的移动学习项目，以及由世界银行组织负责设计的几门慕课课程。有些学习者无法从自己所在的组织提供的课程或者项目中获益，为了满足这部分学习者对教育服务和教育资源的需求，本书中许多章节的作者为此付出了许多努力。 xxxvi

当然，由于在全球范围内，可以直接获取免费、开放的网络资源以及工具的人群正日益扩大，因此，本书中各章节作者的地理位置、所在单位以及组织等特征就变得更加不能说明慕课和开放教育具体在哪里产生了影响。你很快便可以发现：那些利用本书各章节作者所教授、设计以及评估的慕课课程、开放教育资源以及开放课件进行学习的学习者，实际上来自全球的各个角落。

在我们结束本前言的写作之前，我们认为非常有必要指出，"这本书实际上是我们几位编者第二次协作努力的结晶"。本书的三位编者（Bonk，Lee 以及 Reynolds）在 2008 年的数字学习（E-Learn）会议上组织了一个类似的研讨会，该会议的举办地点同样也是拉斯维加斯。那次的研讨会主要关注亚洲数字化学习的发展状况，并产生了两个成果，分别是《国际数字化学习杂

---

① 非洲虚拟大学（African Virtual University，AVU）是为非洲大陆服务的一所开放和远程学习机构。AVU 作为世界银行的一个项目始创于 1997 年，2003 年移交给非洲政府，之后发展成为独立的教育机构。——译者注

② 英联邦学习共同体（Commonwealth of Learning，COL）是一个成立于 1987 年的跨政府间组织，成员国主要是英联邦的国家，总部设在加拿大温哥华。该组织旨在成员国之间共享知识、资源以及技术。——译者注

志》(*International Journal of E-Learning*)的一期特刊(Bonk, Lee & Reynolds, 2009),以及一本颇受欢迎的电子书①。Reeves(2009)是本书的编者之一,在那次研讨会上他充当研讨者(discussant)的角色,并且为上文提到的特刊贡献了一篇总结性的文章。此外,特刊中的一些作者,比如来自菲律宾开放大学的 Melinda Bandalaria、英联邦学习共同体的 Sanjaya Mishra,以及之前供职于马来西亚开放大学,目前在印度尼西亚雅加达三宝麟大学(The Sampoerna University in Jakarta, Indonesia)工作的 Zoraini Wati Abas 等人都对上文提到的研讨会以及电子书有所贡献。未来,不管是在拉斯维加斯还是这个星球上的任何一个地方,我们都希望可以再次将这两次研讨会的参与人员以及读者诸君聚集在一起,共同举办类似的盛会。

**致谢**

本书的最终出版得益于许多人的帮助。首先,我们需要感谢 AACE(计算机教育促进协会)②的创办人以及执行主席 Gary Marks 对我们四个人的信任,从而我们能够在 2013 年 E-Learn 会议之前组织起主题为"慕课和全球开放教育"的研讨会,而这次研讨会的召开的成果之一便是本书。Gary 作为教育技术领域内最为谦逊、最富有创造力的学者之一,三十多年以来对这一领域的发展产生了巨大的积极影响。我们要感谢他以及 AACE 的所有工作人员对本书的最终出版所提供的有益帮助。

同时,我们也要感谢 2013 年 10 月参加拉斯维加斯研讨会的 100 多位学者,感谢你们多元、真诚以及富有见解的观点。在与你们的交流中,我们学到了非常多的东西。几位参会者在研讨会结束之后就分别开始着手写有关"慕课和开放教育"的文章,这些文章被发表在 2015 年年初《国际数字化学习杂志》的特刊中。同时我们还要感谢 Gary Marks 以及 AACE 为这次特刊的发表所做的协调工作。我们四位编者在编辑本书的同时还推进特刊的发表,虽然本书和特刊的主题都是"慕课和全球开放教育",但是包含在其中的材料却不相同。

第二,我们要感谢本书的所有章节的作者。本书的 29 个章节以及两篇序言是由如今开放教育领域内的一些杰出学者以及实践者所执笔的,他们是如此的才华横溢。各章节作者加起来超过 60 名,因此很难在此一一列举出来。由于每个章节最终都要经过几轮的同行评审,因此我们对这些作者都非常熟悉。在评审的过程中,我们四位编者和各章节作者之间的对话渠道始终是畅通的,我们彼此高度协作并且灵活,从而使得这本书可以在预定的时间内完成。我们是非常

xxxvii

---

① 电子书的书名为 *A Special Passage Through Asia E-Learning*,具体请参考 https://www.learntechlib. org/p/32264/。——译者注

② AACE 即 Association for the Advancement of Computing in Education,计算机教育促进协会。该协会成立于 1981 年,是一个国际性的、非营利的教育组织,旨在促进信息技术在教育中的应用。——译者注

幸运的,因为所有章节的作者对我们的建议以及我们的修改都持开放态度,但同时又能够坚持自己的立场。与他们一起工作并且了解他们各自的慕课与开放教育项目、期许以及经验的过程是非常令人享受的,他们都是非常棒的新朋友。

我们鼓励读者一定要认真阅读各个章节最后有关作者的简介。我们期望这些作者的个人照片以及简介可以对你有帮助,例如当你在会议、论坛或者其他场合中见到一些作者时能够与其建立一些联系。在你阅读本书的过程中,你会发现这是一个多么令人印象深刻的合作小组。

第三,我们要感谢 Routledge① 的 Alex Masulis, Daniel Schwartz 以及他们非常专业的团队。他们提供了宝贵的指导,并且以一种温和的方式督促我们在规定的时间内完成工作。

最后,我们要感谢全世界范围内给我们提供支持以及鼓励的朋友和同事,同时还要感谢我们各自的家人能够在我们编辑此书的过程中牺牲时间陪伴左右。

行文至此,我们四位感到非常幸运,得益于那次会前研讨会,现在我们的特刊正在出版过程中,更加重要的是,我们可以通过这本书给 21 世纪中最伟大的教育运动贡献一点力量,这个伟大运动就是以多种令人激动的方式呈现出来的真正的开放教育。

**Curtis J. Bonk** 现任美国印第安纳大学教学系统技术系教授,同时也是 CourseShare② 的主席。Bonk 教授具有企业管理、会计、教育心理学以及教学技术的多重背景,他对商科、教育学、心理学及技术的交叉融合提出了许多独特的见解。作为新兴的技术学习领域的一位权威专家, Curtis J. Bonk 在其广受欢迎的博客 *TravelinEdMan* 回顾了他在世界各地进行的演讲。在 2014 年,他被授予"Mildred B. 与 Charles A. Wedemeyer 奖"(Mildred B. and Charles A. Wedemeyer Award),以表彰他在远程教育领域的杰出贡献。他已经出版了多本广受欢迎的著作,如《世界是开放的》( *The World Is Open*)、《赋权在线

xxxviii

① Routledge 是英国的一家跨国出版商,由 George Routledge 创立于 1836 年,这家公司每年出版约 1800 种期刊以及 5000 种图书,号称是全球最大的人文以及社会科学领域的出版商。——译者注
② CourseShare 是一个包含大量有关高等教育以及企业培训资料的网站,网址为 http://www.courseshare.com/。——译者注

学习》(*Empowering Online Learning*)、《混合学习手册》(*The Handbook of Blended Learning*)、《数字化协作者》(*Electronic Collaborators*),以及最近出版的并可在网上免费下载的《增加一些技术灵活性:激励和维持在线学习的 100 多种活动》(*Adding Some TEC-VARIETY*)(http://tec-variety.com)。在他的个人网页 http://php.indiana.edu/~cjbonk/ 上面可以找到更多的免费资源,他的邮箱为 cjbonk@indiana.edu。

**Mimi M. Lee** 是休斯顿大学课程与教学部的副教授。2004 年她在美国印第安纳大学布鲁明顿分校获得教学系统技术博士学位。她的研究方向包括全球教育和多文化教育、身份构成理论、在线社区的社会调查、表述的方法、人种学。她已经发表了与 STEM 相关的网络教师教育的研究、跨文化培训研究、交互式视频会议研究、开放课件研究以及质性研究方面的论文。她的邮箱为 mlee7@uh.edu。

**Thomas C. Reeves** 是美国乔治亚大学学习、设计和技术专业的荣誉退休教授。Reeves 教授已经设计和评估了大量的交互式学习系统和项目。为了表彰他的贡献,在 2003 年,他被授予"计算机教育促进协会会员奖"(AACE Fellowship Award)。在 2010 年,他成为 ASCILITE① 会员,2013 年,AECT② 授予他戴维·乔纳森杰出研究奖(David H. Honassen Excellence in Research Award)。他的著作包括《交互式学习系统评价》(*Interactive Learning Systems Evaluation*)(与 John Hedberg 合著)、《真实性学习指南》(*a Guide to Authentic E-Learning*)(与 Jan Herrington 和 Ron Oliver 合著)、《教学设计研究》(*Conducting Educational Design Research*)(与 Susan McKenney 合著)。他的研究方向包括评估、真实学习任务、教育设计研究以及发展中国家的教育技术。他的邮箱为 treeves@uga.edu,他的博客地址为 http://www.evaluateitnow.com/。

---

① ASCILITE 是一个非营利性的专业组织,成员主要关注高等教育领域内技术的使用。——译者注
② AECT,全称为 Association for Educational Communication and Technology,即美国教育传播与技术协会,该协会是教育技术领域内一个顶尖的专业协会,致力于通过技术提高教学和学习的效率。——译者注

**Thomas H. Reynolds** 目前是国立大学拉荷亚分校教师教育专业教 xxxix 授,他的研究兴趣包括在线学习环境的设计、标准化的在线评价以及数 字化学习创新。在就职国立大学之前,他在威斯康星大学麦迪逊分校获 得课程与教学博士学位,并在德州农工大学工作过。Reynolds 教授曾两 次作为富布莱特学者,第一次是 1998 年在秘鲁,当时他负责基于网络的 教学和技术辅助的教学;第二次是 2010 年在哥伦比亚研究开放教育资 源。他目前的工作主要包括在哥伦比亚的项目,负责协调一个数字化教 学与学习的硕士学位项目,同时他是美国国立大学在线教育质量保障与 在线课程评价和开发的主要负责人。他的邮箱为 treynold@nu.edu。

| 初译 | 交叉 | 二校 | 终审 |
|---|---|---|---|
| 周晓清、范奕博 | 刘晓斌 | 范奕博 | 焦建利 |

# 参考文献

Altwerger, B., Edelsky, C., & Flores, B. M. (1987). Whole language: What's new? *The Reading Teacher*, 41(2),144 - 54.

Bonk, C. J. (2009). *The world is open: How Web technology is revolutionizing education*. San Francisco, CA: Jossey-Bass.

Bonk, C. J., & Graham, C. R. (Eds.) (2006). *Handbook of blended learning: Global perspectives, local designs*. San Francisco: Pfeiffer.

Bonk, C. J., Lee, M. M., & Reynolds, T. H. (Eds.) (2009). Special issue: A special passage through Asia e-learning. *International Journal on E-Learning*, 8(4),438 - 85.

Davis, M. (2014, June 4). Summer professional development with MOOCs. *Edutopia*. Retrieved from http://www. edutopia. org/blog/summer-pd-moocs-matt-davis.

Gais, H. (2014). Is the developing world 'MOOC'd out'? The limits of open access learning. *Al Jazeera America*. Retrieved from http://america. aljazeera. com/opinions/2014/7/mooc-education-developingworldivyleave. html.

Guri-Rosenblit, S. (2012). Open/distance teaching universities worldwide: Current challenges and future prospects. *EduAkcja. Magazyn edukacji elektronicznej*, 4(2),4 - 12. Retrieved from http://wyrwidab. come. uw. edu. pl/ojs/index. php/eduakcja/article/viewFile/80/83

Haas, E., & Fischman, G. (2010). Nostalgia, entrepreneurship, and redemption Understanding prototypes in higher education. *American Educational Research Journal*, 47(3),532 - 62.

Hassett, J. D., & Weisberg, A. (1972). *Open education*. Englewood Cliffs, NJ: Prentice-Hall. James, W. (1971). The Open University: A new phenomenon. *Educational Technology*, 11(7),32 - 3.

Johnstone, S. M. (2005). Open educational resources serve the world. *EDUCAUSE Quarterly*, 28(3), 15. Retrieved from http://www. educause. edu/ero/article/open-educational-resources-serve-world.

Lee, M. M., Bonk, C. J., Reynolds, T. H., & Reeves, T. C. (Eds.) (in press). Special issue: MOOCs and Open Education. *International Journal on E-Learning*.

Lockwood, F. (Ed.). (2013). *Open and distance learning today*. New York: Routledge.

Mettler, S. (2014). *Degrees of inequality: How the politics of higher education sabotaged the American dream*. New York: Basic Books.

Nyquist, E. B., & Hawes, G. R. (Eds.). (1971). *Open education*. New York: Bantam Books.

Pappano, L. (2012, November 2). The year of the MOOC. *The New York Times*. Retrieved from http://www. nytimes. com/2012/11/04/education/edlife/massive-open-online-courses-are-multiplying-at-a-rapid-pace. html? pagewanted= all&_r=0.

Reeves, T. C. (2009). E-Learning in Asia: Just as good is not good enough. *International Journal on E-Learning*, *8*(4),577 - 85.

Tyack, D., & Cuban, L. (1997). *Tinkering toward utopia: A century of public school reform*. Boston, MA: Harvard University Press.

Watters, A. (2013, November 29). Top ed-tech trends of 2013: MOOCs and anti-MOOCs. *Hack Education*. Retrieved from http://hackeducation. com/2013/11/29/top-ed-tech-trends-2013-moocs/.

White, B. (2014). Is "MOOC-Mania" over? In S. K. S. Cheung, J. Fong, J. Zhang, R. Kwan, and L. F. K wok (Eds.), *Hybrid learning*. *Theory and practice* (pp. 11 - 15). Cham, Switzerland: Springer International Publishing.

Wildavsky, B. (2014). Evolving toward significance or MOOC ado about nothing? *NAFSA: Association of International Educators*. Retrieved from http://www. nafsa. org/_/File/_/ie_mayjun14_forum. pdf.

Wikieducator (2014). *Handbook of open universities*. Retrieved from http://wikieducator. org/Handbook_of_Open_Universities.

# 第一部分

## 慕课和开放教育：历史性与批判性反思

正如在本书主编所撰写的前言，以及分别由 George Siemens 和 Fred Mulder 所撰写的序言中所述那样，我们处于实现远程教育的创新洪流之中。在人类历史上，我们从未见过有如此之多的人可以不受特定时间、地理位置以及教师的限制，参与到学习的开发、传输、研究以及评价之中。今天，技术的进步为学习者提供了越来越多的机会，使得他们可以以一种互动式的以及高度协作的方式远程参与学习。正如本书各章节作者所言，慕课和开放教育资源使得各种形式的远程教育变得更加突出和易于获得。

为此，召集一批学者，讨论慕课和开放教育的成功故事以及机遇，在今天看来，是一件相对容易的事情。虽然我们可以从本书的书名中大体上得到一个明显的结论，然而，我们不能把慕课和开放教育资源当作是理所当然的，同时，我们也希望其他人不要这样做。显然，围绕慕课和开放教育资源的许多问题还尚未解决，比如它们的接受度、可靠性、质量、评价、学习效果以及其他的许多方面。不能仅仅因为慕课获得了广泛的关注，也不能仅仅因为在某些情况下慕课可以获得大量的资助，大学、企业、政府以及军事培训中心就去支持慕课。诚然，慕课的发展速度如此迅猛，以至于许多狂热的支持者会忘记或者忽略远程学习的历史，以及更早之前的教育技术的发展。

我们在本书的第一部分会关注慕课和开放教育所面临的一些复杂性挑战和议题，来试图让慕课和开放教育的狂热支持者变得稍微理性一点。我们希望，本书开篇第一部分所包含的 3 章能够为有关慕课和开放教育的课堂讨论、会议研讨以及争论，提供一些可能的指引。同时，毫无疑问，我们也承认，仅仅这 3 个章节很难充分涵盖慕课和开放教育所面临的问题、批评、阻碍以及限制。在未来的时间里，本书读者中的许多人会面临我们未能包含在本书中的、那些额外的、多得多的问题。因此，我们希望读者诸君可以通读后面的 26 个章节，并在阅读的过程中记录下其中的关键问题和议题。

在本书的第 1 章中，David Wiley——鲁门学习（Lumen Learning）①的联合创始人和首席学术负责人，探讨了慕课对"开放"理念所造成的破坏，这种破坏是由一些慕课提供者禁止人们对其慕课课程中的内容进行再利用而造成的。Wiley 还讨论了现在的一些内容企业对"所有权"概念的破坏。之后，他倡导回归一种增强的"开放"理念，而这种理念可以缓和上述两个问题。最后，他介绍了一种未来的教育创新所赖以生存的开放教育基础设施。因此，这一章是有关慕课和开放教育资源的讨论和反思的非常重要的一章。

在第 2 章中，来自乔治亚理工学院的 Karen Head 围绕慕课的设计和传播所面临的问题展开了进一步的讨论。当你在阅读这一章时，你会发现她倡导我们所关注的东西不应该仅仅是内容和课程的传播。从课程设计的大范围出发，Head 教授介绍了她在"初级写作"这门慕课课程中所做的一个案例研究。她反对单一的慕课提供者模式，并且讨论了慕课可以被加以利用以充分挖掘海量学习者优势的几种方式，从而使慕课变得更加多样化，同时包容性更强。

在第 3 章即本部分的最后一章中，来自日本开放大学的 Kumiko Aoki 介绍了慕课和开放教育的整合如何依赖于政府的现行政策、社会准则、期望以及经验。如她所言，日本在技术与教育整合方面的步伐相对缓慢，这一点出乎其他国家的人的意料，因为日本在消费类电子产品以及计算技术方面一直处于领先水平。Aoki 从社会以及文化优势的角度出发，描述了远程学习和开放教育在日本的几次历史性发展。同时，她还讨论了日本开放大学作为一所开放远程教育机构所具备的独特特征。实际上，本章详细阐述了日本开放大学在特定的社会文化背景下提供网络教育所面临的困难以及所作出的努力，从更广泛的角度讲，世界范围内的开放大学也面临着这样的困难。

翻译：范奕博，审定：焦建利

---

① 鲁门学习（Lumen Learning）是一家位于美国波特兰的开放教育资源公司，致力于通过开发以及使用数字化的教育资源代替昂贵的教科书，从而降低学生的学习成本。——译者注

第 1 章

**慕课的过失与开放教育的基础架构**

David Wiley

在这一个简短的篇章中,我不仅讨论了慕课对"开放"(Open)理念所造成的毁坏　3
情况,而且讨论了当代内容企业对"所有权"(Ownership)概念所造成的破坏情况。接
着,我倡议回归到一个更加增强的"开放"观念,以便修复这两种毁坏。最后,我描述了
未来的教育创新赖以展开的一个开放教育的框架。

## 慕课：开放教育的"进一步,退两步"

由于 Udacity 和 Coursera 的推广,同慕课整个发展历程带来的其他任何影响相
比,慕课对开放教育的发展造成了更大的损害。慕课不断鼓吹其对"开放"一词的极其
错误的理解,实际上加剧了这种危害。为了更加清楚地了解慕课所造成的危害,有必
要简单介绍一些历史背景。

英国开放大学始建于 1969 年,1971 年第一位毕业生获得学位。英国开放大学的
开放性是当时划时代的创新。在这个意义上,形容词"开放"(open)代表了一种开明的
政策,即允许任何人注册学习大学课程,而不考虑其先前的学业成就。大学一般被比
喻为"封闭的象牙塔",而如今这种开放的转变,即包容任何人,向任何人敞开大门的姿
态是高等教育史上的一种史无前例的飞跃和发展。在过去几十年间,在教育情境中,
"开放"主要是指"开放进入"。

让我们将时光从那时快进 30 年,到 2001 年,麻省理工学院(MIT)宣布正式启动
它们的开放课件(OpenCourseWare,OCW)计划,由此为高等教育情境中的"开放"一
词赋予了额外的含义。MIT 的 OCW 使在校园内的课程中所使用的所有教学材料,能
够为公众免费使用,并遵从"开放许可授权"(open license)协议。这个协议为个人和　4
机构提供了一种更加广泛的和版权相关的许可:任何人可以自由和免费地复制这些
材料的副本,对其做出改变和改编,以及(以一种原始的和修改之后的方式)将其再传

播给其他人。所有这些许可无须通过付费或者经过其他额外的版权交换获得。

在 2001 到 2010 年的那十年间,世界各地许许多多的大学实施了一种开放获取的政策,个体、机构和学校主导了开放教育,并且主张在开放许可授权的意义上去追求"开放"。现在,全球数以百计的高等院校在继续推进它们的开放课件计划。与此同时,发端于 2002 年的布达佩斯开放获取行动计划(Budapest Open Access Initiative,其官方网址为 http://www.budapestopenaccessinitiative.org)已经在积极推动开放许可授权在学术性文章及其他研究产出中的运用。许多核心的学习基础设施技术,包括学习管理系统、财务系统以及学生信息系统,依照开放许可授权协议,不断地被创造和发布出来(比如,Canvas,Moodle,Sakai,以及 Kuali 等)。像创建了可汗学院(Khan Academy)的 Sal Khan 一样,许许多多的个人也开始大规模地贡献,从而使得遵从开放许可授权协议的教育资源一直处于一种增长的态势。

就在这一切发生的同时,政府机构和像威廉与佛洛拉·休利特基金会之类的慈善组织,也倾注了数以亿计的美元,支持植根于开放许可授权协议观念基础之上的开放教育主张。事实上,威廉与佛洛拉·休利特基金会有关开放教育资源(Open Educational Resources,OER)的定义,是最为广泛引用的定义:

> "开放教育资源是不受版权限制或依照一种知识产权协议发布的教学、学习和研究资源,这种知识产权协议允许他人免费使用和再利用这些资源。开放教育资源包括完整的课程、课程材料、模块、教科书、视频流、测验、软件,以及其他支持知识获取的工具、材料或技术。"(威廉与佛洛拉·休利特基金会)

这一基金会与其他一些非营利性机构结合,促进了海量的开放教育资源的蓬勃发展。根据知识共享机构(Creative Commons,2014)的报道,仅在 2010 年,大约有超过 4 亿个遵从开放协议的创造性作品在线发布,其中许多都可以用于支持学习。

为什么开放(open)一词的概念化会像"开放许可授权"(open licensing)一样,是如此地有趣、如此地至关重要?为什么说它是对开放获取这一简单概念的提升和发展?在论述由开放许可授权所形成的开放源代码软件的威力的时候,Eric Raymond(2000)写道:"一些工具会以人们所预期的方式被应用,而真正伟大的工具会使得人类以超乎想象的方式对其加以广泛使用。"那些超乎人类想象的应用也许是由开放授权所给予的广泛而自由的许可所产生的。Adam Thierer(2014)描述了一个被他称之为"无许可创新"(permissionless innovation)的原则。在我的博客"面向开放"(*Iterating toward Openness*)上,我将这一观点概括为"开放促进出其不意"(Wiley,2013)。然而,当你概括和归纳某个特点的时候,征求许可和付费获得授权的需求使得实验成本变得更加昂贵。实验成本的增加必然会导致更少实验的实施。而从逻辑上看,较少的实验势必会导致更少的发现和创新。

假设你正在策划一项有关一种全新的教育模式的应用实验。现在,请你设想一下这个实验可能得以实施的两种情形:在第一种情形中,你不仅向皮尔森公司支付了高昂的费用,以便获得使用数字内容的短期授权(你从未拥有这些数字内容),而且还支付了高额费用以便获得 Blackboard 的短期授权(你从未拥有它),使得你可以存储和发布内容;而在第二种情形中,你利用了广泛自由传播的开放教育资源,并且将这些开放教育资源置于一个免费的、开放源代码的学习管理系统中加以传播。在第一种情形中,没有风险投资或者其他基金的支持,这个实验显然是无法实施的。而在第二种情形中,几乎不需使用什么经费,这个实验也可以实施。就像 von Hippel(2005)所描述的那样,如果我们希望大众创新,那么,我们最好支持和保护我们参与到第二种实验情形中的能力。开放许可授权正好创设了这种情形得以发生的空间和机会。

让我们一起回到慕课的话题上来。Udacity、Coursera 以及其他一些类似的慕课平台让我们相信,好像过去四十年是一片空白。这些慕课平台的惯用手法是不加修改地将 1969 年的开放获取的理念直接应用于 2014 年的在线课程之中。这种开放获取理念的一个主要后果,或者说如今慕课的这种流行性是试图说服人们相信,在教育情境中,"开放"就意味着人们可以免费获取那些不仅仅有完整版权保护,并且使用准则比 BBC 或者《纽约时报》还要严格的课程资源。这一说法可以在 Coursera 网站上的一段话中加以印证:

> 在没有得到 Coursera 的书面授权的情况下,任何人不得在由任何学院、大学或者其他学术机构开设的商业性或者提供学分认证的项目中使用 Coursera 的课程资源以及课程完成证书。如若违反,将被视为违反 Coursera 资源的使用准则。

任何人在任何时候都坚信,开放教育就意味着"用严苛的使用条款,对那些完全拥有版权的课程加以开放获取",这种观点简直无异于天方夜谭。其结果是,在开放教育取得的十年成就一朝被 MOOCs 推翻之后,它的支持者们再一次为建立和促成"开放"观点而奋战。我们今天所憧憬的开放为人们所提供的既包括受教育的机会,同时又包括一种在教育上的民主的、无需授权的创新文化。今天,人们所获得的这种受教育的机会跟 20 世纪 60 年代的慕课先驱者们所得到的受教育机会一样多。

## 6    名副其实的"开放"

既然如此,那在教育情境中,我们究竟应当怎么样谈论"开放"呢?究竟什么样的增强型"开放"理念才会有助于保护知识产权的同时并促进创新?我坚信,我们必须将我们的思维植根于"开放许可授权"这个理念之上。具体地说,我们应当以 5 个 R 的语言,倡导一种"开放"。"开放"应当被用作一个形容词,用来描述有版权的一些作品被授权给用户,准许用户以一种免费的和永久许可的方式参与到下述 5R 活动之中:

1. 留存持有(Retain):制作、留存,以及控制作品副本复印的权利(例如,下载、复制、存储和管理等)。

2. 重新使用(Reuse):以更加广泛的方式方法使用作品的权利(比如,在课堂上、在学习小组内、在网站上、在一个视频片段中等)。

3. 修订校正(Revise):改编、调整、修改,或者改变作品本身的权利(比如,翻译成另外一种语言等)。

4. 重组混搭(Remix):将其他开放的作品与一个开放的作品的原始作品或者它的修正版本重新组合,以创造出某种新东西的权利(比如,将一件作品整合进一个混搭作品中)。

5. 转发散布(Redistribute):与其他人分享某一个原始作品、你的修改版本,或者其他混搭后形成的作品的权利(比如,将一个作品的副本交给自己的朋友等)。

这个 5R 授权,以及它们的免费和永久使用的清晰声明,通常都会在许多创用共享授权协议中得以明确地阐述。当你从可汗学院下载一个视频片段的时候,从麻省理工学院开放式课件项目中下载一个讲座视频的时候,在维基百科网站上下载一篇文章,或者是从 OpenStax 学院①下载一本教材的时候,所有这些都使用了知识共享协议,你可以免费和永久地获得使用这些材料从事上述五种类型活动的权利。因为它们都是采用知识共享协议发布的,因此,你既不需要申请以获得授权,也不需要为这些许可支付任何费用。你可以直接用这些材料来继续支持学生的学习,或者你可以用它来开展一些新的教和学的改革和实验,你可以免费做这些事情,根本无需版权拥有者给予你额外的授权。

　　"开放"理念的操作性定义的变化,到底怎样影响那些大的慕课课程提供者?如果慕课提供者们的理念都由"开放意味着开放获取"转变为"开放意味着开放授权协议",那会产生怎样的影响呢?具体地说,假如 Coursera 或 Udacity 上的慕课课程的视频、作业和其他的内容都开放授权了,那么,它会不会导致世界各地访问课程的人数变得不再那么庞大?事实上,这是不会的。随着来自各地的学习者们可以免费和自由地下载、翻译和再传播这些慕课内容,它会进一步扩张全球的学习者可以享受的这些随手可得的课程的规模和范围。

　　尽管有许许多多的天花乱坠的宣传和大量的投资涌入,其巨大的推动力量令人难以置信,但是,慕课还是未能真正达到人们的期望。由于受到源自 1960 年代的奇怪的互联网哲学的压制,在注册要求、开课日期和结束日期、认证费用,以及苛刻的使用条款等方面的限制下,慕课已经重新跌回到地面上了。这使我想起了之前的一个笑话:"你必须为了开始学习而等候开课,在课程结束之后的那些日子里被'锁'在'教室门外',不得复制和重复使用课程材料,为了获得证书不得不支付费用,难道这就是所谓的慕课?""一个在线班级或课程。"

　　尽管有形形色色的夸大其词,但是,有一点却变得越来越明确,那就是,慕课无他,它无非是一种开放获取的在线课程,它并没有人们所期望的有那么多的创新。更糟糕的是,由于落后的"开放"途径,随着未来教育创新的不断涌现,慕课注定会被置于旁门左道,甚至半途而废。在慕课情境中,操作和实施如此多的实验,成本显然是过于昂

---

① OpenStax 学院是赖斯大学(Rice University)Connexions 项目的一个行动计划。自 2012 年以来,OpenStax 已经创建了不少同伴评价的、开放的教科书,这些开放的教科书既可以用纸质方式印刷本出现,也可以是电子版本的。2012 年 12 月,《大学物理》成为第一本以 iBook 形式发布的 OpenStax 教科书。其官方网址为:https://openstaxcollege.org/。——译者注

贵了！

那么，界定未来之教与学的实验究竟应该在哪里实施呢？

## 作为基础设施的内容

维基百科(2014)中有关基础设施的词条是这样写的：

> 基础设施是一个社会或企业的运作，或一个发挥作用的经济体的服务与设施所需要的基础的、物质的结构和组织架构。它通常可以被界定为一组相互联结的结构元素，这些结构元素为一个整体结构的发展提供了一种支持框架。
>
> 这个术语通常是指支持一个社会的那些技术结构，例如道路、桥梁、供水、排水、电网、电信系统等，它可以被界定为"相互关联的系统的物质要素，它们提供了日常用品和服务的基础，从而来支持、维持或改善人们的生活条件"(Fulmer，2009)。从功能角度来看，基础设施促进和增强了物资和服务的生成与生产……

究竟是什么构成了教育的基础设施呢？我所指的并非像学习管理系统之类的技术。我的意思是说，究竟有哪些要素包含在一组内在相互关联的元素之中，来提供框架支持教育？

我无法想象，如果缺乏下述四种要素的话，一个教育项目究竟如何去实施和执行：(1)能力或学习成果；(2)支持实现这些成果的教育资源；(3)学习者可借以展示他们成果的评价机制；(4)向第三方证明他们已经掌握了这些学习成果的认证措施。尽管，核心教育基础设施可能还有更多的要素，远不止这四种，但是，我还是坚持认为，这四种要素可以很清晰地被认定为内在相互关联的结构要素，它们为以其为基础的正规教育的每一个教育项目提供了框架。

8　　　并非每个人都有时间、资源、天资或者爱好，去完完全全地重塑自己的技能地图、改编教科书、重新设计测试以及为他们所教授的每一门课程提供认证证明。就像前文提及的无需授权和民主化的创新，很显然，对任何人来说，当有高质量的、开放的基础设施可以加以利用，并且这些基础设施可以被用来进行重组和加以自由使用的时候，事情就变得更加快捷，更加容易，更为廉价，以及更加美好了。

从历史发展演变的角度来看,我们只是将开放原则应用于前文中我所罗列的教育基础设施的四大元素中的一个而已,也就是教育资源。事实上,在过去十年来,我一直都在呼吁,"内容就是基础设施"(Wiley, 2005)。最近,通过开放徽章①工作(Mozilla, 2014),Mozilla 已经创建和分享了一个开放认证的基础设施。然而,由于在技能和测评领域中的开放性,到目前为止,它对自身的追随者和拥护者们所造成的影响还非常有限。

### 开放能力

以能力为本位的教育(competency-based education,CBE)项目在美国发展得如此之慢,即使是在教育部制定了对于以能力为本位的教育项目给予更加友好的联邦财政资助政策之后,也是如此(Fain, 2014)。在我看来,其中一个重要的原因就在于培养一组过硬的能力所需要的工作量是惊人的。不仅如此,并非每个人都有时间或才能去从事这份工作。因为它是如此艰难,所以,许多有以能力为本位的教育项目的研究机构都将它们自己的技能看作是祖传秘方,将这些技能束之高阁并保留所有的版权(在极力鼓动和促进开放教育资源在自己的学生中加以应用的时候,很显然,他们并没有亲力亲为,也没有感受过认知不协调)。在我看来,这种行为已经严重地阻碍了以能力为本位的教育模式的发展和创新。

如果一个研究机构乐意公开地认证一组完整的能力,那它就会为其他的研究机构和高校在建立新项目、新模型及其他实验方面奠定基础。根据当地项目的实际需求,这个开放能力可能会被修改和重组,同样,也可能会被添加或删减,以满足当地的需求。这种分享的行为也可能会给起初的机构一个机会,去从重组、修订的它们最初的能力组以及由他人添加的新能力中受益。

更进一步讲,公开地认证更为复杂的能力组,可以为人们提供一个公开的、透明的和精准的基础,收集整理有关学生们从中学到的东西的深度和范围的相关实证证据,建立支持论点的论据的坚实基础。

从教学设计师、教师或项目设计师的角度来看,开放能力是开放教育基础设施的

---

① 开放徽章是美国开源软件组织 Mozilla 基金会启动的开放徽章项目,用以提供一个规范化的电子徽章创建、发布和认证技术架构(OBI),其官方网站网址为:http://www.openbadges.org/。——译者注

核心,因为它为激发生成资源、测评和认证的情境赋予了意义。如果没有能力作为参照,你就不会知道,一个特定的资源是否就是"恰当"的、可利用的,一个测试是否给予学生们一个展示"恰当的"所掌握的知识和能力的机会。比如,一个非常高品质的、高保真的、交互式的化学实验模拟,如果学生们将其用来学习世界历史的话,那它就是一个"错误的"或"不恰当的"内容。同样地,如果像雇主这样的第三方无法查阅一个认证背后所证明的特定技能或能力组的话,那么,这个认证就是彻底地毫无意义的。

## 开放评价

为了"使他们感到安全",以便让学生们不再在考试、测验以及家庭作业中作弊,多年来,开放教育资源的创建者们已经拒绝去分享他们的评价。这种求安全的思维定势已经阻碍了评价的分享。

在以能力为本位的项目中,学生们通常通过"绩效评价"来展示他们的能力获得的情况。与传统的一些多项选择式评价不同,绩效评价要求学生通过表现一种技能或产出某种东西来展示他们自己的能力习得情况。结果,绩效评价让学生非常难以蒙混过关。比如,即便你提早了一周时间知道单元测试将会要求你定点投篮十投八中,你依旧毫无办法在这个测试上作弊。你要么掌握了这个技能并在测试的时候将其展示出来,要么就是你根本没有掌握这个技能。

因为绩效评价是如此地难以作弊,"使他们感到安全"这个问题便不再是关注的焦点了,这也就使得对绩效评价进行开放授权和共享成为可能。一旦这些评价被公开地认证,那么,它们就可以被存留、修订、重组和再发布了。

另外一个减缓或消除有关评价题目安全性担忧的方法是,创建公开的认证评价题库,这些题库包含成千上万条评价题目,这就使得作弊变得比单纯地学习更加困难和浪费时间。

## 开放教育基础设施

完整的开放教育基础设施可以支持非常快速的和低成本的实验和创新,它必须至少包括如下四个部分:

- 开放认证

- 开放评价

- 开放教育资源

- 开放能力

这些相互关联的要素奠定了一个大幅度节省时间、降低成本和减少探索复杂性的基础，它们在减少有关创新的和高效的教育新模式探索的复杂性的同时，也使得非正式学习同样从中受益。自下向上，开放能力提供了整个蓝图和基础。一旦得以建立，开放教育资源便提供了一种掌握这些能力的途径。此外，开放评价提供了展示所习得的能力的机会。最后，开放认证，不仅指向能力陈述，而且也指向绩效评价的结果。它向第三方证明，学习者已经在事实上掌握了所要求的能力或能力组。

10

当开放许可授权在整个领域内上上下下得以应用的时候，也就是创建真正的开放认证证书、开放评价、开放教育资源，以及开放能力，并进而建立开放教育基础设施的时候，这个系统的每一个部分都可以在无须征求许可和无须支付授权费用的情况下，被修改、改编、改进以及定制等，以便适应当地的需求。地方人士被授权用自己的知识创建他们自己的基础设施，以解决当地的问题。而且，他们可以这么去做，并且是免费的。

创建开放教育基础设施，能够激发和释放人们的才华和热情，这些人试图解决教育问题，但是，在这个过程中，他们没有时间去重新发明车轮和重新发现火。

"开放创生奇迹！"我们很可能无法想象人们使用开放教育基础设施的所有的、令人难以置信的方式方法，他们使用开放教育基础设施来稳步提升教育，或者在其他一些领域打造出全新的创新形式。这恰恰正是我们试图去创造的东西。

对开放的一个坚定的承诺植根于 5R 授权和开放许可授权，这个承诺便是对恭谦和人性信念的一种强有力的阐释。对开放的承诺不仅表明了我们这样一种信念，即其他人拥有比我们更为高妙的主张，而且向人们展示，我们正在很乐意地用我们的力量去做任何事情，以便支持他们实施那些更为有力量、更为高妙的主张。因为在最终，我们真正所关心的和在乎的是学生的学习，而不是到底是谁获得了学分之类的细碎和微不足道的闲话。

**David Wiley** 是鲁门学习(Lumen Learning)的首席学术负责人和联合创始人。Lumen Learning 是这样一个机构,它通过在中学、高校、社区和国立学院以及大学中应用开放教育资源,从而致力于提高学生成就以及人们对教育的支付能力。Wiley 当前还是一位沙特尔沃思学者(Shuttleworth Fellow)、知识共享机构(Creative Commens)的教育学者,以及杨伯翰大学教学心理与技术学位点的兼职教员。Wiley 博士获得美国国家科学基金会的 CAREER[①] 基金资助,他曾是斯坦福大学法学院互联网与社会研究中心的一位非在校研究人员,同时还曾任杨伯翰大学万豪商学院佩里社会创业研究员。作为一名社会企业家,Wiley 博士已经发起或与他人共同创办了许多实体机构,包括 Lumen Learning、Degreed[②]、犹他开放高等学校(现高山高度学院)。

| 初译 | 交叉 | 二校 | 终审 |
|------|------|------|------|
| 焦建利 | 陈莉莉 | 范奕博 | 焦建利 |

---

① CAREER,即学者早期生涯发展项目,是美国国家科学基金会提供的一个最富盛名的奖励,用于支持在学术研究中作出贡献的年轻学者。——译者注

② Degreed 是一家教育技术公司,致力于使学术学习、专业学习以及终身学习变为可能,是世界上第一个终身学习平台。——译者注

# 参考文献

Coursera. (2014). Terms of Use. Retrieved from https://www.coursera.org/about/terms.

Creative Commons. (2014). Metrics. Retrieved from https://wiki.creativecommons.org/Metrics.

Fain, P. (July, 2014). Experimenting with Aid. *Inside Higher Ed*. Retrieved from https://www.insidehighered.com/news/2014/07/23/competency-based-education-gets-boost-education-department.

Fulmer, J. (2009). "What in the world is infrastructure?". *PEI Infrastructure Investor* (July/August): 30 – 2.

Hewlett Foundation. (2014). Open educational resources. *Education*. Retrieved from http://www.hewlett.org/programs/education/open-educational-resources.

Mozilla. (2014). OpenBadges. Retrieved from http://openbadges.org/.

Raymond, E. (2000). *The cathedral and the bazaar*. Retrieved from http://www.catb.org/esr/writings/cathedral-bazaar/cathedral-bazaar/index.html#catbmain.

Thierer, A. (2014). *Permissionless innovation: The continuing case for comprehensive technological freedom*. Arlington, VA: Mercatus Center at George Mason University. Retrieved from http://mercatus.org/sites/default/files/Permissionless.Innovation.web_.v2_0.pdf.

von Hippel, E. (2005). *Democratizing innovation*. Cambridge, MA: MIT Press. Retrieved from http://web.mit.edu/evhippel/www/democl.htm.

Wikipedia. (2014). Infrastructure. Retrieved from https://en.wikipedia.org/wiki/Infrastructure.

Wiley, D. (2005). Content is infrastructure. *Iterating toward Openness* [Web log post]. Retrieved from http://opencontent.org/blog/archives/215.

Wiley, D. (2013). Where I've been; where I'm going. *Iterating toward Openness* [Web log post]. Retrieved from http://opencontent.org/blog/archives/2723.

# 第 2 章
## 慕课与学术殖民

Karen Head

12    有一件事情我必须坦白,我真的讨厌《白鲸记》①。事实上,我压根就不是梅尔维尔作品的粉丝。如果非要我谈谈赫尔曼·梅尔维尔的话,我倒是愿意聊聊《文书巴托尔比》。但是,事实上,我也不愿意谈这个。一个研究美国文学家的拥有英美文学博士学位的人的这种坦诚,多少有点亵渎神明的味道,毕竟,梅尔维尔是一位标志性人物。但是,如果让我来决定的话,我不会将梅尔维尔的作品放在课程中,除非开设一门专门针对梅尔维尔的课程,否则,我会很高兴地找到可以代表同一时代美国文学水平的其他一些作家的作品。

尽管我蛮横地漠视如此重要的一位美国作家,但是,我还是可以安安稳稳地一觉睡到大天亮,因为我知道,会有许许多多的教员将梅尔维尔的著作囊括进他们所设计的课程之中。在美国,关于高等教育系统的多元化特色,可从中窥见一斑啊!教员有许许多多的方式方法来实现和达成他们自己课程的目标。即便是某一个教员偏爱某一位特定的作家、一组课程资源,或者某一种具体的教学方法,每一次在他/她设计或者重新设计一门课程的时候,标准依旧是他/她必须要面对的挑战。主要的挑战总是这样的问题,教员究竟要将什么东西剔除在外,而不是他/她设计的课程究竟包含了些什么。

在通识教育类课程中,要想做出明智的选择很困难,这些课程通常涉及某个时期的调查和主题,在这种情况下,特定的标准就已经建立起来了。不管怎么样选择课程,假设某一个人想要对那些刚刚修完"十九世纪美国文学"的学生进行一次全国性的普

---

① 《白鲸记》(*Moby Dick*)是美国文学史上最伟大的小说之一,"莫比·迪克"(Moby Dick)是小说中的大白鲸的名字,这部小说充满隐喻象征与探求未知的勇气,曾被好莱坞电影不断地改编拍摄,可以算是一部捕鲸的百科全书。小说作者为赫尔曼·梅尔维尔(Herman Melville, 1819—1891)。——译者注

查,那么,这些学生中的每一个人都应当能够讨论其中的核心主题、议题,以及这个时期的问题。按理来说,这些学生借助不同的参考文献,都应当能够这么做。不仅如此,在他们相互之间进行讨论之后,他们应当发现,自己对于这个时期有一个更加广阔和深刻的理解和认识。

## 慕课设计的文化挑战: 一个个案研究 13

作为第一门大规模开放在线课程(慕课)的一位首席教师,我试图为一年级新生开设"初级写作"(First-Year Writing)课程。这是一个由比尔和梅琳达·盖茨(Bill and Melinda Gates Foundation)基金会资助,以调查慕课究竟如何满足通识教育的实际需求为目的的项目。而就在这个时候,我不断地遭受一些问题的困扰,比如,备受瞩目的慕课教师团队的排他性,以及有限地用于教授不同学科课程的形式等。于是,标准就变成了双重问题。首先,我之前已经界定过的一个问题就是,教员在美国大学中讲授任何课程的诸多方式方法上的狭窄化。其次,我面临一个非常具有挑战性的问题——将美国的课程带给全世界导致狭窄的美国视野构成了一种殖民主义的全新形态。

在我们的一年级写作慕课课程中,设计团队花费了很长时间考虑可能注册的学生的不同背景问题。假设在其他一些慕课课程中,当我们得知有一大批学习者是国际学习者的时候,我们就不得不考虑他们的文化差异问题。起初,我们就做出了决定,我们要提醒学习者,英语要达到母语般流利的程度是在本课程中取得成功的基础和核心,我们也把这个警示以醒目的方式录制到我们正式发布课程之前的简介视频中去了。我们很抱歉未能将那些在英语流利程度上欠佳的个体囊括其中,因为我们团队中有许多成员关于成为英语学习者的教员或者指导教师的背景和经验非常有限,我们意识到,我们没有足够的资源去支持母语不是英语的学习者的特殊需求。一些人在他们六岁的时候就开始了他们的英语语言的学习。我也曾经放弃参加一个暑假学校,从而没能帮助年轻的越南难民去学英语,我深深地了解英语作为语言来学习的教学形式,但我也深知,类似的教学需求可能会是多么地特殊。

我们的慕课的一个非常有趣的成果是,我们有一组来自俄罗斯的学生,他们将我们课程网站上的所有内容都翻译成了俄语,给俄罗斯学习者使用。幸运的是,在我们系里恰好有一位博士后研究人员能讲非常流利的俄语,因此,我们也可以判定这些翻译究竟是否恰当。当有学生所做的翻译与英语学习者的教学法课程方案不一致的时候,这就正好提供了某种我们未曾预料到的兼容性和包容性,对此,我们感到非常高兴。然而,拥有这样一群学生,他们不但乐意并且能高质量地完成这一项工作,对于任课教师来说,实在是某种可遇不可求的事情。

我们特别留意并且特别关注的是,在我们几乎全部都是白人的团队中,只有一个例外,那就是,我们的视频顾问是一位非洲裔美国人,但是,他一直从事幕后的工作。我们的教学团队也不例外。通过浏览 Coursera 网站(2014)上教员的照片,我们不难发现,教学团队成员几乎都是白人。我们团队中不少成员居住在其他一些国家,也有一些成员则可以说是边缘群体的代表(例如,我们有不同性取向的成员,也有一些身体存在缺陷的成员),因为我们深知,我们的团队成员不应该"同质化"。结果,我们有许许多多的策划会议来讨论(甚至辩论)林林总总的问题,从我们的上镜教员的衣着的每一处细节,到某一个呈现的符号是否可能会是冒犯性的符号,再到挑选音频资源以便不同口音的学习者几乎没有什么困难就可以理解,如此等等。

最终,有将近 27 000 名学生注册报名,他们分布在除南极洲之外的每一个大洲,我们对一些人所代表的文化的了解近乎一片空白,比如,来自巴林、马达加斯加、尼泊尔的学生等。尽管我们试图兼容并蓄、包罗万象,但是,我们还是未能预想到,完全没有察觉到,我们给予了美国文化以特权。比如,在我们的一个基于谷歌环聊①的讨论环节中,我们想要回顾和评论一个阅读作业的一些主要观点。我们的一位来自土耳其的学生似乎完全未能顾及作者(马丁·路德·金)的背景,这一点很快就表现出来了。于是,我提及甘地,那位学生才开始更好地理解我们之间的对话了。

还有一次,我们的一些学生对 David Sedaris 的一篇文章的录音片段感兴趣。在起初的策划阶段,我们就曾对是否使用这一片段而犹豫不决,因为其中包含了一些脏话和亵渎性的语言。学生并不经常表达他们的不满,但是这会让他们困惑。尽管我们将英语流利作为课程学习的一个前提,但是,无论是亵渎性的语言,还是幽默,都可以说是非常地道的俚语,其中有不少东西是非常值得我们认真考虑的。说句公道话,我们应当为学习者提供一个听力指引,为他们提供一些有关 Sedaris 的语言风格和语言

---

① 谷歌环聊(Google Hangouts)是谷歌公司的一款即时通讯和视频聊天应用,在 2013 年 5 月 15 日发布,取代了 Google Talk(Gtalk)。目前,谷歌环聊支持 Android、iOS 以及 Chrome 多个平台,并在 Gmail、Google+中集成环聊网页版。——译者注

选择功能的信息。

我们也注意到,我们所强调的占优势的规范性的传统正在面临挑战,这个传统便是,学生的论文通常都会成为课程文本。然而,在一门课程中,为了从数以千计的学习者的习作中挑选出可以用作课程文本的样本,而对所有学生的习作进行审阅不仅没有必要,而且也不现实。因为在课程中,所有的写作类任务都是通过同伴互评的方式进行评判的,因此,课程的教员并不是学习者学习情况的主要评判者。其结果是,我们丧失了又一个为学习者提供多元的参考文本而囊括学生作品的机会。

除了我们团队挑选什么样的文本这一议题之外,我们还发现了与一些学生的认识间接相关的问题,一些学生认为我们在将特定的文化观点强加给他们。其中,一个由学生发起的最为活跃的论坛便是,有关我的服装的选择是否适当的辩论。甚至这一辩论折射出一些有关殖民主义的话题,一个学生对于我穿了看上去像印第安人的服饰表达了愤怒——他问道:"难道她想让自己看上更像个少数民族吗?"而另外一个学生却将我的服饰视为新潮,她还撰写了一篇有关女性时装的评论。

尽管我挖空心思地琢磨,在视频讲座模块,我究竟应该穿什么,我非常谨慎地挑选衣服,以便自己的着装看上去中性且不具冒犯性,但是在视频中,这些服饰看上去还是异常艳丽。我也做出了非常审慎的选择,不要盖住我的头。我希望自己是深思熟虑的,但同时我也希望自己能如实地反映真实的自己。论坛上的辩论表明,在与来自如此广泛而不同的文化传统中的学生一道工作的时候,需要保持清醒的头脑。

15

## 慕课与排他主义的局限

慕课的拥护者们可能会辩解说,如果美国的大学以慕课的形式免费地提供课程的话,那么,就应当不会有人抱怨由教员所选择的设计和内容了。很可能有这样一个观点,即最初的慕课平台提供者和其他的慕课拥护者们的花言巧语,被用作慕课平台的市场营销计划的一部分,来兜售慕课。随着慕课吸引了诸多媒体的注意力,人们开始高度关注另外一个问题,即美国精英大学将它们的教育如此慷慨大度地提供给国内或国外的大众,而事实上,只有非常极少数的学生才有机会进入到这些具有极高知名度的高等学府深造。然而,知名度从来都不会是有深度和富有思想的教学法的替代品。

最近,无论是美国一些大的州立研究型大学,还是那些精英大学(通常是私立的),都发布了它们自己的慕课课程。即便如此,辩论在继续聚焦精英主义的同时,又促进和提升了一种平均主义。它传递的信息是,非常著名的(通常是美国的)高等院校将会向任何对学习感兴趣的人,提供免费的和非常出色的课程。然而,课程的"提供者"仍是非常有限的,这些课程提供者被特别地挑选出来,并不是因为这些机构必然地拥有最好的教员,而是因为这些教员恰好是那些精英大学的一部分教学人员。

诚如我曾主张的那样,"无论是哪个高等院校,都会有这样一种非常朴实的主张:对于教授某一门课程来说,一些学校的某些教员会是最佳人选。那些坚信最佳教员模式的人们很可能会辩解说,对于教授一门特定课程而言,压根就没有必要有数以百计的不同的教学方法。然而,这一论点并不能很好地解释,为什么在许多学科中存在着如此海量的知识基础"(2014)。这一模式也无法解释清楚,为什么如此大量的文化差异问题必须成为课程设计的组成部分,这些课程是为传统的美国大学系统之外的学生设计的,或者鉴于存在文化差异,是为在美国大学中注册的来源广泛的学习者而设计的。

植根于课程设计之中的责任和挑战总是成为辩论的一个焦点。用交通信号灯为比喻,Lauter(1991)解释说,

> 各级各类学校,无论是开展哪个阶段的教育,都可以说是在帮助建立和传播我们社会的文化信号——那些决定性的红灯和绿灯。事实上,理解课程的一种途径就是将它们看作一组精细明确的信号,指引学生进入到各种不同的轨道,这些轨道很可能会在学生一生中完全加以贯彻。

假设课程设计有如此广泛的意义,那为什么这种单一提供者模式却是如此地受欢迎呢?从国内角度来看,在过去一些年,从州到联邦的经费压缩,私人捐款下滑,捐赠资金萎靡,甚至所有这些情形组合叠加,使美国的高等教育中的几乎每一所高等院校都面临着预算紧缩的问题。毫无疑问,教学是决定高等教育开支的一个核心要素,但是,在管理成本和支持服务开销急剧增加的同时,教学开支一直在逐步下滑。最新一期的"心理报告"①报道:

16

---

① "心理报告"(The Brain Report)是一个有关心理健康和精神保健方面的独立的、公正的信息来源。其旨在于提供客观的、令人信服的和时效性较强的有关心理卫生和心理健康的资讯。其目的不是要替代专业的咨询、诊断和治疗。——译者注

学校董事会成员和大学校长必须将他们所有的注意力集中于支持和管理成本的增加上来。在绝大多数校园中,这些成本增长的速度远比教学成本的增加快得多。无论哪个行业,一旦管理成本能够以这样的速度增长的话,那么,它们的管理层就快要丢掉自己的饭碗了。如果学院和大学指望在一些领域压缩开支以提升效益,那么,它们应当从最远离教学和研究的核心的地方入手。紧缩要从外向里进行,建构要从里向外展开。(Denneen & Dretler,2012,p.5)。

在高等教育领域中,将减少教学成本作为最重要的战略已经遭受了诸多的批评。考虑到这些批评,挑选出一些教员,指派他们去成为内容提供者,还有比这么做更好的方法吗?在这个模式中,学习者将会从一个单一的慕课提供者那里获得内容信息,这就会打消每一所大学去聘用讲授相同内容的教员的积极性。

这一模式在教学法方面还面临诸多挑战,比如,学习者与准备该课程内容的那些教员之间缺乏直接的接触,此外,对一门特定课程来说,仅有非常少量的教员(甚至更糟的,只有一位教员)就意味着该课程的资源标准、方法、过程和教学途径都将会必然地受限于所指派的教员的知识、经验和偏好。假设我们给每一门课程只安排一个主讲教师,那么这些课程中的信息将很快变为新的标准。一方面,公众所普遍接受的目标可能是存在的,另一方面,也存在各种不同的考虑、样例、实验和模型,根据将这些资源挑选出来进行组合的方式方法,在任何课程的整体结果的基本框架内,为学生提供了不同类型的经验。

由于我起初的关于偏好的评论,那么,假设我变成了"十九世纪美国文学"慕课课程的著名教员,梅尔维尔的作品可能就不会被选作这门课程中的一个部分。就像我一直主张的那样:

此种"一刀切"式的课程的意义远超越了课堂。拥有不同的经验,就意味着,当一群人组成一个团队在一起工作的时候,也许是设计一栋新的建筑,他们将会从各不相同的角度去领会各不相同的可能性。用限制教员数量的方式限定课程内容,就意味着限制了学生能从中习得的可能性。如果我们不考虑形形色色的课程损失的话,我们将会把整个教育经验窄化为仅仅是一小部分人的特权了(2014)。

17　　　与慕课相关的华丽辞藻通常会将慕课导入到单一提供者模式之中,并且支持一种更加常见的限制标准的行动,仅仅局限于强势的思维方式之中。就国内情况来看,在建立共同核心材料的相关讨论中,我们便可以看到这一点。从更宽泛的角度来看,通过单一提供者模式来限制标准的行动,也就变成了一个政治的和文化的议题了。

其中的一个问题便是双重关注,也就是在提供一种教育的同时,又培养学生去为就业做准备。企业人员招募者和经理,连同立法人员一起,大声疾呼需要专门性的和细分的技能,而慕课的拥护者们则将慕课鼓吹和美化为能特别好地满足这种需求的培训。一所大学的教育是否应当被视为一种职业培训类项目,由此问题导致的紧张和矛盾并非是现在才出现的,而单一标准则始终是此种紧张和矛盾的一大组成部分。正如Lauter(1991)年所极力主张的那样,

> 教育机构似乎总是为两大前提所左右,即"实然"和"应然"。我们的部分使命就是向学生讲授各个学科的知识,例如,历史、文学和物理等。但同时,人们也期望我们指导学生适应教室之外的世界,指导他们在将要从事的工作中的创造和再创造,指导他们不断更新自己的观念。在昔日的主张和未来的观点之间,我发现了这些命题的矛盾和张力。

因此,围绕慕课的许多华丽辞藻正好反映了过去与未来之间的矛盾和张力。像"颠覆"和"创新"之类的词汇的使用也强调了这种张力。通过解释"实然"和"应然"之间的矛盾以及"过去"与"未来"之间的矛盾究竟是多么地虚假,"我们所教授的知识之本体"是以我们如何感知"过去"为基础而构筑的,而我们所感知的这个"过去"正好又构成了"未来"之基础,Lauter(1991)阐释了他的主张。Lauter 指出,

> 任何教育项目都应当聚焦于来自人类经验的巨大储藏中的一个小的选择。人们所选择的既非偶然,也非无法避免,而是确定性的。为了在他们即将聚居的世界生存,学生究竟"应当"知道些什么? 通过对这个问题的的预测,我提出自己的这一主张。

除为了适应工作,学生究竟"应当"知道些什么之外,文化上的,有时候是民族主义的考量会将认识论上的意义进一步拓展。最近,英国内阁教育大臣 Michael Gove 就认为,英国普通中等教育证书(GCSE)要求学习太多的美国文学著作(Molloy,2014)。拥有共同的教育目标和要求的成果,并不必然地成为一个问题,但是,拥有达成这些目标和成果的一种严格的文本和方法,可能会向他人表明了一种民族主义,甚至有孤立主义的意味。不仅如此,一种狭隘的标准可能会导致课程材料完全脱离特定人群的情境。

## 单一标准的政治和文化意义

18

通常,标准总是表达了一种审查制度,这种审查制度赋予特定的工作在其他方面的特权。Matthew Arnold 的哲学理想是,社会应当追求"使得当今世界人们所认为的和人所共知的事物达到极致";我们从未真正界定过有关"最佳"和"极致",也未发布过相关的专利声明,因为根本就不存在,用 Shakespeare 的话,"灯塔永远为人导航",这两者之间的权衡其实是有条不紊的和循序渐进的课程设计之核心。我之所以使用 Matthew Arnold 和 Shakespeare 的名言,仅仅是为了阐明根深蒂固的教条、文本,以及方法究竟是如何形成的。然而,尽管像 Shakespeare 这样的作家具有人所共知的重要性,但是,民粹主义和政治冲动可能会将世界推向更加狭隘的境地。如果 Gove 能强行取消美国文学的内容,那么,其他国家的教育大臣也同样可以以过于英国化为由,而剔除与 Shakespeare 相关的内容。结果是,如果一个国家的代表,或者是一组特定国家的代表,有权力将他们所坚信的应当教授给学生的内容作为课程,那些课程也就成了优先选择的课程了,那么,我们就拥有了一种新的形式的殖民——学术殖民。

提供可以用来广泛传播的资源所面临的挑战就在于,执行和实施的主要机制几乎毫不例外地是由西方的教育机构或企业来提供的。当下,这种存在于慕课和开放教育领域的至高无上的西方的影响,也进一步地使得这个问题变得愈发复杂化了,因为一种文化可以创建出一种居于支配地位的标准,无视其他文化的存在。正如 Kennedy 对艺术领域标准的差别所做的解释那样,正是我们的那些许许多多的"天才与伟大"阻碍了我们的包容性。相反,我们建立了标准层级体系,这些标准层级体系与"今天这样一个全球化的、各不相同的、多元文化的世界中绝大多数人感受艺术的方式"没什么关系(Kennedy,2010)。

这样的学术殖民已经存在了，并且已经存在多年了，这一点是确确实实的。与此同时，经由慕课或类似平台的信息的扩散，学术殖民产生的影响力更直接、更大。正如Miranda Kennedy(2010)在《世界政策季刊》①中指出的那样，在一些领域，情况已经并正在发生着改变：

> 艺术和文学再也不会被认为是以欧洲为中心，或以白人的经验为主导，随着快速发展，来自中国和印度的那些接受了高等教育的人群呼声与美国和欧洲的移民群体的呼声一样大、一样重要。

我认同这样一种观点，尽管在学术文本准则的包容性方面，的确已经取得了某种程度的改善，但是，在美国的许多基础性课程中，占主导性的文化主题依旧是极端地以西方为中心的。比如，作为一名研究生，我曾经在"世界文学"(World Literature)课程中担任大学二年级调查课程的教员，这门"世界文学"课程真的是一门关于西方文学(Western Literature)的课程，尽管其课程名称中涵盖了特定的规则元素。这门课程的所有课几乎完完全全是预先设置好的，而我的工作只是利用一本指定的教科书，监督学生完成一大组课程作业。

19     记得有一次，在我组织大家就 Nathaniel Hawthorne② 的短篇小说《拉伯西尼医生的女儿》(*Rappaccini's Daughter*)进行讨论的时候，我试图用中央花园装置的被禁止的植物来指代伊甸园，以此来解释"影射"这个概念。我的学生差不多一多半来自中国。我花了好几分钟时间才意识到，他们的文学艺术课程并不包括有基督教星期日学校课程部分。Kennedy 的论点，当有一个"高速发展的、受到良好教育的群体"正在不断地拓展标准的边界的时候，那么，单一提供者的慕课模式(也就是西方人开发的慕课课程)就可以如同大规模的学术传教士一样发挥作用，从而呈现给这个世界已经预先建立的、独一无二的、有效的文学。

---

① 《世界政策季刊》(*World Policy Journal*)是 SSCI 全文收录的学术与时政评论季刊，是美国政界要人和重要智库的必读刊物，也是美国外交与国际事务领域最著名的期刊之一。该期刊的官方网址为：http://www.worldpolicy.org/。——译者注

② Nathaniel Hawthorne(纳撒尼尔·霍桑)，19 世纪前半期美国最伟大的小说家，其代表作品有短篇小说集《古宅青苔》《重讲一遍的故事》等，长篇小说《红字》《带七个尖顶的阁楼》《福谷传奇》《玉石雕像》等，这些都是世界文学史上不可多得的经典名著。——译者注

## 全开放的慕课平台的优势

如果慕课的拥护者们真正地想要坚持不懈地为世人提供最佳的接受教育的机会，那么，他们就不得不向大规模、大范围的教育机构和教育工作者开放他们的这些平台。如果那些完全开放的拓展型慕课能够包含一系列许许多多的途径和情境的话，那么，它们就可以将传统的准则以一种爆炸性方式拓展到几乎任何学科之中。创建这样拓展型的或完全开放的慕课，可以说是教学法设计中最为重要的一个进展。正如 Brown (2010)主张的那样，

> 为了保存和评估我们的力量，即我们决定学生究竟应该学些什么的力量，我们必须要理解我们的教学法准则赖以建立的那些因素，我们的教学法准则构成了我们的所有课程的选择依据。构成教学法准则的这些因素包括外部变量(传统和惯性，被认可，群组和个体的重要性，以及适用性)和内部变量(文学史上的地位，信息性内容，审美优势以及娱乐或打动读者的能力)。了解了这些因素，我们就可以判断，对于我们自己的学习者群体来说，究竟哪个标准会是最重要的标准。

由于任何人都有机会成为慕课的教员，因此，我意识到，需要从许许多多的教育机构中将那些优秀教员囊括进一个大的教员库之中。并且，随着我们的课程设计变得越来越至关重要，以及我们越来越充分全面地认识到每个人(有意识的或无意识的)持续的、特定的、文化霸权主义的方式方法，我们可以考虑借助慕课的杠杆力量，来拓宽而不是窄化任何学术领域中的准则的方法。此类对慕课课程和为人所接受的实践、教学途径和方法，以及文化的参与者的拓宽，将会产生一代又一代学生，他们在一种多元的理论视野和实践技巧中接受训练。这些个体将会突出强调(当然希望予以解决)多重模式中的问题。如果扩张未能得以发生，那么，我们就冒着一种单一思维模式的风险，这种单一思维模式可能会很大程度地消灭创新，限制我们生活中的各个方面的问题解决。

我们有许多在不同的机构和文化中工作以实现共同目标的方式方法，其中之一就是，对于选修我们课程的大规模的学生保持一种更加包容的态度，将他们的各不相同的观点和经验整合为我们的课程资源的一个有机组成部分。我们的学生的多样性是

20

慕课或者类似平台的最大的优势之一。最后，我们无法接受单一提供者模式，就好比那些今天流行的东西一样，它们将会限制学生，并限制学生的所学。

**Karen Head**，乔治亚理工学院传播中心（the Communication Center at the Georgia Institute of Technology）主任，文学、媒介和传播学院（School of Literature, Media, and Communication）助理教授。她的研究领域包括写作和传播理论与教育实践。在 2012—2013 年间，她是 GT① 团队的成员，这个团队得到了盖茨基金会资助，用以开发侧重于大学生写作的第一门慕课课程。她还发表了许多有关此类经验的文章。

| 初译 | 交叉 | 二校 | 终审 |
| --- | --- | --- | --- |
| 焦建利 | 陈莉莉 | 范奕博 | 徐品香 |

---

① GT 为乔治亚理工大学（Georgia Institute of Technology）的简称。——译者注

# 参考文献

Denneen, J., & Dretler, T. (2012). *The financially sustainable university*? Bain Briefs. Retrieved from http://www.bain.com/Images/BAIN_BRIEF_The_financially_sustainable_university.pdf.

Brown, J.L. (2010). Constructing our pedagogical canons. *Pedagogy: Critical approaches to teaching literature language, composition, and culture*, 10(3),525 - 53.

Coursera. (2014). Meet our partners. Retrieved from https://www.coursera.org/about/partners.

Head, K. (2014). The hidden costs of MOOCs. In S.D. Krause, & C. Lowe (Eds.), *Invasion of the MOOCs: The promises and perils of massive open online courses*. Anderson, SC: Parlor Press. Retrieved from http://www.parlorpress.com/pdf/invasion_of_the_moocs.pdf.

Kennedy, M. (2010, September). A non-inclusive canon. *World Policy Journal*, 27(3),3 - 7. Retrieved from http://wpj.sagepub.com/search/results? fulltext = a + non-inclusive + canon&submit=yes&journal_set=spwpj&src=selected&andorexactfulltext=and&x=0&y=0.

Lauter, P. (1991). *Canons and contexts*. New York: Oxford University Press.

Molloy, A. (2014, May 25). Michael Gove "axes" American classics including To Kill a Mockingbird from English literature GCSE syllabus. *The Independent*. Retrieved from http://tinyurl.com/mhu8rrv.

## 第 3 章

### 日本的慕课和开放教育

以日本开放大学为例

Kumiko Aoki

## 引言

21   日本是一个技术先进的社会,拥有稳定的电信基础设施。因此,其他国家的人自然也就认为,信息通信技术(ICT)在日本教育方面的应用很成熟。然而,在日本,技术在教育,包括在高等教育方面的应用发展相对缓慢。根据最近一项由 Toru Iiyoshi 和他的同事所做并由京都大学(Kyoto University,2014)公布的调查,日本将近 40% 的高等学校已经提供了多种形式的数字化学习,但只有 57% 的高校建立了校级学习管理系统(LMS)。此外,日本不到 50% 的高校有校级电子学习策略或 ICT 应用策略。实际上,这些成果多数要归功于那些除了进行面对面教学以外还使用学习管理系统以及校级电子学习策略或 ICT 应用策略的个体教员。

  尽管 ICT 在日本的教育或在线教育中的应用通常落后于其他发达国家,但是"慕课"或"大规模开放在线课程"这个术语已经传到了日本,并对日本高等教育的利益相关者产生了很大的影响。2013 年 10 月,作为一种在日本推广慕课和开放教育的手段,日本的一些大学和公司组成了一个联合体,创建了"日本开放在线教育促进委员会",又名"JMOOC"(JMOOC,2013)。在本书写作期间,这些努力的成果尚未知。另外,JMOOC 计划到 2014 年底由日本各个不同的大学再推出 15 门课程。

22   在 JMOOC 创立之前,日本最著名的两所国立大学——东京大学和京都大学就分别加入了众所周知的美国慕课平台 Coursera 和 edX(Kyoto University,2013;Tokyo University,2013),这说明日本人对慕课也感兴趣。2013 年 9 月就有 3 万多人注册了东京大学推出的首门 Coursera 课程"从大爆炸到暗能量"("From the Big Bang to Dark Energy")。七个月后,也就是 2014 年 4 月,大约有 1.8 万人注册了京都大学推出的首门 edX 课程"生命化学"("Chemistry of Life")。

尽管在日本,在线教育资源还极少,数字化学习通常指的是在线讲座视频的传输,高等教育机构并没有真正把在线教育当作其未来战略的一部分,但慕课在高等学校却引起了一些反响。就这样,日本人大开眼界,看到的不只是慕课的潜力,而且还有更适中的混合在线课程与课程资源以及完全的在线课程与课程资源。

就日本的开放教育而言,日本开放大学(OUJ)(日语中的"Hoso Daigako",意思是"广播电视大学")30 年来一直通过电视频道和电台向日本有电视或收音机接收信号的受众播放大学水平的课程讲座。考虑到日本开放大学的使命是,向那些已经错失或即将错失在大学中接受正规教育机会的人提供高等教育服务,它自然会开设慕课,但是,该大学在提供在线课程资源方面一直还存在着种种困难。

这一章从社会和文化角度描述日本远程教育和在线远程教育的历史发展状况,并以国内和国际视野探讨日本不同远程学习方式的重要性。

## 日本远程高等教育的历史背景

可以肯定地说,日本开放教育的历史与日本远程教育的历史是相似的。更具体地说,远程教育是作为一种替代性教育手段,教育那些没能接受高等教育的人而发展起来的。然而,与高等教育的历史相比,远程高等教育或函授高等教育只是新近才在日本得到正式认可或被接受的(Aoki, 2006)。

1950 年,日本教育部正式批准授予函授课程或远程学习课程学分,并准许公认的日本大学为参加远程学习的学生颁发文凭。据日本高等教育委员会所说,这是日本远程高等教育的开端。从此,日本教育部就有两套独立的认证系统或大学设置的标准:一套针对传统的有校园的大学,另一套针对远程教育。

那时候,远程教育虽然已得到认可,具备授予学位的资格,但学生取得学士学位必需的 124 个学分中的 30 个学分必须通过面授(即正规教育)得到。1998 年 3 月,最少 30 个学分必须通过面授获得的这种要求放宽了。那时,日本政府决定,这 30 个学分可以通过像视频会议这样的同步媒介传播方式获得。大约 3 年后,也就是 2001 年 3 月,日本政府准许学生通过网络互动的方式获得这 30 个学分。这一决定首次使仅通过远程方式而无须进入实体校园或相关学习中心就能取得学位成为可能。

与此同时,通过函授教育方式修读的研究生课程也开始得到正式认可。实际上,

2002 年日本就创建了 4 门研究生远程教育课程。一年后,也就是 2003 年,通过远程教育方式修读的博士学位课程开始得到认可。起初,与正规的在校课程相比,远程教育课程被认为是第二位的。造成这种情况的主要原因在于这样一个事实:多数远程教育课程有公开的招生政策,允许任何符合资格的个人报读,无须参加入学考试。人们还是普遍认为,远程教育课程从学术严谨性上来说不如传统的课程。这种观念至今尚未完全消除。不过,这些负面观点也在慢慢发生改变,部分原因在于传统的有校园的大学已经开始开设远程教育课程。

纵观日本远程高等教育和开放教育的历史,人们就会发现日本开放大学(OUJ)一直发挥着独特的作用。以下部分将介绍该大学的历史与现状。

### 日本开放大学: 日本大规模高等教育的提供者

日本开放大学(OUJ)成立于 1983 年。直到 2007 年,它才以英文"University of Air"为人所知。1985 年 4 月,它模仿英国开放大学,把广播讲座与相应的文本和访谈结合起来,利用广播电视开始建设自己的课程。将广播作为教学媒介创建大学的这种想法是 1967 年首次由日本教育部提出的。然而,由于各种政治原因,该想法花了十多年的时间才真正得以实施。

日本开放大学真正建立以前,在 1978 年,日本成立了国际广播教育发展中心(后来被命名为"国立多媒体教育学院"或 NIME),作为一个研究和试验团体,它为日本开放大学的筹建做准备。该中心做了一个广泛的实验研究,旨在摸清这样一所大学的学习者的需求。几年以后,教育部向日本两院制的立法机构(日本国会)提交了一份议案以求建立日本开放大学。1981 年,日本国会通过了这个议案。如前所述,1983 年,日本开放大学成立。

就学生的绝对数量而言,日本开放大学多年来一直是最多的,目前,有 83 000 多名学生就读于这所大学,而选择远程高等教育课程的学生总共有 212 000 名(文部科学省,2014)。换句话说,目前就读于日本开放大学的学生约占修读远程高等教育课程的学生总数的近 40%。

日本开放大学的独特之处是,自成立以来,该所大学就拥有一个无线广播电视电台,以广播教学节目。这种教学性广播服务意味着不仅注册的学生可以收听其教学节目,而且任何能够接受无线电广播信号的人都可以收听其教学节目。但是,如前所述,由于许多管理、组织和文化方面的原因，它向在线教育过渡的步伐一直相当缓慢。

日本开放大学自成立以来的 30 年里，其主要教育模式没有任何真正的改变。事实上，日本开放大学现在才正在设计第一批完全在线课程，这些在线课程于 2015 年 4 月开始推出。出现这种延迟情况的部分原因是，日本开放大学的教育体制的两个核心一直是(1)配有教材的广播节目和(2)在其学习中心的面授课程。日本开放大学通过在当地的学习中心举行期末考试对学生所修的全部广播课程进行评估。

这些课程利用互联网承载在线流媒体视频/音频广播讲座节目，还利用互联网组织论坛、布置期中作业。但是，这些论坛永远都不是进行评估或学生学习活动的关键部分。因此，学生一般很少参与这些论坛或者根本不参与这些论坛，这一点不太会令人感到意外。该大学一直有一个学生在线提问系统，不过要先将这些问题发送到行政办公室，如果必要的话，再转送给老师。因而学生收到答复的时间总是远远滞后于发布问题的时间。换句话说，日本开放大学自 1983 年以来就提供开放教育，但一直都不是完全在线的，也不是完全互动的，主要还是依靠教师和以内容为中心的教学，而不是以学习者为中心的，缺乏交互活动。

慕课的观念犹如网络流行语，已经在日本各个高等院校的利益相关者中间传开了，它也促使日本开放大学认真思考和实施在线教育。有必要指出，慕课在全世界得到普遍认同以后，日本开放大学就朝着在线课程和学位的方向行动，不过，这并不是想象得那么简单。事实上，在过去几年里，在线教育一直都是争论的议题。但是，这些争论者一直没有达成共识，而这一点恰恰是日本开放大学引进在线教育获得批准所必需的。高层管理人员以前总是用下面这两个理由来解释日本开放大学为什么没有认真考虑提供在线教育这一问题：(1)财政困难，(2)学生特点。下面会重点讨论第二个理由。

按照法律，日本开放大学是一所私立大学。然而，该所大学半数以上的收入来自政府。正因如此，日本开放大学的运营受到两个重要的政府部门的监管：(1)教育、文化、体育、科学和技术部(MEXT)，(2)内部事务和交流部(MICA)。前者主管大学教育，后者监管广播系统。日本别的大学都不受这两个部门的监管，因为它们没有广播执照。相比之下，日本开放大学的天职就是以无线方式传播大学级别的课程，所以，与其他大学相比，日本开放大学接受来自内部事务和交流部的补贴，以此来运营和维护其广播电台。

因此，日本开放大学的高层管理人员总是担心因改变在线教学传播模式而失去这

25

个财政来源。这种情况也让该大学一直很难把预算分配给运营和维护广播电台以外的事务。老实说，广播节目耗资很大，占日本开放大学制作和传送预算的主要部分。

日本开放大学尚未开设在线课程的第二理由是学生的特点。它们的学生年龄比日本其他大学的学生大得多，其他大学的大多数学生都是惯常的大学年龄，而日本开放大学 60% 以上的学生的年龄在 40 岁或 40 岁以上。此外，日本开放大学的天职是为那些具有高中文凭或同等学力的人提供高等教育服务，该所大学一直不愿意提供在线课程，原因是现有的很多学生不懂访问在线课程的方法和技能。

正是上述这两个理由过去一直妨碍日本开放大学认真考虑开设在线课程。但是，在 2013 年，该所大学开始认真仔细地考虑开设在线课程的可能性，它这样做的部分原因是受慕课作为一种思想在日本流行的影响，还有部分原因是前一年所经历的管理变革。这突如其来的兴趣促使其组建了一个工作团队，商讨开设在线课程的办法。除了上述两个明显的理由以外，还有许多其他隐性障碍致使日本开放大学在提供在线教育方面落后了，包括政治的障碍和社会的障碍。日本开放大学在真正实施在线教育之前必须扫清这些障碍。

26　　认证学分课时的方法一直存在争议。与日本开放大学相关的法律规定，该大学可以向两类课程，即广播课程和学校教育面授课程提供学分课时认证。就广播课程来说，每门课都有与之配套的纸质材料，它们是专门针对该课程而编写的。这些课程自然也包括广播（电视或无线电广播）节目，这些广播节目由 15 个 45 分钟的节目组成。每门课共计 2 个学分，学习纸质材料 1 个学分，观看广播节目 1 个学分。学生要得到这 2 个学分还必须通过在日本各个学习中心举办的期末考试。

与广播课程相比，面授课程只有 1 个学分，学生要得到这个学分必须在学习中心学习课程。这些面授课程通常周末上课，学生每周末上两天课，才能得到这 1 个学分。

尽管由教育、文化、体育、科学和技术部（MEXT）所解释的国家法律含糊地提到 1 个学分必须有 45 个学时的学习活动，但实际上 1 个学分的课程一般意味着每周上一次 45 分钟的面授课，连续上 15 周，不管学生真正学了多少东西。在线课程是日本开放大学的一种全新的课程，所以，没有人知道怎样统计在线课程的学分课时数。日本开放大学的学分课时基本上是按讲座的长短来算的，因为，在日本开放大学的多数教职员工看来，实际上很难按学生活动或学时以外的其他手段来算学分课时。

由于一个班级的组成主要是由负责课程的老师决定的，所以，在常规校园课程和学校教育课程中,这种向在线教学的转变或许并不是个麻烦的问题。如同其他国家的大学一样,一般没有中央机构真正检查每个课堂的教学进展情况。但是,在日本开放大学,所有的广播课程都由大学委员会集中管理和检查,并由教师集中确认。这种强制执行的程序使分配学习活动丝毫没有自发性和灵活性。如果在线课程被视为是与广播课程或授课课程同等的课程,那么,日本开放大学的政策和做法就必须有重大改变。

在讨论过程中,大家同意基本上要开设两种在线课程:(1)主要传送信息的课程,(2)鼓励学生建构知识的课程。对以前的课程是什么样的有个相对清晰的印象,这对大多数教师来说都不是什么难事,正如那些在线课程与目前播放广播讲座的做法没什么区别一样。鉴于这些相似之处,坦白地讲,他们可能会关注接下来要介绍或谈论的内容。但是,构想第二种课程对他们来说还存在很多问题,因为除了指导论文的那些学生以外,他们很少见到别的学生,也很少与他们互动。设计、创编、运行和评估更倾向于以学习者为中心,或与学生有较多互动的建构式课程对事先没有这种体验的教师来说会相当难。

日本开放大学开设在线课程,这不仅对其教师来说是个很大的挑战,而且对其文职人员和管理人员来说也是个很大的挑战,因为该大学的整个体系的建设是为了专门提供无线电广播课程和在当地学习中心的面授课程。如果日本开放大学开始转向在线课程和节目,那么,就存在设计、创编、实施、运行和维护在线课程的人力资源短缺的问题。更糟糕的是,不能雇用任何人。实际上,由于日本上大学的人数在减少,又由于拨给日本开放大学的政府补贴的数额也在减少,因而,日本开放大学的收入也在减少。在这个时候,必须仔细考虑和创建整个在线教学系统。

日本没有类似于美国那样的职业轨道。比如,日本大学的员工分为两类:(1)学术人员,(2)行政管理人员。这些行政管理人员一般平均每三四年更换一次岗位。如,那些在会计办公室或部门工作的人员三年后可能会被调到学生支持服务部门工作。换句话说,这是一种文化,即大学几乎不培养专业人员。因而,很多业务需要外包。假如日本任何一所大学,不只是日本开放大学,正在认真考虑提供多种在线课程及节目,那么就得重新调整人力资源制度。

## 开放教育对日本开放大学和日本意味着什么?

如上所述,日本能够接受广播信号的任何人都可以收看日本开放大学制作的广播讲座节目。正是这种自由访问使日本开放大学一直处于一个独特的位置，成为日本开放教育的长期提供者。但是，从全球意义上来讲，日本开放大学还远不是开放教育的杰出提供者。即使日本开放大学的最终产品是开放的，在全国范围内可以观看，但它们是无法共享并且无法重复使用的。

就公开访问而言，日本开放大学的教育产品在日本以外的地方无法观看，这也是一个限制。虽然日本开放大学秉持了开放教育的基本理念，它应当促进教育实践的创新和变革，但是，在过去的三十年里，它面对种种变化却无动于衷。如本章所述，它仍然按照以教师为中心的知识传授模式运作。确实是时候该改革了。慕课和在线学习大概可以引发这种变革，或者可能促成一种转变，这似乎成为事实。

由于日本是一个岛屿国家，且其语言特别，所以，从教育和思想交流方面来说，日本往往与世界其他国家隔绝。另外，尊重权威的儒家传统和维持表面上的和谐的日本文化也成了教学的障碍。思想的闪现和交流以及讨论不像通常经历和预期的那样。因此，开放教育要求积极推动教学法创新，同时给学习者注入多种想法和观点。开放教育应当以学习者为中心，而不是以教师为中心。开放教育应当给学习者提供决定自己学习，按自己的节奏学习，遵循自己的风格，从经验中学习，与同伴分享观点以及合作学习的机会。

日本开放大学被赋予教育日本公民的使命，在这方面几乎不受任何限制。在互联网和 Web2.0 出现以前，广播电视可能一直是实现这一目标的有效途径。然而，尽管这些媒体对一些人来说仍然很重要，但是，在这个高度数字化和全球化的时代，它们对教育日本大多数公民来说还是不够的，必须重新考虑基于旧的媒体的整个体系和组织结构。例如，教学媒体或教和学的媒体应当多样化。我们能够提供的教学方式越多样化，我们针对不同背景和需求的人的教育就越有成效。

希望在不久的将来，慕课能对日本高等教育利益相关者产生重要的影响。在未来几十年里，慕课和其他教育传播方式的涌现将促使这些人意识到，我们现在所处的时代与 1950 年日本远程学习出现初期和 1983 年日本开放大学创建之初大有不同。显然，日本开放大学不仅需要从教学法方面认真考虑传统的教学做法，而且还需要从体制结构和资源配置方面认真考虑传统的教学做法。

**Kumiko Aoki** 是信息学教授,日本开放大学开放和远程教育中心教授,2004—2009 年曾任日本国立多媒体教育学院(NIME)副教授,1998—2003 年担任波士顿大学传播学助理教授,1995—1998 年担任罗切斯特理工学院信息技术助理教授。1995 年获得夏威夷大学马诺阿分校传播学与信息科学博士学位。她凭借自己的跨学科和跨文化背景,多次在国际会议上发表演讲,发表了不少有关远程教育、电子学习、学习设计、跨文化合作学习和远程协作的日语和英语论文。

| 初译 | 交叉 | 二校 | 终审 |
|------|------|------|------|
| 焦建利 | 陈莉莉 | 范奕博 | 徐品香 |

# 参考文献

Aoki, K. (2006). Distance learning programs and schools in Japan: From correspondence learning to e-learning. *Proceedings of the World Conference on E-Learning in Corporate, Government, Healthcare, and Higher Education* (Vol. 2006, No. 1, pp. 1802 – 6), Chesapeake, VA: Association for the Advancement of Computing in Education (AACE).

JMOOC (2013). *About JMOOC.* Japan Open Online Education Promotion Council and JMOOC. Retrieved from http://www.jmooc.jp/en/about/.

Kyoto University. (2014). *Koutou Kyouiku Kikan niokeru ICT no Rikatuyou nikannsuru chousakennkyuu [Research Report concerning the Use of ICT in Higher Education Institutions].* Submitted to the Japanese Ministry of Education, Culture, Sports, and Technology.

Kyoto University. (2013, May 21). *Nihon de Saisho ni edX no konso-shiamu ni sannkashimashita* [Participating in the edX consortium as the first Japanese university]. Retrieved from http://www.kyoto-u.ac.jp/ja/news_data/h/h1/news7/2013/130521_1.htm.

MEXT (Ministry of Education, Culture, Sports, Science and Technology). (2014). Table 30. *Gakko Kihon Chousa [Basic Survey of Schools].* Retrieved from http://www.e-stat.go.jp/SG1/estat/List.do?bid=000001054433&cycode=0.

Tokyo University. (2013, February 22). *Tokyo Daigaku to Coursera (U.S.) ga Daikibo Koukai Online Koza (MOOC) Haishin ni kannsuru Kyotei wo teiketu* [Establishment of the treaty between Tokyo University and Coursera for offering MOOCs] [Press release]. Retrieved from http://www.u-tokyo.ac.jp/public/public01_250222_j.html.

# 第二部分

# 开放教育的机遇与未来趋势

　　本书的第二部分主要探究与"开放性"相关的各种观点、政策以及创新项目。尽管　31
在过去的几年间，慕课受到公众极大的关注，但是开放教育资源和开放课件可能在各
教育领域中的实际应用更加广泛。慕课的运转需要个体和机构投入大量的时间和精
力，相比之下，开放教育资源和服务的使用则低调得多，而且方式更快捷。因此，与慕
课相比，开放教育资源所承担的教育风险和资源责任要小得多。它可以以各种方式整
合到课程中，比如作为课程的一小部分，或应用于课程的某种特定情境或语境中。开
放教育资源甚至还可以作为一种程序化或系统化的工具，以降低或减少成本，或者以
灵活便利的方式提供一种新颖的课程形式。所以，课程教师、学习者、培训者、课程设
计者，以及负责预算审批的管理者和政府官员都会对开放教育资源有广泛的需求。

　　学习与在线教学的多媒体教育资源（Multimedia Education Resources for Learning
and Online Teaching，MERLOT）是存在时间最久的开放教育资源之一。MERLOT 的
独特之处在于，在它资源列表中的许多资源伴有大量的、有益的同行评论。在第 4 章，
MERLOT 的执行主任 Gerard Hanley 讨论了在不破坏现有教育生态系统的情况下，
慕课和开放教育是如何满足高等教育需求的。作为开放教育服务领域中的先驱性资
源提供者，MERLOT 拥有 128 000 多位用户，它持续不断地开发资源、服务和工具，向
教师和所有年龄段的学习者提供免费、开放的学习与教学环境。MERLOT 除了管理
着近 50 000 条可索引且经过同行评审的开放教育资源，它还赞助或主办杂志，提供简
报，主办会议，发布白皮书，进行开放教育资源内容的认证和颁奖，主持社区讨论等。
在第 4 章的末尾，Hanley 列举了目前可以从 MERLOT 获取的一些非常有用的网络工　32
具和资源列表。读者在阅读这一章的过程中会很快了解到，MERLOT 自 20 世纪 90

年代后期创建以来,已经帮助教育机构向学习者提供了许多迫切需要的高质量的、个性化的、经济适用的学习资源与工具。

在第 5 章,来自澳大利亚塔斯马尼亚大学(University of Tasmania)的 Carina Bossu、南昆士兰大学(the University of Southern Queensland)的 David Bull、爱尔兰都柏林城市大学(Dublin City University)的 Mark Brown 讨论了一个受资助的研究项目中的一些研究成果,该项目旨在调查开放教育资源在澳大利亚高等教育中的应用现状。根据受调查者的意见,他们发现,开放教育资源的应用可以引领新的教学实践,提升教学资料的质量,增加受教育的机会。这一章重点介绍了一项"可行性协议"(Feasibility Protocol),该协议是这一项目的一项重要研究成果,可促进澳大利亚以及其他地区开放教育实践的广泛开展,进而有利于高等教育的普及。

在本部分的最后一章,即第 6 章中,南非开普敦大学(The University of Cape Town)的 Laura Czerniewicz 和她的同事们对开放教育进行了一个非常具有启发性的概述。在过去几年,南非出现了各种不同形式的开放项目,这对高等教育的所有利益相关者都产生了重大影响。为了帮助那些希望能够复制南非成功经验的人,Czerniewicz 和同事们介绍了这些项目是如何通过"中心主导、外部资金辅助"的形式松散连接起来的。开放教育实践及其宣传工作深深根植于大学制度文化之中,并伴随着一些有趣的启示。例如,我们可以看到,在 2014 年,开普敦大学开放教育项目井喷式地出现,其中包括制度支持下的资源开放获取政策以及开放教育资源和研究知识库的发布。

| 初译 | 交叉 | 二校 | 终审 |
|------|------|------|------|
| 贾义敏 | 张彦琳 | 范奕博 | 焦建利 |

第4章

## 慕课、MERLOT 与开放教育服务

Gerard L. Hanley

　　慕课的出现看起来好像很突然，然而，对于那些致力于在复杂的学习领域中用技 　33
术创建和发布内容、调节教学交互、促进教育商业化的人士来说，慕课只是正在进行的
开放教育资源革命中的一个分支而已。这项革命可以追溯到 20 世纪 90 年代中期，在
原始技术海洋中缓慢出现的学习对象（LO），继而逐渐发展为 21 世纪初的开放课件
（OCW）和开放教材（OT）项目。最近，我们已经看到了慕课的出现（见图 4.1）。

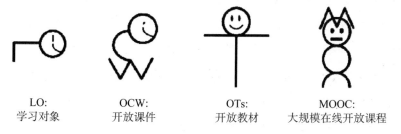

| LO:<br>学习对象 | OCW:<br>开放课件 | OTs:<br>开放教材 | MOOC:<br>大规模在线开放课程 |

**图 4.1　慕课作为开放教育资源一种新近进化形式**

　　教育者们非常欢迎以上每一种开放教育资源形式的出现，因为这些资源形式对于
现有的高等教育系统不会产生太多威胁。而在慕课革命的早期阶段，人们的看法却并
不一致。乐观主义者看到了慕课"开放、在线"特征中的协同效应——提升人们的受教
育机会。此外，也有一些人将慕课视作开发新型教学技术的试验场，它们还能帮助全
球性的学习社群一起创生知识。反对者认为慕课好像是一种会破坏大学的侵略异 　34
类——它"篡夺"了学习认证"权"，教师明星系统会弱化和分解教师职能，降低学习效
果，将学习带入到一种快餐式的、经验驱动的虚拟境地之中。

　　慕课对学术质量、学生的学习结果、机构完整性、管理过程等潜在的益处和威胁正
在逐渐凸显出来。然而，慕课区别于其他类型开放教育资源的显著特征是它将服务与
内容整合在一起。慕课平台不仅有机地组织和传输了多媒体内容，还整合了吸引人的

社交媒体工具，以及用以对学习与教学提供反馈的各种评价与分析工具。这种为学习设计的传递教学内容的综合性服务，在某种程度上可以替代由授权的高等教育机构推出的在线课程。通过慕课提供的开放注册功能，越来越多的学生、教师和组织机构逐渐认识到这些服务的价值所在。

高等教育机构可以利用慕课的可获取性，通过以下多种方式使它们的机构、教师和学生受益：

1. 降低教学内容的费用。让学生在翻转课堂教学中使用现有的慕课课程内容，从而降低教学内容的制作费用。学生的作业也就转变为观看慕课课程，而在课堂上，则可以有更多的时间用于社会性交互和积极的学习活动。

2. 支持延伸和为大学入学做准备。一些预申请的学生（潜在的学生）可以在无需任何经济花费的情况下体验大学水平的在线学习。那些欠发达地区的学习者可以学到自己高中阶段不可能学到的内容。然而，要实现这样的目标，需要将慕课整合进大学扩展延伸项目中的学生支持服务系统中。

3. 决定接纳可进行学分转让的课程。学生早就可以将一个大学中的有效成绩单及学分转到另外一个大学中。对于课程连接的要求，大学一般都有自己的政策和实践。对于大多数大学来说，将这些政策和实践操作用于慕课课程中，应该不会是一个完全陌生的商业过程。

4. 降低劳动力开发认证项目的成本：一般大学都会有一些面向劳动力需求的自我支持或扩展性的教育项目。考虑到它们需要降低运作成本，那么，使用慕课，以较低的成本提升课程的价值是一种非常有效的策略。

5. 通过测试向预先学习的人提供学分：大学一般都有如何获取学分的政策和程序，考试成绩达到要求，就可以获取到学分。在提前学习测试（Advance Placement Tests，APT）[①]、国际中学毕业会考（International Baccalaureate Exams IBE）[②]和大学测试项目（College Level Entrance Program，CLEP）[③]中，学习者进行先前学习便可以

---

① 提前学习测试（Advance Placement Tests，APT），最初起源于美国，现在流行于世界上许多国家。这个项目允许高中生提前学习大学的一些课程，如果成绩优秀，学生便可以获得大学的学分。——译者注
② 国际中学毕业会考（International Baccalaureate Exams，IBE），在全球 146 个国家中有超过一百万名学习者参与该项目。
③ 大学测试项目（College Level Entrance Program，CLEP），该项目包含一系列的标准化测试，由美国的大学委员会开发和管理，通过该项目的学习，学习者有机会在不读大学的情况下获得学分。——译者注

获得学分,而这种学习无论是通过慕课,还是其他独立的学习经验进行,都是可以被接受的。在维持学术标准的同时,对现有的通过测试获取大学学分的程序进行整体优化,对大学和学生来说都大有裨益。

总之,高等教育可以将慕课整合到它们的教育生态系统中,并不会对其主体产生破坏,还会扩展其服务能力,使其更好地满足学生不断增长的对不同教学模式的各种需求。

### 开放教育服务与 MERLOT

慕课是一种开放教育服务(Open Educational Service,OES)。简单来说,OES 是免费的在线工具。基于开放教育资源和专有内容,任何人都可以通过 OES 设计自己专属的学习项目。在 MERLOT(学习与在线教学的多媒体教育资源)中可看到一系列网络版免费的、开放获取的教学资料(见附录 A),任何人都可以通过一套开放免费的工具进行学习。MERLOT 于 1997 年诞生于加利福尼亚州立大学,它在见证开放教育资源的演变历程的同时,还发展了自己的开放教育服务。

追溯到 1997 年,加利福尼亚州立大学已拥有超过 350 000 名学生和 30 000 多位教师。那时,我们不得不设计一种服务,帮助教师和学生能够方便地查询、使用正在逐渐涌现出的新的学习对象。这样,既能够平衡学术技术的大范围传播所造成的发展不协调,又可以降低运营成本。MERLOT 作为加利福尼亚州立大学开放图书馆的免费学习资源项目,最初源自 1994 年 NSF[①] 资助的"著作工具与教育对象经济"(EOE)项目。MERLOT 项目最早由 Jams Spohrer 博士主持,由苹果计算机公司以及其他的一些企业、大学和政府机构联合主持。MERLOT 项目的一项最关键的设计要求是提供技术服务,帮助用户直接向社区资料库提供在线资源。MERLOT 的目标是使学院和大学校园从"家庭手工业作坊"模式转化为规模化、可持续化的发展模式,传播学术性技术和内容。MERLOT 还期望能够支持教师个体成员能够规模化、可持续化地开发学术技术以及高质量的教育内容(Hanley,2001;Hanley,Schneebeck & Zweier,1998;Schneebeck & Hanley,2001)

1999 年,加利福尼亚州立大学系统和其他的三家高等教育系统(乔治亚大学系

---

① NSF,即 National Science Foundation,美国国家科学基金会。——译者注

统、俄克拉何马州高等教育董事会、北加利福尼亚大学系统)组成了一个非正式的联合体,共同扩充 MERLOT 的资源库,进行同行评审以及添加学生作业。每个系统都投资开发 MERLOT 软件,并且以实物支持的方式推进同行评审的过程。直至今日,加利福尼亚州立大学一直保持着其领导地位,承担着改进过程和工具的责任。

现今,加利福尼亚州立大学系统已经发展至约 450 000 名学生和 40 000 名教师的规模,因此,对免费、便捷、高质、可信任的在线教学资源的需求也在加速增长。MERLOT 联合体现在是由 40 多家高等教育系统、联盟、高等教育个体机构(代表着 500 多家校园)、专业学术组织、其他数字化图书馆、教育企业,以及 125 000 多个个人组成的共同体,致力于通过提供高质量的在线资源来提升学习与教学体验。免费开放的 MERLOT 图书馆拥有超过 46 000 个免费开放的网络资源,包括 3300 多本免费开放的电子书,5500 多个免费开放的在线课件。MERLOT 新的以学生为中心的协议(见附录 A)向用户提供了非常方便的入口以获取这些类型丰富的开放教育资源。

MERLOT 已经不仅仅只是提供资料和目录的开放图书馆,现在已经发展成为一个活跃的、全球化的社区,成员们一起自愿贡献资料,发表评论和分享个人资料集以及使用 MERLOT 资源创建课程计划。MERLOT 有 23 个编辑委员会,它们通过同行评审的方式评价 MERLOT 的资料质量。MERLOT 已经创建了 50 多个不同的"教学共享空间",这些共享空间是能够满足特定机构的特定教育目标的个性化网站。比如,加利福尼亚州立大学系统和 MERLOT 正在为加利福尼亚州建设"加利福尼亚开放教育在线图书馆"(见附录 A),以降低加利福尼亚社区学院系统、加利福尼亚州立大学系统,以及加利福尼亚大学系统的学生在教育资料方面的花费。加利福尼亚州立大学平价学习解决方案(Affordable Learning Solutions initiative)①(见附录 A)是另一个个性化的 MERLOT 开放教育服务(OES)的例子。这个项目通过应用免费或低花费、高质量的教育资料,降低高等教育花费,进而支持大学(机构)的战略重点。这些网站面向任何地方的所有人免费开放。实际上,其他的一些高等教育系统,比如乔治亚大学系统、纽约大学系统、俄克拉何马州高等教育董事会,都通过与 MERLOT 合作,修正或直接采用 MERLOT 的开放教育服务以满足其项目的需求(见附录 A)。

---

① 在该方案中,教师能够为他们的学生选择和提供更实惠、更优质的教育内容。该方案通过减少课程材料费用,使更多的学生能够获得他们需要的课程材料。——译者注

　　学习技术及相关可能性的变化无处不在,所以,MERLOT 中有非常多的这种服务变革的案例。例如,第一,通过与田纳西董事委员会合作,MERLOT 和加利福尼亚州立大学创建了一个教学共享空间,通过平台过滤 MERLOT 中收集到的移动 APP,并对其进行等级分类(见附录 A),以支持移动学习创新项目。第二,MERLOT 与全国盲人联合会、开放教育联盟合作创建了一个教学团体,聚焦于提升免费开放在线资源和服务的可访问性(见附录 A)。第三,印度将开放教育资源用于癌症治疗的项目(见附录 A)提供了聚焦癌症治疗的免费开放资料集和服务,可以为医疗保健提供者所用。第四,智利版 MERLOT 是 MERLOT 和智利一个叫做 INACAP① 的高等教育系统密切合作的项目。作为这个项目的一部分,INACAP 提供免费开放的西班牙语和英语教育资料,让那些旨在提升数字素养技能、提升自身独立学习能力的教师和学生可以免费获取和使用。更重要的是,通过谷歌翻译,MERLOT 的网站已经被翻译成近 90 种语言。

　　**社交媒体与 MERLOT:** 组织在线内容供人们去探索和使用的开放图书馆服务不足以支持研究和学习的项目。开放教育服务需要支持人们在教学与学习过程中自由开放地交流与合作。幸运的是,在过去十来年间,社交媒体的出现提供了这种工具。MERLOT 之声（MERLOT Voices)②(见附录 A)是利用定制的 Ning③ 平台搭建起来的一套开放的在线社群服务。通过 MERLOT 之声,机构、组织、群体和个人可以以同步或异步的方式交流,写帖子,写博客。MERLOT 的同伴和成员都能够利用 MERLOT Voices 让用户立即参与进来,在一个稳定、免费、易用、熟悉的平台中开展在线社群创建活动。MERLOT 之声的会员是免费的,并且很容易申请。为了增加 MERLOT 的交流策略,MERLOT 的 YouTube 频道、MERLOT 之声,并辅以 MERLOT 的葡萄藤邮件定制服务、MERLOT 博客,以及它的脸书和推特的账号和服务(见附录 A 中列举的所有这些服务和资源),这些各式各样的社交媒体向人们提供了分享、交流、合作的简便方式。

　　上面提到的非正式社交媒体服务对于将分享兴趣、目标和项目的人们联系在一起起到非常关键的作用。在高等教育领域,正式的、传统的社交媒体是期刊文献。通过

---

① INACAP 是一个总部位于智利、成立于 1966 年 10 月的高等教育机构以及私人法律公司。——译者注
② MERLOT 之声(MERLOT Voices),它是 MERLOT 下属的一个网站,通过该网站,MERLOT 的用户之间可以互相交流。——译者注
③ Ning 是一个成立于 2015 年 10 月的网络平台,它允许用户创建自己的社交网络应用。——译者注

图书馆向千百万名教师和学生提供免费公开出版物使这种令人信任的交流方式被简化了很多。自 2005 年以来，MERLOT 也公布了一个可公开获取、经过同行评审的学术电子杂志——《MERLOT 在线学习与教学杂志》（见附录 A）。《MERLOT 在线学习与教学杂志》代表了一个学术分享的社交媒体，分享与在线学习与教学相关的研究和学术活动。

　　**用 MERLOT 内容创建工具创建开放教育资源**：MERLOT 的开放教育服务包括开放图书馆服务、开放社群（社区）服务和开放社交媒体服务。为了实现其整套服务，MERLOT 向其成员提供免费的个性化著作工具，在它的网站发布开放教育资源。每个社群中的成员都需要创建和分享他们社群中的创新项目和活动的成果。创建网站是创作和分享成果的一个必要方式。MERLOT 的内容创建工具是一款免费开放获取的、基于云计算的著作工具。MERLOT 的成员可以用之创建开放教育资源，并且可以很容易地与他人分享他们的资源（见附录 A）。MERLOT 内容创建工具可以创建遵循创作共享协议（CC 协议）的 IMS Common Cartridges（一种数字化内容封装规范），CC 协议能够极大提升人们分享和应用一个特定社群资料集的能力。加利福尼亚州立大学已广泛让其教师使用 MERLOT 的内容创建工具，用技术创建对课程进行再设计的电子档案袋，以提升学生的学习效果（见附录 A）。所有的这些开放教育服务对 MERLOT 成员来说都是可免费获取的，并可形成一种能力基础，以帮助实现机构节省花费的目标。

　　开放教育资源和开放教育服务的发展历史表明，慕课技术和慕课教学法更像是一时流行的狂热，而不大像一种革命。一场持续的、实质性的在线教育和数字化资源转变正在从研究和试用项目向高等教育的主流应用过渡。这项转变看起来要持续一段时间。当然，这个变革过程是复杂的、多学科的、试验性的，但这种变革是不可避免的。

　　在过去二十多年来，对于卷入 MERLOT、OCW、OER、OT、慕课以及其他开放教育创新项目的个体、组织和机构来说，未来的发展方向是非常清晰的。在开放教育服务变革中，慕课仅仅是一种最新的形式。面向所有人的开放教育将会继续为全球的教育者和学习者提供教育机会、有趣的礼物、挑战和成功的案例。MERLOT 的开放教育服务将会一如既往地继续支持那些选择应用 MERLOT 的人和机构开展学习与教学活动。理想情况下，使用慕课以及世界上其他新形式的开放教育创新项目的人和机构都将会找到与 MERLOT 合作的独特方式。

# 附录 A：MERLOT 开放教育服务网络资源

## 1. 开放图书馆服务

加利福尼亚开放教育在线图书馆，基于 MERLOT 的开放教育服务（OES）创建：http://cool4ed.org

加利福尼亚州立大学平价学习解决方案：http://www.affordablelearningsolutions.org/

智利版 MERLOT—与 INACAP 的合作（智利的领先高等教育系统）：https://www.inacap.cl/tportalvp/merlot-chile

MERLOT 首页/MERLOT's OES 基础 https://www.merlot.org/

MERLOT 的移动 App 以及移动学习集合：http://mobileapps.merlot.org/

MERLOT、加利福尼亚州立大学、全国盲人联合会以及致力于提升免费开放教育资源可访问性的开放教育联盟：http://oeraccess.merlot.org/

MERLOT 中的以学生为中心的教学共同体：www.merlotx.org

印度将开放教育资源用于癌症治疗的项目，该项目与"国际癌症治疗与研究网络"以及"研究与开放医疗系统实验室"展开合作：http://oercindia.merlot.org

俄克拉何马州高等教育董事会平价学习解决方案：http://affordablelearnin-gok.org

纽约大学平价学习解决方案：http://opensunyals.org

乔治亚大学平价学习解决方案：http://affordablelearninggeorgia.org

## 2. 开放社群（社区）服务

MERLOT 的教学共同体、同伴社区以及服务同伴社区的开放教育服务：https://www.merlot.org/merlot/index.htm? action=communities

MERLOT 的葡萄藤（Grapevine）邮件定制服务：http://grapevine.merlot.org/

MERLOT 的能够开放获取并且经过同行评审的电子杂志，主要是关于网络学习与教学内容的：http://jolt.merlot.org/

MERLOT 之声，一个免费的网络社区服务：http://voices.merlot.org/

## 3. 开放社交媒体服务

MERLOT 博客： http://blog.merlot.org/

MERLOT 的脸书（Facebook）主页：https://www.facebook.com/pages/MERLOT-

Multimedia-Educational-Resource-for-Learning-and-Online-Teaching-225454444160837

MERLOT 新闻中心：https：//www.merlot.org/merlot/index.htm? action＝news

MERLOT 的推特(Twitter)账号：https：//twiter.com/MERLOTOrg

MERLOT 的 YouTube 频道：http：//www.youtube.com/users/MERLOTPlace

**4. OER 著作服务及指南**

使用 MERLOT 内容创建工具制作的 CSU 教师电子档案袋：http：//courseredesign.csuprojects.org/wp/eportfolios/

MERLOT 内容创建工具/电子档案袋著作工具：http：//taste.merlot.org/Programs_and_Projects/ContentBuilder.html

MERLOT 提供的用于创建个人收藏、电子档案袋以及其他开放教育资源的服务：http：//www.merlot.org/merlot/index.html? action＝contribute

40

**Gerard L. Hanley**，学习与在线教学的多媒体教育资源(MERLOT, www.merlot.org)执行主任，加利福尼亚州立大学校长办公室(www.calstate.edu/ats)负责学术技术服务的副校长。在 MERLOT,他主要负责 MERLOT 中由高等教育机构、专业协会、数字化图书馆，以及提供专业发展和技术服务以促进教学与学习的机构组成的国际合作联盟的发展和可持续性工作。在加利福尼亚州立大学，Gerard 主要负责监管面向加利福尼亚州立大学的 23 个校园，服务于22 000多名教职员工和 445 000 多名学生的全校范围内的学术技术创新项目的发展和实施。他的联系方式是 ghanley@calstate.edu。

| 初译 | 交叉 | 二校 | 终审 |
|------|------|------|------|
| 贾义敏 | 张彦琳 | 范奕博 | 焦建利 |

# 参考文献

Hanley, G. L., Schneebeck, C., & Zweier, L. (1998). Implementing a scalable and sustainable model for instructional software development. *Syllabus*, *11*(9),30 - 4.

Hanley, C. L. (2001). Designing and delivery of instructional technology. A team-based approach. In C. Barone & P. Hagner (Eds.), *Technology-enhanced learning: A guide to engaging and supporting faculty* (pp. 57 - 64). San Francisco: Jossey-Bass.

Hanley, G. L. (April, 2013). *MOOCs: So What or SWOT? CSU's use of MOOCs and reflections*. Presentation at the Lumina Workshop on MOOCs and the Public Higher Education System, Atlanta, Georgia.

Schneebeck, C., & Hanley, G. L. (2001). The California State University Center for Distributed Learning. In R. M. Epper & A. W. Bates (Eds.), *Teaching faculty how to use technology: Best practices from leading institutions*. Westport, CT: Greenwood/Oryx Press.

第 5 章
## 开放教育在行动

澳大利亚高等教育的一项可行性协议

Carina Bossu，David Bull，Mark Brown

## 引言

41 　　自从 2002 年联合国教科文组织首次提出"开放教育资源"（Open Educational Resources，OER）以来（UNESCO，2002），为适应开放教育资源运动快速发展的步伐以及其不断变化的应用场景，其概念内涵已经被重新定义了几次。开放教育资源基金会（2011）对 OER 的定义是：

> 开放教育资源（OER）是指那些遵循许可协议的教育资源，是可以被个体或组织重复使用、改变和修正，以满足个性化应用需求的教育资源，其中包括整套课程、教材、流媒体、测试、软件以及支持学习的其他资料和技术。

　　此外，OER 涵盖的资源范围很宽泛，从完整课程到孤立的学习对象。作为推动教育日益开放的规模最大、发展最为迅速的运动，其中的 OER 还包括开放资源软件、开放获取、开放学习设计、开放教育实践等（Butcher & Hoosen，2014）。OER 运动快速发展的驱动力包含对免费共享内容和知识以避免重复劳动的渴望，以及对规模经济的鼓励。此外，还有一项迫切的需求，就是以最小的限制，让越来越多的、各种类型的学生群体可以得到受教育的机会（The William and Flora Hewlett Foundation，2013；Wiley & Gurrell，2009）。

　　如今，主要的开放教育资源项目已经遍及世界各大洲。这些项目不仅在数量上不断增长，而且在概念和思想意识形态方面也逐步发展。这种进化的例子可以从开放教育实践（Open Educational Practice，OEP）、大规模在线开放课程（MOOCs）等术语中体现出来。开放教育质量项目（Open Educational Quality Initiative，OPAL）对 OEP 的定义为：OEP 是指机构政策支持下的开放教育资源的应用（重复使用）与创建，推进教学模 42 式的创新，尊重并给学习者赋权从而帮助其在终身学习的道路上转变为内容生产者的实践（Open Education Quality Initiative，2011，p. 12）。由于 MOOCs 以及它的变体（cMOOCs、xMOOCs 以及现在的 pMOOCs[①]）在本书中的其他章节另有阐述，因此，本章的目的是为了阐明慕课的起源其实是基于开放教育资源的一些原则的，即便如今的大多数慕课并不是真正意义上的"开放"，它们只是可以被免费访问而已（Kelly，2014，p.11）。

　　在澳大利亚，既有国家层面的，也有组织机构层面的 OER 和 OEP 的建设和举措，但大部分都是基于项目的，这就意味着当资金到期时，项目便难以为继（Bossu，Bull，& Brown，2012）。尽管个体倡议者或者机构部门发起了大量的 OER 项目和活动，但是 OER 仍不属于澳大利亚大学主流活动的一部分。其进展缓慢的原因之一就是缺乏国家或州层面的开放教育资源政策以及国家层面的资助计划以支持澳大利亚的高等教育采纳开放教育资源（Bossu，Bull，& Brown，2014a）。

　　因此，在本章中，我们主要探讨在"采纳、应用、管理开放教育资源以提升澳大利亚的学与教"（Bossu et al.，2014a）研究项目中的一些发现，尝试将 OER 带入澳大利亚高等教育的主流。该研究项目主要由澳大利亚学习与教学政府办公室（OLT）资助，该办公室是目前澳大利亚高等教育学习与教学（项目）的主要资助单位。该项目始于2010 年底，是 OLT 第一个聚焦于 OER 的研究项目。现在，OLT 也资助了一些其他的关于 OER 在澳大利亚学习与教学中应用的调研项目。

　　本章除了介绍我们的 OER 研究发现之外，还将介绍本研究项目的一个关键研究成果——"可行性协议"。该可行性协议由一系列引导性原则构成。由这些原则而引发的思考和问题，恰恰是传统大学、远程学习大学以及大专院校在应用 OER 时必须要面对的。更具体地说，这个协议主要是帮助高级执行官和管理者在机构的不同层次引入 OER 或 OEP 的问题上做出明智的决策。

### 研究

　　这项历时两年的研究项目对 OER 的相关文献进行了综合深入的分析，并详细查

---

① pMOOCs，即 professional Massive Open Online Courses，是一个专门为公司人员开发的一种专业型慕课。——译者注

43 阅了促进 OER 发展的国家和组织的教育政策。项目运用在线调查,调查问卷通过邮件的形式发送给澳大利亚的主要高等教育专业组织机构。接着,本研究还对澳大利亚高等教育的各种利益相关者进行了访谈。此项目的另一重要成果是组织并在悉尼举办了 OER 国家学术研讨会。2012 年的研讨会不仅是此项目的关键宣传契机,而且是一个非常好的机会——可以从高等教育各层面的利益相关者中搜集关于"可行性协议草案"的观点和反馈。在此背景下,我们在以下部分将报告项目的部分研究成果。

## 参与者

本项目的在线调查通过专业组织邮件列表分发问卷,最终获取了 100 份完整(有效)的问卷(反馈),来自澳大利亚的 37 个(来自 39 个单位)高等教育组织机构,代表了国家所有的州和属地,也代表了此项研究的主要利益相关者所在的群体。在反馈中,性别的分布也是平衡的,48% 的男性,51% 的女性(1% 没有回答性别问题)。样本在大学的利益相关者群体方面也有比较好的代表性,包括高管(23 人)、管理者(13 人)、教育者(28 人)、课程设计者(14 人)、专业开发者(6 人)、图书馆专家(4 人)和版权人员(2 人)。在 100 位调查者中,有 24 位同意接受访谈,24 位受访者来自澳大利亚 18 个不同的组织机构。

### 澳大利亚高等教育中 OER 应用现状

调查结果显示,在受调查者中,有不少人在 2—5 年前知晓 OER 运动(41%),并且自我评判对 OER 的了解程度为中等。然而,受调查者中绝大多数几乎没有甚至从未使用过 OER。对于那些曾经用过 OER 的人,学习对象①是他们最喜欢应用于学习与教学之中的资源。还有,绝大多数受调查者称没有参与过国家或国际层面的 OER 合作项目。然而,他们都表示,如果有机会,他们愿意参与到这种合作项目中。

目前,绝大多数参与调查的机构都没有将 OER 实践和项目纳入它们的政策规划中,这也部分解释了为何它们目前对 OER 的采用不多,且参与者的投入程度有限。通过访谈,我们可以推断,在所选择的样本群组中,受调查者对 OER 的理解水平是比较高的。然而,必须考虑到访谈样本是从完成在线调查的志愿者中选出来的,他们在被

---

① 学习对象是 OER 发展过程中的一种资源形态,具体请参照本书第 4 章。——译者注

问及这些观点时会更加从容。所以,他们可能会对 OER 表现出较高的知识和理解水平。绝大多数受访者(62%)称他们使用 OER 是出于个人原因或工作目的。遗憾的是,几乎没有人将他们自己的资源共享出来,更不用说创造 OER 内容以便他人使用了。

44

此外,当时的调查数据还表明,国家关于 OER 的政策是关系到高等教育是否鼓励发展和采纳 OER 和 OEP 的重要因素。根据一些受调查者的意见,澳大利亚政府应该通过拨款来支持组织机构。这些受调查者相信此类资金刺激能够增加 OER 创新项目的数量,最终会造就一种开放实践文化,进而孕育一种支持性的环境,使 OER 运动在澳大利亚繁荣发展。

大学政策被认为是促进有效应用和采纳 OER 的一个重要因素。根据受访者的意见,教育机构应该制定一些政策,组织一些专业发展活动,来提升公众的 OER 意识,澄清一些与知识版权和质量保证相关的争论。他们还认为,机构应该倡导和奖励 OER 和 OEP 活动,例如将对机构表现的期望与职业发展和提升联系起来,还可以通过小的经济刺激促进或支持 OER。

欧洲和世界其他地方的类似研究也表明,这类策略和政策对提高公众的 OEP 参与度的重要性(Open Education Quality Initiative,2011;Organisation for Economic Co-operation and Development,2007)。事实上,许多研究都提醒机构的政策制定者们要关注现有的支持采纳 OER 的机构策略。这些研究还表明,这些策略可以通过恰当的内部规则和指引去落实(Atkins Brown,& Hammond,2007;Downes,2007;Kodhandaraman,& Umar,2010)。

关于 OER 给澳大利亚的教育和培训所带来的益处,受调查者的反馈意见主要集中在以下几点(前五名的回应):

- OER 可以增加机构的国际化合作机会;
- OER 的理念与倡导知识共享和传播的学术传统是一致的;
- OER 可以使教育者节省时间,避免重复劳动;
- OER 可以提升教育资料的质量;
- OER 可以提升高等教育的学习与教学质量。

问卷的调查对象认为 OER 的应用是教育创新变革的催化剂(61 份调查问卷回应),OER 应用具有推动高等教育机构创新教学法实践的潜能(58 份调查问卷回应)。而访谈对象也给出了类似的看法,24 位受访者中绝大多数(62%)指出,OER 运动的潜在益处

45

在于促进社会发展和"让所有人接受教育",其他益处还包括节约时间和(或)金钱(52%),提升教育资源的质量(42%)。他们指出,经过开放授权以及同行评审的教学资料的质量可以得到保证。其中有超过 1/3 的受访者认为,增进合作是 OER 的另一益处(37%)。

　　当问到 OER 应用中存在的潜在障碍时,绝大多数受调查者指出人们在开发和应用 OER 时缺乏兴趣(80 个参与者)。他们还提到一些 OER 资源质量较低也是存在的问题(73 个参与者)。澳大利亚发展 OER 运动的其他潜在的挑战和障碍还在于缺乏足够的机构支持和支持 OER 发展的机构政策。同样,受访者认为 OER 应用的常见障碍包括,与知识产权政策相关的问题,缺乏支持 OER 政策发展的国家框架。不易变革的现有学术文化是受访者们提到的另一个重要的障碍。

## 可行性协议

　　可行性协议的概念化是建立在此领域当前的工作基础上的,也是在这次对主要的利益相关者进行调查和访谈的研究中逐渐形成的。可行性协议(图 5.1)引发了以下四方面问题:

- OER 和 OEP 使用(实施)过程中的机遇;
- OER 和 OEP 使用(实施)过程中遇到的各种挑战因素;
- OER 和 OEP 有效使用过程中需要考虑到的策略引领;
- 对澳大利亚高等教育机构的一些政策建议。

46

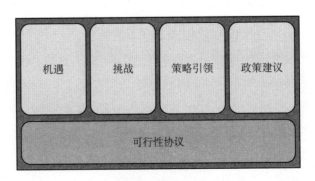

**图 5.1　可行性协议**

　　除了政策建议,协议可分为三个层面:(1)第一层关注的是高等教育机构的整体;(2)第二层与机构/组织的问题相关,(3)第三层聚焦的是教育组织中的个体(主要是教师和学生）。关于政策建议，协议主要聚焦于组织、项目和个体三个层面。在本章中，我们将会主要探究和讨论组织层面的可行性协议（关于可行性协议的更多细节，见 Bossu，Brown，& Bull，2014b）

### 在 OER 和 OEP 应用过程中的相关机遇

与此领域中类似研究（Open Education Quality Initiative，2011；Organization for Economic Co-operation and Development，2007）相一致，本研究认为 OER 和 OEP 可以为教育机构、教育者，以及传统的和非传统的学习者带来诸多机会。在机构层面上，OER 和 OEP 可以帮助降低教育花费，提升教育质量，为传统教育实践带来变革（Butcher & Hoosen，2014；Caswell，Henson，Jensen，& Wiley，2008；Ehlers，2011）。

可行性协议要求高级执行官反思 OER 和 OEP 的益处和机遇：

● 通过展示教育内容提升大学的声誉，并同时提升它们的国际影响力，从而吸引更多的学生；

● 创造与其他大学开展国内和国际协作的机会，以及与许多不同的利益相关者开展合作的机遇；

● 通过帮助一个大学提升社会包容性，扩大参与性，进而增加公众受教育的机会；

● 通过在时效和花费方面提升内容生产效能，创建规模经济（例如，避免内容的重复开发）；

● 促进教学与学习中的创新和质量。

### 面临的挑战

尽管在 OEP 的使用过程中出现了许多机遇，但教育机构依旧面临诸多挑战，比如，在将资源免费开放并允许自由使用与再使用时所面临的阻力。OEP 的知识产权和版权政策对于教育机构来说仍然是含糊不清的（Bossu，Bull，& Brown，2013）。同样，与 OER 和 OEP 可持续发展和质量相关的问题依旧没有解决或得到足够的研究（Smith，2013）。

可行性协议向教育组织及其领导者提出了一系列需要考虑的挑战、问题和观点。其中最需要考虑的是，传统的学术文化和思想痼疾对 OEP 的使用产生了巨大的阻力。这种传统已沉浸在历史中，可能会慢慢演化并渗透到一个新的教育传播时代。此外，OEP 缺乏国家和机构政策的支持也是需要考虑的因素。如果没有支持 OEP 的机构政

47

策和程序,那么便需要对现有政策进行修正或者制定新的政策,尤其是支持采用 OEP 的内容资料开发的政策。

在当前高等教育面临全球性变革的形势下,我们不能忽视介入到"开放"运动中的金融因素。这些金融方面的问题对高等教育机构中已建立起来的传统商业模式提出了挑战。因此,应该探究和发展新的商业模式,或修改现行的模式,以保证 OEP 等创新项目能够持续发展。为了鼓励教育机构参与到开放教育活动中来,政府部门或机构应当建立一些支持机制,诸如资助策略和恰当的政策。在澳大利亚,这些政策可以帮助政府有效实现某些更大规模的计划,比如,增加更多的学生能够获取的教育机会,可以更有效地满足已工作的成人、居住在农村或偏远地区的人对教育的需求(Bradley,Noonan, & Scales,2008)。

## 策略引领

到目前为止,本章已经讨论了在 OER 和 OEP 推进过程中组织机构可能会面临的一些机遇与挑战。本研究结果还引出了可行性协议的一个特别的内容,我们称为"策略引领"。根据上面提到的数据和作者近期的经验,高层管理者应该深思的一些策略性问题和观点,其中包括:

● 资源:这会涉及额外投资,比如要完成一个 OER 项目所必需的基础设施、技术、人员(包括学术团体的发展)等。还有,在促进 OER 实施过程中一些支持资源也应该包括进来。

48 ● 创新:指 OER 的使用如何提升高等教育领域中某个机构区别于其他机构的"唯一性和独特性"。它包括 OER 用何种方式满足学术团体和学生在应用创新学习技术过程中的期望,还包括 OER 如何嵌入"预先学习与评估识别"(Prior Learning and Assessment Recognition,PLAR)"的制度化过程。

● 计划:这条是指与计划相关的策略,包括(1)高等教育机构如何开展与各利益相关者的对话;(2)OER 项目的范围;(3)高等教育机构为什么要拥有 OER 项目;(4)确认高等教育机构中的拥护者;(5)创建 OER 的专用政策。

## 面向高等教育机构的政策建议

可行性协议的另外一个方面借鉴了对澳大利亚大学的网上公开的免费获取知识

产权政策的分析结果,以确定如何解决课程内容以及由雇员开发的教育资源的所有权问题(Scott,2014)。本调查评估了这些政策的范围,以及这些政策对目前大学及其员工参与 OER 开发、发布和推广的支持和影响程度。作为引发讨论并推进解决方案的尝试,一些有关大学知识版权和所有权政策的问题和观点有非常重要的意义。

大学若想鼓励员工(学术人员和专业人员)更多地参与到 OER 和 OEP 中,或者在开放内容协议的框架下发布已有的内容,则必须思考以下建议:

- 将激励 OER 的使用与当今大学的政策相联系;
- 创建雇用协议和奖励机制以支持 OER 内容的开发;
- 创建机制以核实大学面向 OER 发布的内容不是已经隶属于学校商业性质或者其他协定的项目;
- 开发指南帮助大学雇员做决策,如选择可用的开放协议的种类,以及在大学开发的开放协议框架下 OER 应该如何被标识;
- 大学要有与 OER 相关的指导方针和程序,以保证其质量问题和版权承诺能够得到处理;
- 仔细考虑大学在哪里存放 OER,或者换个方式,考虑资源是否要放在公共的 OER 资源库中。

大学关注新的方向,尤其像 OER 这样有意义,又有发展潜能的发展方向,是可以理解的。毕竟,它们有潜力能够影响传统的运作模式,对已建立的固有实践提出挑战。可行性协议中关于组织层次的风险管理策略的建议包括:

49

- 考虑大学该如何管理由资源所有权所引发的争端;
- 制定政策以帮助大学应对不恰当应用资源的问题;
- 明确当大学所创建的 OER 的版权被侵犯时,谁该承担责任——个人还是学校;
- 培养员工能力,以保证员工在开发 OER 时清楚知识产权和版权的问题。

## 结论与评论

随着高等教育各部门对开放的需求日益增长,OER、OEP 以及其他形式的开放教育(包括慕课)越来越受到全球的关注。虽然澳大利亚在这方面有一些重要的举措,但仍缺乏清晰的政府政策和激励措施,从而限制了 OER 和 OEP 在澳大利亚的实施。迄今为止,几乎没有内部的机构策略和政策的推动机制来鼓励大学贯彻 OER 项目,从而更好地为现有的学生提供支持，吸引新的参与者，并与澳大利亚本土或者其他国家的机构进行竞争与合作。由塔斯马尼亚大学（University of Tasmania）的塔斯马尼亚学习与教学研究所（Tasmanian Institute of Learning and Teaching）开发的《技术支持的学与教白皮书 2014—2018》（*Technology Enhanced Learning and Teaching White Paper 2014 -2018*）是推动政策的一个例子（Brown 等，2013）。与此白皮书中所阐述的一样，经过深思熟虑设计出来的机构政策，能够推进机构充分挖掘 OER 和 OEP 的潜力，让澳大利亚居于此领域领先国家的行列。

我们相信，可行性协议是一个非常有价值的工具，它可以鼓励澳大利亚高等教育各部门进一步发展 OER 和 OEP，使之能够与其他领域的发展相媲美。我们也相信，这个工具可以帮助高层管理者在采用 OER 或 OEP 的问题上做出决策，包括与 OER 相关的机遇、挑战、策略引领等方面的各种观点和问题。可行性协议还引发了在使用 OER 过程中与机构知识产权和版权政策相关的实际问题。

尽管如此，我们还是希望大家注意到，可行性协议不是一个严格的、一成不变的工具。与其他类似的框架不同，它可以被调整、改变，以及进一步被开发以满足大学的个性化需求。很显然，每个高等教育机构或组织都有自己独特的结构、议程、文化以及当下和未来活动的策略计划。总之，可行性协议的价值取决于个体机构以及机构的高层管理者如何应用它。

50

**Carina Bossu**，澳大利亚塔斯马尼亚大学的塔斯马尼亚学习与教学研究所的学习与教学（OEP）讲师。她目前的工作与研究主要聚焦于高等教育领域的开放教育资源（OER）和开放教育实践（OEP）。她研究与学习、教学、专业发展相关的各种问题。Bossu 发表的论文和出版的著作涉及非常广泛的内容，目前她参与了几个研究项目，调查高等教育中 OER 和 OEP 的不同方面。Carina 的联系方式是 carina. bossu@gmail. com。

**David Bull**,南昆士兰大学开放获取学院的主任,他的研究兴趣是高等教育公平与获取政策以及课程开发的预备程序。在接受高等教育的学生差异性方面,他有非常丰富的教学与咨询经验。最近,他关注"开放议程"研究,从事 OER 和 OEP 活动,支持开放教育资源大学(OERu)的工作,倡导广泛采用开放实践推进高等教育普及进程。

**Mark Brown**,都柏林城市大学数字化学习国家研究所主任,在 2014 年初担任爱尔兰数字化学习首任主席之前,他是新西兰梅西大学教学与学习国家研究所主任和远程教育与学习未来联盟的主任。在大学范围内的一些主要数字化学习与教学项目的实施过程中,Mark 起到关键的领导作用,包括企业范围内"魔灯平台"的部署,马哈拉电子档案袋①系统最初的设计与开发,大学范围内慕课平台的推进。

| 初译 | 交叉 | 二校 | 终审 |
| --- | --- | --- | --- |
| 贾义敏 | 张彦琳 | 范奕博 | 焦建利 |

---

① 马哈拉电子档案袋是由堪培拉大学给该校在校大学生、教师以及校友提供的。——译者注

# 参考文献

Atkins, D. E. , Brown, J. S. , & Hammond, A. L. (2007). *A review of the open educational resources (OER) movement: Achievements, challenges, and new opportunities.* Menlo Park, California: William and Flora Hewlett Foundation. Retrieved from http://www. hewlett. org/uploads/files/ReviewoftheOERMovement. pdf.

Bossu, C. , Brown, M. , & Bull, D. (2011). Playing catch-up: Investigating public and institutional policies for OER practices in Australia. *The Journal of Open, Flexible and Distance Learning, 15*(2),41-54.

Bossu, C. , Brown, M. , & Bull, D. (2012, November). *Do open educational resources represent additional challenges or advantages to the current climate of change in the Australian higher education sector?* Paper presented at the Australasian Society for Computer in Learning in Tertiary Education Conference: Future Challenges | Sustainable Future, Wellington, NZ.

Bossu, C. , Brown, M. , & Bull, D. (2014a). *Adoption, use and management of Open Educational Resources to enhance teaching and learning in Australia.* Sydney: Australian Govermnent Office for Learning and Teaching. Retrieved from http://www. olt. gov. au/system/files/resources/CG10_1687_Bossu_Report_2014. pdf.

Bossu, C. , Brown, M. , & Bull, D. (2014b). *Feasibility Protocol for OER and OEP: A decision making tool for higher education.* Sydney: Australian Government Office for Learning and Teaching. Retrieved from www. olt. gov. au/system/files/resources/CG10_1687_Bossu_Feasibility%20Protocol_2014. pdf.

Bossu, C. , Bull, D. , & Brown, M. (2012). Opening up down under: The role of open educational resources in promoting social inclusion in Australia. *Distance Education, 33*(2), 151-164. doi: 10.1080/01587919.2012.692050.

Bradley, D. , Noonan, P. , Nugent, H. , & Scales, B. (2008). *Review of Australian Higher Education: Final Report.* Canberra, Australian Government.

Brown, N. , Kregor, G. , Williams, G. , Padgett, L. , Bossu, C. , Warren, V. , & Osborne, J. (2013). *Technology enhanced learning and teaching white paper* 2014-2018 (Tasmanian

Institute of Learning and Teaching, Trans.). Hobart: University of Tasmania.

Butcher, N., & Hoosen, S. (2014). A guide to quality in post-traditional online higher education. In J. Daniel & S. Uvalic'-Trumbic' (Eds.). Dallas: Academic Partnerships. Retrieved from http://www.academicpartnerships.com/sites/default/files/Guide- Online HigherEd. PDF.

Caswell, T., Henson, S., Jensen, M., & Wiley, D. (2008). Open educational resources: Enabling universal education. *International Review of Research in Open and Distance Learning*, 9(1),1-4.

Downes, S. (2007). Models for sustainable Open Educational Resources. *Interdisciplinary Journal of Knowledge and Learning Objects*, 3,29-44.

Ehlers, U.-D. (2011). From open educational resources to open educational practices. *eLearning Papers*, 23.

Kanwar, A., Kodhandaraman, B., & Umar, A. (2010). Toward sustainable open education resources: A perspective from the global south. *American Journal of Distance Education*, 24 (2),65-80. doi: 10.1080/08923641003696588.

Kelly, A. (2014). Disruptor, distracter, or what? A policymaker's guide to massive open online courses (MOOCs). *Bellwether Education Partners* from http://bellwethereducation. org/sites/default/files/BW_MOOC_Final.pdf.

OER Foundation. (2011). *OER Foundation FAQs—What are OERs?* Retrieved from http:// wikieducator.org/WikiEducator: OER_Foundation/FAQs/Open_Education_Resources/.

Open Education Quality Initiative. (2011). *Beyond OER: Shifting focus to open educational practices: Open Education Quality Initiative (OPAL)*. Retrieved from https://oerknowl-edgecloud.org/sites/oerknowledgecloud.org/files/OPAL2011.pdf.

Organisation for Economic Co-operation and Development. (2007). *Giving knowledge for free: The emergence of open educational resources*. Paris: Centre for Educational Research and Innovation. Retrieved from http://www.oecd.org/dataoecd/35/7/38654317.pdf.

Scott, B. (2014). *Supporting OER engagement at Australian Universities: An overview of the intellectual property rights, copyright and policy considerations for OER*. Sydney: Australian Government Office for Learning and Teaching. Retrieved from www.olt.gov.au/system/ files/resources/CG10_1687_Bossu_OER%20engagement_2014.pdf.

Smith, M. (2013). Ruminations on research on open educational resources. *William and Flora*

*Hewlett Foundation*. Retrieved from http://www. hewlett. org/sites/default/files/OER% 20Research% 20paper% 20December% 2015% 202013% 20Marshall% 20Smith _ 1. pdf (accessed 4 April 2014).

The William and Flora Hewlett Foundation. (2013). White Paper: Open educational resources—Breaking the lockbox on education (pp. 33). *The William and Flora Hewlett Foundation*. Retrieved from http://www. hewlett. org/sites/default/files/OER% 20White% 20Paper% 20Nov% 2022% 202013% 20Final. pdf.

UNESCO. (2002). *Forum on the Impact of open courseware for higher education in developing countries. Final Report*. Paper presented at the Forum on the Impact of Open Courseware for Higher Education in Developing Countries. UNESCO, Paris, July 1 - 3.

Wiley, D. , & Gurrell, S. (2009). A decade of development. *Open Learning: The Journal of Open, Distance and e-Learning*, *24*(1),11 - 21. doi: 10.1080/02680510802627746.

**第 6 章**

**开普敦大学的开放教育**

Laura Czerniewicz，Glenda Cox，Cheryl Hodgkinson Williams，Michelle Willmers

## 简介

开普敦大学(UCT)已经确定了整体性的开放教育议程：开放教育资源(OER)是    53
网络视界中的一项核心内容，它通常与开放获取、开放研究、开放数据，以及其他开放
实践项目密切联系在一起。与某些大学由学校高层推动开放任务不同，UCT 发展开
放教育资源的原动力主要来自学校中层——教育技术中心。从一开始，在谈及"开放
性"时，公众普遍认为学者处于各种关系的中心，比如，学者与学者之间、学者与学生之
间以及学者与大学以外其他社群的关系。这种观念一直以来得以延续，尽管有时候不
得不因为一些原因作出改变，比如资助的问题。自 2007 年以来(见图 6.1)，在近 8 年
的发展历程中，已经有了一批合作伙伴(学者)，商定成立了委员会(协议)，提出了一项
政策，勾画出了一条在大学中推进开放教育和开放学术的可持续发展道路。

教育技术中心第一个"开放"项目——开放学术(Opening Scholarship, http://
www.cet.uct.ac.za/OpeningScholarship)的相关负责人认为，开放活动早已在开普敦大
学展开，并通过 12 个项目案例研究吸引公众的关注，其中 4 个项目聚焦于研究传播，5
个项目聚焦于学习与教学，3 个项目聚焦于社会反响。这些机构报告、国家和国际扫描
文件、各种研讨会、会议论文，展示了现有活动的发展程度，并指出今后活动的潜在研究
领域。开放学术项目最初于 2007 年由沙特瓦兹基金会(Shuttleworth Foundation)①出

---

① 沙特瓦兹基金会(Shuttleworth Foundation)是世界上第一个专门支持开放源代码的基金会。它是 2001
年由南非人 Mark Shuttleworth 设立的，该基金会的理念是，既然开放性的社区能够创造出更好的软件，
那么我们为什么不能借助同样的途径建设一个更好的教育体系，更好的政府，更好的世界？该基金会的
目标之一是帮助学校兴建基于 Linux 操作系统的低成本电脑实验室。该基金会的网址是 http://www.
shuttleworthfoundation.org/。——译者注

54

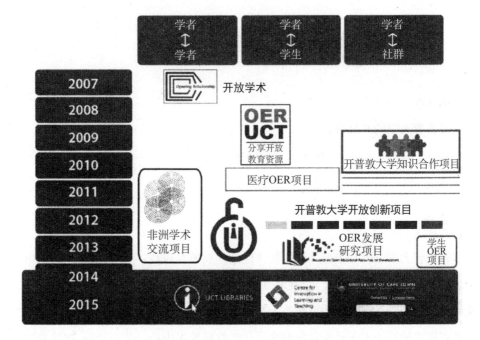

**图 6.1 开普敦大学开放活动历程**

资支持,该项目在支持 UTC 开展开放活动的过程中发挥了极其重要的作用,并最终促使开普敦大学师生共建 OER 指南。

2008 年 9 月,沙特瓦兹基金会再次投资,开普敦大学的 OER 项目一直到本文写作之时还在进行。项目资助结束后,沙特瓦兹基金会的部分工作就会成为教育技术中心教职员工工作的一部分。项目先期的投资使得教育技术中心的教职员工能够与学者合作一起促进 OER 的开发,推动内容授权,发布内容等。同时,该资助还帮助开放"联盟"的地下网络浮出水面,该联盟是由一直致力于该领域的学者组成,而他们的这种经验分享早在互联网出现之前就在进行了。在这个创新项目推进过程中,逐渐形成了一个新的社群和一种微粒化的分享方式——这种方式是分享学术对象(objects)的一种,而非分享单一的模块或课程。尽管这种微粒化的分享在当时是一种不同寻常的方式,但是确实是一部分学者的真实愿望。这种真实分享的结果在 OER 的支持下形成了一系列广泛可获取的对象,但实际上开放学术所包含的范围更为广泛。

除高等教育发展中心外,开普敦大学健康科学学院于 2009 年在非洲 OER 和密歇根大学的协力推动下,成为创建非洲健康 OER 网络(African Health OER Network)的八位成员之一。在威廉与佛洛拉·休利特基金会(William and Flora Hewlett

Foundation)资助下,该网络为将教学资源转换为 OER 方面提供资源帮助。在资助结束后,开普敦大学的 OER 健康工作就与教育发展部的工作结合在一起。幸运的是,这项工作目前还在稳步进行中。

　　开普敦大学开放创新项目(The OpenUCT Initiative,OUI)在 2011 年由安德鲁·　　55
梅隆基金会(Andrew Mellon Foundation)创建。此项目可以说达到了开放创新项目前所未有的顶峰。它是高等教育发展中心主任办公室的特别项目,遍及大学各部门,该项目由主管研究的副校长和主管教学与学习的副校长负责。OUI 与学术群体和大学管理部门联系十分紧密,对组织化开放共享实践的路径推进起重要调节作用。通过对开放教育到开放研究连续体的探究,此项目概念化并创建了开普敦大学开放知识库,创建了一个动态共享环境,以体现和共享开普敦大学所创造的学术财富。

　　开普敦大学开放创新项目和 OER 项目中都有一些小的受资助项目——"项目中的项目",也可以获取补助金。学者们可以将这些补助金(以报酬的方式)支付给为 OER 准备现存材料或者在开发新材料的过程中提供帮助的学生和其他专家。这些非常小的补助金项目,每个项目得到的补助金不到 1000 美元,却是将资源转换为开放协议的一种有效机制。三年来,开普敦大学开放创新项目和 OER 项目团队共资助了 64个补助金项目,资助了几十位教育者,使他们能够跳出课堂的限制,分享他们的教学。

　　在 2013 年,另外一个非常有效的小项目出现了,该项目由副校长策略基金提供资助,聘用学生协助学者们修改、调整教学资料以作为共享的 OER。这个项目是将学生促进员安置到每个教师团队中,学生的任务是挑选那些对 OER 有用的优秀教学资源。项目输出的结果按类型和学科排列,这个项目提供了非常丰富的、在实践中被认为是非常优秀的、自下而上的资源。

　　开放学术与开放教育工作联系密切。这里必须提及由国际发展研究中心[①](International Development Research Centre,IDRC)资助的 2010 非洲学术交流项目[②](Scholarly Communication in Africa Programme,SCAP,http://www.scaprogramme.org.za),因为它对开放途径给予支持。此外,该项目将教学和研究紧密结合在一起,聚

──────────

① 国际发展研究中心是由加拿大议会于 1970 年成立的专门支持发展中国家和地区发展的机构。——译者注
② 非洲学术交流项目是一个为期三年的研究计划,该计划致力于通过加强非洲研究者之间的交流来提升研究的水平。——译者注

焦于基础设施建设和对学者实践工作的调查。这个项目需要在研究和教育技术相结合的基础上进行运作——这两个领域的结合是因为，需要在传统研究成果的基础上，通过长期互通和稳定的平台对开放内容进行策展、归档和共享。

最近的一项创新项目"开放教育资源发展研究"（Research into OERs for Development）（http://roer4d.org/）于 2013 年启动，由学习与教学改革中心（CILT）负责。在国际发展研究中心（IDRC）和英国救助（UKAid）的资助下，此项目的主要目标是在南美洲、撒哈拉以南的非洲和东南亚的一些国家进行实证研究，通过更深刻地理解 OER 的应用和影响，提升发展中国家的教育政策、实践和研究。

56

## 假设与方法

### 假设

尽管上面所提到的工作在其表现形式上好像有些特别或者是有组织的，它实际上是由一些共同的假设和价值观支撑的，是基于一种被共同理解和接受的文化，即"开放教育实践是可以被传授的"。以开普敦大学为代表的许多研究型大学都属于 McNay（1995）所说的"执行管理委员会"类型的机构（见图 6.2）。

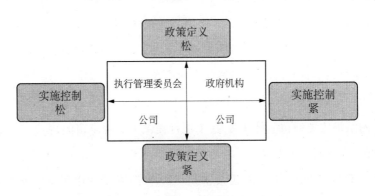

**图 6.2　McNay 的组织文化分类**

这种类型的组织机构的典型特征是，宽松的机构政策定义、非正式的网络，以及部门或个人层面的决策和创新。组织机构的反应是"放任自由"（laissez faire），很少有针对性的政策或程序（Rossiter，2007）。实际上，执行管理委员会的核心价值观就是自治，组织机构的期望就是从外部控制中获取自由（Yee-Tak，2006）。

经过一段时间关于正版引进的争论和协商，这种理解现在已经转化为在大学创建开放教育的方式,尽管在短时间内发展比较慢,但从长远来看,所有权意味着学术实践以一种可持续的方式在转变。这种方式还往往和学术自由、学术代理等概念联系在一起。此外,这种方式还将进入一个允许并鼓励个体控制最大化的系统。与此相联系的是最大灵活度原则,就是将资源类型以尽可能动态的、微粒化的形式分享。其意图不是标准化和设限,而是创建一个支持性的、无缝的环境,把争议和官僚化降至最低,但仍恪守标准以保证资源保护和创新性的最大化。

57

所以,倡导活动对创建学科内或跨学科的网络和社群起到关键作用。自然,这些活动也为 OER 的拥护者提供了影响其他成员的空间。我们已经根据需求开展了工作坊和研讨会(例如,根据部门或某一兴趣群体的要求),并且已经通过教师队伍结构和现有的程序将其整合到已有的教师专业发展活动中。例如,在健康科学学院,通过向每一个部门做演讲,增强教育者对 OER 的理解。再例如,大学一年级的学生在工作坊中可以了解到 OER。比较关键的大事件,比如全球开放教育周(在每年 3 月份举行),以及开放获取周(在每年的 10 月份举行),可以增加尽可能多征集资源的机会。

各种形式的社交媒体都被用来制作开普敦大学开放内容目录的广告和提醒。开普敦大学开放创新项目网站(http://openuct.uct.ac.za)中囊括了一切具备开放性质的内容,其中包括开放教育资源和开放内容。此外,项目组还开通了一个名为"OpenUCT"的推特账号,用于推广目录中的最新内容,或者分享与 OER 活动有关的链接和新闻。在脸书中会发现一些最初发布在推特上面的内容,这似乎意味着这部分内容在小范围内得到了广泛的传播。在课件分享(Slideshare)①网站上分享的会议演示文稿有很大的阅读量和下载量,这表明了人们对这些内容的浓厚兴趣。

提高国际影响力也是引起关注的一个重要方式。UCT 是全球开放教育联盟(Open Education Consortium)②的活跃成员之一,将 UCT 开放内容与 UCT 一起介绍,UCT 开放内容团队参加由全球开放教育联盟举办的会议,并在上面发言,都可以提高影响力。

---

① 课件分享(Slideshare)是一家成立于 2006 年的专业内容分享网站,其致力于将知识共享变得更加便捷。目前,在该网站上可以找到涵盖 40 个学科门类的超过 18 000 000 种专业资源,是当今全球每日访问量最高的 100 个网站之一。——译者注
② 全球开放教育联盟是一个包含教育机构、个体以及组织的全球性网络,该机构成立于美国,是致力于在全球范围内推动开放教育的非营利性组织。——译者注

## 不断发展的数字基础设施和实践

### 开放内容目录

在 2010 年 2 月 12 日,开普敦大学正式启动 UCT 开放内容目录(http://opencontent.uct.ac.za)项目,同时还发布了由开普敦大学学者开发的 6 种类型的资源。到 2014 年 6 月,通过持续不断的宣传,开放内容目录已经拥有 343 种(个)资源。这些资源中,有 91 种(个)资源是在 2013 年添加进来的,大大超过了前两年(2012 年 59 种(个)资源,2011 年 73 种(个)资源)。然而,我们需要注意的是,目录中已正式包含的资源量达到近 350 种(个),其中有一些资源是比较复杂的,由多种可供下载的文件组成——这些微粒化的资源加起来远超过 1000 多种。在最大灵活度的原则下,各种形式或种类的内容都可以被添加,已经添加的内容包括 PPT 文档、PDF 文档、电子书、播客集、网页、视频等。

58

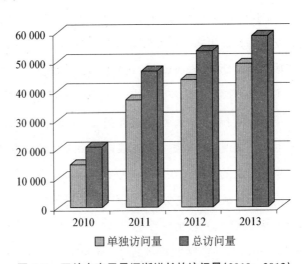

**图 6.3　开放内容目录逐渐增长的访问量(2010—2013)**

从教师的贡献来看,人文专业的教师贡献最大,提供了 93 种(个)资源,紧排其后的是高等教育发展中心的教师,提供了 87 种(个)资源,健康科学学院的教师们提供了 81 种(个)资源。

自 2010 年以来,网站的总访问量稳定增长。实际上,到 2014 年 6 月,网站的总访问量已达 220 000 次。在此期间,网站访问者的分布也在发生着改变——在 2012 年,超过 50% 的访问者来自南非,到 2013 年,南非访问者的比例降为 41%,这意味着开普敦大学的开放内容的国际用户在增长。如图 6.3 所示,总访问量和单独访问量每年都在上升。

特别让人兴奋的是,开普敦大学的开放教育实践得到了各方面的认可。例如,两位 UCT 的学者(Matumo Ramafikeng 和 Gina Ziervogel)在几百位提名者中胜出,获得开放课件优秀奖。在 2014 年,一位 UCT 学者、一线的普外科医生 Juan Klopper 也因其在开放教育中的优秀个人表现和贡献而获得了一个极富声誉的奖项。此外,还有较为间接的认可方式,比如一个职业疗法系列讲座的内容被整理成论文而在期刊上发表。后面的这个例子展示了一般意义上"开放运动"所带来的令人欣喜的可能性,特别是 OER 和开放获取潜在的共同之处。

### 从 OER 到开放学术

在 UCT 开展 OER 活动的这些年中,始终有一个清晰的目标:将收集的 OER 作为新型数据库内容的基本组成部分。另一个目标是,将新的 OpenUCT 平台作为资源管理和维护的升级工具,逐渐提升开放学术实践。在 2010 年 2 月至 2014 年 7 月间,开放内容目录是从 UCT 获取开放学术的主要平台。此后,开放内容目录中的所有内容转移到 OpenUCT 资源库。将内容从目录型平台转移到学校资源库架构的策略与相关的需求相符,包括将数字基础设施的所有权组织化,提升资源的管理水平,采取措施以保证内容的长期保存,促进机构作为其所有内容的出版商和发布者的角色。

新的 OpenUCT 资源库发布于 2014 年 7 月,它是一个定制的开源资源库软件案例,可以对研究和教育资源进行集成管理。它的出现不仅恰逢全球实践发生巨大的变革,而且地方政治结构和系统也发生着巨大变化。为了跟上最新的内容分享的技术和国际发展趋势,像 UCT 图书馆(UCT Libraries)、研究办公室与信息中心(Research Office and Information)、学习与教学创新中心(Centre for Innovation on Learning and Teaching)和通信技术服务中心(Communication Technology Services)等关键主管部门都面临着快速转变的压力。在竞争日益激烈的高等教育环境中,高等教育机构需要保持不脱节、有竞争力且不脱离公众视线,其压力也大大增加。

OpenUCT 资源库的创建目的不仅仅是将 UCT 的学术与世界分享,而且要促进大学内部开放教育的发展。尽管预见到创建和分享的许多资源将被用于研究领域、学与教、增进社群参与度等方面,OpenUCT 还是制定了一些专门的条款,以便于描述、检索、获取教学与学习内容。随着数字基础设施的不断发展,教学与学习实践也会随之发展。OER 议程的挑战就是保证 OER 在大学环境中能够继续保持同等的地位,毕竟现在的大学还是非常偏向正统系统的研究,以及关注获奖机制的。

## 一项基于研究的协议

除了基础设施发展和推广工作外,还有一个同等重要的任务——研究。这些研究兴趣中的主要部分是判断 OER 在 UCT 中是如何运作的,尤其在 2014 年 7 月之前的这段政策空白期中,鼓励硕士研究生们将 OER 获取作为毕业论文的研究点本身就是一项成功的策略。到本文写作之时,信息通信技术教育硕士中有四位学生已经承担(或正在进行)相关研究。他们具体研究的是:(1)学生对再使用数字化教育资料的认识;(2)开放数学与科学教材的使用;(3)UCT 学者决定向开放内容目录提供资源的原因;(4)UCT 副校长 OER 采纳项目(UCT Vice Chancellor's OER adaptation project)如何成功通过学生促进者的协助支持教师分享他们的学习与教学资料,此外,该项目还引导博士研究生对使用或不使用 OER 进行一些难度更高的理论解释。

其他策略还包括鼓励在 UCT 内部开展关于 OER 的研究,以及与 UCT 的合作伙伴们开展跨机构的 OER 研究。其中一项 UTC 内部研究调查的是高年级学生在将教学内容改编为 OER 时所发挥的作用(Hodgkinson-Williams & Paskevicius,2012a,2012b,2013)。基于健康 OER 跨机构项目,一项研究记录了 OER 在健康科学学院中的发展(Mawoyo,2012),另一项研究提议建立一个关于 OER 的可持续的、跨机构的合作框架(Ng'ambi & Luo,2013),第三项研究提出了一个在非洲创建和维持 OER 的见解(Harley,2011)。一项跨机构的调查显示,UCT 的绝大多数学生对使用 OER 是高度肯定的(Hardin,Hodgkinson-Williams,& Cox,2011)。

最后,UCT 参与了全球南部研究项目(Global South research study),并发挥了中心作用。该项目研究 OER 在南美洲、撒哈拉以南的非洲和东南亚(ROER4D)的教育组织中被使用的情况及其影响。虽然仍在其初始阶段,但是这个雄伟的项目的目的是通过综合地区调查、案例研究、行动研究,对三个区域的 OER 创建、观念、应用和分布等方面进行深度分析(Hodgkinson-Williams,& Arinto,2014)。

## 政策约定

在过去几年,大学的高层在开放议程方面做了重要的、具有象征意义的决策。在 2008 年,副校长签署了《开普敦开放教育宣言》①(Cape Town Open Education Declaration),吸引了媒体的广泛关注。这个宣言是建立在"任何人都拥有不受限制地使用、定制、修改、再发布教育资源的自由"的基础上的。三年后,UCT 的副校长签署了《柏林宣言》②(Berlin Declaration),追求"在可持续的、交互的和透明的未来网络中,实现全球化、获取知识表征的愿景"。

2014 年发生的两件事标志着变化与发展的时代旋律达到了高潮:(1)UCT 委员会批准开放获取政策(http://uct. ac. za/downloads/uct. ac. za/about/policies/UCTOpenAccessPolicy. pdf);(2)UCT 图书馆承诺成为未来开放在线内容的储存点。许多与开放在线内容相关的开放教育和开放获取项目活动正在成为现在和未来图书馆业务的主流。这些活动并不奇怪,因为 UCT 图书馆一直非常清楚它对研究与教学资源方面的支持功能。实际上,UCT 图书馆作为开放获取政策的正式所有者,它与 UCT 的研究办公室、学习与教学创新中心一起密切协作。

很明显,政策基础对开放教育资源越来越重视。新政策中提到"北半球所提供的开放教育资源、开放内容以及开放课程等开放资源的可获取性是个机遇,但同时也是个挑战,因为当地的教学和学习资源同样面临着互联开放这一亟待解决的问题"。

学术可以被看作是研究、教学与学习等多种形式的混合体。UCT 不仅鼓励所有的这一切能够实现,而且为这些内容的管理、保存和发布提供便利条件。更具体的是,政策声明:"大学鼓励雇员与学生将任何形式的学术作品分享出来……包括(但不仅仅是这些)论文、书籍、会议论文、报告(需要获得研究资助者的允许)、教育资源、演讲、学术多媒体资料、音视频、图形和图像资料等数字化作品。"

在全球开放获取政策流行的风气下,政策要求 UCT 的员工录入他们发表的期刊

61

---

① 《开普敦开放教育宣言》是一个关于开放获取、开放教育以及开放教育资源的主流国际宣言,于 2007 年 9 月 14—15 日在开普敦的一个有关开放教育的国际会议上被提出。——译者注

② 《柏林宣言》是一个有关开放知识获取的主流国际宣言,于 2003 年在德国柏林哈娜克宫(Harnack House)举办的一个国际会议上被提出。——译者注

论文,同时要求学生们录入其最终版本的论文和学位论文。就是这种明确的和支持开放教育资源的立场,使得 UCT 的政策与其他大学或者组织机构的政策区分开来。

## 未来趋势

七年来,得益于基于项目的活动以及学者们的潜心研究,开普敦大学制定了开放获取政策广泛支持开放教育,大学的图书馆也将开放教育作为主流,这都意味着开普敦大学的开放教育工作达到了顶峰。开普敦大学八年前提出的愿景如今在开放学术项目中得以实现,该愿景就是寻找以颗粒化、复合化的方式处理各种类型的内容(包括研究和教学),以保证在将内容整合到机构基础设施时能够得到可持续性发展。

UCT 的开放教育议程已形成完整的循环。同时,这也意味着新的开始——开放教育和 OER 必须维持自己的地位并长期处于学校的议事日程上,除此之外,现在的议事日程还包括开放数据、研究数据管理以及开放研究等。UCT 的开放教育活动的主流与一系列的 OER 和开放学术创新项目持续发展,尤其是 OER 的趋势与颗粒化、语意化的未来发展趋势非常吻合。

那些没有整合教学元素的企业内容管理和研究管理系统是存在潜在危险的。这些最新涌现的系统加剧了人们对于研究型大学中教学的价值以及合理性的质疑。这种情况在全世界的大学中都普遍存在。尽管获得了最初的政策支持,但是将政策付诸实践的道路从不会平坦。近十几年来扎实的工作似乎能够很好地预示在未来,开放教育在开普敦大学的可扩展性和可持续性。

**Laura Czerniewicz**,研究者、教育者、倡导者、策略专家,是开普敦大学学习与教学创新中心主任,副教授。此外,她最近还领导着大学 OpenUCT 创新项目。凭借以前在教育出版界的工作经历,Czerniewicz 成为教育技术中心的创始主任。她的研究兴趣是学生与学者的数字化媒介实践、开放教育和学术、学习技术。

**Glenda Cox**,开普敦大学教育中心的讲师,Glenda Cox 负责课程项目、"用技术教学"创新资助项目、开放教育资源、教师专业发展。她的主要研究领域是,发现学者选择或者不选择将他们的教学资源作为开放教育资源的原因。她主要兴趣之一包括向教师介绍将技术融于教学的创新方式。她相信开普敦大学中的展示教师是非常优秀的教师,无论在传统的面对面的课堂中,还是在网络世界里皆起到非常重要的作用。

**Cheryl Hodgkinson Williams** 是南非开普敦大学学习与教学创新中心的副教授。她拥有计算机辅助学习博士学位,自 1998 年以来,她就从事教育中的信息通信技术的教学与调查工作。她主要的研究兴趣包括在线学习设计、电子档案袋、开放教育,以及开放教育资源的采纳与影响、慕课(MOOCs)。她是由国际发展研究中心资助的开放教育资源发展研究项目(ROER4D)的首席研究者。

63

**Michelle Willmers**,拥有学术出版背景,她以前是沙特瓦兹基金会资助的开普敦大学 OER 创新项目的高级团队成员。她还是国际发展研究中心非洲学术交流(SCAP)项目———项四国研究和出版创新项目——的管理者,该项目旨在提升非洲研究的可视化程度。她目前是开普敦大学创新项目的管理人。

| 初译 | 交叉 | 二校 | 终审 |
| --- | --- | --- | --- |
| 贾义敏 | 张彦琳 | 范奕博 | 徐品香 |

# 参考文献

Cartmill，E. T. （2013）. *Viewing the use of open educational resources through a community of practice lens: A case study of teachers' use of the Everything Maths and Everything Science open textbooks*. Unpublished MPhil minor dissertation，University of Cape Town. Retrieved from http://uctscholar. uct. ac. za/PDF/98798_Cartmill_ET. pdf.

Cox，G. （2013，December 8）. *A model of the interplay between academic agency，institutional structure and open culture in the contribution and non contribution of Open Educational resources*. PhD research presentation GO-GN seminar in Cape Town. Retrieved from http:// www. slideshare. net/GO-GN/ph-d-proposal-presentation-cape-townglencox.

Czerniewicz，L. ，Cox，G. ，Hodgkinson-Williams，C. A. ，& Doyle，G. （2012）. *From project to mainstreamed in a constrained environment: Towards openness at the University of Cape Town*. Cambridge OCW Conference，April 16 - 18. Retrieved from http://www. slideshare. net/laura_Cz/openness-at-the-university-of-cape-town.

Hardin，J. ，Hodgkinson-Williams，C. A. ，& Cox，G. （2011）. *OCW use and production by faculty and students: An inter-institutional comparison*. OCWC Conference，Cambridge Massachusetts，May 4 - 6，2011. Retrieved from http://www-personal. umich. edu/~hardin/Talks/OCWC2011/OCWC2011-V0. 5. pdf.

Harley，K. （2011）. Insights from the Health OER Inter-Institutional Project. *Distance Education*，32（2），213 - 27.

Hodgkinson-Williams，C. A. ，& Paskevicius，M. （2012a）. The role of postgraduate students in co-authoring open educational resources to promote social inclusion: A case study at the University of Cape Town. *Distance Education*，33（2），253 - 69.

Hodgkinson-Williams，C. A. ，& Paskevicius，M. （2012b）. Framework to understand postgraduate students' adaption of academics' teaching materials as OER. In A. Okada （Ed.），*Open educational resources and social networks: Co-learning and professional development*. London: Scholio Educational Research & Publishing.

Hodgkinson-Williams，C. A. ，& Paskevicius，M. （2013）. "It's not their job to share content": A case study of the role of senior students in adapting teaching and learning materials as open educational resources at the University of Cape Town. *E-Learning and Digital Media*，10

(2)，135 – 47. Retrieved from http://dx. doi. org/10. 2304/elea. 2013. 10. 2. 135.

Hodgkinson-Williams, C. A. , & Arinto, P. (2014). *Open education for a multicultural world : A report from the Research on Open Educational Resources for Development （ROER4D） project in the Global South*. OCWC 2014 Conference, Ljubljana, Slovenia, April 25, 2014. Retrieved from http://www. slideshare. net/ROER4D/roer4-d-hodgkinson-williams-arinto-ocwc-2014-33930519.

Mawoyo, M. （2012）. *Growing an institutional health OER initiative : A case study of the University of Cape Town*. Regents of the University of Michigan and Saide. Retrieved from http://www. oerafrica. org/resource/growing-institutional-health-oer-initiative-case-study-university-cape-town.

McNay, I. (1995). From collegial academy to corporate enterprise : The changing cultures of universities. In T. Schuller （Ed.） *The changing university*. Buckingham : Society for Research into Higher Education and Open University Press.

Ng'ambi, D. , & Luo, A. （2013）. Towards a sustainable inter-institutional collaborative framework for open educational resources （OER）. In R. McGreal, W. Kinuthia, & S. Marshall （Eds）. *Open educational resources : Innovation , research and practice* （pp. 223 – 39 ）. Commonwealth of Learning, Athabasca University. Retrieved from https:// oerknowledgecloud. org/sites/oerknowledgecloud. org/files/pub_PS_OER-IRP_web. pdf ♯ page＝249.

Paskevicius, M. （2011）. *Student perceptions of the reuse of digital educational materials : A case study of the social outreach group SHAWCO*. Unpublished MPhil minor dissertation, University of Cape Town. Retrieved from http://uctscholar. uct. ac. za : 1801/webclient/ StreamGate? folder_id＝0&dvs＝1405127427526～602.

Ramafikeng, M. （2013）. *True stories of open sharing : From Cape Town OER to Spanish journal article , Matumo Ramafikeng*. Video interview. Retrieved from http://stories. cogdog-blog. com/oer-to-journal/.

Rossiter, D. （2007）. Whither e-learning? Conceptions of change and innovation in higher education. *Journal of Organisational Transformation and Social Change*, 4(1), 93 – 107.

Yee-Tak, W. （2006）. *Student expectations in the new millennium : An explorative study of higher education in Hong Kong*. Unpublished Dissertation, Ludwig-Maximilians-Universität, Munich, Germany.

# 第三部分

## 慕课和开放教育概念的研究及评价

在任何一个新兴学科或领域中,最常听到的一句话是:"它的理论研究是怎样的?"　65
当人们身处于某种潜在的研究范式变革或转换过程中时,对理论研究的兴趣尤为明
显,正如我们当前对于慕课和开放教育研究的特别关注一样。因此,本书的第三部分
包含了几个相关的理论研究与评价的章节,以试图在慕课及开放教育的有效性方面提
供一些新的思考。

第7章由德国哈根函授大学的 Markus Deimann、Alexander Lipka 和 Theo
Bastiaens 三位作者合作撰写,作者强调要加强对远程教育历史的反思,并思考了远程
教育能给慕课倡导者或实践者带来什么。作者把近年对慕课的争论与更加久远的、有
深厚理论基础的远程教育联系起来。该文正确地指出,即使远程教育有着丰富的历史
经验可以借鉴,可帮助改善慕课研究课题的效率及结果,但是到目前为止,远程教育的
研究与实践却甚少得到慕课研究者们的关注。该文作者亦分析了在远程教育的生态
系统中可以怎样利用慕课。为此,他们在基于数据的基础上,对一门传统的远程教育
类课程与德国哈根函授大学最近开设的两门不同类型的慕课课程进行了比较。文章
最后讨论了慕课倡导者们能够从远程教育中吸取到的经验,并提供了几个有用的教学
建议。

如果对除了 edX、Coursera、NovoEd、Udemy、Udacity 及北美其他慕课平台之
外的平台感兴趣的话,可以阅读本书第8章,该章由 Maggie Hartnett、Mark Brown 和
Amy Wilson 三位作者完成,他们详细介绍了一项由澳大利亚开放大学(OUA)发起的
慕课项目"开放学习"(Open2Study)(参见 http://www.open2study.com/)。该文详细
分析了新西兰梅西大学(Massey University)在参与"开放学习"的设计、实施和评价过　66

程中吸取到的经验教训。这个案例的独特之处不仅是因为该项目本身比较特别,还因为早在 2013 年,梅西大学就成为新西兰第一所引入企业级慕课平台的学校。作者不仅解释了梅西大学涉足慕课领域的原因,同时也概括了开放学习项目的一些显著特点。除此之外,本章还总结了来自澳大利亚和新西兰的经验教训,进一步从国际背景下提出若干相关的问题,并从整体上指出慕课运动的未来发展特点。

在第 9 章中,来自爱丁堡大学的研究者们对他们从 2012 年开始慕课研究实践以来所做的工作进行了综述。Jeff Haywood、Amy Woodgate 和 David Dewhurst 三位学者首先讨论了在 2012 年爱丁堡大学作为英国第一所探索慕课的大学与 Coursera 合作时所做的决定。爱丁堡大学目前是英国最大的慕课提供商,参与学习的学生规模超过一百万人,可见,当初这是一项既大胆又成功的决策。在课程质量方面,爱丁堡大学在课程的设计和开发过程中采取集中协调的措施,为教学团队提供强有力的技术、教学及财政支持。这些措施都通过正式的课程审批程序和质量保障流程得以执行。同时,他们持续收集了有关慕课参与者及其学习情况的历史数据。这项仍在进行之中的研究及评价措施,使得爱丁堡大学明白如何设计和实施它的慕课计划,并且懂得如何与其他大学合作来开发慕课课程。本章的最后集中讨论了慕课对一所大学的潜在益处,以及它们在投入上的各种回报。

| 初译 | 交叉 | 二校 | 终审 |
|------|------|------|------|
| 刘晓斌 | 陈飞 | 范奕博 | 徐品香 |

# 第 7 章

## 熟悉的陌生人？！

慕课能从远程教育中学到什么？

Markus Deimann，Alexander Lipka，Theo Bastiaens

2012 年掀起的慕课热潮，成为教育技术历史中极具标志性的事件，这是因为从未　67
有过一个事件受到来自政治、经济和教育等诸多利益相关者的共同关注。伴随着慕课
的出现，许多主流媒体对于这场慕课盛宴功不可没，不断创造出诸如"校园海啸"等流
行语（Brooks，2012）。

然而，对于慕课的种种断言，我们应进行全面的甄别。事实上，正如本文标题所指
出的，慕课与远程教育是紧密相关的。有趣的是，维基百科英文版中对"远程教育"词
条的解释，认为慕课是"远程教育的一个新近发展"（Wikipedia，2014）。有的学者认
为，慕课出现仅仅是加深了人们对它功能的理解，即惠及和教育广大受众。相比之下，
远程教育早已在十八世纪就广为世人所知，并且有着多种被证明有效的学习方法。在
过去的几个世纪，人们在远程教育方面的研究和实践，形成了一个庞大的知识体系，揭
示了人们在这种特殊环境中是如何学习的。

在过去的五年中，慕课热潮开始涌现，为大众教育带来了众多掌声和深远影响，而
远程教育则意外地从公众话题中完全消失了。很不幸的是，关于慕课的讨论，大部分
都发生在远程教育学界之外。慕课可以被视为面授大学对大众进行远距离教学的一
种开端。因此，目前，远程教学模式和实践对于慕课的潜在影响还缺乏系统化的研究。
本章的写作意图就在于促进这两个"熟悉的陌生人"之间的沟通对话。

接下来，我们将首先从远程教育何以成为一门研究性学科的角度来对它进行评
述。本章第二部分将讨论在一个远程教育的生态系统中如何利用慕课，并提供了以下　68
两类课程的实证数据：(1)德国哈根函授大学的一门传统远程教育类课程，(2)该校最
近开设的两个不同类型的慕课课程。最后，我们还会讨论慕课的倡导者、开发者和评

估者们能够从远程教育中汲取到什么经验教训。

## 导言：慕课入侵远程教育领地

自从美国常春藤盟校将其传统课程向"世界"开放之后,频繁出现在大众媒体头条的慕课新闻让远程教育备受冷落。此外,对技术在教育中扮演什么角色,慕课教学法体现出甚为简单的理解,如有人认为数字化技术作为一种工具,之所以能实现任何的教育目标是因为它完全掌控在使用者手上(Hamilton & Friesen,2013)。这种工具论的一个突出例子是 Peter Norvig 在 TED 上题为"容纳十万人的教室"(The 100 000-student classroom)①的演讲,他在其中谈道,"虽说这门课的主题内容是先进的且现代化的,但讲授方法却非如此"(Norvig,2012)。Norvig 还认为技术能够帮助他模拟实现一对一辅导的教学模式,但他却避而不谈"技术产生的意外后果"(Knox,2013),如技术在产生和使用过程中所涉及的种种复杂方式,当中的某些方面可能并不一定对学习过程有帮助。

与慕课的"革命性"兴起形成反差,远程教育从十九世纪中期诞生之初,就被视为演变式的过程。它使不同的教学方法得以发展,也产生了不同的理论概念,但其中不变的一点是:"成年人、远距离和继续教育者一直引领着这场运动,它把教育带给学生,而非要求学生来接受教育。"(Hoskin,2013,p. 189)人们通常会按照其技术特点(Garrison,1985)或教学方法(Anderson & Dron,2011)对各种远程教育模式进行分类,其中很多能直接回应当前慕课所面临的各种问题。因此,我们建议应更加认真地把远程教育作为宝贵的参考对象。

### 远程教育的三代阶段理论

作为理解远程教育的基本理论之一,Garrison(1985)提出的"远距离教育中的三代技术革新"模式是主要基于对技术形态的判断(见表 7.1)。

从表中可以看出,每个阶段的转变,都把某种教学功能"外包"给技术来实现,如第

---

① "容纳十万人的教室"(The 100 000-student classroom)由"人工智能导论"慕课课程的两位主讲教师之一 Peter Norvig 发表于 2012 年 2 月份的 TED 讲台,详见链接:https://www.ted.com/talks/peter_norvig_the_100_000_student_classroom? utm_source=tedcomshare&utm_medium=referral&utm_campaign=tedspread。——译者注

一代转变中,"人们意识到教育中的互动并不需要面对面进行,而是可以通过通信方式辅助实现"(Garrison,1985,p.241)。

表 7.1　远距离教育中的三代技术革新(Garrison,1985)

| 远距离教育分期 | 技 术 手 段 | 转　　变 |
|---|---|---|
| 函授教育 | 印刷材料,邮政系统 | 面对面交流→辅助交流 |
| 广播电视教育 | 电信传播(广播、电话) | 个性化的互动和交流→双向交流 |
| 计算机(多媒体) | 计算机辅助学习 | 辅助交流→互动与自主混合的交流 |

虽然在过去的几十年间技术的革新速度加快了,但表 7.1 中划分的三个阶段仍基本存在。然而,这种局限的、基于技术特征的远程教育视角已备受争议,学者们提出一种更加全面的分类方法,它被认为"既不是由技术形态,亦非由教学模式决定,而是处于两者的中间地带"(Anderson & Dron,2011,p.81)。正如 Anderson 和 Dron 所指出,更确切地说,虽然技术能够帮助进行音乐创作,甚至可以决定一首作品的节奏,但真正起决定作用的,还是教学本身。换个说法,技术在远程教育中创造了各种新的教学机遇。

虽然远程教育与慕课对技术力量的依赖是两者的主要相似点,然而,它们对教学假设的理论验证却有着明显的区别(Daniel,2012)。此外,从一开始,人们就已通过理论思辨的方式为远程教育提供理论支持,这对该领域的专业化发展产生了极大的影响。这些远程教育理论关注学习过程的一些至关重要的课题,如交互和反馈等,并且形成了关于如何建构项目、课程和材料等特色鲜明的知识体系。最终,远程教育被成功地概念化为一个"自成一体的系统"(Peters,2010),或被视为一个特别重视产业化模式的自运行系统。

当然,如果要求关于慕课的讨论也具备相似的理论深度,显然是不公平的。然而,由于两者都涉及相同的内容和事务,为何远程教育领域至今尚未在慕课教学研究中得到重视并被重点参考,确实是一个值得深思的问题。

### 远程教育与慕课：拥有共同未来的兄弟?

从开放的角度来说,慕课和远程教育都是基于一个共同的理念,即通过技术实现的教学能克服教育面临的社会以及经济障碍,以便于让所有渴望或愿意学习的人都能参与到一门课程的学习中来。然而,这种人文主义的观点会带来一定的危险,即它弱化了类似文化资本这样的重要条件或因素(Bady,2-13)。与此同时,慕课过于关注获取开放资源的技术手段,且这种倾向越来越明显,而且几项研究表明,缺乏数字化学习技能是学习者未能顺利完成课程的主要因素(如 Christensen,Steinmetz,Alcorn,Bennet,Woods,& Emanuel,2013)。从这点来看,由于常春藤盟校的名气而使慕课对公众产生的吸引力,是存在很大问题的。大众对慕课的狂热,其中一个关键问题,在于它把人们的注意力从决定远程学习成效的因素上转移开来,技术再次将了教学一军。

慕课目前并未在远程教育学界激起太多讨论。更糟糕的是,Liyana Gunawardena 及其同事所做的关于慕课的文献综述(Liyana Gunawardena,Adams,& Williams,2013)显示,学术期刊上关于在线和远程教育主题的文章数量屈指可数。John Daniel 爵士(2012)在韩国国立开放大学(KNOU)期间撰写了一篇针对慕课的综合性评述,是为数不多的以远程教育杰出学者的身份对慕课进行的系统化分析的例子。尽管存在多种问题和争议话题,但是,针对慕课的夸大宣传已经把之前那些认为远距离学习效果不如面对面教学等的流行观点抛诸脑后。在过去,远程教育亦曾受到过相似的指责,但结果促成了远程教育的学科理论化。

在以上背景下,可以认为远程教育领域处了一种有利而稳定的状态,这是因为其历经长达百余年的理论和实践发展并不断完善。然而,政治和经济方面的一些新发展有可能给稳定的远程教育系统带来争论。确切地说,政府和政治领袖对教育机构施以重压,敦促"开放"其学习资源和准入程序(Castaño Muñoz,Redecker,Vuorikari,& Punie,2013)。因此,我们有足够的理由在远程教育生态系统中进行慕课的实验。这样的尝试能够以实证的角度来审视慕课和开放教育的一些推断。

### 实证基础:两个慕课案例及一个远程教育案例

本章题目中的"熟悉的陌生人"比喻,向人们提出了这样一个问题:慕课和远程教育课程最根本的区别和相似之处是什么?为了帮助回答这个问题,我们将呈现三门带有丰富数据的课程的描述内容,并重点关注这几门课程中的以下几个方面:内容、目标和设计、使能技术、人员统计以及活动趋势。

#### ＃iddg13 慕课①:"数字化社会的跨学科研讨"

2013 年夏天,德国哈根函授大学教学技术与媒体系开发了该校首门慕课课程,即为期四周的"数字化社会的跨学科研讨"课程。

**内容:** 数字化技术是当前社会的普遍趋势,慕课由此应运而生。针对本主题,这门课程从多个角度进行讲授,第一周的内容围绕教育领域内最核心的议题展开:是否能辨识出对数字化媒体特别熟悉的新一代大学生? 如是,是否需要采用新的教学方法? 第二周集中研讨经济领域的议题:在创造价值的商业活动中,如何收集和平衡网络上的集体智慧? 第三周从法律科学的角度来讨论互联网在日常生活行为中的重要角色。第四周从计算机科学的范畴讨论数字证书在基于互联网的交际中所暗含的人际信任。

**目标和设计:** 该课程含双重目标。其中之一是为了提升学生对社会数字化趋势所产生的冲击的理解,另外一个主要目的在于从多种科学的观点来探讨这些发展趋势所带来的挑战。为此,针对每一个问题,学生需要观看一段 10 至 15 分钟的视频,视频中来自各自相应领域的教授将会进行通俗的介绍,并且在视频末尾布置一项任务,让学生在接下来的讨论中完成。所有的视频都提供相关的网络资源,以期让学生建立起基本的概念基础,并为进一步的探讨形成初步观点。每周的讨论时间合理地分配给每一个话题。在每周三分之二的时间过后,课程会发布一个反馈视频,负责的教授针对先前的讨论进行评论,并且针对布置的任务给予一些提示性的解决方案。

**使能技术②:** 课程使用学习管理系统魔灯(Moodle)作为内容发布、课程讨论或链接、嵌入外部资源的主要平台。此外,课程会有效利用且鼓励学生探索性使用一些支持的社会化媒体工具,如利用 YouTube③ 为所有嵌入 Moodle 环境的视频提供托管服务;使用推特标签＃iddg13 发布与本慕课相关的推文信息,并且一些值得注意的网络

---

① ＃Iddg13 指代"数字化社会的跨学科研讨"(Interdisciplinary Discourse on the Digital Society)慕课课程,其中 iddg 是课程名称首字母的组合,13 代表该门课程开设的年份。——译者注

② 使能技术(enabling technology),目前国际国内没有严格的"使能技术"的相关定义。一般而言,使能技术是指一项或一系列的、应用面广的、具有多学科特性、为完成任务而实现目标的技术。——译者注

③ You Tube 是如今世界上最大的视频分享网站,成立于 2005 年。——译者注

资源和学生每周的成果都会在内容策展网站 Scoop. it① 上展示出来。除此之外，很多学生使用自己的博客、播客、课件分享平台或者 Google＋②群组等作为意见表达的渠道。

**人员统计：**该课程对哈根函授大学所有的 85 000 名学生开放，而实际上注册的学生只有 1426 名。在课程结束时的一项在线随机调查(样本数为 73)中显示，学生男女比例几乎相等，且平均年龄为 41 岁(标准差为 9.5)。大约三分之一(32%)的学生正在进行第四学期的课程学习，主修专业主要是教育科学(42%)和心理学(12%)，其余各部分学生零散地分布于哈根函授大学的其他十几个专业。

**活动趋势：**学生参与度可从各个教学周中论坛发帖的数量来衡量。论坛第一周发帖数量相对较高，达到 504 篇之多。随后接下来的三周，帖子数量下降并保持在第一周的三分之一左右，依次为 178、109 和 146 篇。导入类视频的观看次数可作为接受式参与的初步参考值。在本研究中，四个教学周中的教学视频观看次数从第一周的 676 次依次下降到 516、301 和 246 次。相似的下降趋势亦出现在反馈视频上(四周观看次数分别为 446、283、146 和 97 次)。因此，这两者的观测数据均大致呈现出指数衰减的趋势。整体上看，每个参与者人均发帖 0.9 篇。另外需指出一点，同时也是可预料到的(Jordan，2014)，在 1426 名参与者中，只有 42 名(3%)坚持完成课程的学习，并提交了最终的反思小论文以获取学习证书。

### ♯exif13cMOOC③："发现研究之岛"

在课程结束几个星期后，♯iddg13 课程的作者们与哈根函授大学教育科学系合作，开发了另外一门慕课——"发现研究之岛"(♯exif13)。

**内容：**该课程主要讲授研究方法的入门知识，也粗略地介绍了实证研究过程的基本步骤。课程的第一部分关注最基础的问题："'科学地工作'是什么意思？"第二部分向学习者介绍基础概念以及文献检索的策略。第三部分围绕什么是好的研究问题以

---

① Scoop. it 是非常有名的一个内容策展网站，于 2007 年成立于旧金山。在该网站上，用户可以输入自己感兴趣领域的关键词，网站会根据这些关键词为用户推送最相关的信息，使得信息的获取效率大大提高。类似的服务还有 Feedly、Pinterest 等。——译者注

② Google＋ 是一个基于网络的社交网络，由谷歌公司管理和运营。——译者注

③ ♯ exif13 指代"发现研究之岛"(Discover the Island of Research)慕课课程，其中 exif 是课程名称首字母的组合，13 指代课程开设的具体年份。——译者注

及为何需要好的研究问题展开。第四部分对上一部分内容进行拓展,并由观众讨论:怎样才能找到合乎方法论要求的答案以解决研究问题。第五部分关注统计学在解决研究问题中的角色。课程的结束篇对课程内容进行总结,并就科学论文的撰写过程给出一些建议。

**目标和设计**:本课程以 cMOOC(Siemens,2005)的形式授课,课程目的在于对其主题进行非专业化的介绍。本课程通过重新制作教育电视节目的方式进行内容的呈现(Vogt & Deimann,2013),并结合联通主义关于交互设计的观点,共制作了七集教育电视节目,每周播放一集,每集由两位教育科学学者主持,他们每周都会邀请不同的专家上来讨论科学研究中的重要议题。通过使用推特,在线观众可以贴出问题或评论,并能得到专家的实时解答。在每一集的结尾,通过完成相关的任务并把其成果进行分享的方式,观众会受邀主动参与到问题的思考和论证过程。通过引入联通主义,参与者须自己组织其学习过程和交互活动,在此过程中尽量利用任何他们认为合适的网络使能工具。

**使能技术**:本课程使用若干种网络工具以替代学习管理平台的不同功能。本课 73
程关联的推特账号(twitter.com/exif13)可视为所有学习活动的中心。比如,它会提供新一集内容的直播链接以及来自课程开发者的推文。之后,这些节目方可在YouTube 上观看。参与者主要使用一个 Google+社群对每一集内容进行反思。一些参与者也会在他们自己的博客上发布文章,甚至在 YouTube 上传自创视频以回应♯exif13 的内容。此外,本课程还列出了一份网络参考文献,大家还一起合作将其填入不同条目,使之与各集内容相对应。

**人员统计**:与慕课♯iddg13 不同,慕课♯exif13 强调开放式参与。鉴于这种形式的开放性(如不需注册,没有跟踪等),很难统计参与者的人数及其组成成分。然而,网络使能工具上留下的记录可以作为分析源,以进行粗略的统计。比如,根据推特上的关注者数量(190 人)以及 YouTube 上的观看次数(从 2994 至 570 次不等),我们保守估计该慕课的稳定参与者数量大概介于 190 至 570 之间。

**活动趋势**:与慕课♯iddg13 相似,我们可大致认为本慕课的参与度亦呈衰减趋势:七集节目中第一集的观看人次达到3000,而最后一集只有 570。发布帖子是一种比单纯观看节目更主动的参与方式,而在♯exif13 的 Google+社群中,通过对课程每个阶段的帖子数量统计,同样显示参与者的活动随着课程的进展而减少。在本社群中,第一周有 73 人发布了帖子,第二、三周的数量分别降至 43 和 49。从第四周开始的剩下三周中,发贴人数已分别跌到只有 9、27 和 13 了。

### 远程教育课程:"知识社会中的教与学"

为了与上述两门慕课进行比较,我们下面要简要介绍一门能够代表哈根函授大学远程教育状况的课程,该课程实际在远早于慕课热潮兴起时就已开设。我们选择分析本校的"教育与媒体:教育信息化"硕士专业课程中第一模块的课程:"知识社会中的教与学"。

**内容:** 本课程的主要内容是与数字化学习领域相关的一些基础性、应用性理论(如学习的范式、教学设计与教学技术基础、教与学的评估策略等)。博客作为反思学习的工具亦被视为其中的一个应用。

74　　**目标和设计:** 这门为期四个月的课程,旨在帮助学生为接下来几个模块的学习打好相应的基础。它包含了阅读作业,要求学生把他们所学的内容应用到博客、维基和学习档案袋中去。对学生的评分基于一份期末论文,要求以课程中选取的理论为依据,对其博客活动进行科学的理论分析。

**使能技术:** 该课程的内容传授主要依靠教材,其中部分内容提供视频点播。在课程魔灯(Moodle)平台上可进行异步交互,如讨论和导师反馈,也可利用 Moodle 平台上的 Exabis[①]插件作为电子档案工具。对于博客写作活动,学生既可使用学校架设的 Wordpress[②] 博客系统,也可以使用自己现成的个人博客,而使用的维基系统则是 Mediawiki[③]。

**人员统计:** 该课程有大约 200 名参与者,其年龄构成主要分布在 25 至 45 岁之间。由于哈根函授大学学生的特殊性质,大部分的参与者都是兼职学习该课程,且一般都拥有一份固定的职业。课程中大约三分之二的学生为女性。

**活动趋势:** 学生论坛的帖子是测量学习参与度的主要指标。有趣的是,该课程论坛的参与度并不像上述两门课程那样呈急剧衰减曲线。相反,参与度到了后期才呈现

---

① Exabis 是 Moodle 平台的插件之一。——译者注
② Wordpress 是一个开源的博客平台,平台于 2005 年首次试运营。截至 2017 年 2 月,该平台上每月发表的博文数量接近 8 千万条。——译者注
③ Mediawiki 是一个开源免费的维基软件。——译者注

出略微下降的趋势(课程七个单元的帖子数量分别是：178,422,22,310,116,117 及
125)。平均每个学生的发帖数量为 6.3。然而,与前面慕课的参与度不同的是,很多
学生仅仅是因为课程要求而发帖。学生必须达到课程的全部单元的要求之后才能参
加期末考试。大约 30% 的学生参加了期末考试,这个比例在该专业的课程结业比率
中是属于最低的(从大约 30% 到 60%)。

### 哈根函授大学慕课与远程教育课程评述： 差异不显著吗?

在规模大小或活动层次方面,慕课与远程教育显示出一些相似性,即都向大规模
学生提供新的学习内容,并且都用一定的方式要求学生参与学习。此外,在内容传递
形式上都部分地利用各种相互组合的远程媒体,以确保知识传授和教学交互。然而,
需要注意的一点区别是,两门慕课的辍学比率明显要高于那门远程教育的课程。此
外,后者的人均参与度(如每人的相关话题帖子数量)亦是前者的 2 至 5 倍之多,且并
未随着课程进度而出现较大差异。这个发现表明,作为结构稳定的远程教育硕士课
程,可因学习者而改变其激励机制,且不鼓励出现慕课中常见的"潜水"现象。

75

### 结论： 慕课开发者和提供者能从远程教育学到什么?

我们的经验表明,夯实教学理论基础,并从教学步骤、内容呈现、作业和互动的设
计等方面追求更严密的结构,对结构松散的课程(如 cMOOC)是有利的。

对于媒体的选择,多种网络工具的组合使用是可行的。然而,对于选取的每个工
具,要根据"中心-外围"功能分配原则,明确规定各自的角色。我们建议预先选取一个
媒介作为中心枢纽工具,并分配好其他工具的外围角色。这种方法能把课程的所有网
络发言更轻松地整合起来,并且有助于维护课程的学习者导向。在课程目标、内容和
作业的设计方面,把它们与学习者的专业或日常生活联系起来,使学习者能灵活运用
自己的知识,这有助于提高学习动机,扩展学习深度。

本章仅罗列了慕课和远程教育的若干相似点和不同点,显然,它们还应有其他方
面的特点。因此,对这两位"熟悉的陌生人"的历史和未来关系的进一步研究,将会是
一项有价值的工作。

**Markus Deimann** 在 2006 年 5 月到 2013 年 8 月期间担任德国曼海姆大学教育技术与媒体系的研究助理,自 2013 年 9 月起担任助理教授并完成教育科学与政治科学的学习。同时,在德国伊尔梅瑙工业大学以及艾尔福特大学期间,他还一直担任"基于多媒体的远程计算机科学研究"项目的研究助理。此外,他还作为访问学者在佛罗里达州立大学学习一年。在 2011 年,在奖学金的支持下,他在英国开放大学学习了 3 个月。

76

**Alexander Lipka** 是德国哈根函授大学教育技术与媒体系的研究助理。他从德国明斯特大学获得教育学位。他的主要研究兴趣包括教学媒体选择、认知任务分析以及教学设计。他目前的研究主要关注教学中的多媒体是如何影响学习者的学习的。他的邮箱是 alexander. lipka@fernuni‒hagen.de。

**Theo Bastiaens** 是德国哈根函授大学教育科学与媒体研究所的全职教授。除此之外,他还担任荷兰开放大学的兼职教授。他的研究兴趣主要是教学设计以及数字化学习,他在这两个领域内著作颇丰。

| 初译 | 交叉 | 二校 | 终审 |
|------|------|------|------|
| 刘晓斌 | 陈飞 | 范奕博 | 徐品香 |

# 参考文献

Anderson, T., & Dron, J. (2011). Three generations of distance education pedagogy. *International Review of Research in Open and Distance Learning*, *12*(3). Retrieved from http://www.irrodl.org/index.php/irrodl/article/view/890/1663.

Bady, A. (2013, May 15). The MOOC moment and the end of reform. *The New Inquiry*. Retrieved from http://thenewinquiry.com/blogs/zunguzungu/the-mooc-moment-and-the-end-of-reform/.

Brooks, D. (2012, May 3). The campus tsunami. *New York Times*. Retrieved from http://www.nytimes.com/2012/05/04/opinion/brooks-the-campus-tsunami.html?_r=0.

Castaño Muñoz, J., Redecker, C., Vuorikari, R., & Punie, Y. (2013). Open Education 2030: planning the future of adult learning in Europe. *Open Learning: The Journal of Open, Distance and e-Learning*, *28*(3),171-86.

Christensen, G., Steinmetz, A., Alcorn, B., Bennet, A., Woods, D., & Emanuel, E. J. (2013). *The MOOC phenomenon: Who takes massive open online courses and why?* Working Paper, University of Pennsylvania, Philadelphia, PA. Retrieved from http://papers.ssrn.com/sol3/papers.cfm?abstract_id=2350964.

Daniel, J. (2012). *Making sense of MOOCs: Musings in a maze of myth, paradox and possibility*. Seoul: Korea National Open University. Retrieved from http://www.tonybates.ca/wp-content/uploads/Making-Sense-of-MOOCs.pdf.

Garrison, D. R. (1985). Three generations of technological innovation in distance education. *Distance Education*, *6*,235-41.

Hamilton, E., & Friesen, N. (2013). Online education: A science and technology studies perspective/Éducation en ligne: Perspective des études en science et technologie. *Canadian Journal of Learning and Technology*, *39*(2). Retrieved from http://www.cjlt.ca/index.php/cjlt/article/view/689.

Hoskins, B. J. (2013). The changing face of distance education. *The Journal of Continuing Higher Education*, *61*(3),189-90.

Jordan, K. (2014). Initial trends in enrolment and completion of massive open online courses.

*International Review of Research in Open and Distance Learning*，15（1），133－60.

Knox, J.（2013）. Five critiques of the open educational resources movement. *Teaching in Higher Education*，18（8），1－12.

Liyanagunawardena, T. R., Adams, A. A., & Williams, S. A.（2013）. MOOCs: A systematic study of the published literature 2008－2012. *International Review of Research in Open and Distance Learning*，14（3），202－27.

Moore, M., & Kearsley, G.（1996）. *Distance education: A systems view*. Belmont, CA: Wadsworth Pub. Co.

Norvig, P.（2012）. *The 100,000-student classroom*. Retrieved from http://www. youtube. com/watch? v=tYclUdcsdeo.

Perraton, H.（1987）. Theories, generalisation and practice in distance education. *Open Learning: The Journal of Open, Distance and e-Learning*，2（3），3－12.

Peters, O.（2010）. *Distance education in transition: Developments and issues*. Oldenburg: BISVerlag der Carl von Ossietzky Universität Oldenburg.

Siemens, G.（2005）. Connectivism: A learning theory for the digital age. *International Journal of Instructional Technology and Distance Learning*，2（1）. Retrieved from http:// www. itdl. org/Journal/Jan_05/article01. htm.

Vogt, S., & Deimann, M.（2013）. *Educational TV reloaded: Production of the cMOOC Discover the Island of Research（# ExIF13）*. Hagen: FernUniversität in Hagen. Retrieved from http://deposit. fernuni-hagen. de/2969/.

Wikipedia（2014）. *Distance education*. Retrieved from http://en. wikipedia. org/wiki/ Distance_education.

**第 8 章**

**澳大利亚和新西兰的慕课**

Open2Study 的启发

Maggie Hartnett，Mark Brown，Amy Wilson

# 导言

慕课运动持续地吸引着关心高等教育未来的未来学家、主流媒体以及高级官员的　78
注意力。甚至有预言认为，慕课有使高等教育产生雪崩式变革的可能（Barber，
Donnelly，& Rizvi，2013）。当成千上万的人在 edX、Coursera 以及 FutureLearn 等
xMOOC 平台上注册并学习时，大量有关学习者的体验以及开发在线免费课程的体制
驱动因素的研究文献，仍仅停留于研究者们的博客之中。虽然更严谨的研究和文献评
述开始出现（如 Department for Bisiness，Innovation and Skills，2013；Hollands &
Tirthali，2014；Jacoby，2014；Liyanagunawardena，Adams，& Williams，2013；
Selwyn & Bulfin，2014），但正走向成熟的慕课仍是一片"混乱"的景观，仍可作为持续
争辩的主题词。

在当前全球高等教育的崭新环境中，慕课所带来的是希望还是绝望，一直存在许
多激辩的声音（Krause & Lowe，2014）。一方面，慕课宣称能挑战传统大学中知识只向
少数人传播的特权，并强调能满足高等教育中不断增加的需求，特别是来自于发展中
国家的需求。从这点来看，新开放运动可视为游戏规则的真正修改者（Daniel，2012）。
另一方面，越来越多的批评者关注到慕课的结业率过低，并且指出慕课的快速增长其
实是顶级大学使出的精明的市场策略（Selwyn，2014）。Peters（2013）认为，与其他所
论及的事物一样，慕课折射的是全球化大学的一种新学术劳工政策，是硅谷价值观的
体现，它甚至成为了一种娱乐媒体。还有一些人认为，慕课只是另外一种通过隐形课　79
程而重新滋生特权的新殖民主义工具（Barlow，2014）。

在以上这些言论背景之下，本章将重点介绍"开放学习"平台（www. open2study.

com)并介绍梅西大学这个慕课创新项目背后的理念和激励策略。梅西大学是新西兰第一所全校整体引入国际慕课平台的学校。我们将简要地介绍该大学最早三门慕课的设计案例,并反思其几节重要的课。更确切地说,本章将对梅西大学在课程执行和正式评估方面的一些初步发现进行汇报,包括参与度的数据和各方的感受。最后,在国际化的语境之下,我们总结出慕课运动和高等教育未来的若干相关问题。

## "开放学习"平台简介

"开放学习"是知度稍低的慕课平台,由澳大利亚开放大学开发和维护。该平台目前有11所与其合作的澳大利亚大学以及国外若干个内容提供机构,包含将近50门免费课程。"开放学习"的核心理念是"学习是终身的,人人皆有学习的机会"。"开放学习"于2014年7月的统计报告显示,已有超过221个国家的人在该平台上注册并学习至少一门免费课程("开放学习",2014)。自2013年3月该平台上线,到2014年七月初,共计有超过200 000人注册了将近400 000次。

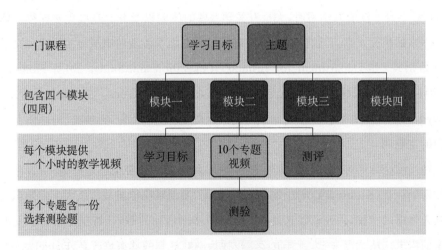

**图8.1　一门 Open2Study 课程的基本设计**

"开放学习"的课程(主题)都被打包成为期4周的课程模块,每个课程分为4个模块,每个模块的学习时长为1周。由此,每个模块最多分为10个专题,涵盖了整个模块话题的不同方面。课程广泛使用由内容专家(Subject Matter Expert,SME)主讲的教学视频。每个星期,"开放学习"社会学习与社区团队的一名成员会在班级论坛上贴出一个问题或供讨论的主题。值得注意的是,负责课程内容开发的内容专家并不会引导这些讨论。在每个主题的最后,视频窗口会弹出选择测验题或模拟练习供学习者填做,以帮助检测他们的学习。这些弹出的测验题和模拟题并不影响学生的课程最终评分,而是意在作为一种形成性评价的方式。

每个模块最后都提供一次针对该模块学习内容的测评。每周、每次只提供一个测评,并且保持开放直到课程结束。每个测评允许参与者有三次答卷的机会,并且要求总平均分至少达到 60% 才算完成课程学习。如能顺利结业,学习者可下载包含总评成绩的结业证书。

## 梅西的动机

2013 年 4 月,当梅西大学要加入"开放学习"项目的时候,该校的高层领导曾经权衡过这一举措潜在的益处。当时大家认为可预见的一个好处是能够提升梅西大学作为新西兰杰出远程教育机构以及全球在线学习领导者的地位。梅西大学在教学方面拥有由高等教育排名机构席孟兹公司(Quacquarelli Symonds,QS)评估的 QS 五星质量认证,并且其远程教育专业是南半球评价最高的专业之一。梅西大学加入"开放学习"同时亦可被视为在世界级的重要专业领域推广自己的一种方式,梅西大学也可以借此向潜在的国际学生展示自己的实力。不仅如此还有第二个好处,根据对早期慕课文献的分析,慕课能帮助学生选择未来合适的课程,同时能潜在支持学生保持对学习内容的记忆,帮助学生成为成功的学习者(Carson,Kanchanaraksa,Gooding,Mulder,& Schuwer,2012)。相似的观点是,据观察,在帮助学生进行有计划的学习和成为一名高效的网络学习者方面,慕课有一定的价值。

梅西大学决定加入"开放学习"平台所考虑到的另外一个重要因素是他们可帮助设计该慕课平台。与其他成型的慕课平台不同,梅西大学作为该项目的固定合作伙伴,有机会影响"开放学习"平台的发展方向。最后,当时还有一个决定性的重要因素是,梅西大学加入"开放学习"将有机会在在线学与教过程中培养创新文化。值得一提的是,Weller 和 Anderson(2013)从生态学领域得出的关于数字韧性的比喻,揭示了创新活动是如何受影响的,鉴于此,梅西大学试图摆正自己的位置以适应将来新的数字时代。"开放学习"的成员身份,被视为有助于梅西大学提升自己的规模与能力,以向全世界提供高质量在线课程。基于这样的考虑,决定加入"开放学习"是作为建立一个新的梅西大学世界品牌的宏伟战略发展计划中的一个部分,而这个战略计划已于

81

2014 年 2 月由新西兰高等教育部部长正式批准启动。

梅西大学加入"开放学习"计划的上述考量,可与最近的一份研究所详细列出的各种原因进行比较,该研究主要调查了其他高等教育院校对慕课的期望与慕课开展的现实情况(Hollands & Tirthali,2014)。值得注意的是,与梅西的目标相类似,在这项研究中,65%的院校认为开设慕课的主要原因是"增加受教育的机会",同时有 41%的院校承认开设慕课是为了"建立并维护学校品牌",另外,在 Hollands 和 Tirthali 的调查中,认为在线学习与教学能"提升创新能力"(38%),这似乎成为了梅西大学和这些院校的共同主题。然而,调查中还有 38%的院校认为在线学习与教学能"提高经济收入",28%认为它能"支持教与学中的研究",这两者亦被认为是发展慕课的驱动力,但却没有成为梅西加入"开放学习"计划的理由。

## 梅西的课程

在 2013 年的下半年,梅西大学在"开放学习"平台上开发了三门在线课程(亦称"科目"),分别来自以下领域:

- 农业
- 应急管理
- 土著文化

经过数月的开发工作以及在澳大利亚墨尔本一整个星期的拍摄,2013 年 11 月,第一门慕课课程——农业方面的课程正式发布。梅西选择与农业相关的课程主要基于三方面的考虑。首先,根据 QS 排名,梅西大学在农业领域的研究位列全球前 20 名。其次是为了契合该校增加受教育机会之使命。由于人口数量的急剧增加,这种受教育的需求尤显强烈。而且人口增加同时带来粮食短缺的问题,因此,我们未来的可持续性农业改良生产至关重要。另外第三点,在在线教学方面有丰富经验的一些教职工,能在接到通知后的较短时间内就位。实际上,该课程的开设,需要准备充分的专业资源,包括内容资源和人力资源,以及对这种资源强烈的需求。

这门最后命名为"农业与我们所居住的世界"的课程,探讨了农业如何供给全世界粮食,以及研究有关农场、农民以及他们面临的挑战问题(见图 8.2)。在设计方面,该课程一个值得注意的地方是,授课教师在一系列互动视频中使用 iPad 与学习者进行互动。这种技术的运用,是"开放学习"试图避免被动灌输知识而不使用传统方法进

**图8.2 "开放学习"网站中的课程："农业与我们所居住的世界"**

行视频教学的例子。而且，每个视频都设计成一次简短的基于相关在线读物和资源的互动学习体验。

课程在第一轮开课时已经吸引了超过一千名学习者报名注册。但值得注意的是，只有55%的学习者开始在线学习，而且最后成功结业的人数占报名总人数的23%。这个数值意味着，结业的人数占开始在线学习人数的40%以上。课程第一轮开课期间学习者所发的讨论帖子有1498条。与此同时，78.0%注册的学习者来自海外，22.0%来自澳大利亚。在"开放学习"平台上学习的海外学习者中，人数最多的三个国家分别是英国、美国和印度。

梅西大学的第二门在线课程是有关应急管理的，这也是该校颇具实力的一个领域。选择这个领域基于以下两个原因：(1)从事该领域的教职工在网络教学方面有丰富的技巧，并且已经开发了一门完全在线的研究生系列课程；(2)近期发生的包括地震、海啸在内的自然灾害显示，在应急管理领域，特别是发展中国家，应急管理的实践知识尤为匮乏。2014年1月，该在线课程首轮开课，学习者参与该课程的有关数据，以及数据的变化趋势，与其他被观察的"开放学习"平台上的课程十分相似。

第三门课程在2014年2月首次开课，属于土著文化研究方面的内容。该课程的特殊之处在于它是由塔斯马尼亚大学和梅西大学共同合作开发的，其内容是探讨有关

83

新西兰毛利族、澳大利亚原住民以及托雷斯海峡岛民的历史。这个课程的合作是"开放学习"计划之外的。事实上,自2014年3月"开放学习"各成员院校举行面对面会议之后,成员之间就开始互通有无了。同样地,土著文化研究课程的学习参与数据与"开放学习"平台上的其他课程类似。需要指出的是,所有课程的参与数据在"开放学习"网站上都是公开的。

## 评估过程

2013年12月,梅西大学安排了一个教工小组,用质性的方法对该校的"开放学习"工作进行了正式的评估。该校的人类伦理委员会则在此前就批准了评估所需的伦理审查。2014年4月,教工小组通过对课程讲师、教学内容开发者、在线/远程学习经理等教职工进行访谈,采集到深入的质性数据。在本文中所总结出的一些经验教训,都利用了以上三门课程开发完成后对教职工的访谈数据。在访谈中,要求被访者谈论其经验,特别是有关该项目的益处及经受的挑战等。尽管该访谈的受访样本数量只有8人,但已经占了该项目核心人员总数的80%。所以这些访谈给课程的试点工作提供了有关可用性和面临的挑战等方面的反馈。

### 工作中的经验教训

该部分内容主要是目前为止梅西大学"开放学习"项目中总结出的一些重要的经验和教训。

#### 工作量与时间

所有参与"开放学习"课程开发的参与者们都提到,最大的挑战是开设慕课需要大量的工作。然而,工作内容本身仅仅只是该问题的一个方面。工作量加上课程设计的紧迫性,使员工们感到任务异常艰辛。事实上,课程开发部分的工作已接近教学和研究负担的极限。课程开发工作的期限非常严格,因为要根据"开放学习"制作小组在一定范围内的时间来调整。实际上,每个课程只能分配一周的时间完成教学视频的摄制工作,这本身就很紧迫。除了高度紧迫的时间安排,还有一个挑战是教学人员不清楚制作过程及其实际需要完成的任务,由此导致他们对课程产生了不同理解,并最终从某种程度上导致了对任务的误解。正如一位参与者所述:

"有好几个时间段我们原以为有足够多的时间,但实际上,因为我们有固定的期限……因为工作量的增加,我们必须投入额外空余的时间。"

还有一个挑战是视频开发过程的不灵活性。即使从先前的在线教学中获取的教学材料及资源已经进行了调整或改动,但由于图像的分辨率或文件的格式等问题,这些资源在录制视频过程中是不能使用的。换句话说,当教员面对摄像机进行拍摄的时候,无法参考屏幕上本应出现的资源、图像或图表。因而他们需要重建课程内容,并且在拍摄之前就必须重新编写脚本,这无疑又是一个十分耗时的过程。

### 不是所有的慕课都一样

每个课程所涵盖的内容广度和深度对于工作量都有不同的影响。在某个课程中,因为慕课的内容与该课程已有的常规内容相去甚远而产生了一些问题。另外有的教师发现,给学习者足够多内容的样课进行试学,但同时在这个简短的样课里不至于很难进行管理,并且也不能对他们的课程本身有影响,这在课程开发的时候要拿捏得很准。正如一位教师参与者所观察的:"要给予学习者多少内容,以便让其感受到通过参与课程的学习能获得实实在在的好处,这确实需要很准确地去把握。"梅西大学教职员们在设计阶段因一些学科的特殊问题而产生的不同经验告诉我们,即使严格按照结构模板进行设计,也并不一定所有的课程都会有同样的情况。

### 策略监控的重要性

梅西大学的一些策略性激励措施如增加课程的关注度,吸引新的学生,以及提升能力以开发更大规模的课程,都在这个调查中得到受访开发者们的印证。正如下面这位职员所言:"我们做这项工作的原因之一在于能学到如何有效地设计在线课程。"受访者亦强调了在机构内外提升教师形象和资历的问题。如另一位职员评论道:"我认为其中的好处是,我们从中获得了很好的反馈,提升了我们的形象。"有些职员认为,慕课为他们自己的课程带来了更多的关注。他们甚至希望能够以此拓展他们大学里的课程计划,正如一位开发参与者所说的:"通过慕课开始一门课程的学习,可以成为将来开始研究生课程学习的预备阶段。"

但为了课程的顺利实施,策略监控是必要的。其中一名对整个计划负有责权的开

85

发参与者提到了这个原则："当这项计划开始要成型的时候,我需要用项目的规范来管理运作它。"实施监控的必要性,在负责课程开发的教师的经验描述中亦屡被提及。例如,应急管理课程的专家组成了开发团队,其中一名团队成员负责监控整个项目,并且确保团队成员能定期碰面,以检查开发过程是否顺利进行并处理任何出现的问题。这个措施被认为对整个团队的开发过程产生了积极效果,也从某种程度上有利于了解课程开发进程是否顺利。正如一位开发人员所说的:"你必须与整个团队保持这种密切的联系。"

### 并非一次性成果

教员们还提到,"开放学习"是一项持续发展的项目,而不是一次性成果。几个参与开发的教师谈到,如何把项目中获得的知识和技能惠及他们在大学内所负责的课程和专业,同时使更多的人明白开发更大规模的在线课程的可能性。以下是一名受访者所述:

"我认为这些工具都真的很有用,特别是用在我们的远程教学中。梅西大学要参与到此类教学中也是意料之中的,因为我们有这种能力。我认为我们能开发更多的内容出来。"

以上评论中体现出来的发展性视角并不奇怪,因为 Open2Study 课程的结构与 xMOOC 模式最为相似,它们都是以整合了行为主义与认知学派的方法为基础的 (Conole,2013;Kop,2011),学习者通过由某个领域的专家预先开发的学习模块(如视频指引,测验等)获得知识。然而,Open2Study 的基本设计不能简单地归纳为一次性的或发展性的,梅西大学的经验能对理解 xMOOC 的潜力提供有用参考。

### 进展中的工作

诚然,在目前的阶段,我们只形成了初步的调查结论。收集更多的数据并做进一步分析仍然是必要的,特别是在排除霍桑效应情况下对学习及实施的课程进行监控。但即使处于初步阶段,在未来推出更多课程之前,与教师们深入讨论课程开发过程中的一些重要问题仍是必要的。当被问及进行相似项目开发的建议时,一个开发参与者是这样说的:

86

　　"除非你有一段很可观的时间,可以充分利用各种资源,确定有足够的资金,以及来自各方面的支持,而且要确保预支资金到位,否则不要承接这种项目。因为他们经常说会支持你,但实际上什么都没有,最后我还不得不寻求各种支援。"

　　换言之,课程的成功实施需要对参与的教职员工开展有针对性的培训和专业发展指导,即使这些教职员工有在线课程设计的经验。这类专业发展活动需要确保可拓展性以及计划的延续性,即要保证机构有足够的规模和能力,而不能过度依赖某些个人。

## 更多的问题

　　在国际大环境下,基于我们的经验以及数据,对于慕课运动的未来,在本章的最后,我们提出几个需要更深层次思考的问题:

- 如何评估慕课的好处?
- 开发慕课的实际费用是多少?
- 慕课最可持续的商业模式是什么?
- 慕课在将来在学位课程认证方面会扮演什么角色?
- 如果一些大学不参与慕课方面的创新项目,它们在多大程度上会错失机会?
- 在国家乃至国际层面,慕课将如何重塑在线/远程教育的特征?
- 慕课如何服务我们未来想要创造的高等教育体系?

## 结论

　　总的来说,梅西大学的 Open2Study 项目最终在新西兰国内赢得了相当大的关注,并使该校的高层领导以及几门课程的教师获得了慕课教学的一线经验。项目从这里起步,接下来如何发展,需要围绕正在运作中的可持续的商业模式进行讨论,而接下来学生修读可提供大学学分的课程所带来的影响则仍具有不确定性。

　　确定的是,参与慕课项目的经历对相关教师产生了重要的影响,具体地说,开阔了他们关于高质量媒体对象在网络课程中的价值的思考。从这方面来看,这些经验反映了 Hollands 和 Tirthali(2004, p.7)所认为的:"不可否认,慕课的到来,让许多院校思考或重新审视它们在在线学习方面的策略,不管是大规模还是小范围的在线学习。"本章所介绍的澳大利亚和新西兰的慕课项目,用"雪崩"来比喻它对高等教育的变革还为时尚早。

**Maggie Hartnett** 在新西兰梅西大学教育学院担任数字化学习以及数字技术的研究员以及讲师,她主要关注技术与教学的交叉领域,同时还关注技术与教学对学习者以及教师在不同学习环境中(比如网络学习、网络学习以及混合学习)的学习体验、动机、参与度以及行为的影响。她的研究兴趣包括数字环境中的动机与参与度、运用数字技术进行学与教以及移动技术,但是不仅限于正式的学习场景。

**Mark Brown** 担任都柏林城市大学"国立数字学习研究院"的主任。在 2014 年初成为该研究院的第一任主任前,Mark 同时担任新西兰梅西大学"国家教学与学习中心"以及"远程教育与未来学习联盟"的主任。Mark 在几个大型的数字学习与教学计划的实施中起到了重要的领导作用,比如,魔灯平台的部署、马哈拉(Maraha)电子档案袋的最初设计与开发以及全校范围内慕课平台的推广等。

**Amy Wilson** 是新西兰梅西大学的教育系教授。她开发了许多网络以及混合学习课程,并且在与教师合作方面有很多经验。她的研究兴趣主要有慕课、专业发展、学习设计以及电子档案袋。在 2005 年到 2008 年期间,她担任新西兰技术与理工学院数字学习论坛的召集人。在此期间,她多次促成有关网络课程的国际会议的召开,并在几个国家级的数字化学习项目中担任一定的角色。她还当选 2005—2006 年度新西兰"弹性学习领导者",这是一个专业发展类奖项,用于表彰高等教育领域内的杰出数字化学习领导者。

| 初译 | 交叉 | 二校 | 终审 |
|------|------|------|------|
| 刘晓斌 | 陈飞 | 范奕博 | 徐品香 |

# 参考文献

Barber, M., Donnelly, K., & Rizvi, S. (2013). *An avalanche is coming: Higher education and the revolution ahead*. London: Institute for Public Policy Research.

Barlow, A. (2014). Just another colonist tool? In S. Krause & C. Lowe (Eds.), *Invasion of the MOOCs: The promise and perils of massive open online courses* (pp. 73 - 85). San Francisco: Parlor Press. Retrieved from http://www.parlorpress.com/pdf/invasion_of_the_moocs.pdf.

Carson, S., Kanchanaraksa, S., Gooding, I., Mulder, F., & Schuwer, R. (2012). Impact of opencourseware publications on higher education participation and student recruitment. *The International Review of Research in Open and Distance Learning*, 13(4),19 - 32.

Conole, G. (2013). MOOCs as disruptive technologies: Strategies for enhancing the learner experience and quality of MOOCs. *RED—Revista de Educación a Distancia*, 39. Retrieved from http://www.um.es/ead/red/39.

Daniel, J. (2012). Making sense of MOOCs: Musings in a maze of myth, paradox and possibility. *Journal of Interactive Media in Education*, 3. Retrieved from http://jime.open.ac.uk/2012/18.

Department for Business, Innovation and Skills (2013). *The maturing of the MOOC: Literature review of massive open online courses and other forms of online distance leaning*. BIS Research Paper Number 130.

Hollands, F. M., & Tirthali, D. (2014). *MOOCs: Expectations and reality. Full report. Center for Benefit-Cost Studies of Education*. Teachers College, Columbia University. Retrieved from http://cbcse.org/wordpress/wp-content/uploads/2014/05/MOOCs_Expectations_and_Reality.pdf.

Jacoby, J. (2014). The disruptive potential of the Massive Open Online Course: A literature review. *Journal of Open, Flexible and Distance Learning*, 18(1),73 - 85.

Kop, R. (2011). The challenges to connectivist learning on open online networks: Learning experiences during a massive open online course. *The International Review of Research in Open and Distance Learning*, 12(3). Retrieved from http://nparc.cisti-icist.nrc-cnrc.gc.

ca/npsi/ctrl? action＝rtdoc&an＝18150443&lang＝en.

Krause. S. , & Lowe, C. (2014). *Invasion of the MOOCs: The promise and perils of massive open online courses*. San Francisco: Parlor Press. Retrieved from http://www. parlorpress. com/pdf/invasion_of_the_moocs. pdf.

Liyanagunawardena, T. R. , Adams, A. A. , & Williams, S. A. (2013). MOOCs: A systematic study of the published literature 2008 - 2012. *International Review of Research in Open & Distance Learning*, 14 (3), 202 - 27. Retrieved from http://www. irrodl. org/index. php/ irrodl/article/view/1455/2531.

Open2Study (2014). *Community dashboard: Our student numbers*. Retrieved from https:// www. open2study. com/community_dashboard.

Peters, M. (2013, August 17). Massive Open Online Courses and beyond: The revolution to come. Retrieved from http://www. truth-out. org/news/item/18120-massive-open-online-courses-and-beyond_the_revolution-to-come.

Selwyn, N. (2014). *Digital technology and the contemporary university: Degrees of digitalisation*. London: Routledge.

Selwyn, N. , & Bulfin, S. (2014). The discursive construction of MOOCs as educational opportunity and educational threat. *Final Report*. Retrieved from http://www. moocresearch. com/wp-content/uploads/2014/06/C9130_Selwyn-Bulfin-MRI-final-report-publication-report. pdf.

Weller, M. , &, Anderson, T. (2013). Digital resilience in higher education. *European Journal of Open, Distance and e-Learning*, 16 (1), 53 - 66. Retrieved from http://www. eurodl. org/materials/contrib/2013/Weller_Anderson. pdf.

# 第 9 章

## 对早期慕课提供者的反思

成果及未来发展方向

Jeff Haywood，Amy Woodgate，David Dewhurst

## 爱丁堡大学慕课的缘起及发展

爱丁堡大学是最早开设慕课的大学之一。它仅在两年内就开发了较为全面的慕课体系，内含免费、开放的教学内容及活动。爱丁堡大学最初于 2012 年与美国 Coursera 平台合作。一年之后，爱丁堡大学加入英国 FutureLearn 平台。早期开设慕课并力争走在最前沿的这种决定，给学校带来了明显的好处，同时也带来了另外的挑战，即早期面临的一些难题："我们的慕课在常态下，包括它的可持续性，应该是怎样的？ 从短期和长期来展望我们未来的开放教育应该是怎么样的？"。我们以及早期"尝鲜者"所做的决定，也许会为后面的使用者提供一条可参照的路子。我们曾经感到疑惑的问题，如，究竟是否要开设慕课，以及如何支持慕课设计和授课，理应会成为对其他人有用的信息并对他们有所启发。我们以及其他几所大学的学者已经就慕课的多个阶段进行了反思，并发表了相关论文（MOOCs@Edinburgh Group，2013；Hollands & Tirthali，2014）。

自从我们开始探索慕课以来，我们就清楚为什么要开设慕课。在过去的二十多年以来，爱丁堡大学就一直以在教育中创新地使用技术而闻名。毫无疑问，开设慕课有助于我们提升这种地位。我们一直十分关注我们校外的教育，而慕课成为惠及更多新受众的途径，包括落后地区的受众。在 2012 年开设慕课的大学都是我们的国际同行和研究伙伴，当时我们也需要加强校际合作。同时我们可以看到，对于参与的教职员工而言，制作并教授慕课是有趣且具有启发意义的。

我们开发慕课的另外一个主要原因是，慕课平台的形成为教育研究与发展提供了难得一遇的机会，它惠及整个大学的同时也从整体上支持着大学的研究。因此，为了

89

90　使之更有效,慕课开发过程的透明和开放是很重要的。我们最近探讨了早期决策制定过程中的一些细节问题(Haywood & MacLeod,2015),也针对我们的开发过程、招生策略,以及学生人员统计进行了汇报(MOOCs@Edinburgh Group,2013;Harrison,2014)

　　简单来说,我们慕课的学习者大部分受过良好教育,年龄介于 25 至 45 岁之间,分布在世界各地。但是,这些普通的数据中隐含着一些显著的差异,比如,有些课程吸引更多的年轻学习者,而有的课程则吸引较少的高学历学习者。图 9.1 和 9.2 显示的是在我们最早开设的 6 门慕课课程中,学生的学历和年龄比例图。在每门课程较早的学习周期中,学生的构成通常很稳定,但也会出现一些变化的迹象。比如,"天体生物学和寻找外星生命"课程中年轻学员的数量显著增加。

　　截至 2014 年 8 月,爱丁堡大学已经拥有 18 门至少开设过一次的慕课课程。预计

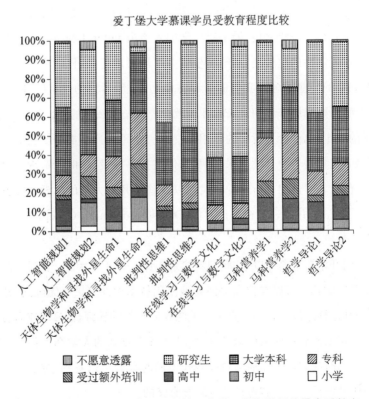

**图 9.1　爱丁堡大学 6 门慕课课程的两个学习周期学员的最高受教育程度(2013 年 1 月至 2014 年 1 月)**

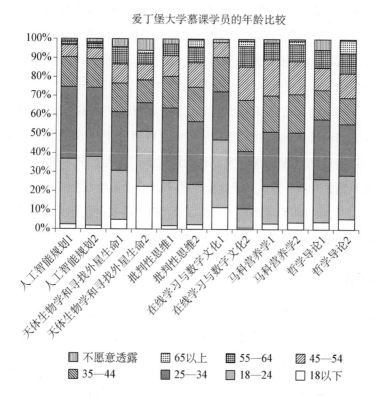

图 9.2　爱丁堡大学 6 门慕课课程的两个学习周期学员的年龄简况
（2013 年 1 月至 2014 年 1 月）

在 2015 年 8 月前,爱丁堡大学将开设 30 门慕课课程,且不会关闭任何一门。因为爱丁堡大学的所有慕课课程至少要开设三年以上。因此,我们可以确切地估算出我们"优雅地"终止慕课的时间,它可以是在最早决定加入 Coursera 的若干年之后,比如 6 年之后,也就是 2018 年的年中。要达到 2015 年 8 月开设 30 门慕课这个目标则需要得到机构的大量投资。媒体以及我们一些考虑开发慕课的同事们在 2012 年常常问到一个问题:"开发一门慕课需要花费多少钱?"大家形成的共识是,一门慕课的"使用期成本"大约是 50 000 美元,不包括初始费用和高级合作职员所花费的时间(虽然我们发现后者对实现项目价值的最大化有至关重要的作用)。因此,我们估计在 6 年内需要投资 150 万至 200 万美元的资金来开发和维持我们的慕课项目。我们已利用这笔资金成立了一个专门的视频制作服务团队,它包括设备及人员,同时为一个设立于副校长办公室的中心小团队提供慕课平台建设维护所需的资源,以支持教学团队和保证

92 高质量的成果。重要的是,这笔资金可用于每一门慕课的教学助理的初始工资和培训支出。除此之外,另一项额外支出是,各个学院为教职工提供了"空余"的时间用来开发慕课,每门慕课估计要投入大约 30 个教学工作日,这已需要一笔不小的资金,并且还要承诺支持他们的慕课三年以上,准确地说是三个教学周期。

相较于本校高达 13 亿美元的年度支出总额,在慕课方面的总投入额度并不多,但仍值得关注。当然,我们也必须保证这项投入有所回报,因为资金可用于投资的途径有多种。幸运的是,校方从慕课开发中也受益颇丰。事实上在一些重要的方面,这些回报与原先预期的并不一致。基于这个原因,校方仍会继续支持开发新的慕课课程。

在本章,我们将分析慕课的投入回报以及其带来的其他益处。我们还将总结在接下来的几年当中在开放教育领域我们的一些计划。

## 投入回报

图 9.3 显示的是一所大学从其对慕课的投入中有可能获得的各种不同回报。在这个部分,我们会讨论爱丁堡大学所获得的一些最重要的回报,这些回报是基于我们所收集的一些数据所得出的,而且基于这些数据,我们相信,我们将会得到足够的回报。

93

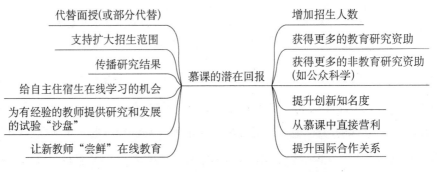

**图 9.3　一所大学对慕课投入所能获得的潜在回报**

### 有在线经验的教师的新体验

我们早期的几个慕课团队的成员在此前已经有着丰富的在线教学经验。他们发现,"为未知学习者设计课程"的经历是兴奋且恐怖的(MacLeod, Haywood, Woodgate, & Sinclair,2014)。他们中没有任何一个人曾经采用过这种开放和自由的方法给成千上万的学习者授课。相反,他们一直采用的是导师制的办法,即师生比在 1∶25 左右。这些新的体验激发了教师对在线教学法的重新思考,并且最终其他在线课程亦受到慕课的积极影响。比如,有的教师将慕课作为校内项目的一个部分,在校内上课的时候使用慕课教学视频。其中一个比较新的形式是教师使用其他院校主讲的慕课课程进行教学,这对传统教育来说是十分罕见的。例如,我们所开设的"批判性思维"这门慕课不仅在卢旺达使用(Bartholet,2013),而且还用在由盖茨基金资助的马里兰州大学系统的实验当中(Griffiths,Chingos,Mulhern,& Spies,2014)。目前,这门课程亦在一项国际合作项目中使用(见下文)。

### 新手教师及其对未来在线教育的期待

在慕课创新计划的早期,我们知道会有新教师对开发慕课感兴趣。但同时我们不是很清楚其他教师中有多少人希望参与进来,特别是当大家都知道工作量有多少的时候。然而,大学里来自各个学科的教师队伍很快就"排起队"来,他们都希望能尝试开设从根本上永远改变高等教育的在线课程。在早期的尝鲜阶段,一切都是新的,所以教师团队成员和开发团队一起学习。如今,我们具备了一个纯熟的流程,足以从初步提出思路阶段、提供课程阶段以及到各学习周期的整个过程为教师提供支持。掌握了这样一个流程,我们就能同时管理大概 10 门处于不同开发阶段的慕课课程。其他大学的同仁们也有相似的开发报告,如瑞士洛桑联邦理工学院的慕课工厂项目(EPFL:http://moocs.epfl.ch/mooc-factory)。

在开发慕课的过程中,我们提供的支持包括,高层管理人员和课程开发团队与感兴趣的教工进行早期的讨论,以便更好地了解他们的想法,并且告知他们接下来要如何参与。我们没有采用正式的提案或申请程序。实际上,我们更偏向于用反复对话的方式,因为这种方式能够让教师在慕课的设计清晰化之前不断对其进行雕琢成型。我们建议教师以 3—4 人的规模组队,因为这样有助于自我支持和知识分享,也有利于任务的分摊且易于规划。各学院的负责人必须正式把开发慕课作为学院所承担的一项责任,且在三年的时间之内至少要有三个开放学习周期。他们还必须同意提交一份初步的商业计划,这是我们对所有慕课都提出的要求。

我们为教学团队提供课程及教学设计上的帮助。此外,我们还为其提供视频资源及多媒体产品服务,并且负责帮助其完成在选取慕课平台(Coursera 或 Futurelearn)时所涉及的所有行政上的事务。我们同时负责支付教学助理在首个学习周期的工作报酬,以及他们偶尔参与课程开发的报酬。重要的是,我们在慕课的整个过程中都会

94

对所有参与的人进行培训。以上所描述的工作,是作为一项中心服务(其他诸如"信息服务")的工作内容进行管理的,牵涉的单位包括爱丁堡大学的教学发展部门。我们确信,只要有条件,新教师都可以从更具经验的慕课授课教师身上学习,也可以从同伴身上学到东西,因此,我们主动地负责起支持实践社区建设的任务。

最初,对于哪些慕课课程能发布,以及课程的整体质量控制的决定权都在项目的决策小组手中。把行政事务和质量控制进行集权管理,是由于开发慕课课程风险高,特别是早期几个月风险更高。但是,这种"抓住不放"的控制权如今正慢慢放开,因为我们对开发过程和成果都有了自信。

学校对慕课的投入使得爱丁堡大学几乎所有专业和领域的教师都能得到我们的支持,其中,他们很多人此前都没有尝试过完全在线的学习形式,当然尽管他们在校内的课程都是使用某种技术形式开设的。这些成功且令人兴奋的经历,使得这些教师能够获得有关课程设计、在线教育和开放教育的相关知识。有些教师目前正使用他们的慕课材料给在校生上课,还有其他的老师则开始开发在线的硕士学位方案,这样无疑能继续提升学校目前在网络学位教育方面的知名度(学校在 2014 年 8 月大约授予 50 名学生网络学位)。

95　　　这个影响不仅限于相关的教学团队。它常常会在某个学院引起有关在线教育的更大范围的讨论。为了获得更多的经验,经常会有某个学院要求开发至少一门慕课课程。我们同时也发现,参与慕课的教学成员及教学助理在其职业愿景方面也受到正面的冲击,虽然这个影响不明显但却很重要。

### 激起有关数字化教育的辩论

从一开始,我们就坚持与校方监管程序人员开展对话,同时也经常与对教育创新感兴趣的教师进行沟通。我们学校的监管委员会即大学评议会,在最初便作出了参加 Coursera 并开设慕课的决定。幸运的是,大学评议会一直持续保持着对慕课的兴趣和支持。最终,参与慕课项目的人员通过一个名为"知识策略委员会"的高级别委员会直接在大学监管程序中汇报工作,由此使得学校高级别教师和管理层参与讨论慕课开发。我们最高级别的监管主体大学评议会,专门把探讨把在线教育和慕课作为其工作的一部分。开始的时候,慕课课程要经过一个正式的课程审核和质量保证程序,该程序是传统带学分课程的质保程序的简易版。课程的审核程序原本是由一位副校长负责,该副校长同时也是大学高级管理层成员。但现在由于学校对慕课信心的上升,课程的审核已开始交由各学院自行管理,其审核流程与传统课程的流程一样。

所有这些措施都引起了关于慕课以及在线教育更大范围的讨论。虽然有些慕课提供商对开发成本、声誉风险以及可持续性表现出了合理的关注,但这场讨论整体上往积极的方向发展,并且在更多的人赞成对慕课进行有效管理的前提下,学校对慕课数量和多样化进行扩充。同时我们亦鼓励慕课提供商尽可能多地学习与传播慕课的经验。

### 慕课和研究：公众科学及社区

一个没有预料到的方面是,有些教师现在把慕课作为其个人研究的一部分。我们已看到有些基金项目书承诺把慕课作为其成果之一,这里既有简单传播课程内容的,也有彻底改善学习效果的,同时也把慕课作为这些项目研究过程的一部分(比如"公众科学")。后者的一个例子是行为经济学课程,一大群学习者通过慕课的形式参与到分析欧洲人日常饮食选择这个问题中来。相似地,"天体生物学和寻找外星生命"课程已建起一个大规模的、痴迷于寻找外星生命的国际化社区。最近的一个例子是一门关于苏格兰独立的慕课"苏格兰走向独立？理解公投",该课程由社会与政治科学学院开设,它不仅为参加学习的英国公民提供了宝贵的数据,同时也让其他学习者一起参与分析。随着教师们开始意识到把大规模的慕课学习者纳入研究范围的这种新的可能性,这类案例会越来越多。到目前为止,如果没有慕课的大规模学习者,他们会发现很难甚至不可能完成研究目标。

96

### 提升国际合作关系

从一开始,我们就把参与慕课平台的建设作为加强与现存伙伴大学合作并形成新合作关系的渠道。关于这方面的一些更具体的例子如下：

● 全球通过与我们目前所在的全球 Universitas21 联盟[①](详见 http://www.universitas21.com)的伙伴学校合作,我们已有的其中一门慕课课程将作为一门封闭式

---

① 全球 Universitas21 联盟于 1997 年成立于澳大利亚墨尔本,是一个由顶尖研究型大学组成的全球性网络社区,致力于提升全球公民意识和教学创新。——译者注

在线课程,如一门小规模私有在线课程,亦称私播课(Small Private Online Course,SPOC),有来自全球 15 个国家的学生一起在线学习。

- 我们的慕课已经被特许在其他大学,如马里兰州大学系统使用,而且我们也从他们的使用中学到很多。
- 我们与许多欧洲顶尖大学的紧密关系引领着合作开发慕课的探索研究,重点关注的领域如教师发展以及研究方法等。
- 我们与伙伴学校共享学习者分析和课程设计的数据。这种共享方式能使我们帮助自己的教师提升慕课的设计和讲授能力。

### 对招生的影响

有的媒体以及其他来源的报道显示,很多大学建设慕课是为了促进传统教育和自费教育,这显然既不是爱丁堡大学也不是我们伙伴院校的核心目标,而且,我们也与伙伴院校探讨过此问题。很明显,如果慕课确实能给爱丁堡大学带来更优质的生源,我们当然乐于见到这个结果。然而,作为年招生 7000 人的学校,如果要产生显著的区别,我们不仅要把慕课视为极其有效的市场工具,而且还应主要面向这个目标而设计(慕课)。

鉴于这种情况,我们试图确保我们的慕课学习者能了解我们提供的其他慕课和其他相关的在线及校内学位课程项目,但这并非"强行推销"。作为这些努力的一部分,我们把慕课与其他的在线硕士课程放在大学网站上相同的地方,因为潜在的在线学习者可能会对其中一种或两种方式都感兴趣。

有证据表明,少部分人会直接从慕课学习转为参加在线的学位课程项目。这种转变现象刚刚开始,很可能这些慕课学习者,特别是他们的家人,因为慕课的学习而更熟悉爱丁堡大学的课程。作为因创新的在线教育而闻名的大学,这种现象可以说能从整体上提升学校知名度。已有其他人对此类直接转变现象进行过汇报(如 Grainger,2013)。

### 提升学校的知名度

提升学校在教与学创新上的知名度是我们加入慕课项目的主要目标之一。幸运的是,有充分的证据表明这个目标已经实现了,特别是在欧洲范围内。

自 2012 年 7 月我们宣布与 Coursera 合作以来,我们的慕课项目成员在关于技术与高等教育的大型会议、研讨会和特邀专题会议中频繁出席。这些会议的邀请方来自于大范围的组织和个人,包括欧盟委员会、大学联盟和传教团体、各种质量保证机构以及大量的大学政策制定者,包括对与慕课相关的成本-效益分析感兴趣的财政主管。会议邀请的频率并未随着时间的推移而下降,会议亦随着慕课的真相揭示及炒作消退而日趋"成熟"。由于我们较早地采用慕课,英国政府及其机构以及欧洲内部,特别是欧盟委员会,对我们的项目给予了很多的关注,这种关注进一步引来一些研究基金为我们提供支持,同时亦为在线教育政策改革带来了机会。我们早期开设的慕课主题多样,而当时其他大部分慕课关注的主题仅与计算机科学与技术领域相关。这种多样性,吸引着一些影响力巨大的"学习者",他们只是想探究慕课,并且想了解我们大学在这个领域所做的事情。根据我们的判断,他们在这些慕课课程中有高质量的体验。这种积极的经历将在一段时间内继续提升我们的知名度。

很多机构及其他大学的同仁们到访我校,希望详细了解我们过去几年在慕课方面的经验。我们与他们分享经验,同时也从他们那里学到不少知识。很多此类访问提供了进一步探索和合作的机会,在接下来几年当中也有可能产生更多的成果。

在我校举行的一些招聘面试中,不管是初级岗位还是高级岗位的应聘者,他们主动谈及我校慕课的情况很常见。尽管难以提供明确的佐证,但我们在这个领域的活动已确实吸引了一些个人来爱丁堡大学应聘。而且几乎可以肯定的是,他们中的许多人都会思考着把教与学中的创新作为准备面试的内容之一。

自从 20 世纪 90 年代我们开始为寄宿生提供在线学习之后,伴随着这种形式我们就已有一种研究想法:如何适当地使用技术支持带学分的课程。我们的研究既能从这种做法中吸取经验,也能为之提供研究数据。由于我们增加了完全在线的硕士课程项目,并且现在还多了一些慕课的经验,因此,这项研究将继续进行下去。这些工作已经有了一些成果,如有了一些出版物,加深了与伙伴大学的研究合作,也颁发了一些博士和硕士学位,并且申请了更多的项目以及获得了一定的资助。

98

## 下一步做什么?

当我们作为慕课提供者将要结束为期两年的工作时,我们目前也面临着一些问题和抉择。我们对这个领域的想法如图 9.4 所示。

　　基于慕课的支出,我们整体上应该保留多少门课程呢? 我们很快将达到 30 门课程,我们是应该就此停住还是继续增加,比如加到 100 或 300 门? 我们是将这些课程一起开放,还是在一年中仅开放其中的一些,或者我们是否要让某门课程经过三四年的学习后让其"下架"(可能是基于先开先退的原则,或者是经过某种标准评估后淘汰分数最低的)? 我们是否要权衡我们的慕课在 Coursera 和 FutureLearn 平台上的表现,还是说某一门慕课课程在某个平台上有其适用的原因? 我们如何应对重复开放的支出? 更灵巧一点的制作系统是否会降低成本? 是不是该终止统一拨款,改由各学院负责资助? 如果一位骨干教师成员退休,或调到其他单位甚至其他提供慕课的大学,我们该采取什么措施? 最后,为了实现最初关于扩大参与学习的人数和惠及范围的愿景,我们能否找到使用慕课的更有针对性的方法?

　　目前我们并没有找到以上问题的答案,但我们内部的讨论为之提供了一些可能的解决方案。比如,尽管研究基金资助的慕课数量最终会有所增多,但依靠统一拨款,我们开发的课程不太可能会超过 50 门。总数达 50 门的慕课课程意味着每个学院大概有 2 门慕课。目前,还没有迹象表明各学院会开发更多的慕课。事实上,在某种程度上来说,付出的要多于所获得的。有证据表明,在有附加值的项目上的付费,如提供结业证书,有可能足以支付教学助理所需的少量工资。然而,比如选择把慕课作为按需提供和无导师的课程,或者能够让我们解除目前对重复开设周期的频率限制。一门自定步调的慕课课程也可能解决教师在短时间内"失去兴趣"的问题。举个例子,最早参与我们慕课建设的骨干教师,目前仍继续在该课程中教学。在这个例子中,我们协商约定该慕课要重复开放,然而那个仅是非正式的约定,它并没有正式规定未来可能出现的情况。

　　我们就如何惠及更多学习者采取了大量的措施,比如,针对低龄学习者和贫困学习者的措施,其中一个尝试是开发更具吸引力的课程,比如,我们一门新开的足球慕课,是由教育学院制作并专为青少年而设计的。相似地,我们目前与乌拉圭 ORT 大学①合作开发的针对青少年的慕课(如,程序开发入门)的西班牙语版和英语版正在开发中。开发支持地方社区的慕课项目也会优先进行。比如,我们目前正在与加入常规志愿者计划的学生一起为那些希望参与在线学习但需要支援的爱丁堡本地

---

① ORT 大学是乌拉圭最大的私立大学,有超过 1 万名学生就读于五个不同的校区。——译者注

99

慕课作为短期带学分的持续专业发展(CPD)课程

只提供财务上可行的慕课

慕课作为激励教师研讨在线教学的工具

慕课作为非教育研究的一部分

慕课作为学生的招生官

慕课的未来

提供合适数量的慕课课程

停止提供慕课

决定加入/退出平台

为低龄学习者设计慕课

为贫困学习者设计慕课

开发合作式慕课

慕课作为学位教育中的模块(如小规模私有在线课程)

**图9.4 未来大学使用慕课面临的选择**

人士提供帮助。

虽然慕课在某些方面的制作及管理变得更加常见和规范,慕课的未来仍会让人感到激动和有趣。来自教师的想法不断涌现,虽然有些想法我们目前难以实现,但我们仍将继续支持他们,因为只有通过这样的探索,爱丁堡大学和其他院校才能在更广阔的数字化教育中产生创新性的观点和进行重要的课题研究。

100

**Jeff Haywood** 是英国爱丁堡大学副首席知识管理官、首席信息官以及图书管理员。他是爱丁堡大学综合信息服务主管,提供图书馆、信息技术、技术增强的学习以及课堂技术等多个方面的服务。他主导了校内多个项目,包括进一步扩大网络硕士学位的授予以及开展慕课教学等。作为该校教育学院教育与技术专业的教授,他的研究主要关注机构层面、国家层面以及国际层面上有效利用信息技术的策略的开发。他现在是欧盟运用技术推动高等教育现代化项目的带头人。他还担任过"联合信息系统委员会"(Joint Information Systems Committee)的委员以及"科英布拉数字化学习任务组织"(eLearning Task Force for the Coimbra Group)的主席。他目前是"苏格兰政府信息与通信技术杰出小组"的成员,该小组的任务是为苏格兰的学校设计下一代的数字化学习环境。

**Amy Woodgate** 是爱丁堡大学网络学习特殊项目的项目管理员，该项目隶属于信息技术服务副校长办公室。她负责通过战略投资项目扩大该校网络学习档案袋的覆盖范围，其中包括一个完全在线的硕士生项目以及慕课项目。

101

**David Dewhurst** 有生命科学的专业背景并且拥有超过 25 年的教学经验。他是数字化学习教授，医学以及兽医学院教育信息服务部门的主管，同时还是爱丁堡大学远程教育计划的带头人。他的研究成果享誉全球，他发表了超过 250 篇经过同行评审的文章，还获得了大量的项目资金支持，培养了几名博士研究生，同时还领导非洲以及东欧国家的几个大型教育项目。他获得了许多奖项，比如在 2005 年，他因为设计"虚拟网络医院"而获得"女王年度高等以及继续教育奖"，在 2006 年由于提倡动物保护而获得"Doerenkamp – Zbinden 基金会国际奖"。

| 初译 | 交叉 | 二校 | 终审 |
|------|------|------|------|
| 刘晓斌 | 陈飞 | 范奕博 | 焦建利 |

# 参考文献

Bartholet, J. (2013, July 17). Free online courses bring 'magic' to Rwanda. *Scientific American*. Retrieved from http://www. scientificamerican. com/article/free-online-classes-bring-magic-rwanda/.

Grainger, B. (2013). *Massive open online course report*. University of London International Programmes. Retrieved from http://www. londoninternational. ac. uk/sites/default/files/documents/mooc_report-2013. pdf.

Criffiths, R., Chingos, M., Mulhern, C., & Spies, R. (2014, July 10). *Interactive online learning on campus: Testing MOOCs and other platforms in hybrid formats in the University System of Maryland*. Retrieved from http://www. sr. ithaka. org/research-publications/interactive-online-learning-on-campus.

Haywood, J., & MacLeod, H. (2015). To MOOC or not to MOOC? University decision-making and agile governance for educational innovation. In P. Kim (Ed.), *Massive open online courses: The MOOC revolution*. New York: Routledge.

Harrison, L. (2014). Open UToronto MOOC Initiative: Report on second year of activity. Retrieved from http://www. ocw. utoronto. ca/open-utoronto_mooc_initiative/.

Hollands, F. M., & Tirthali, D. (2014, May). *MOOCs: Expectations and reality*. Center for Benefit-Cost Studies of Education, Teachers College, Columbia University. Retrieved from http://cbcse. org/wordpress/wp-content/uploads/2014/05/MOOCs_Expectations_and_Reality. pdf.

MacLeod, H., Haywood, J., Woodgate, A., & Sinclair, C. (2014, February). Designing for the unknown learner. *Proceedings of EMOOCs: European MOOC Stakeholders Summit 2014* (pp. 245 – 8). Lausanne, Switzerland. Retrieved from http://emoocs2014. eu/sites/default/files/Proceedings-Moocs-Summit-2014. pdf.

MOOCs @ Edinburgh Group (2013, May10). *MOOCs @ Edinburgh 2013 — Report ♯1*. Retrieved from http://hdl. handle. net/1842/6683.

Morris, N. (2014). *What have we learned from MOOCs*. University of Leeds report. Retrieved from: http://www. slideshare. net/NeilMorris2/oer-and-mooc-strategy-university-of-leedshea-cll.

Shah，D.（2014）. *Penn reaches 2. 3 million students，plans to offer 20 more courses*. University of Pennsylvania MOOCs Report. Retrieved from：https：//www. class-central. com/report/penn-2-3-million-students/.

Waters，J. K.（2013）. Stanford's online strategy. *Campus Technology*，2013，pp. 22 - 6. Retrieved from：http：//online. qmags. com/CPT0113/default. aspx? pg ＝ 22&mode ＝ 1 ♯pg22&model.

# 第四部分

# 对慕课及开放教育资源质量的思考

　　几乎每个有关远程教育传播形式的讨论都会涉及一个问题：远程教育的质量。　103
不管这样的讨论是否涉及电话、广播、录音带、电视、函授、卫星、视频会议或者其他形
式的电脑技术的使用，在内容以及课程获得广泛认同之前，必须要首先解决其质量问
题。研究资助的公布、特别会议、新指导方针、大学课程以及工作坊会伴随着对这一教
育传播形式的质量问题的讨论而产生。而当今的慕课以及开放教育也面临着同样的
问题。为了帮助读者了解这方面的现状，本书的第四部分将会呈现一些与质量问题相
关的看法和观点。

　　该部分的第一章由 Karen Swan 以及她在伊利诺伊大学斯普林菲尔德分校的研究
团队撰写，文章讨论了"评估慕课教学法"（AMP）这一创新型工具的开发及其有效性
问题。利用这一工具对 20 门不同的慕课课程进行初期测试表明该工具具有非常高的
内部一致性效度，并且能够揭示出不同课程的独特的教学模式。例如，在不同课程中
发现的重要模式与常见的两种学习隐喻很类似，即学习者对知识的被动获取以及学习
者在高度关联的知识共建以及分享社群中的主动参与。此外，与自主性学习相关的第
三种模式也在本章有所体现。

　　由 Swan 撰写的第 10 章关注慕课的教学质量，而由来自于英联邦学习共同体
（COL）的 Sanjaya Mishra 和 Asha Kanwar 撰写的第 11 章则探讨了开放教育资源的质　104
量保证问题。开放教育资源运动的兴起为该组织成员国中的发展中国家（比如纳米比
亚、印度、孟加拉国、坦桑尼亚、牙买加、伯利兹、卢旺达以及巴基斯坦）获取优质的教育
资源提供了一个新的途径。尽管开放教育资源运动给这些发展中国家带来了巨大的
好处，但是，Mishra 和 Kanwar 认为资源的质量仍旧是一个值得关注的问题。为了应

对质量的问题,COL位于印度新德里的一个区域中心,即"英联邦亚洲教育媒体中心"(CEMCA)已经开始制定有关的指导方针和实施措施,从而保证开放教育资源的质量。根据COL的框架制定的一个名为TIPS的指导方针,为开放教育资源质量提供了重要的保证,其具体内容如下:1.教学和学习;2.信息和内容;3.展示;4.技术。尽管Mishra和Kanwar强调指导方针有必要采用类似TIPS这样的框架,但是他们同时也指出教师和学习者需要依据不同的需求和角度来评判开放教育资源的质量。此外,作者就培训及能力培养、可获得的以及合适的技术的使用、示范课程的开发等一系列问题提供了建议,这些建议可以提高开放教育资源的质量。

该部分的最后一章介绍了一个名为"OpenupEd"的泛欧慕课倡议。在这一章中,Fred Mulder和Darco Jansen介绍了该倡议是如何将创立于20世纪70年代的开放大学所体现出的对开放概念的"经典"解读与新型的"开放"结合起来的。本章的首要问题是讨论慕课与开放教育资源能否承担起为世界上所有的潜在学习者提供受教育的机会这一重任。在本章的最后,Mulder和Jansen提出了需要排除影响学习的一系列障碍的建议。同时,他们还提出需要给学习者提供一些奖励,从而刺激学习者完成慕课以及其他形式的开放教育。总之,在这一章中,作者提出了11个阻碍学习的因素和3种可以提供给学习者的奖励。这两位欧洲学者建议其他的慕课提供者借鉴本章的研究成果,从而推进当今这一开放学习时代中开放教育使命的完成。

| 初译 | 交叉 | 二校 | 终审 |
|------|------|------|------|
| 范奕博 | 陈文宜 | 范奕博 | 焦建利 |

第 10 章

**评估慕课教学法（AMP）** [①]

描述慕课教学法特征的工具

Karen Swan，Scott Day，Leonard Bogle，Traci van Prooyen

# 引言

自 George Siemens 和 Stephen Downes 于 2008 年开设第一门慕课课程以来　105
（Bousquet，2012），慕课在美国呈现爆发式增长的同时,也引起了一系列的争论
（Waters，2013）。有人认为慕课是高等教育的救世主（Friedman，2013），而有人则认
为慕课是高等教育覆灭的前兆（Vardi，2012）。

目前,很难找到确凿的证据证明慕课教学法的有效性。当今慕课采用的一些教学
策略主要改编自其他教学法（Glance，Forsey，& Riley，2013）。常用的慕课教学策略
包括短视频（Khan，2012；Norvig，2012）、视频内嵌小测验（Shirky，2012）、自动评价
以及同伴互评或者自主评价（Lu & Law，2012；Stiggins，2002；Strijbos，Narciss，&
Dünnebier，2010）、网络研讨（Darabi，Arrastia，Nelson，Cornille，& Liang，2011；Li，
2004；Walker，2007）。另外,"cMOOC"为非传统的教学方法以及"以学生为中心"的
教学法的实施提供了良好的条件（Yuan & Powell，2013，p.11）。

由于主流媒体错误地将慕课等同于一般意义上的网络学习,而慕课本身又可以分
为不同类型,因此,尝试区分不同类型的慕课就变得非常重要了。我们认为,确定慕课
的分类,并且评估其组成元素和特征是进行慕课研究、评价和评估的第一步（参见
Reeves & Hedberg，2014，p.4）。由于大多数慕课课程并没有进行复杂的教学设计或
者采用先进的学习技术（Romiszowski，2013），因此,我们同意 Reeves 和 Hedberg

---

① 本章中的内容在 2014 年发表在《数字指导者》(*E—mentor*)杂志的第 2 期 54 卷上,本文已经取得出版者
的许可。

106 (2014)的说法,即研究者应该首先研究慕课的学习设计并关注慕课的教学设计在多大程度上能够满足学习者的需求。

最新研究表明,慕课学习者有如下特征:大多数的学习者受过良好的大学教育,他们来自发达国家并且有工作,这与慕课最初的目标学习者相去甚远(Christensen, Steinmetz, Bennett, Woods, & Emanuel, 2013;Guadial & Adams, 2014;Sandeen, 2013);慕课学习者中男性占大多数(Christensen et al., 2013);许多学习者学习慕课是为了自身的专业发展并且继续享受教育,同时也是为了满足其对慕课本身及慕课讲授内容的好奇心(Christensen et al., 2013;Guadial & Adams, 2014)。

实际上,慕课学习者学习慕课的目标与传统网络课程学习者的目标大相径庭(Roth, 2013)。最近,关于慕课学习者的研究表明,虽然学习者学习了课程,但是都无意参加测试以及完成课程的学习(DeBoer, Ho, Strump, & Breslo, 2014;Kizilcec, Pietch, & Schneider, 2013;Roth, 2013)。慕课学习者被冠以不同的称谓,比如,"使用者"、"浏览者"、"监管者"、"注册者"以及"采样者"等(DeBoer et al., 2014;Kizilcec et al., 2013)。也有研究者将慕课学习者称为"观看者"、"解决者"、"全能者"、"收集者"以及"旁观者"等(Anderson, Huttenlocher, Kleinberg, & Leskoed, 2014)。这些慕课学习者学习慕课的方式不同于他们学习传统网络课程的方式(Anderson et al., 2014;DeBoer et al., 2014)。

在本章,作者介绍了一个名为评估慕课教学法(Assessing MOOC Pedagogies, AMP)的工具的开发过程,这个工具可从 10 个维度对慕课教学法进行分析。已经有大量的文章讨论慕课的优点与缺点,但是,还几乎没有关于慕课教学法的实证研究文章。需要注意的是,本文的目标是描述慕课教学法的特征,而不试图对其进行评价。

## 背景

AMP 工具的开发起源于"美国大学学分推荐服务委员会"(ACE CREDIT)的一个项目,该项目就是为了评估具备学分认证资格的慕课。在 2013 年,这一由盖茨基金会资助的项目最终批准了 13 门慕课。该委员会专门组织考试来测试获批的 13 门课程的学习情况,由于考试的花费相对低廉,因此,大大减少了学习者获得学分的费用。

该委员会在评估上述慕课课程内容的同时,还与伊利诺伊大学斯普林菲尔德分校合作开发了一个工具用以对慕课教学法进行分类。本章讲述了该工具的开发、有效性

及其在具体课程中的应用,这些课程包括美国大学学分推荐服务委员会批准的 13 门　107
课程、4 门 Coursera 平台上的非 STEM 类课程、1 门卡内基梅隆大学的开放学习课程
(https://oli.cmu.edu/)以及 2 门用于对比的赛乐学院(Saylor Academy)①所提供的
课程(https://www.saylor.org/)。

### AMP 工具

AMP 工具主要用于对慕课教学法进行分类,它是在乔治亚大学 Thomas Reeves
教授(1996)开发的一个用于对计算机教学的教学维度进行分类的工具的基础上开发
的。Reeves 教授认为,"教学维度关注的是那些能够直接影响学习的设计和实践"
(1996,p.1)。他的工具包括 14 个相关的设计和实施维度,而这些维度已经被证实可
以直接影响学习。评分者需要评定计算机教学在 14 个维度上的得分(得分区间为 1—
10 分)。

在改编 Reeves 教授的原始工具的过程中,我们保留了其中的 6 个维度,它们分别
是:认识论、教师的角色、实验效度(在 AMP 工具中更名为"活动的关注点")、协作学
习、考虑个体差异、用户角色。同时还增加了另外 4 个维度,它们分别是:结构、学习
内容的呈现方式、反馈、活动或评价。而评分区间也从 1—10 分变为 1—5 分,因为这
样能够使得评分者间信度更加可靠。事实上,研究者一直在不断地修订这个工具以提
供一致的评价。除了改变评分区间,研究者还尽可能地针对每个维度设计出了特定的
指标以方便评分者得出一致的结论。下文将详细描述 AMP 工具的 10 个教学维度。

1. 认识论(1=客观主义,5=建构主义)

客观主义认为"知识"(knowledge)与"了解"(knowing)是分离的,而建构主义认为知
识是通过人脑进行意义建构的。这两种取向会导致不同的教学方法,即客观主义者关
注教学、教学材料以及绝对的目标,而建构主义者则关注学习以及学习者目标、经验和能
力与学习体验的整合。评审者需要依据活动以及材料来判断一门慕课的认识论水平。

2. 教师的角色(1=以教师为中心,5=以学生为中心)

从字面意思就可以理解"以教师为中心"的学习为何物。"以教师为中心"的学习

---

① 赛乐学院(Saylor Academy)是一个非营利性质的平台,该平台给任何想要学习的人提供免费开放的课程
进行学习。——译者注

108 　环境有以下特征：严格的截止日期、一刀切式的教学模式、几乎没有反馈的自动测评以及单向的传播模式。而"以学生为中心"的学习环境则包括自由选择知识获取的方式，自定步调，产出式的评价以及带有反馈或者评分的讨论。

　　3. 活动的关注点(1＝收敛式，5＝发散式)

　　收敛式学习认为问题只有一个正确答案。相反地，发散式学习中学习者可以就Judith Langer(2000)称为"无限可能"的话题展开探究以及辩论。如果问题的答案非错即对，就得 1 分；如果有不止一个获得正确答案的方法，则得 2 分；如果收敛式活动和发散式活动差不多，则得 3 分；如果很多问题都不止一个正确答案，则得 4 分；如果大多数问题都可以用不同的方式进行回答，则得 5 分。

　　4. 结构(1＝结构不清晰，5＝结构很清晰)

　　结构维度主要是为了描述一门慕课结构的层次及其清晰度。高结构化的课程有四个特征：清晰的指向、明确的导航、一致的学习单元组织以及一致的单元材料组织。

　　5. 学习内容的呈现方式(1＝具体的，5＝抽象的)

　　这一维度不是为了评判一门学科的内容的具体和抽象，而是判断资料的呈现形式是具体的还是抽象的。具体的呈现形式包括真实世界的案例和活动，而抽象的呈现形式则相反。既不具体也不抽象的呈现方式是指利用具体的事物说明抽象的概念，从而使得抽象的概念变得容易理解。

　　6. 反馈(1＝不经常、不清晰，5＝经常、清晰)

　　这一维度主要使用如下四个标准来描述反馈的有用性，即时的、清晰的、富有建设性以及个性化的。

　　7. 协作学习(1＝不支持，5＝支持)

　　这个维度主要描述一门慕课进行协作学习的程度，使用的评价标准如下：鼓励线下的见面会(meetups)或者研讨，将协作学习作为一种教学策略，有明显的针对协作性工作的评价，小组活动是课程的主要组成部分。

109 　　8. 考虑个体差异(1＝不支持，5＝支持)

　　尽管人们普遍认为，慕课能满足不同学习者的个体差异，但是事实远非如此。有些慕课几乎没有考虑到学习者的个体差异，而另外有些慕课则考虑到了学习者之间的差异。这个维度上得分为 5 需要同时满足以下四个条件：支持自主学习，教师进行口头讲述和书面展示，学生可以使用多种方式呈现答案以及通用的设计。

9. 活动或评价(1＝虚拟的,5＝真实的)

Brown、Collins 和 Duguid(1989)认为,知识是在情境化的环境中生成的,学习也同样如此。因此,教学活动及测评应该在真实的活动和问题中进行,他们把这样的活动称为"真实性"活动。这些活动与学校里面常见的"虚拟"活动是对立的,因为学校里面那些活动是人为设定的。在 AMP 工具的评价维度中,人为设定的活动和测评要求学习者回答陈述性知识、公式、规则以及定义,而在真实性的活动和测评中,教师将针对学习者的需要设计相关的活动,并且评价中也往往包含真实世界的案例。

10. 用户角色(1＝消极的,5＝产出式的)

Hannafin(1992)指出了不同学习环境之间的一个重要的差异,他认为,让学习者接受大量学习内容的学习环境是"萌发的",而其他学者则用"消极的"一词来形容这一学习环境。而"产出式的"的学习环境能够使学习者参与到知识的创造、细化以及表征中来。

AMP 工具还能够用来统计慕课的名称、授课教师、平台或者提供课程的大学、学科、层次或者要求的知识水平、课程持续时间以及学习者需要投入的时间。评分者还需要对其所研究的慕课的现状、其所使用的媒介以及测评方式进行概括性的描述。然而,在本章中我们主要关注教学法及其独特性。

## 研究方法

在对 AMP 工具进行了初步的修改之后(主要是将评分区间由 1—10 分改为 1—5 分,并在其中的某些维度中添加了评分标准,从而提高了不同维度间的区分度),4 位独立的评分者分别对 13 门慕课进行评价。随后,这 4 位评分者展开讨论,并公布各自的评分,看是否达到一致,最初的评分者间信度达到了 0.80。重要的是,在评分者见面并反复商量之后,评分者之间达成了完全一致的意见。下文将重点描述评分的过程及初步的研究结果。

110

## 评分情况回顾

截至写稿时,AMP 小组的研究者一共评审了 9 门 Coursera 课程、7 门 Udacity 课程、1 门 edX 课程、1 门卡内基梅隆大学的开放学习课程以及 2 门 Saylor 大学提供的课程。

研究者首先评审了由美国教育委员会批准的 13 门具备学分授予资格的慕课课程,这些课程是:Coursera 平台上的"大学代数"(College Algebra)、"生物电子学"

(BioElectricity)、"基因学"(Genetics)、"微积分初步"(Pre-Calculus)以及"简单变量微积分"(Single Variable Calculus)，Udacity 平台上的"人工智能导论"(Introduction to Artificial Intelligence)、"计算机科学导论"(Introduction to Computer Science)、"物理学导论"(Introduction to Physics)、"统计学导论"(Introduction to Statistics)、"并行处理导论"(Introduction to Parallel Programming)、"3 - D 建模"(3 - D Modeling)以及"HTML 5 游戏开发"(HTML 5 Game Development)，*edX* 平台上的"电路与电子"(Circuits and Electronics)。

　　尽管这三大平台之间存在明显差别，但是，每个平台的得分却是相似的。Coursera 平台上的课程与传统的"讲-练-测"模式很相似，具有严格的截止时间。而Udacity 平台上的课程模式则与著名的行为主义者 B. F. Skinner(参考 Holland & Skinner，1961)所倡导的程序教学很相似。而有趣的是，Udacity 平台上课程的得分比Coursera 课程的得分更加趋近于中间值。而 13 门课程中只有 1 门来自 edX 平台，因此，不能推断出其具体的教学模式，不过这门课程在形式以及得分方面都与 Coursera 平台的课程很相似。

　　表 10.1 列举了这三大平台的课程的具体得分情况，图 10.1 表示具体的教学模式曲线。

表 10.1　三大平台上课程的具体得分情况

| 维　　度 | COURSERA | UDACITY | EDX |
|---|---|---|---|
| 认识论 | 1.0 | 2.4 | 1.0 |
| 教师的角色 | 1.4 | 2.0 | 1.0 |
| 活动的关注点 | 1.0 | 1.9 | 1.0 |
| 结构 | 5.0 | 4.9 | 5.0 |
| 学习内容的呈现方式 | 3.6 | 3.0 | 4.0 |
| 反馈 | 2.0 | 4.3 | 3.0 |
| 协作学习 | 2.8 | 2.1 | 2.0 |
| 考虑个体差异 | 2.6 | 3.0 | 2.0 |
| 活动或评价 | 2.6 | 3.3 | 1.0 |
| 用户角色 | 2.0 | 3.1 | 2.0 |

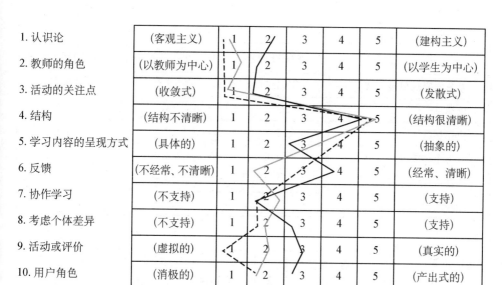

**图 10.1 三大平台上课程的教学模式曲线**

由于具备学分授予资格的 13 门慕课课程全部都是 STEM 课程，因此，研究者决定在原有的基础上研究一些非 STEM 的课程。具体而言，我们选择了四门 Coursera 平台上的非 STEM 课程，分别是："艺术与探究"、"漫画与小说"、"爵士即兴创作"和"甲壳虫乐队音乐鉴赏"。有趣的是，"甲壳虫乐队音乐鉴赏"这门课的得分与 Coursera 平台上的 STEM 类课程的得分很接近。而其他 3 门非 STEM 课程的得分与 STEM 课程的得分则截然不同。表 10.2 显示了 Coursera 平台上 STEM 课程、"甲壳虫乐队音乐鉴赏"以及其余 3 门非 STEM 课程的得分情况。图 10.2 表示这些课程的具体教学模式曲线。

**表 10.2 STEM 课程、甲壳虫乐队音乐课程以及 3 门非 STEM 课程得分情况**

| 维　度 | STEM 课程 | 甲壳虫乐队音乐课程 | 非 STEM 课程 |
|---|---|---|---|
| 认识论 | 1.0 | 3.8 | 4.7 |
| 教师的角色 | 1.4 | 2.5 | 3.0 |
| 活动的关注点 | 1.0 | 3.5 | 4.3 |
| 结构 | 5.0 | 3.8 | 3.3 |

| 维　　度 | STEM 课程 | 甲壳虫乐队音乐课程 | 非 STEM 课程 |
|---|---|---|---|
| 学习内容的呈现方式 | 3.6 | 2.5 | 2.7 |
| 反馈 | 2.0 | 3.0 | 3.3 |
| 协作学习 | 2.8 | 2.8 | 3.0 |
| 考虑个体差异 | 2.6 | 3.0 | 3.3 |
| 活动或评价 | 2.6 | 3.8 | 4.7 |
| 用户角色 | 3.0 | 3.8 | 4.3 |

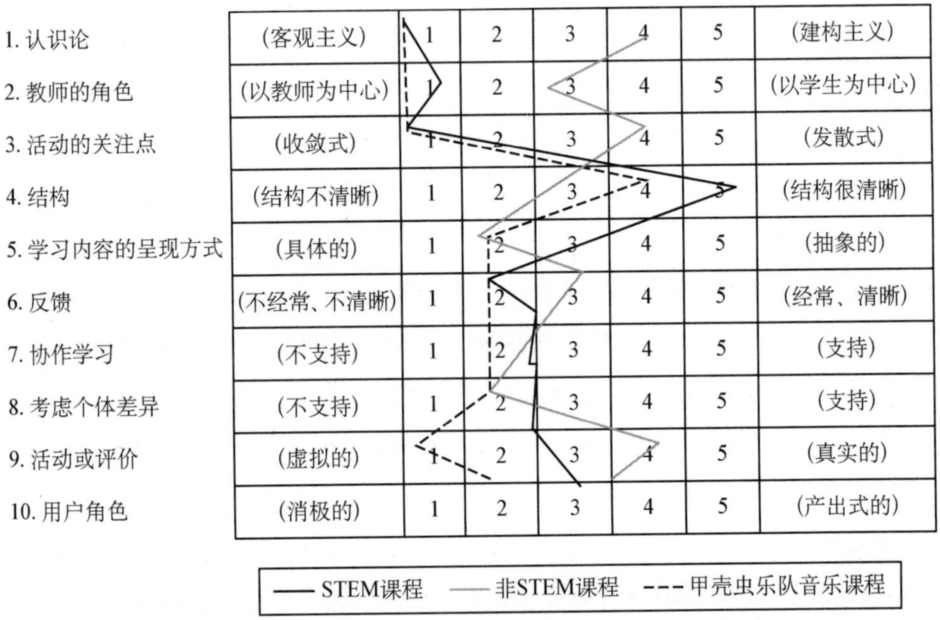

图 10.2　STEM 课程、甲壳虫乐队音乐课程以及非 STEM 课程教学模式曲线

　　除了"甲壳虫乐队音乐鉴赏"这门课程,非 STEM 课程是以学生为中心的、基于建构主义的并且是高度发散的,但是与 STEM 课程相比则显得结构相对不清晰。尽管两种课程的内容呈现方式相同,但是非 STEM 课程显得更加人性化,因为学习者可以得到大量的反馈,同时还更加支持协作学习并能满足个性化评测的需求。就对协作学习的支持以及满足个性化评测的需求而言,这些非 STEM 课程更加真实并且内容是产出式的。

通过对比 STEM 和非 STEM 课程，以及考虑到"甲壳虫乐队音乐鉴赏"课程的教学模式更加接近 STEM 课程而不是非 STEM 课程"这一事实，我们可以看出这两种课程在教学模式上存在着显著的差别。有趣的是，我们得出的这两种教学模式与 Anna Sfard（1998）指出的两种学习隐喻相对应，即"接受隐喻"和"参与隐喻"。在"接受隐喻"中，学习被看做是从个体之外接受知识，而在"参与隐喻"中，学习者通过协作来构建知识。从这个角度看，我们发现这两种教学模式在认识论层次上是非常分散的，特别是在活动的关注点、评估、教师以及学习者角色方面。

为了进一步探究"用学习隐喻来描述慕课教学模式"这一方法的效果，研究者决定进一步分析其他平台上的课程，这些课程包括赛乐学院提供的"近现代世界历史"以及"统计学导论"课程，卡内基梅隆大学开放学习计划所提供的"概率与统计"课程。赛乐学院提供的"统计学导论"课程与 Coursera 以及"甲壳虫乐队音乐鉴赏"课程的教学模式相同，三者都是"接受式"课程。而卡内基梅隆大学和赛乐学院提供的另外一门课程与 Udacity 的课程模式类似，都是"自我导向式"课程，而这就是学习的第三种隐喻。"艺术与探究"、"漫画与小说"和"爵士即兴创作"这三门 Coursera 课程则是"参与式"课程。表 10.3 比较了不同学习隐喻课程的得分情况。图 10.3 表示这些课程的教学模式曲线。这些曲线清晰地表明了"自我导向式"课程处于"接受式"课程以及"参与式"课程之间。

在表 10.3 中，"接受式"课程包括：Coursera 平台上的所有 STEM 课程、"甲壳虫乐队音乐鉴赏"课程、edX 的"电路与电子"课程以及"赛乐学院"提供的"统计学导论"课程；"参与式"课程包括 Coursera 平台上的非 STEM 类课程（不包括"甲壳虫乐队音乐鉴赏"课程）；"自我导向式"课程包括 Udacity 提供的课程、赛乐学院提供的"近现代世界历史"课程以及卡内基梅隆大学开放学习计划所提供的"概率与统计"课程。

表 10.3　不同学习隐喻课程的得分情况

| 维度 | "接受式"慕课 n＝8 | "自我导向式"慕课 n＝9 | "参与式"慕课 n＝3 |
|---|---|---|---|
| 认识论 | 1.0 | 2.3 | 4.7 |
| 教师角色 | 1.4 | 2.1 | 3.0 |
| 活动的关注点 | 1.0 | 1.9 | 4.3 |

| 维度 | "接受式"慕课<br>n＝8 | "自我导向式"慕课<br>n＝9 | "参与式"慕课<br>n＝3 |
|---|---|---|---|
| 结构 | 4.9 | 4.8 | 3.3 |
| 学习内容的呈现方式 | 3.4 | 2.8 | 2.7 |
| 反馈 | 2.2 | 4.0 | 3.3 |
| 协作学习 | 2.4 | 1.9 | 3.0 |
| 考虑个体差异 | 2.2 | 2.8 | 3.3 |
| 活动或测评 | 2.2 | 3.4 | 4.7 |
| 用户角色 | 1.8 | 2.7 | 4.3 |

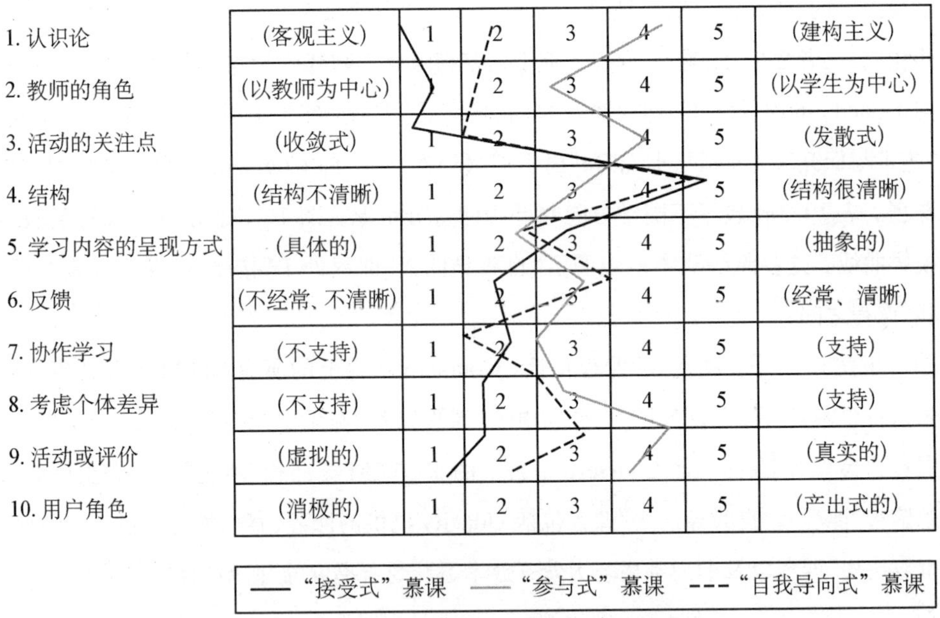

| | | | | | | |
|---|---|---|---|---|---|---|
| 1. 认识论 | (客观主义) | 1 | 2 | 3 | 4 | 5 | (建构主义) |
| 2. 教师的角色 | (以教师为中心) | 1 | 2 | 3 | 4 | 5 | (以学生为中心) |
| 3. 活动的关注点 | (收敛式) | 1 | 2 | 3 | 4 | 5 | (发散式) |
| 4. 结构 | (结构不清晰) | 1 | 2 | 3 | 4 | 5 | (结构很清晰) |
| 5. 学习内容的呈现方式 | (具体的) | 1 | 2 | 3 | 4 | 5 | (抽象的) |
| 6. 反馈 | (不经常、不清晰) | 1 | 2 | 3 | 4 | 5 | (经常、清晰) |
| 7. 协作学习 | (不支持) | 1 | 2 | 3 | 4 | 5 | (支持) |
| 8. 考虑个体差异 | (不支持) | 1 | 2 | 3 | 4 | 5 | (支持) |
| 9. 活动或评价 | (虚拟的) | 1 | 2 | 3 | 4 | 5 | (真实的) |
| 10. 用户角色 | (消极的) | 1 | 2 | 3 | 4 | 5 | (产出式的) |

—— "接受式"慕课　　—— "参与式"慕课　　---- "自我导向式"慕课

**图 10.3　不同学习隐喻课程的教学模式曲线**

## 结论

早期的研究表明,AMP工具可以用来判断慕课的教学模式并且具备较高的评分一致性。即使在研究团队评估不同类型慕课的情况下,其信度也是随着时间的推移而逐步提高的。未来的研究需要检验其他人在使用这一工具时是否也同样得到一致性。

在这一研究中,我们发现不同的平台以及学科之间存在差异,但是,最值得关注的是基于不同学习隐喻的教学法的差异,即"参与式"、"接受式"以及"自我导向式"。

尤为有趣的是"自我导向式"课程,因为它是最适合学习者的。比如,通过对一门典型的慕课产生的大量数据进行分析,Anderson 及其同事(2014)发现了五种类型的学习者: 即**观看者**只观看视频,**解决者**只做作业,**全能者**既看视频又做作业,**收集者**有选择地学习,**旁观者**什么都不做。在这些不同类型的学习者中,**全能者**表现得很像典型的大学生,但其人数只占选课人数的一小部分。同样地,Kizilcec 及其同事(2014)将 3 门慕课课程中的学习者分为**完成者**、**审查者**、**采样者**以及**分心者**,他们认为,这些不同的学习者类型表明了二分式的(通过或者不通过)的评价模式不适用于慕课。

确实,有许多证据都表明,学习者出于不同的目的去学习慕课,比如,为了单纯地满足好奇心,为了学习课程的某一部分等,只有一小部分学习者真正地把慕课当做课程来学习。通过分析一门慕课,DeBoer 及其同事(2014)认为,慕课学习者具有独特的学习行为,他们认为,应该重新定义慕课的选课、参与度、课程本身以及成就等因素。选课原因以及学习慕课方式的纷繁多样或许表明"自我导向式"的课程设计是最有用的。我们的团队将在未来的研究中对此加以关注。

115

我们期望慕课能够变得更加成熟。未来的研究除了探讨慕课可能的发展方向外,还会关注更多的课程以及不同的平台,其中包括 cMOOCs 课程及其适应性结构(DeBoer et al., 2014；Fasihuddin, Skinner, & Athauda, 2013)。未来的研究还需关注"自我导向式"的参与模式,从而更好地满足学习者使用慕课学习平台方式的需求(DeBoer et al., 2014)。

慕课的快速增长要求我们弥补现有的慕课课程在教学法以及设计方面的缺陷,因为这种有缺陷的课程仍旧在不断出现。能够满足学习者需求,在提升学习者在读率的同时又不需要教师过多参与的课程设计是非常重要的。在这一不断变化并且激动人心的领域内,我们已经向着目标迈出了第一步。

**Karen Swan** 是伊利诺伊大学斯普林菲尔德分校教育领导力 James J. Stukel 的杰出教授①。她的研究领域是技术与学习，已经发表了 125 篇文章并且参与编写了两本书。她目前关注网络学习、学习分析以及慕课。她被网络学习联盟授予"网络学习个人最杰出成就奖"，被哥伦比亚大学教师学院授予"杰出校友奖"，被伊利诺伊大学斯普林菲尔德分校授予"Burks Oakley Ⅱ 杰出网络教学奖"②。她还是网络学习联盟的会员。

**Scott Day** 是伊利诺伊大学斯普林菲尔德分校教育领导力部的教授以及主席。他从伊利诺伊大学香槟分校获得了教育组织与领导力博士学位。Day 博士教授"网络学习教学领导力与测评"课程，这一课程荣获 2010 年度"Sloan-C③ 杰出项目奖"。在 2010 年，他在伊利诺伊大学斯普林菲尔德分校获得了"培生杰出教学奖"。他已经发表的文章中主要关注使用基于设计研究的方法提高网络课程质量，使用同伴互评以及分析技术来提高网络课程探究，他最近发表了有关慕课教学法的文章。

116

---

① 这个奖项由伊利诺伊大学基金会创立，是为了表彰该校等 15 任校长 James J. Stukel 而设立的。——译者注

② Burks Oakley 是伊利诺伊大学电子与计算机工程系退休荣誉教授，该奖项的设立是为了表彰那些在网络教学中作出突出贡献的学者。——译者注

③ Sloan-C 是 Sloan Consortium 的简称，该机构现在的名称为 Online Learning Consortium，即网络学习联盟，该联盟致力于将网络教育融入到高等教育体系中。——译者注

**Leonard Bogle** 是伊利诺伊大学斯普林菲尔德分校教育领导力方面的副教授兼研究员,他还担任硕士教师网络培训教师。他的研究兴趣是通过改善网络课程的设计以及教学法来提高网络教学的质量。他的团队已经发表了三本相关主题的著作,他还向硕士生讲授领导力、课程设计、研究导论、Capstone① 项目、硕士候选人最终资格评定项目(Master's Closure projects)②、组织动力学以及教师评价课程。

**Traci van Prooyen** 是伊利诺伊大学斯普林菲尔德分校教师教育部助理教授。她从伊利诺伊州立大学获得了课程与教育博士学位。Van Prooyen 博士主要教授儿童发展、教育心理学、课堂管理、特殊儿童以及课程、计划和评价方面的课程。除了关注网络教学法,她还关注性格方面的质性教学。

| 初译 | 交叉 | 二校 | 终审 |
|------|------|------|------|
| 范奕博 | 陈文宜 | 范奕博 | 焦建利 |

---

① Capstone 是伊利诺伊大学用来评估硕士生是否能被评为硕士学位候选人的一种课程。——译者注
② 硕士候选人最终资格评定项目(Master's Closure projects)是伊利诺伊大学设定的用来评估硕士学位候选人的一种方式,所有的候选人在获得资格之前都必须进行这样的一种测试——译者注

# 参考文献

Anderson, A., Huttenlocher, D., Kleinberg, J., & Leskovec, J. (2014). *Engaging with massive online courses*. Paper presented at WWW'14, April 7 - 11, Seoul, South Korea. Retrieved from: http://cs. stanford. edu/people/ashton/pubs/mooc-engagement-www2014. pdf.

Bousquet, M. (2012, July 25). Good MOOCs, bad MOOCs. *Chronicle of Higher Education*. Retrieved from http://chronicle. com/blogs/brainstorm/good-moocsbad-moocs/50361.

Brown, J. S., Collins, A., & Duguid, P. (1989). Situated cognition and the culture of learning. *Educational Researcher*, *18*(1),32 - 42.

Christensen, G., Steinmetz, A., Alcorn, B., Bennett, A., Woods, D., & Emanuel, E. J. (2013). The MOOC phenomenon: Who takes massive open online courses and why? Retrieved from http://papers. ssrn. com/so13/papers. cfm? abstract_id=2350964.

Coursera. (2012a). *Course Explorer*. Retrieved from http://www. cousera. org/.

Coursera. (2012b). Coursera hits 1 million students across 196 countries. *Coursera Blog*. Retrieved from http://blog. coursera. org/post/29062736760/coursera-hits-1-million students-scross-196-countries.

Darabi, A., Arrastia, M., Nelson, D., Cornille, T., & Liang, X. (2011). Cognitive presence in asynchronous online learning: A comparison of four discussion strategies. *Journal of Computer Assisted Learning*, *27*(3),216 - 27.

DeBoer, J., Ho, A. D., Stump, G. S., & Breslow, L. (2014). Changing "course": Reconceptualizing educational variables for massive open online courses. *Educational Researcher*, *43*(2),74 - 84.

edX (2012). *EdX*. Retrieved from https://www. edx. org/.

Fasihuddin, H. A., Skinner, G. D., & Athauda, R. I. (2013). Boosting the opportunities of open learning (MOOCs) through learning theories. *GSTF Journal on Computing*, *3*(3). Retrieved from http://www. globalsciencejournals. com/article/10. 7603% 2Fs40601-013-0031-z#page-l.

Friedman, T. L. (2013, January 26). Revolution hits the universities. *The New York Times*.

Retrieved from http://www.nytimes.com/2013/01/27/opinion/sunday/friedman-revolution-hits-the-universities.html?_r=0.

Glance, D., Forsey, M., & Riley, M. (2013, May). The pedagogical foundations of massive open online courses. *First Monday*. Retrieved from http://firstmonday.org/ojs/index.php/fm/article/view/4350/3673.

Guzdial, M., & Adams, J. C. (2014). MOOCs need more work; so do CS graduates. *Communications of the ACM*, 57(1),18 – 19.

Hannafin, M. J. (1992). Emerging technologies, ISD, and learning environments: Critical perspectives. *Educational Technology Research and Development*, 40(1),49 – 63.

Holland, J. G., & Skinner, B. F. (1961). *The analysis of behavior: A program for self-instruction*. New York: McGraw-Hill.

Khan, S. (2012). *The one world school house: Education reimagined*. New York: Twelve.

Kizilcec, R. F., Piech, C., & Schneider, E. (2013). Deconstructing disengagement: Analyzing learner subpopulations in massive open online courses. In *Proceedings of the Third International Conference on Learning Analytics and Knowledge* (pp. 170 – 9). New York, NY, USA: ACM. doi: 10.1145/2460296.2460330.

Langer, J. (2000). *Discussion as exploration: Literature and the horizon of possibilities*. National Research Center on English Learning and Achievement. Retrieved from http://www.albany.edu/cela/reports/langer/langerdiscussion.pdf.

Levin, T. (2013, December 10). After setbacks, online courses are rethought. *The New York Times*. Retrieved from: http://www.nytimes.com/2013/12/11/us/after-set-backs-online-c-ourses-are-rethought.html.

Li, Q (2004). Knowledge building community: Keys for using online forums. *Tech Trends*, 48(4),24 – 9.

Lu, J., & Law, N. (2012). Online peer assessment: Effects of cognitive and affective feedback. *Instructional Science*, 40(2),257 – 75.

Masterson, K. (2013). Giving MOOCs some credit. *American Council on Education*. Retrieved from http://www.acenet.edu/the-presidency/columns-and-features/Pages/Giving-MOOCs-Some-Credit.aspx.

Norvig, P. (2012). Peter Norvig: The 100,000-student classroom. Retrieved from http://www.ted.com/talks/peter_norvig_the_100_000_student_classroom.

Reeves, T. (1996). *Evaluating what really matters in computer-based education*. Retrieved from http://eduworks. com/Documents/Workshops/EdMedia1998/docs/reeves. html.

Reeves, T. C. , & Hedberg, J. G. (2014). MOOCs: Let's get REAL. *Educational Technology*, *54*(1),3 – 8.

Romiszowski, A. J. (2013). What's really new about MOOCs? *Educational Technology*, *53* (4),48 – 51.

Roth, M. S. (2013, April 29). My modern experience teaching a MOOC. *The Chronicle of Higher Education: The Digital Campus*. Retrieved from http://chronicle. com/article/My-Modern-MOOC-Experience/138781/.

Sandeen, C. (2013). Integrating MOOCs into traditional higher education: The emerging "MOOC 3. 0" era. *Change*, *45*(5),34 – 9.

Sfard, A. (1998). On two metaphors for learning and the dangers of choosing just one. *Educational Researcher*, *27*(4),4 – 13.

Shirky, C. (2012). Napster, Udacity and the Academy. Retrieved from http://www. shirky. com/weblog/2012/11/napster-udacity-and-the-academy/.

Stiggins, R. J. (2002). Assessment crisis: The absence of assessment for learning. Phi Delta *Kappan*, *83*(10),758 – 65.

Strijbos, J. W. , Narciss, S. , & Dünnebier, K. (2010). Peer feedback content and sender's competence level in academic writing revision tasks: Are they critical for feedback perceptions and efficiency? *Learning and Instruction*, *20*(4),291 – 303.

Swan K. , & Mitrani, M. (1993). The changing nature of teaching and learning in computer-based classrooms. *Journal of Research on Computing in Education*, *26*(1),40 – 54.

Vardi, M. Y. (2012). Will MOOCs destroy academia? *Communications of the ACM*, *55*(11), 5. Retrieved from http://cacm. acm. org/magazines/2012/11/156587-will-moocs-destroy-academia/fulltext.

Walker, B. (2007). *Bridging the distance: How social interaction, presence, social presence, and sense of community influence student learning experiences in an online virtual environment*. Unpublished PhD dissertation, University of North Carolina. Retrieved from http://libres. uncg. edu/ir/uncg/f/umi-uncg-1472. pdf.

Waters, J. K. (2013). What do massive open online courses mean for higher ed? *Campus Technology*, *26*(12). Retrieved from http://camputechnology. com/Home. aspx.

Udacity（2012）. Udacity. Retrieved from http：//udacity.com.

Yuan，L.，& Powell，S.（2013）. MOOC's and open education：Implications for higher education. *Centre for Educational Technology & Interoperability Standards*. Retrieved from http：//publications.cetis.ac.uk/2013/667.

第11章

## 开放教育资源的质量保障

有何影响?

Sanjaya Mishra，Asha Kanwar

## 引言

在 1987 年,英联邦政府总部在对由 Briggs 勋爵主持起草的《走向学习共同体:一个创建促进远程学习合作的英联邦大学的提案》(*Towards a Commonwealth of Learning：A Proposal to Create the University of the Commonwealth for Co-operation in Distance Learning*)进行深思熟虑之后,决定成立一个机构以促进远程教育领域内的合作。这份报告指出,要创建一个旨在促进英联邦成员国之间协作的机构,拓宽英联邦成员国的公民接受教育的渠道,促进资源的共享,提高教育的质量,促进思想、教学、相关研究以及人们的交流(Briggs，1987，p.60)。此外,英联邦学习共同体(COL)①(下文简称共同体)的谅解备忘录(Memorandum of Understanding)里面还包括了一些次要目标:辅助成员国构建和发展远程教育机构;辅助其对教学资料的获取和传输,并促进成员国获取这些资料;授权和推动这些教学资料的本地化和再开发。从这些目标中我们可以清楚地看出:共同体与生俱来的使命就是支持高质量的远程教学资料的开发和共享。

为了保障教学材料的质量,共同体主要采取了以下三种途径:1.对国家以及组织的政策施加影响;2.开发资源;3.培养个人及机构的质量保障能力,从而保障"开放和远程学习"(ODL)系统的高效管理。目前,共同体仍旧坚守着"开放大学应该恪守一般大学的使命"这一信条。许多开放大学认为自己需要承担社会使命并且采用了更加

---

① 英联邦学习共同体(COL)是一个成立于 1987 年的跨政府间组织,成员国主要是英联邦的国家,总部设在加拿大温哥华。该组织旨在促使成员国之间知识、资源以及技术的共享。——译者注

灵活的资源传输模式,但是如果评判标准是基于资源的适切性、课程的质量、有效的学 120
习者支持服务以及学生的学习成果,那么,也就没必要单独制定"开放和远程学习"活
动的质量保障标准了。

共同体已经开发了一部分质量保障的工具和出版物,以及带有免费资源的关于质
量保障的微型网站。由共同体开发,旨在促进双方互认的"跨国质量框架"(TQF)①正
在使用"英联邦学习共同体评估和提升模型"(COL RIM)②的 32 个成员国中推行。机
构可以使用这个框架评估自己的工作,从而争取获得外部的认可,同时也可以作为不
断提升自己的标准。由于认识到资源的免费获取以及不受限使用所蕴含的巨大潜力,
共同体在践行着开放教育资源(OER)运动的理念以促进教学资料的获取和改编。在
本章接下来的部分中,我们将探讨开放教育资源质量保障的具体细节。

## 开放教育资源运动

开放教育资源运动发端于"麻省理工学院开放课件"(MIT OpenCourseWare)③,
而《纽约时报》也在千禧年之后对此作了报道(Goldberg, 2001)。自从在 2002 年联合
国教科文组织的一次会议上提出开放教育资源以来,全球出现了其他种类繁多的开放
教育资源项目和计划。然而,值得一提的是,共同体其实在此之前就已经开始与相关
机构合作开发和共享学习资料。例如,共同体的"科学技术与数学项目"(STAMP 2000
＋)模块是由来自南非 8 个国家的 140 位研究者合作开发的,在 2001 年之前就已经可
以免费使用了,且不需要任何的授权许可。STAMP 2000＋这一模块由非洲人开发并
且在非洲使用,同时,该模块还被上传到世界空间(World Space)④卫星广播网站上供
非洲大陆上任何国家以及任何人免费使用。此外,共同体还参与了许多学习资料开发

---

① 跨国质量框架(TQF)是一种统一的质量保障框架,涵盖高等教育、技术教育以及职业教育的质量保障。
　它的存在不是为了替代已有的质量框架,而是作为其他质量框架的参照比较对象。——译者注
② 英联邦学习共同体评估和提升模型(COL RIM)由英联邦学习共同体提出,最初发表于 2010 年,修订版
　于 2014 年发表。——译者注
③ 麻省理工学院开放课件(MIT OpenCourseWare)由麻省理工学院于 2001 年发起,并于 2002 年在联合国
　教科文组织的推动下更名为开放教育资源(OER),旨在为全人类提供免费的、高质量的教育资源。——
　译者注
④ 世界空间(World Space)是一家卫星广播服务提供商,总部位于马里兰州的银泉市。该公司主要面向东
　非、南非、中东以及亚洲的大部分区域提供广播服务,鼎盛时期有超过 170 000 名收听者,该公司于 2008
　年 10 月倒闭。——译者注

项目,其中包括资料分享平台维基教师(WikiEducator)①。共同体也在参与的过程中受益匪浅,具体如下(Kanwar, Kodhandaraman, & Umar,2010):

● 尽管我们自身的过硬素质非常重要,但是我们仍旧需要借鉴当地合作者的经验,并且还要具有清晰的实施策略;

● 尽管进行资料开发的社区有能力组织开发资料,但是我们仍旧需要一些管理方法来引导项目的实施并且监督项目的进度,以防止它们因为墨守成规而犯下错误;

● 自下而上的参与式开放教育资源项目往往需要更长的时间。

121　　　在 2012 年,联合国教科文组织和英联邦学习共同体在"威廉与佛洛拉·休利特基金会"②(William and Flora Hewlett Foundation)的协助下,在巴黎召开了世界开放教育资源代表大会。本章的两位作者参加了此次会议,会议还发布了《巴黎开放教育资源宣言(2012)》。这个宣言倡议政府推荐并且使用开放教育资源。与此同时,宣言还鼓励对使用公共资金创造的教育资源进行公开的授权,并且重申开放教育资源是以电子或者其他任意媒介存储的教学、学习以及研究材料。这些资源可能是存在于公共领域并且可以免费获取的资源,也可能是那些经过开放授权的免费的,可以不受限制或者几乎不受限制地获取、使用、改编以及重新分配的资源。

　　共同体认为开放教育资源是:1.免费的以及可以自由获取的;2.适用于任何教育层次的;3.模块化的;4.可以重复使用的;5.网络化的。这一主张背后的假设是,开放教育资源是存在于网络资源库的,任何机构都可以获取、改编并且用来创建课程(Kanwar et al.,2010)。开放教育资源一个经常被提及的优势在于其可以促进知识共享以及南南合作和南北合作,并且它还可以节省课程制作的时间以及花费。同时,我们还注意到,开放教育资源可以促进内容的协作式生成,这种方式有别于书本写作的单作者模式。因此,开放教育资源是一种可以促进发展中国家能力培养的有力工具,同时,得益于协作,开放教育资源还可以辅助提高教学材料的质量。除此之外,开放教育资源还可以促进乡土知识的保存与传播(Kanwar et al.,2010)。

　　考虑到大多数学科教育都是基于情境的,因此,许多教师和教育管理者未能察觉

---

① 维基教师(WikiEducator)是一个成立于 2006 年的国际性的学习资料协作开发社区,教师可以免费并且不受限制地使用、改编以及分享上面的资料。——译者注

② 威廉与佛洛拉·休利特基金会是一个成立于 1966 年的私人基金会。该基金会有接近 90 亿美元的资产,是美国第四大基金会。其资助的领域主要包括教育、环境、全球发展与人口以及慈善等。——译者注

到开放教育资源所具备的明显的成本优势。由英联邦学习共同体支持的针对开放教育资源成本经济的初步研究结果表明,开放教育资源可以明显节省时间和金钱(Butcher & Hoosen,2012)。此外,人们对开放教育资源的版权以及知识产权也存在着不同层次的认识。开放教育资源的改编也存在着一些问题,因为许多教师和管理者认为,那些资源不是专门针对他们开发的(Johnson,Levine,Smith,& Stone,2010)。目前仍存在一些困难制约着人们接受开放教育资源,其中包括制度性的障碍和可用资源的质量问题(Bossu & Tynan,2011)。

### 开放教育资源：质量问题

伴随着社交媒体的出现,全球兴起了协作开发和共享内容的浪潮,其基本的原则就是,那些使用公共资金开发的资料应该在获得开放许可的条件下免费开放给其他人使用。由于任何人都可以对这些材料进行改编,因此,不可避免地就会产生一些问题,比如,谁对改编的资料的质量负责？如何确定改编者是否具有这样的资质？以及质量保障机构的角色是什么？

尽管对开放教育资源的需求越来越大,但是,仍旧有许多人认为"免费的教育资源的质量一定很差"(Wiley & Gurrell,2009,p.19)。常见的关于质量的标准,比如准确性、相关性、流通性以及学习设计的教学效果等这些同样适用于开放教育资源,其实这些标准对于任何教育内容而言都是适用的。Wiley 和 Gurrell(2009)指出,尽管传统的质量评价面临着许多问题,但是,开放教育资源不断提升的接受度与"人和资源的关系"有关。这种关系源自对内容的改编和共建,其得益于开放教育资源的两个基本特征,即重用性以及开放性。

Dhanarajan 和 Abeyeardena(2013,pp.9-10)指出,教师缺乏获取高质量的开放教育资源的能力是阻碍其重复利用开放教育资源的首要因素。诱发这一问题的首要原因是保障以及评估开放教育资源质量的机制的缺失。此外,Nikoi、Rowlett、Armellini 和 Witthaus(2011)指出,有些研究已经表明开放的文化与现有的教学方法之间存在严重的脱节。具体而言,他们找出了许多阻碍教师利用开放教育资源的因素,比如,缺少时间去改编开放教育资源,学科的差异,文化方面的问题,对开发开放教育资源的支持程度参差不齐等。

许多支持者和教师认为,开放教育资源的质量保障与其开放的理念相悖。从这个角度来看,用户应该对开放教育资源的质量加以判定,任何先验的质量保障标准对于用户而言都是没有帮助的。就这点而言,反对质量标准的人认为,用户(学习者或教师)的评判是开放教育资源质量的最佳指标。与此相反,教育家和思想领袖认为,每一种学习资源都必须经过严格的同行评审,从而确保资源的质量。然而,这样的评审过程必然会明显减慢开放教育资源开发的速度,同时,这种开发过程跟 Web2.0 和 Web3.0 时代的节奏是不合拍的。

英联邦亚洲教育媒体中心(CEMCA)是英联邦学习共同体在亚洲的区域中心,负责英联邦学习共同体亚洲区的八个国家。由于开放教育资源日趋流行,英联邦亚洲教育媒体中心认为,有必要开发出能够同时满足上述两种截然不同要求的质量保障标准。首先,开放教育资源应该是由用户开发的并且本质上是开放的。实际上,试图通过设计固定的开发结构以及流程以保障开放教育资源的质量往往是适得其反的。其次,开放教育资源应该是高质量的,并且可以满足使用者及开发者等利益相关者的需求。因此,我们开发了包含许多评价准则的质量标准框架,从而辅助用户评判开放教育资源的质量。我们希望这个框架及其标准是自动化的,以方便用户选择适当的标准来评价资源的质量。通过这种方式,我们可以收集到不同用户的评价,而这也能给某些潜在用户提供一些信息,从而缩短学习者和教师在海量资源中的检索时间。

123　　　作为这一质量标准项目的一部分,Kawachi(2013)回顾了数字化学习和教育创新等相关领域内的 30 多个质量保障标准框架,并从中找到了一些可供参考的标准。

为了制定质量保障标准,我们召开了一个区域性的论坛会议并同时开通了网络咨询,最终开发出了"开放教育资源 TIPS① 框架(1.0 版)"(Kawachi,2013)。从网络咨询中,我们得知专家们普遍关注的问题是开放教育资源的开放性所具有的独一无二的特征以及这些特征对课程质量的影响。专家们认为,其开放性的特征给那些有特殊需求的学习者在获取学习资料时带来更大的便利,除此之外,开放性使资源更易于本地化从而满足不同语言和文化的需求,同时,它也使人们能够更加便捷地获取开放软件和技术。TIPS 包含了 65 个质量标准细则,这些细则可以划分为四类:1.教学和学习;2.信息和内容;3.展示;4.技术。由于这些细则过于冗长,因此,我们使用了德尔菲法

---

① TIPS,即下文中提到的教学和学习(Teaching and learning),信息和内容(Information and content),展示(Presentation),技术(Technology)的英文首字母的组合。——译者注

和内容效度比（Content Validity Ratio，CVR）作为数据统计方法来做进一步的研究，从而达到精简质量标准的目的。这项工作还在进行当中，在使用了改良版的 CVR 方法之后，我们已经初步制定除了包含 18 个细则的质量标准（见表 11.1）。

我们的目的是利用这些细则开发出一个评价模型以帮助用户对任何开放教育资源的质量进行评估，用户可以利用从以下四个等级水平评判资源是否符合某一细则：1.完全不符合；2.有点符合；3.基本符合；4.非常符合。开放教育资源的开发者在资源开发的过程中也可以运用相同的方法来确保资源的质量。

### 确保开放教育资源质量的方法

在发展中国家，开放和远程学习的质量保障在过去的五十年间一直是人们关注的焦点，这种局面在很大程度上是由"面对面教育只属于少数精英阶层"这样的文化观念造成的。由于教育系统的工作者大多都接受过面对面的教育，因此，他们对开放与远程学习系统的态度是消极的。因此，开放与远程学习系统必须要非常重视"质量"，才能赶得上面对面的教育系统。

就像 Dhanarajan（2013）指出的那样，开放与远程学习系统主要关注的是学习范式，而这一点与极其重视教学范式的传统的面对面教学形成了鲜明的对比。在教学范式中，学习的时间是相同的，但是学习的效果却因人而异。而在学习范式中，学习的时间是灵活的，但是，学习的效果并没有差别。对于开放与远程学习的实践者而言，实现这种巨大的范式转变向来都是很难的，直到依靠同样的学习和教学实践的MOOCs 的出现，这种情况才有所改观（详见本部分 Deimann，Lipka，& Bastiaens 所写的章节）。

表 11.1　开放教育资源的质量标准（Kawachi，2014）

| |
|---|
| **T: 教学和学习过程** |
| 考虑提供一个关于"如何使用开放教育资源"的学习指南，附带先行组织者和导航辅助。 |
| 使用学习者为中心的方式。 |
| 运用最新合适的以及真实的教学方法。 |
| 应该符合当地的需求，并且能够预测学生当前的以及未来的需求。 |
| 不要使用复杂的语言表达，并且检查可读性，从而确保可以满足不同年龄以及水平的要求。 |
| 给学生以及其他教师提供一个给予反馈及提出改善意见的途径。 |
| **I: 信息和内容** |
| 确保你要学生学习的知识和技能是最新的、准确的以及可靠的。考虑向一个学科专家咨询。 |

你所有的内容应该与目标相匹配并且合适。避免冗余的信息和由此带来的干扰。

内容应该是真实的、内部一致的以及恰当本地化的。

添加其他资源的链接以丰富内容。

**P: 展示作品和格式**

确保开放授权是可见的。

确保你的开放教育资源是容易访问的并且是吸引人的。

以清晰、精炼和连贯的方式展示你的材料,注意声音的质量。

使用开放的格式传输开放教育资源以确保资源的最大化重用以及改编。

依据学习路径,考虑资源出现的先后顺序。

**S: 系统技术**

考虑增加内容元数据标签,方便你以及其他人随后找到你的开放教育资源。

给预期的学习时间、难度水平、格式和大小提供元数据标签。

你的开放教育资源应该便携并且是可转换的,此外,你还应该保存一份离线版本。

得益于开放和远程学习项目对面对面以及网络学习场景中的开放教育资源的质量保障、采用以及改编的重视,慕课正日益被人们所接受,但是,在真正发挥其全部潜能之前还有一段很长的路要走。实现"使开放教育资源在发展中国家的教育系统中占主流地位的目标"需要长期对其进行干预,英联邦学习共同体主要通过以下四种途径来改善开放教育资源的质量。

● *制定合适的政策*:为了给教师提供一个开发和使用开放教育资源的有利环境,需要给予他们适当的奖励。在许多教育机构中,在同行评审的期刊上发表论文可以作为评职称的条件,然而,筹备和开发免费的教育资源却得不到相同的认可。针对这一现象,英联邦学习共同体与许多国家的政府和教育机构展开合作,帮助它们制定合适的开放教育资源政策。作为合作的一部分,英联邦学习共同体设计了国家的以及机构层面的开放教育资源政策模板,以备政府和教育机构使用。英联邦学习共同体已经帮助安提瓜和巴布达政府制定了全国的开放教育资源政策,与此同时,印度的两所开放大学已经采用了上述的机构层面的开放教育资源政策模板。英联邦学习共同体/英联邦亚洲教育媒体中心也已经协助印度政府为其旗舰级项目"运用信息通信技术完成国家教育使命"(NMEICT)①制定了开放授权的政策方针。

● *培养能力*:尽管政策的制定非常必要,但还是不足以使开放教育资源的开发得

---

① 运用信息通信技术完成国家教育使命(NMEICT),旨在利用信息技术促进教育的发展,印度政府计划利用这一项目将高等教育的毛入学率在六年时间内提高了五个百分点。

到广泛的认可。因此,关键是要针对开放教育资源的质量及其开发开展一系列的培训。如果缺乏本地化特征,那么开发出来的资源也是无用的。如果资源的开发者能够将现有的资源与当地的需求结合起来,免费发布这些资源,那么资源的使用者将从中获益良多。因此,培养开发教育资源所需的相关能力,尤其是在教师以及政策制定者的培养中至关重要。除了开展工作坊,英联邦学习共同体还组织了网络培训并且利用慕课平台来推广开放教育资源的理念和实践。多年以来,英联邦学习共同体已经建立了一个巨大并且具有广泛影响力的知识库。例如,作为马来西亚宏愿开放大学能力培养计划的一部分,英联邦亚洲教育媒体中心协助该校开发出了一门基于开放教育资源的包括五个模块的数字化学习课程。

● *技术*：教师必须具有检索以及开发开放教育资源的技术。技术的普及是获取高质量的开放教育资源的一个关键因素,发展中国家教育领域的管理者也同样需要了解相关的技术。英联邦学习共同体一直与教育机构合作以推进信息通信技术与教育的整合。强有力的政策支持及教育机构的认同是两者成功整合(Kirkland & Sutch,2009)以及推进开放教育资源使用的关键。一个成功的教育管理者不仅要能够带头描绘愿景,还要与时俱进,使利益相关者相信这种愿景。英联邦学习共同体同时扮演着技术创新者和开创者的角色,它们制定出了未来技术发展的方案。作为创新方案之一,英联邦学习共同体一直推荐学校使用一款名为"Aptus"的价格低廉的服务器,该服务器可以降低网络访问的费用,从而实现为偏僻的教育资源匮乏的地区提供附带的开放教育资源。

● *课程开发*：英联邦学习共同体的目标之一就是开发教学材料。作为一个推进开放教育资源使用的机构,开发和发布教育资源对于英联邦学习共同体来说是非常重要的。为了实现这一目标,英联邦学习共同体制定了开放教育资源的政策,由其开发的课程在遵循知识共享协议中的"署名-以相同方式共享"原则下向公众开放。英联邦学习共同体制定政策的目标是为了鼓励示范性课程的开发,这些课程可以供英联邦国家及其他国家使用和改编。规模经济效应大大减少了资源的开发费用。英联邦学习共同体还编撰了开放教育资源目录,为这些资源附上分类标签,以方便查找和使用。尽管开放教育资源的质量仍是关注的核心,但这样一来,可用的资源便可统一管理,避免了资源的重复开发。英联邦学习共同体还致力于促进开放教科书的开发,从而保障课程开发的质量。

尽管高质量的开放教育资源是必要的,但是这并不等于对资源的合理利用,找到合适的以及高质量的开放教育资源仅仅是对其合理利用的起点。然而,一旦缺乏合适的教学干预,资源仍旧只是一本书、一个模型、一个动画或者其他形式的学习资源。仅有内容是不够的!教师使用资源、将资源与课堂融合以及促进学生在开放和远程学习环境中学习的能力对于提升弱势群体或者缺乏资源的学生的学习效果至关重要。运用合理的自主学习原则去开发开放教育资源,并利用这些资源来促进学习将提升众多学生的学习效果。

## 结论

总结全文,我们可以清晰地看到全球都在努力推进开放教育资源,我们也亲眼见证了许多这样的案例。一直以来,英联邦学习共同体都致力于推进高质量的开放教育资源在面对面及开放和远程学习环境中的应用。但是,问题仍旧悬而未决,即这些资源究竟产生了怎样的影响? 在随时随地都可以获得经开放授权的教育资源的情况下,我们的质量保障方式有何变化? 由众人提供的开放教育资源与由机构开发的有质量保障的开放教育资源之间的平衡点在哪?

遗憾的是,我们目前还没有找到这些问题的答案。正如我们所预料的,不同的学习者和使用者会从某一资源能否满足其考试需求的角度来判定该资源的价值。然而,教师以及其他的专家可能会因为某一资源除了能够满足了学习者考试的需求之外并无其他用处,据此认为该资源的质量不高。

当然,不同的人有不同的看法,尤其是当谈到教育资源的时候。因此,我们只能制定出方针和框架来辅助资源的开发和使用。对于我们而言,关于开放教育资源质量保障的讨论所带来的影响主要有以下两方面:一是对于资源本地化这一需求的回应;二是更加清晰地认识到开放教育资源的许多不同的应用场景。开放教育资源以及相应的质量保障指导方针框架在使用过程中也凸显了一些问题,比如,如何使用开放教育资源? 最终是谁以何种方式使用质量保障指导方针的? 认识到教育是关于社会性的知识构建,英联邦学习共同体支持教师和学生在可接受的框架下使用开放教育资源来产出新的知识,当社会性的知识构建发生时,知识的消费者就会变为知识的生产者。

最后,我们相信开放和远程学习以及面对面教育都能够利用开放教育资源来改善所有学习者的学习效果,当这一愿望成真时,教师将有更多的时间思考如何提升学生的参与度,并利用开放的资源和技术来创建和支持交互性强并且富有吸引力的学习环境,而这正是英联邦学习共同体的愿景。

**Sanjaya Mishra** 是英联邦亚洲教育媒体中心主任,是亚洲开放、远程以及网络学习领域的领军人物。Mishra 博士之前担任过联合国教科文组织巴黎总部的项目专员(教育中的信息通信技术运用、科学以及文化)以及印度英迪拉·甘地国立开放大学远程教育职员培训与研究院副教授。他在 2007 年获得"ISTD - Vivekanand 人力资源开发与培训杰出表现国家奖",是 2012 年度"印度图书馆杰出专业表现奖"的获得者,在 2013 年获得"G. Ram Reddy 教授社会科学纪念奖"。

**Asha Kanwar** 是英联邦学习共同体主席兼首席执行官。她 128
是国际知名的远程教育专家,她在以发展为目的学习领域中作出了开创性贡献。她对性别研究,尤其是远程教育对亚洲女性生活的影响作出了突出的贡献。她获得过不同的奖项和奖学金以及荣誉博士学位。Kanwar 教授曾在发展中国家和发达国家工作过。她在印度旁遮普大学获得硕士以及副博士学位,在英国苏塞克斯大学获得博士学位。

| 初译 | 交叉 | 二校 | 终审 |
| --- | --- | --- | --- |
| 范奕博 | 陈文宜 | 范奕博 | 焦建利 |

# 参考文献

Bossu, C., & Tynan, B. (2011). OERs: New media in the learning landscape. *On the Horizon*, *19*(4), 259 - 67.

Briggs, A. (1987). *Towards a Commonwealth of Learning: A proposal to create the University of the Commonwealth for Co-operation in Distance Learning*. London: Commonwealth Secretariat.

Butcher, N., & Hoosen, S. (2012). *Exploring the business case of open educational resources*. Vancouver: Commonwealth of Learning.

Dhanarajan, G. (2013). Open educational resources: A perspective on quality. *EduComm Asia*, *17*(3), 2 - 5.

Dhanarajan, G., & Abeywardena, I. S. (2013). Higher education and open educational resources in Asia: An overview. In G. Dhanarajan & D. Porter (Eds.), *Open educational resources: An Asian perspective* (pp. 3 - 20). Vancouver, BC: Commonwealth of Learning. Retrieved from http://www.col.org/PublicationDocuments/pub_PS_OER_Asia_web.pdf.

Goldberg, C. (2001, April 4). Auditing classes at M.I.T., on the Web and free. *New York Times*. Retrieved from http://www.nytimes.com/2001/04/04/us/auditing-classes-at-mit-on-the-web-and-free.html.

Johnson, L., Levine, A., Smith, R., & Stone, S. (2010). *The 2010 Horizon Report*. Austin, TX: New Media Consortium.

Kanwar, A., Kodhandaraman, B., & Umar, A. (2010). Toward sustainable open education resources: A perspective from the global south. *The American Journal of Distance Education*, *24*, 65 - 80.

Kawachi, P. (2013). *Quality assurance guidelines for open educational resources: TIPS framework*. New Delhi, India: CEMCA. Retrieved from http://cemca.org.in/ckfinder/userfiles/files/OERQ_TIPS_978-81-88770-07-6.pdf.

Kawachi, P. (2014). The TIPS quality assurance framework for creating open educational resources: Validation. *Paper presented at the 2nd regional symposium on open educational resources: Beyond advocacy, research and policy*, June 24 - 7, 2014, Penang, Malaysia.

Kirkland, K. , & Sutch, D. (2009). *Overcoming the barriers to educational innovation: A literature Review*. Bristol: Futurelab. Retrieved from http://www2. futurelab. org. uk/ resources/documents/lit_reviews/Barriers_to_Innovation_review. pdf.

Lawshe, C. H. (1975). A quantitative approach to content validity. *Personnel Psychology*, *28* (4), 563 – 75. Retrieved from http://www. bwgriffin. com/gsu/courses/edur9131/content/ Lawshe_content_valdity. pdf.

Nikoi, S. K. , Rowlett, T. , Armellini, A. , & Witthaus, G. (2011). CORRE: A framework for evaluating and transforming teaching materials into open educational resources. *Open Learning: The Journal of Open, Distance and e-Learning*, *26*(3), 191 – 207.

Paris OER Declaration. (2012, June). World OER Congress held at UNESCO. June 20 – 2, 2012, Paris, France. Retrieved from http://www. unesco. org/new/fileadmin/ MULTIMEDIA/HQ/CI/CI/pdf/Events/English_Paris_OER_Declaration. pdf.

Wiley, D. , & Gurrell, S. (2009). A decade of development. *Open learning. The Journal of Open, Distance and e-Learning*, *24*(1), 11 – 21.

第 12 章

## 用慕课推进开放教育和 OpenupEd 倡议

Fred Mulder, Darco Jansen

## 慕课扩展成一个大杂烩

130    自 2012 年初以来,媒体对慕课进行了铺天盖地的报道。随着慕课的发展,人们开始思考,典型的慕课应该是怎样的,以及慕课能够带来怎样的附加价值。为了对慕课中流行的两种不同的教学法加以区分,Siemens(2012)首次提出了所谓的"cMOOCs"和"xMOOCs"的概念。

与此同时,慕课的分类也在不断增多。但是在这些众多的分类中,MOOC 中"C"一般代表"课程",第二个"O"通常指"在线",但是第一个"O"(应该是指"开放")却拥有无数种合理的或存在争议的解释,而"M"(应该是指"大规模")则指适用于大规模操作,但在许多情况下,事实并非如此。

### 慕课的起源

此外,正如 Mulder 在本书的前言中所提到的,我们似乎忘记了思考长期发展的重要性,以及新近出现的慕课将在这个历史发展中处于什么位置。首先是"开放教育"的发展,这可以追溯到 19 世纪。20 世纪下半叶,开放教育得到了真正的发展,在当时,开放大学模式开始出现并在全世界范围得到推广。

在过去的十年左右的时间里,全球开放教育资源(OER)运动的发展得到了详实地记载,使得人们对开放大学的概念有了全新的、数字化的认识。另一个至关重要的发展——"在线教育",则始于 20 世纪 50 年代。当时,教育界引进了新技术和媒体:从无线电广播和电视到最近出现的个人电脑及其丰富的教育应用程序,从基本的基于计算机的培训到智能辅导系统和复杂模拟,上述这些技术均未能成为教育的主流。直到20 世纪 90 年代,互联网的普及才使得教学中的交流互动成为可能。然而,经过了断

131

断续续十多年的探索和实验才迎来了历史性的转折,人们开始对互联网进行大量、全面和广泛的开发以便服务于教育。而那个转折开启了一个教育技术将产生巨大影响力的时代(Allen & Seaman,2014)。

早在 2007 年,国际开放与远程教育理事会(International Council for Open and Distance Education,ICDE)便提出了"黄金组合"的概念,即,基于 OER 进行的开放、灵活以及远程学习,从而提供大量教育机会,这些教育机会正是发展中国家所急需的。此外,ICDE 还指出,这些新的学习和教学模式也得益于成熟的知识型社会和新兴经济体的出现(Mulder & Rikers,2008)。重要的是,2011 年的欧洲远程教育大学协会(European Association of Distance Teaching Umiversities,EADTU)①会议详细阐述了"传统"开放大学模式和新型"数字开放"二者相结合的优势(Mulder,2011)。这些报告和会议帮助人们更好地理解了什么是开放教育以及它可以为学习者和社会提供什么。

### (推进)开放教育!

综上所述,OER 和慕课将在开放教育不断发展的进程中拥有一席之地。《开普敦开放教育宣言》(Cape Town Open Education Declaration)明确指出了开放教育的潜力(Shuttleworth Foundation/OSF,2008)。然而令人意想不到的是,人们经常论及的开放教育概念没有一个清晰、具体的定义。直到最近,人们才提出了一个分析性和实用性的框架作为开放教育的参考模型——开放教育五要素(Five Components for Open Education,5COE)。在这个所谓的"5COE 模型"中,OER 只是五个组成部分之一。各种慕课均能被映射到这个参考模型中,但是,在所有情况下,这些映射对这五个组成部分的涵盖率相当有限(Mulder,本书前言;Mulder & Janssen,2013)。

接下来介绍欧盟委员会的"推进开放教育"(Opening up Education)计划(European Commissions,2013a)。2013 年 9 月,欧洲委员会发起了该计划,目的在于通过信息通信技术(ICT)进行教学改革并通过 OER(以及慕课)使各教育部门的所有学习者接受现代化教育。"推进开放教育"这个名称表明并非所有的教育都需要全面开放

---

① 欧洲远程教育大学协会是欧洲领先的高等教育机构,该机构目前的注册会员广泛分布于全世界的 200 多个国家,服务的学习者达到 300 多万之众。——译者注

（Mulder，本书前言）。这种微妙的方式——不需要或不希望全面开放——因具有多种

132  哲学思想和操作方法而适用于整个教育系统。慕课以上述这些方式提供教育，其作用
非常重要。基于"推进开放教育"对应的英文 Opening up Education 中的第一个单词
Opening，人们或许会认为开放是终极目标。关于慕课对开放教育的实质贡献应该达
到什么程度这一话题正是本章讨论的问题。然而，大部分的主流慕课运动的根本目的
似乎并非为了实现开放教育这个使命。

## OpenupEd<sup>①</sup> 作为一种特殊的慕课概念

正是在上述基于"传统"开放学习和教育中的慕课（即开放大学）的背景下，以及本
着尽最大可能实现开放教育的目标，OpenupEd 倡议启动了。启动 OpenupEd 是目前
第一个，也是唯一的泛欧慕课倡议，于 2013 年 4 月份由欧洲远程教育大学协会发起，
OpenupEd 与欧盟委员会沟通合作（European Union，2013b）。OpenupEd 的 11 个合
作伙伴中包括 8 个欧盟国家（法国、意大利、立陶宛、荷兰、葡萄牙、斯洛伐克、西班牙和
英国）以及 3 个非欧盟的国家（俄罗斯、土耳其和以色列）。几乎所有 OpenupEd 的合
作伙伴都是 EADTU 成员。另有 10 个机构，同样主要为 EADTU 成员，已经确定在不
久的将来它们也会加入 OpenupEd。

在成立初期，OpenupEd 提供 4 门涵盖多学科领域的课程。自启动以来，每个合作
伙伴均通过自己的学习平台提供本土语言课程。目前，潜在的学习者可以选择
OpenupEd 的合作伙伴的 11 种语言（加上阿拉伯语）课程进行学习。同时，自 2013 年
秋季以来，OpenupEd 的课程的数量显著增加。所有课程均允许学生以自己的节奏在
特定的时间内学习或随时进行学习。学生修读任何课程均可能得到证明，例如：（1）
结业证书，（2）徽章，（3）最有价值的、由课程提供方基于正式的考试而授予的学分证书
（需要缴费），学生所获学分能用于申请学位。

OpenupEd 是一个开放的、非营利性的合作组织。学习者和全社会能够从它所提
供的慕课中受益，它为开放教育的发展作出了贡献。我们的愿景是以一种"能够满足
个体需求的方式"惠及那些期望接受高等教育的学习者。OpenupEd 不会"一刀切"地

---

① OpenupEd 是一个致力于提供免费开放的教育资源的非营利组织，与其他慕课提供商相比，OpenupEd 所
   提供的资源是完全真正开放的。——译者注

要求所有合作伙伴只使用一个平台,因为它们当中大多数都能成功地使用自己的平台开课。此外,合作伙伴也可以使用其他慕课平台和门户。例如,英国开放大学有自己的慕课平台"FutureLearn"①,但同时它也是 OpenupEd 的合作伙伴。实际上,OpenupEd 实行的是"去中心化"的管理模式,即每个机构均能自主决定诸如慕课数量以及课程开设计划之类的问题。它们还能决定在慕课中嵌入何种类型的交互元素、慕课使用的语言,以及是否将慕课与现有的课程体系相结合。事实上,OpenupEd 合作伙伴非常重视各个机构所开展的慕课和开放教育的多元化,同时注重公正和质量。重要的是,任何机构,只要具备 OpenupEd 的共性特征,能达到并保持 OpenupEd 的慕课质量水平,都可以随时加入这个组织。

133

### OpenupEd 的共性特征

尽管 OpenupEd 的各机构的操作方式非常多元化,它们一致认为慕课应该具备 8个共性特征:

1. 向学习者开放

2. 数字开放

3. 以学习者为中心

4. 自主学习

5. 基于媒体的交互

6. 多种认证选择

7. 注重质量

8. 多元化

这 8 个共性特征不是硬性规定,而是帮助我们恪守原则的指明灯。因此,所有OpenupEd 课程均需以合作伙伴觉得适当且可行的方式遵照上述 8 个特征开设。鉴于这种灵活性,每个机构的遵照程度各不相同。当然,合作伙伴机构均需基于上述 8 个共性特征,认真制定并执行课程发展计划,它们需要勾勒出一个实现开放教育的全局发展计划。

---

① FutureLearn 是一家成立于 2012 年 12 月的慕课学习平台,归英国开放大学所有。截至 2017 年 1 月,该平台已经有来自英国以及其他国家的 109 家合作机构,其中包括一些非学校机构。——译者注

以下总结了 OpenupEd 的一些特有的亮点，希望能够帮助读者更好地了解 OpenupEd 的做法。

### OpenupEd 的一些亮点

本部分主要讲解在尊重各机构多元化运营的同时，如何实现慕课"去中心化"管理模式与适度集中协调之间的平衡。

如上所述，OpenupEd 旨在树立一个独特的优质品牌形象。它不像大多数慕课提供者一样，局限于一个平台、一种模式或方式，而是支持（各机构使用）多元化运营模式去借助慕课推进开放教育。因此，OpenupEd 的合作伙伴一致认为，应该制定适合数字化学习和开放教育的课程质量审核方法。基于 EADTU 在过去几年建立起来的较为通用的课程质量要求（Williams，Kear，& Rosewell，2012），OpenupEd 制定了慕课质量要求（Rosewell & Jansen，2014）。OpenupEd 为其合伙机构提供参照标准的主要目的是将其作为借鉴改进之用，将各机构的做法与新近的最优做法相比较，从而制定出改善其慕课和运营方式的举措。这个审核方法旨在审核各机构所开设的课程，以及对正在上线的课程进行即时评估和监控。

OpenupEd 的慕课质量要求完全支持各合作机构通过各种各样的方式借助慕课推进开放教育。在这个过程中，合作伙伴们将 OpenupEd 的慕课质量要求与自己的质量标准相结合。这些合作伙伴中第一个提供慕课的是西班牙马德里的国立远程教育大学（Universidad Nacional de Educación a Distancia，UNED）。虽然 UNED 已经有自己的内部质量保证标准，但还是基于 OpenupEd 的慕课质量要求做出了相应调整。至今，UNED 已经参照 OpenupEd 的这套质量标准进行了初始自我评估并开设了 20 多门慕课（西班牙语为 COMA）（Rodrigo，Read，Santamaria，& Sánchez-Elvira，2014）。UNED 的实践研究表明，OpenupEd 的慕量质量要求是多功能的，它依据一系列变化多端的特性，全面涉及了每门课程的整体结构和功能。此外，它还使 UNED 获得了一些能用于改善参照标准的启发。

关于 OpenupEd 的慕课质量要求的初步研究结果彰显了开展相关研究的重要性：研究不同制度和文化背景下的慕课能如何帮助推进开放教育。为了保证质量，合作伙伴认为很有必要从学习者的视角开展研究。有一项名为"慕课知识"（OpenEdu，2014）的基金项目调查了慕课参与者的动机、意图，社会环境，慕课参与者的终身学习档案,慕课对其学业进步和事业发展的影响。正如 OpenupEd 的合作伙伴所享有的高度灵活性和开放性一样,"慕课知识"项目旨在开放给所有慕课提供者使用,并有望吸引来更多跨平台的慕课提供者,开展大规模的数据收集。目前,OpenupEd 的合作伙伴正在将调查问卷翻译成本土语言,同时根据当地的具体情况和需求增加了本土化的调查维度。同样地,这种伙伴关系允许在一个共同的(研究)框架内存在多种操作方法。

这种多元化也是 OpenupEd 的合作伙伴愿意参与慕课开发的一个重要原因。本质上,各机构的商业模式各异,比如,有的机构希望借助慕课扩大学校的声誉和影响力(如,提高市场竞争力以及进行招生宣传),还有机构将慕课作为本校的一个创新项目(如,过渡到更加灵活的在线教育,改进教学,通过在线课程增加合理的收入,提高常规课程的质量等)。此外,一些 OpenupEd 的合作伙伴重点关注学习者和社会的要求,这些机构主要依靠公众资助。

其他教育机构则尝试将它们的教育服务分离出来。以意大利的乌尼内图诺国际网络大学(Università Telematica Internazionale UNINETTUNO)为例,该校决定重新设计它们的常规课程(作为课程的一部分):把所有课程变成免费的,而慕课参与者可以选择付费享受额外的服务,比如,课外辅导或者参加正式考试以获得学分,而获得的学分则有机会用于申请学位。乌尼内图诺国际网络大学于 2013 年初以几门慕课为试点,首次尝试了这种模式并很快发现:与传统模式相比,这种运营模式能给它们带来更多的效益(尽管每门课程中从学生处获得的收益减少)。目前,该大学已经基于该商业模式提供了近 100 门慕课。

由于政府立法限制,有些 OpenupEd 的合作伙伴经历了一些困难。直到 2014 年初俄罗斯立法有所调整之后,莫斯科国立经济统计信息大学(Moscow State University of Economics,Statistics and Informatics,MESI)才能开始提供在线课程。情况更糟糕的是,土耳其的安纳托里亚大学(Anadolu University)拥有超过 130 万名学生,却仍然无法在课程结束后提供正式学分。因此,该校在为慕课参与者提供一条通往正规高等教育的途径的过程中遇到了一些困难。然而,这所大学将于 2015 年初提供另外 100 门慕课,但是,参与者仍然无法获得正式学分。作为应对策略,OpenupEd 的合作伙伴共同致力于改善政府立法,例如,为一些机构和政府如何管理慕课提供参照标准。

关于 OpenupEd 倡议的更多信息,请参阅门户网站:www. openuped. eu。这个网站也是 OpenupEd 的合作机构所开设的慕课的索引库。

## 主要问题

前面介绍了慕课的起源、开放教育模式、推进开放教育的相关概念,以及 OpenupEd 的慕课倡议,接下来我们将探讨本章的主要问题:"使用慕课可以推进开放教育吗?"

要想知道这个问题的答案,其实最关键的是弄清楚推进开放教育的要求。务必做到下述两点才能真正实现开放教育:

1. 消除在进入课程学习和学习过程中的各种不必要的阻力。

2. 应该适当地激励学习者通过努力学习去获得进步和成功。

我们将慕课定位为:"为大量参与者设计的在线课程,任何有互联网连接的人都能够随时随地访问,向每个人开放且没有准入要求,免费提供完整的在线课程体验。"(ECO,2014)

在表 12.1 中,我们提出并简要描述了一系列慕课能够消除的障碍,以及慕课能够提供的激励学习者进步并取得成功的机制,此外,我们还展示了 OpenupEd 的做法。我们不希望一直叙述下去,因此,决定以表格的形式呈现文字信息以便使大家一目了然。因此,我们建议将以下表格直接作为读取信息之用,而非用于核查信息。

136

137 **表 12.1　开放教育:慕课需要消除的障碍和需要提供的激励机制,以及 OpenupEd 的"得分"(分别是障碍及激励机制)**

| 难题 | 慕课能否消除这些难题? | OpenupEd 能否消除这些难题? |
|---|---|---|
| 经济 | 能。所有慕课都允许学员免费修读课程。 | 能。 |
| 准入要求 | (形式上)能,因为一般情况下任何人都能修读课程。但这并不一定意味着慕课对于学员的能力和前期经验没有任何要求。在这种情况下,**先进的教育学和补习课程**就能发挥作用。 | 能。正在逐步为学员提供额外的帮助。 |

续　表

| 难题 | 慕课能否消除这些难题? | OpenupEd 能否<br>消除这些难题? |
|---|---|---|
| 学员所<br>处位置 | 能。在线授课消除了学习地点的限制,允许来自任何地方的学员修读。<br>但这一般**不适用于**正规考试。 | 能。<br>正在**尝试**在线考试。 |
| 课程时<br>间安排 | (一般情况下)**不能**,因为大部分慕课有固定的开课时间、固定的授课计划和时间节点。<br>但原则上是**能**的。前提是允许学员随时进入课程并选择自己的学习计划(随时参与、自定步调)。 | (已经提供了一些)**固定开课时间**的课程。<br>(也已经提供了一些)**自定步调**的课程。 |
| 网络连接 | **不能**。网络信号弱或者无网络连接对于所有慕课来说都是一个外部的、抑制性的障碍。这个问题在南半球国家较为明显,但有望在近几年得到明显改善。 | 一旦遇到这个问题,所有慕课都无法真正消除这个严重的外部障碍。 |
| 数字素养 | **能**,因为数字技能是参与慕课的一个前提。开设培养数字技能的慕课自然而然就能够扫清这方面可能存在的障碍。越来越多的机构正在采用这种做法。 | **能**,且成功率在不断增加。 |
| 随时可<br>访问 | **无法确定**。大部分的慕课有固定的开课时间,其课程内容仅是在开课日期至结课日期之间允许学员访问。<br>但要消除这个障碍倒也不难,因为只要能允许学员随时访问即可。 | **基本上能**,且成功率在不断增加。 |
| 任何人均<br>可访问 | 如果大部分慕课是用英语授课的话,我们**无法确定**能否消除这个障碍。虽然有些机构提供了使用其他语言(如,西班牙语)授课的慕课,以及越来越多的机构将慕课内容和课程翻译为其他语言,但是目前大部分慕课是使用英语授课的。<br>如果有些课程不允许受制裁国家的国民修读,又或者有年龄限制的话我们同样**无法确定**能否消除这个障碍。这种情况偶尔会出现。 | **本质上能**。因为 OpenupEd 的合作伙伴来自多个国家,涵盖多种语言。<br><br>**能**。 |
| 文化壁垒 | 目前大部分课程主要是从一种主导性的文化视角(西方主义)来授课的,如果一直维持这样情况的话,我们**无法确定**能否消除这个障碍。这种做法不仅使得教学选材有失偏颇,也左右了教学方法。<br>如果跟来自其他文化背景的合作伙伴协作的话,有**可能**消除这个障碍。 | **本质上能**。因为 OpenupEd 的合作伙伴来自不同的文化背景,且引领着他们自己的开放教育倡议(目前聚焦于欧洲)。 |

138

| 难题 | 慕课能否消除这些难题？ | OpenupEd 能否消除这些难题？ |
|------|------------------------|------------------------------|
| 合法性 | 能。但前提是课程资料得到开放授权（或者，换句话说，是开放教育资源）。<br>目前仍然有许多主要的慕课提供机构**没有**采用开放授权政策。<br>开放授权对于那些希望保留、重复使用、修订、重编，以及重新分配内容的教师来说有着直接且重要的作用（Wiley，2007，2014），同时也间接地对学习者产生重要影响。如果没有合法性障碍的话，学习者将能从一个提供丰富学习材料的网络空间中获益更多。<br>这种开放教育资源的方式（针对学习材料）与开放获取（针对科学产出）和开放原始码（针对软件）的理念类似。 | 虽然**没有**明文规定，开放原始码也是慕课平台所提倡的。 |
| 质量 | （某种程度上）能，因为慕课有助于打造更加优质的教育。而我们的学习者也值得拥有优质的教育。开放授权政策增大了我们提高教育质量的可能性。<br>然而，由于慕课和开放教育资源还没有配套的质量保证和评审计划，基本上可以说现在还没有一套能保障慕课质量的系统。 | 能。因为所有合作伙伴都使用自己的质量保证系统开设他们的慕课，并且受到 **OpenupEd** 慕课质量标准的监督。 |
| 激励机制 | 慕课能否提供激励机制？ | OpenupEd 能否提供激励机制？ |
| 学习者满意度 | 能，但持续性的挑战是如何将下述元素与课程整合：<br>＞ 激发学习动机、学习兴趣、学习欲望、好奇心、探索欲望的各种方法。<br>＞ 引人注目且形式多样的的课程大纲，涵盖文本、图表、视频和动画。<br>＞ 有效的、舒适的、基于信息与通讯技术的学习环境。<br>＞ 学习者之间（学习者和教师之间）的各种适当的、非侵入性的互动，其中部分互动通过社交媒体进行。 | **或多或少能**，但需要给予更多的关注和努力方能不断改善。 |
| 完成课程 | 能，但如果想要达到更好的效果，最好是：<br>＞ 使用专注的、现代的在线学习教育学（而不是紧扣课堂教学法）。<br>＞ 自主学习是一种范式，这是一种以学习者为中心的方法。<br>＞ 采用语境敏感技术（知识管理系统基于用户的检索历史和专业经验呈现搜索结果的能力）。<br>＞ 学习是在完成学习模块和学习单元的过程中逐步发生的。 | **本质上能**，OpenupEd 的合作伙伴都要求自己在这几个领域中有所作为，并且在这方面有着长期的经验。 |

续　表

| 激励机制 | 慕课能否提供激励机制？ | OpenupEd 能否提供激励机制？ |
|---|---|---|
| 课程认证 | 能，慕课确实提供了多种课程认证选择：参与证书、活动勋章、课程证书（需要参加最后的在线考试）、正式的学分证书（需要参加有人监考的考试）。<br>上述最后一种选择是最值得学习者拥有的、最有意义的，但**并非**主流选择。<br>我们力争使文凭课程（例如，学士学位）承认慕课授予的正式学分，最终的目标是实现教学机构之间学分互认。我们离最终目标还有很长的路要走。 | 能。<br><br>能，**且成功率在不断增加**，因为很多慕课提供了**正式学分**的课程认证选择，基本上有可能被纳入文凭**课程**。 |

如表 12.1 所示，根据我们的观察和理解，我们可以这样下结论："使用慕课可以推进开放教育吗？这个问题的答案是，呃，得看情况而定……"

在表 12.1 中所列举的 11 个难题中，有 3 个（网络连接、任何人均可访问以及文化壁垒）可能没那么容易被慕课以及它们的开课机构所克服，而其他 4 个（课程时间安排、随时可访问、合法性和质量）则或多或少只是一个良好愿景。剩下的 4 个（经济、准入要求、学员所处位置和数字素养）可以由慕课及其开课机构解决。3 个激励措施（学习者满意度、完成课程和课程认证）均能由慕课及其开课机构提供。当然这并不是轻而易举的事情，需要大量有针对性的努力。到最后，这样的努力基本上成了优先考虑哪个措施的问题了。

从上表可见，OpenupEd 的 11 个难题的"得分"能够很好地反映慕课项目的多样性。同样，对于那 3 个激励机制，OpenupEd 的做法似乎比许多其他慕课企业和项目稍微好一点，当然还需要持续努力。我们已经决定不评论诸如 Coursera，edX，Udacity，FutureLearn，MiríadaX①，Iversity②，FUN③ 和"开放学习"这些慕课项目的效果，以免有存在偏见或认识不足的嫌疑。

---

① MiríadaX 慕课平台创建于 2013 年，主要面向西班牙语系的学习者。截至 2014 年，来自 9 个国家的 45 所高校与该平台合作提供课程。——译者注
② Iversity 是一个德国慕课平台，创建于 2013 年 10 月。该平台不仅提供德语课程，还提供英语以及其他语言的课程。截至 2015 年 2 月，该平台已经有超过 60 万学习者注册学习。——译者注
③ FUN 是一个由法国政府主导建立的慕课平台，创建于 2013 年 10 月。——译者注

### 为所有人提供开放教育，更多的工作待做……

只要慕课开课机构真心想参与开放教育工作，上一节的内容能为它们在制定工作计划时提供参考。它们在分析了上述需要更多关注和改善的 11 个难题和 3 个激励措施后，便可以制定出自己的工作计划。对于我们自己来说，OpenupEd 打算继续推进开放教育事业，特别是，在保持已有强大阵容的同时改进表 12.1 所示的薄弱环节。

下面将介绍的是，在这个过程中，我们主抓前面提及的 OpenupEd 8 个共性特征中的 4 个；事实上，我们优先考虑的是合伙机构有能力或者必须取得进一步发展的四个特征：(1)数字开放；(2)多种认证选择；(3)注重质量；(4)多元化。

140

(1) 数字开放

支持合作伙伴关系中的开放许可政策，进而促进更大规模的开放许可课程的出现并最终达到完全开放共享（注：这条针对表 12.1 所列的合法性难题）。

数字技能课程应该同时以合作伙伴所使用的 12 种语言提供（注：这个方法直指表 12.1 所提及的数字素养难题）。

(2) 多种认证选择

合伙机构要加大力度继续争取早日提供主流的认证方式——正式的课程学分证书，以便学习者使用这些学分去申请更高级别的教育认证（如，学士学位）。这也得到了 OpenupEd 的慕课开设高校的支持（证书需要收费）（注：针对表 12.1 提及的课程认证）。

另一个（可能不太容易实现的）目标是基于 EADTU 前期的一些项目和经验，在合伙机构之间（甚至之外）实现学分互认（注：针对表 12.1 提及的课程认证）。

(3) 注重质量

OpenupEd 制定的慕课质量要求（Rosewell & Jansen，2014）是同类中第一个获准投入使用的，其目的在于敦促慕课的开课机构注重质量。各机构都有很多自己的方法来借助慕课推进开放教育。正如上表所示，OpenupEd 的慕课质量要求与这些机构的很多做法是一致的。目前，随着 OpenupEd 的慕课质量要求的发布，我们期待新的合作伙伴甚至其他开课机构去使用它，积累经验以便进一步改进现有的质量要求（注：这是我们对于表 12.1 中提及质量难题的回应）。

这种合作伙伴关系将推动各种合作，以此来协调合作伙伴之间的研究和评估工作，从而监控和分析它们为了提高绩效而做的事情。分散管理不同于集中管理，比如，集中管理的慕课开课机构能直接使用学习分析,而 OpenupEd 的管理比较分散,因此这方面必须在合作伙伴间明确地做出具体的安排。

(4) 多元化

OpenupEd 出现于欧洲,而它的使命却是放眼全球,这就要求其变得更加多元化。最近,我们已经开始尝试在世界其他地区创建与 OpenupEd 类似的项目。它们在意图和方法上可能基本相似,但又具有地方特色。它们可能是互通的,以便将效益最大化,如,统一品牌、分享专业知识和相关内容("本地化"),并帮助全球的学习者。我们与联合国教科文组织共同经历了这个发现之旅。当时,我们与非洲和亚洲的兄弟院校有所合作(这样的合作回应了表 12.1 的文化壁垒问题)。

141

最后,关于前面提到的学习者满意度激励机制,最重要的是在各种可能提高学习者满意度的因素中,强调积极奉献的重要性。

### 得出结论……

OpenupEd 已经明确选择了将推进开放教育作为其慕课的使命。正如本文所言,这是一个经过深思熟虑的选择,它能够为学习者和广大社会带来巨大效益。不久之后,其他慕课开课机构也会采取这种立场或观点吗? 当然,这得由它们自己决定……

**Fred Mulder** 是联合国教科文组织和国际远程教育理事会 OER 教席负责人、荷兰开放大学(OUNL)教授。在此之前,他曾担任了十几年的荷兰开放大学校长。他积极参与联合国教科文组织、经济合作与发展组织(OECD)、欧盟等国家级别的 OER 举措和政策的制定。他目前正在主持首个泛欧慕课倡议——2013 年 4 月,由 EADTU 发起的 OpenupEd 倡议。此外,他负责管理开放大学的全球 OER 研究生网络(Global OER Graduate Network)。2007 年,Mulder 以他在终身学习方面的贡献获得了皇家勋章。2012 年因他在 OER 方面的贡献获得了 ICDE 杰出个人奖。2014 年获得杰出开放式课程领导者奖。

142

**Darco Jansen** 是 EADTU 的项目经理。他负责 EADTU(以及其成员)在线教育、慕课和 OER、就业能力和开放式社会创新(例如:小型企业)等不同专题的长期发展。此外,他是几个欧洲项目的协调员。Darco 的研究领域是电子学习(e-learning)、开放式创新、教育业务发展、继续教育、非正式学习和工作场所学习。他曾在荷兰开放大学工作了二十几年。目前,Darco 担任首个泛欧慕课倡议——OpenupEd 的协调员。

| 初译 | 交叉 | 二校 | 终审 |
| --- | --- | --- | --- |
| 陈泽璇 | 范奕博 | 焦建利 | 徐品香 |

# 参考文献

Allen, I. E. , & Seaman, J. (2014, January). *Crade change: Tracking online education in the United States*. Babson Survey Research Group and The Sloan Consortium. Retrieved from http://www.onlinelearningsurvey.com/reports/gradechange.pdf.

ECO. (2014). E-Learning, communication and open data: Massive, mobile, ubiquitous and open learning. Retrieved from http://ecolearning.eu/wp-content/uploads/2014/06/ECO_D2.2_lnstructional_design_and_scenarios_v1.0.pdf.

European Commission. (2013a). *Opening up education: Innovative teaching and learning for all through new technologies and open educational resources*. Brussels, Belgium. Retrieved from http://eur-lex.europa.eu/legal-content/EN/TXT/PDF/? uri = CELEX:52013DC0654&from = EN.

European Commission. (2013b). *Vassiliou welcomes launch of first pan-European university MOOCs*. [Press release IP/13/349]. Retrieved from http://europa.eu/rapid/press-release_IP-13-349_en.htm.

Mulder, F. (2011). *Classical and digital openness in a fascinating blend: Global! ... institutional?* Presentation at the EADTU Conference, November 3-4, Eskisehir (Turkey). Retrieved from http://oer.unescochair-ou.nl/? wpfb_dl = 31.

Mulder, F. R. , & Janssen, B. (2013). Opening up education. In R. Jacobi, H. Jelgerhuis, & N. van der Woert (Eds.), *Trend report: Open educational resources 2013*, SURF SIG OER, Utrecht, pp. 36 – 42. Retrieved from http://www.surf.nl/en/knowledge-and-innovation/knowledge-base/2013/trend-report-open-educational-resources-2013.html.

Mulder, F. , & Rikers, J. (Eds.) (2008). *A Golden Combi?! —Open educational resources and open, flexible and distance learning*. Final Report from the ICDE Task Force on Open Educational Resources. Oslo, Norway: ICDE. Retrieved from http://www.icde.org/filestore/Resources/Taskforce_on_OER/OpenEducationalResourcesTaskForceFinalReport.pdf.

Open Education (Open Edu). (2014). *MOOCKnowledge*. European Commission, Joint Research Centre, Institute for Prospective Technological Studies. Retrieved from http://is.jrc.ec.europa.eu/pages/EAP/OpenEduMOOC.html.

Rodrigo, C. , Read, T. , Santamaria, M. , & Sánchez-Elvira, A. (2014). OpenupEdLabel for MOOCs quality assurance: UNED COMA initial self-evaluation. In L. Bengoechea, R. Hernández, & J. R. Hilera (Eds. ), *Proceedings of V Congreso Internacional sobre Calidad y Accesibilidad en la Formación Virtual* (*CAFVIR 2014*) Universidad Galileo (Guatemala), pp. 551 - 5.

Rosewell, J. , & Jansen, D. (2014). The OpenupEd quality label: Benchmarks for MOOCs, *INNOQUAL*, *2*(3),88 - 100 (Special Issue on Quality in MOOCs). Retrieved from http://papers. efquel. org/index. php/innoqual/article/view/160/45.

Shuttleworth Foundation/Open Society Foundation (OSF). (2008). *The Cape Town Open Education Declaration*. Retrieved from http://www. capetowndeclaration. org/.

Wiley, D. (2007, August 8). Open education license draft. *Iterating toward openness*. Retrieved from http://opencontent. org/blog/archives/355.

Wiley, D. (2014, March 5). The access compromise and the 5th R. *Iterating toward openness*. Retrieved from http://opencontent. org/blog/archives/3221.

Williams, K. , Kear, K. , & Rosewell, J. (2012). *Quality assessment for e-learning: A benchmarking approach* (2nd edn). Heerlen, The Netherlands: European Association of Distance Teaching Universities (EADTU). Retrieved from http://e-xcellencelabel. eadtu. eu/tools/manual.

# 第五部分

# 设计创新课程、创新项目和教学模式

这一部分介绍了创新课程、创新项目和教学模式，这些内容都融合了慕课以及与 143
之相关的内容。本部分介绍了一些具有重大突破性的创新举措，如创建社区，构建完
整的生态系统，改变教育预算以及教育的流程并促进课程发展，增强专家合作和共享
等，还介绍了高等教育如何通过融合慕课和开放教育资源来设计课程以达到减少教育
开支而同时又能增加录取人数的目的。这种既能降低花费同时又能增加招生人数的
举措势必会引起巨大反响，因为一些政治家、教育工作者、媒体人士以及学生和家长总
抱怨学费太贵。

本部分第一章的作者是 Richard Demillo，他是乔治亚理工学院 21 世纪大学研究
中心的主任，文章介绍了他们是如何帮助学生从昂贵的大学学费中解放出来的。
Demillo 称，早在 2013 年，时任乔治亚理工学院计算机学院的院长 Zvi Galil 就启动了
一个基于慕课的计算机科学硕士网络学位项目。在这一新项目当中，任何人都可以免
费参加并选修这些课程。当然了，乔治亚理工学院对于学生学业水平的要求仍然保持
一贯的严格态度，因此，这个项目的学生在入学之前必须经过严格地挑选才能被录取，
并且需要缴纳一定的学费。不过，学生只需要缴纳用于传播课程内容的费用，而这一费
用与以往相比是相当少的。Demillo 说，在项目启动之初，学生需要缴纳少于 7000 美金
的学费，这相当于以往学费的 70%。这一高调的项目在 2014 年正式启动，在许多人看
来这是一个大胆的实验。然而，乔治亚理工学院并不仅仅把它当作一次实验，而且将它
作为一种培养学术人才的替代模式。如其他许多新鲜的事物一样，这一新的培养模式 144
势必将在时间的考验中不断改进完善。尽管目前，它还是一个独一无二的新的尝试，它
记载了理性和体制的决策如何在高等教育领域最终走到一起，并得以发展。

在第 14 章,来自斯坦福大学的 Paul Kim 和来自"课程中心"①的 Charlie Chung 介绍了他们开设的一门相当有趣而先进的慕课——"设计一个新的学习环境"(Designing a New Learning Environment)。这门慕课吸引了来自全球 200 多个国家的超过 18 000 位学习者注册,学习者的学习热情很高,有的还最终参与到了课程的建设中来。该课程于 2012 年秋天第一次上线,当时 Kim 是主讲教师,而 Chung 是其中的一位学生。我们很欣慰地看到,Kim 开设这门慕课的目的是为了找出未来全球教育的领导者,促进教育创新并提供大规模开发经验,从而研究慕课究竟如何改善全球教育的现状。慕课教育生态系统以及基本的技术设施(比如额外的资源、对事件以及观点的及时转帖、个性化反馈等)中缺失的许多元素都由学习者自发地收集、分类和分享。出人意料的是,这样一种高度参与性的自愿行为竟然在为期如此之短的慕课课程中得以体现。事实上,这种紧凑的课程安排有效地保证了我们通过学习者的自愿以及协作行为找到未来全球教育的领导者。正如本章所述,该门慕课的高度交互使得慕课可以作为激发创新、领导力培养以及同侪互助的平台。Kim 和 Chung 希望慕课可以被用来进一步改善全球教育以及培养下一代世界级的领导者和教育者。

Kim 和 Chung 向我们展示了如何在一门慕课中通过整合技术和教学原理进而形成一个全球性的教育生态系统,而其他一些学者,比如,来自密歇根州立大学的 Charles Severance,则在慕课中多次组织了对学习者的面对面访谈,进而使得慕课生态系统以及由 Coursera 等类似机构所提供的技术设施得以扩展。截至目前,Severance 已经开设了 10 门有关计算机编程以及互联网历史的慕课课程,通过这些课程,他发现慕课中有趣的、有吸引力的学习社区可以通过与教师或者专家的同步交流而形成,这些交流可以是在线的,也可以在咖啡馆、书店、餐厅甚至是酒店大堂中进行。正如他所写的文章——《通过对学习者访谈来研究慕课》。Severance 认为从一门慕课或者多门慕课中收集学习者的数据,得出一个有详实数据支撑的"平均值"并将研究成果发表在有影响力的新闻媒体上是非常容易和有吸引力的。与此相反,在第 15 章中,作者采用了一种完全不同的方法,并关注他称之为"最小的数据单位"这一概念。这些小数据产生于他对遍布全球的学习者的一次次面对面的访谈中。在过去的几年里,

---

① "课程中心"(Class Central)是一个汇聚整理慕课课程的网站,用户可以在这里快速地了解学习者对一门慕课的评价,类似于国内由果壳网创立的"MOOC 学院"。——译者注

Severance 已经与全球 30 多个国家和地区（包括迈阿密、伦敦、巴塞罗那、墨尔本、首 145
尔、克罗地亚、纽约等）的学习者进行了面对面的交谈。这一章的价值在于作者与学习
者的面对面交谈能够丰富以往获得的数据，比如学习者行为以及学习结果等。

　　在第 16 章中，学生参与慕课的形式与本部分前两章提到的有所不同。来自休斯
顿大学的 Bernard Robin 和 Sara McNeil 让他们的研究生参与到 Coursera 慕课课程的
实际开发过程中。利用 Webscape 模型，学生辅助他们设计和开发了两门慕课，分别
是有关数字故事以及 Web 2.0 工具的。在这些真实性的项目中，Robin 和 McNeil 带
领他们的学生一起合作开发了专门针对 K‐16 教师专业发展的慕课。作为一种可复
制的模式，Webscape 模型为小组学生和教师之间的合作提供了一种框架或者系统，教
师在从头脑风暴到形成性评价这一教学设计过程中充当内容专家的角色。学生从教
师的视角出发分享了课程设计和开发中的关键要素以及学到的经验教训。因此，本章
特别适合那些有较强教学设计背景以及有教育技术项目的学校，因为它们可以利用这
些资源设计和开发具有自己特色的慕课课程。

　　该部分的最后一章，是由八位学者共同撰写的，她们从女权主义的视角出发提出
了慕课的一种替代形式。在文中，Erika Behrmann 和她的同事讨论了分布式开放协
作课程（Distributed Open Collaborative Courses，DOCCs）这一慕课替代形式的产生
和演变过程，同时还介绍了支持这一形式的社群，即女权主义技术网络
（FemTechNet）。自 2012 年以来，由热衷于女权主义和技术的学者、艺术家以及学生
组成的女权主义技术网络实践社群一直在践行 DOCC 的理念。作为慕课的一种可行
的并且更加能够彰显社会公平的替代形式，DOCC 体现了 6 个核心价值：(1)反映女
权主义者原则的有效教学法；(2)扰乱教育机构的现状；(3)挑战"获得技术等于获取知
识"的假设，尊重教育行业中的人力投资；(4)对"技术科学的选择并不是价值中立的"
以及"基础设施的建设并不是简单地选择消费产品"观点的理解；(5)对区域和文化复
杂性的认识；(6)使多个利益相关者学习的创新试验。作为该书的重点部分之一，本章
探讨了 DOCC 背后的动机，并认为正是由于体现了上述的价值观，DOCC 实际上已经
取代了更为知名的 MOOC。

第 13 章

为高等教育松绑

乔治亚理工学院计算机科学课程的慕课教学模式

一份历史记录

Richard DeMillo

## 前言

147　　　乔治亚理工学院 21 世纪大学研究中心（C21U）最初被定义为一个主要用于试验新教育技术的试验田。它的使命早在 2011 年还没有正式成立之前就已经被扩展。由于不断恶化的全球性经济，不管是公立还是私立学校的收益都大不如前，学生的债务危机不断加重，高校毕业证的认可度不断下降，所有这些都暴露了大学的课堂教学从硬件到软件方面都出现了无法弥补的新断层。在这样的境况之下，C21U 成立了，并决定致力于通过将商业、政策、技术与教学法融合为一体来解决上述问题。

　　　C21U 迅速地成为一个区别于传统研究中心的内部智囊团。我们知道，有许多研究机构研究高等教育并开发新的技术，但是，与这些机构所不同的是，C21U 对进行真实的教学实验更加感兴趣。不管在接下来的数月甚至数年的时间内，美国的高校将发生怎样的变化，乔治亚理工学院决定将命运掌握在自己手中，并为其他高校提供一个指引。正是这一决定使得乔治亚理工学院的领导层和员工们开始了一个史无前例的实验，这个实验一旦成功，将会颠覆传统大学的商业模式。

　　　该实验是一个完全基于慕课的计算机科学硕士网络学位项目（OMS），它的初衷就是开放。任何人都可以参加并学习课程，不过为了满足学位授予的要求，学生需要通过乔治亚理工学院严格的入学考试，被录取之后需要交纳一定的学费。然而，与传统的学费相比，该项目收取的学费相对而言比较低，学生支付的只是课程内容传播的服务费。

148　　　在该项目中，学生需要支付少于 7000 美元的学费，这相当于传统学费的 70%。目前，有许多计算机科学硕士网络学位项目，不过它们都是全额收费，并且无一采用慕课这种形式。为了提供一个经济上可行的项目,项目的设计者需要找出降低费用的方式,而在过去一般是通过向学生收取学费的方式实现的。同时,为了保持网络学位的质量,该项目还必须维持乔治亚理工学院在录取以及课程提供方面的高标准。

以慕课的形式替代传统的 55 分钟的课堂录像,这种做法本身就是一种创新。项目中的课程将采用一种更好的教学模式——基于掌握学习的原则并采用形成性评价的方式。这对于乔治亚理工学院的项目设计者来说是最重要的,也正是在这一理念的影响下,他们选择了 Sebastian Thrun 创办的 Udacity 作为项目课程的提供平台。

该项目在 2014 年 1 月正式启动,并引起了大批媒体的争相报道,激发了学生的极大兴趣(Lewin,2013)。出乎意料的是,原以为只有小部分支持者参加的一个小型项目,很快便风靡全球,以至于很快就有成千上万的学生申请乔治亚理工学院的网络硕士学位项目。而更多的人在没有申请学位的情况下直接参与这些课程的免费学习。在撰写本文的此刻,我们还没有足够的数据可以证明,这一新的硕士培养模式是否已经取得了成功。这一评估的过程任重而道远。

乔治亚理工学院并不仅仅把这一项目当作一个实验,而且将它作为未来高等教育的一种全新模式。像其他的新鲜事物一样,这一模式也势必经历时间的洗礼,在不断的修订和改进中得到完善。然而,至今,它是一个独一无二的范例,也是唯一一个真实记录了如何把理性和高层的决策融为一体为高等教育服务的项目。

## 商业含量

在 2011 年初,C21U 就与来自阿萨巴斯卡大学的 George Siemens 及其同事进行合作,计划开设一门为期 30 周的慕课课程——"改变 11"(Change 11),该课程旨在讲述技术在高等教育领域所引起的变革。这一课程最终吸引了来自全球的数千名学习者的参与,并激起了学习者对当前高等教育领域中出现的各种新兴的、富有争议的话题展开深入的讨论。作为一次有趣的尝试,该课程采取了一种迂回曲折的、探索式的教学方式,这大大有别于乔治亚理工学院的传统做法。但是同时发生了一件始料不及并且更令人兴奋的事:斯坦福大学和麻省理工学院也差不多同时发布了一批广受好评的慕课课程(Markoff,2011)。这些课程的选课人数比选"改变 11"的人数多出 100 倍,并且由于比"改变 11"多了作业和考试环节而被认为更加接近于真实的课程。不久,麻省理工学院就成立了非营利性公司 edX 来发展其慕课,而另外两个植根于斯坦福大学的营利性公司 Coursera 和 Udacity 的出现,使得斯坦福大学的慕课课程走向了商业化的道路。

149      C21U 开始与 Udacity 和 Coursera 洽谈合作事项,合作协议对于乔治亚理工学院将其部分课程转化为慕课的长期战略是非常重要的。我们相信,正如互联网在过去 20 年间对于传统行业的颠覆一样,慕课也必将使当前的高等教育走上颠覆性创新的道路。我们已下定决心,使慕课造福乔治亚理工学院的学生。

许多人喜欢简单地把慕课看成是一种新型的教科书。实际上,慕课是一个完整的课程体系。如果慕课可以变得更加精良和廉价,即使它们可能只适用于一些课程,它们也势必能够影响高等教育市场。学生和他们的家长将很快地意识到他们为了一些原本在网上就可以免费享受的教育竟交了一笔不菲的学费!而这也终将迫使一批大学的管理者不得不改变他们的传统教育模式,这种早被诟病的、昂贵却又过时的传统课堂教学模式已经有几百年没有发生过任何改变了。

### 变革图景

在 2013 年的 5 月,差不多就在 Coursera 发布一周年之后,乔治亚理工学院宣布它将连同 AT&T™ 和 Udacity 来共同推出一个基于慕课的计算机科学硕士网络学位项目,并且收费将低于 7000 美元。媒体瞬间被这一消息引爆,大量的相关报道如潮水般涌来。在慕课面世的一年多时间里,许多人都试图看清这一新生事物是否能够改变教育的现状,同时,批评的声音也开始出现。个别课程所出现的一些问题以及尖锐的异议也成为各大媒体争相报道的主题。人们不仅看到有类似的大学与 Coursera、edX 以及 NovoEd① 的合作,也听到了反面的声音。

这一硕士学位项目的开展似乎改变了人们争论的焦点。《纽约时报》在头版头条对该项目进行了报道(Lewin,2013),《华尔街时报》紧随其后(Belkin & Porter,2013),除此之外,还有其他许多数不清的广播、数字出版物以及网络文章对其进行了报道。奥巴马总统甚至在其发言中也提到过这一项目(White House,2013)。大部分的报道都不约而同地聚焦于一点:这是一次高风险并富有争议的赌博,高等教育可能

---

① NovoEd 是一家成立于 2013 年 4 月的营利性教育技术公司,该公司与大学、公司等合作面向社会大众提供慕课课程,同时也提供私播课(SPOC),其中既包含免费课程,也有收费课程。——译者注

因此发生颠覆性的变革。

在乔治亚理工学院公布这一消息不久,我就收到了一封来自德克萨斯大学系统转型学习中心主任 Steve Mintz 的题为"变革图景"的电子邮件。"未来就在这里",Mints 在信中如是说,"从此,变革的脚步只会越来越快"。Mints 负责整个庞大的德克萨斯大学系统的教学创新,并且通过投资使其变为现实。他曾经这么告诉我,"我对任何能提高学习效率的做法都十分感兴趣",Mintz 接着睿智地说道,"如果让学生投票,我敢肯定学生们会完全认同数字化知识"。

ZVi Galil 博士是 Mintz 的一位同事,他是以色列计算机科学家,哥伦比亚大学工程系的系主任。自 20 世纪 80 年代末,哥伦比亚大学工程学院就实施了一个名为哥伦比亚视频网(Columbia Video Network,CVN)①的远程教育项目。虽然当时的学生已经达到几千名之多,但是,这一项目最终还是因为亏损而被迫终止。Galil 提出恢复这一项目,并将其从电视传播转换为网络视频传播。这一转变带来的结果是惊人的。很快,CVN 开始赚到自己的第一桶金。

150

## 我们还可以做得更多

Galil 后来接替了我的职务,成为乔治亚理工学院计算机学院的院长。而在当时,对大学学位的再定义,并让本科生根据自己的兴趣和需要来选择自己课程的"线索"(Threads)②项目已经成功地运行了多年。虽然偶尔有反对的声音,但是在全球范围内,Threads 项目还是获得了许多赞赏并被采纳。Galil 支持"线索"项目,同时他自己也在探索一条自己的道路,努力为乔治亚理工学院作出自己新的贡献。"我首先做的一件事,"他告诉我,"就是让每一个人知道我们还可以做得更多"。

但是,我们还不是很清楚"更多"的含义。Galil 是佐治亚理工学院慕课项目的坚定支持者,不过他需要一个更加清晰的视野。他说道,"我们很高兴地看到有成千上万的学生被乔治亚理工学院的课程所吸引"。他曾经在哥伦比亚大学学习,那里的课程是收费的。Galil 说,"我担心乔治亚理工学院的慕课课程不提供学分,我知道哥伦比

---

① 哥伦比亚视频网(Columbia Video Network,CVN)是一家成立于 1986 年的教育机构,致力于通过网络教学的方式实现教育的公平。——译者注

② "线索"项目是由乔治亚理工学院计算机系开发的革新式计算机科学课程,学生可以将常规的计算机课程与具体的应用领域结合起来。——译者注

亚大学经历过什么——太多的金钱用于开发无学分的课程"。他下定决心不再犯同样的错误。CVN 这样一个学位授予项目在商业上取得了巨大的成功。对于 Galil 而言，商业可行性是首要关心的事情。

### 组建一个慕课团队

团队以及行政支持对于一种新的课程形式而言是极其重要的，但是，这种支持不是无条件的。有许多人在技术还未付诸实践之前就试图将其扼杀。人们对于慕课有各种控诉，比如，慕课会削弱教师的角色，慕课会把学生们从传统高质量的课堂教学中丢弃到无数的无人看管的低效教学视频中。还有一些人担心慕课的大规模涌现会损害大学精心建立起来的声誉。

许多劣质的慕课课程抹杀了早期追捧者的热情。虽然 Coursera 和 edX 的创办者对于教学法有极大的热情，但是，这两家机构还是决定不对教学标准做出任何规定。许多慕课只是简单的课堂录像。因此，在许多优质的课程中间确实有一小部分是很糟糕的。显然，这些劣质的课程并不能反映慕课的全部。不幸的是，这些信息不被怀疑主义者所接受，因为他们只看到关于当前技术的一些只言片语的报道，而没有看到它快速的发展和巨大的潜力。

151　　　　一位眼尖的评论者发现 Udacity 平台上一门名为"统计学 101"（Statistics 101）的课程中存在错误，引发公众对慕课质量的谩骂声此起彼伏。关闭该门课程的呼声汹涌而来。也有许多人指出，此类问题在教育市场化进程中是不可避免的。不管"统计学101"的问题是否如评论者所提到的那么严重，这一小插曲反映了慕课的一个新特点：慕课允许教师绕过许多传统的行政部门的层层管理，第一时间发现问题并改正错误。在对"统计学 101"做出尖锐批评的几篇文章发布的几个小时之后，Sebastian 回应说："我同意……慕课课程还需要进行多方面的改进。"（Thrun，2012）他接着说，"传统课程中存在的错误可能需要花费很长时间才能得到改正，而'统计学 101'课程中出现的错误则可以立刻得到纠正，我们感谢对我们的课程提出反馈意见的人。当前在线教育还处于初始阶段，因此，有时，我们的实验也会出现一些障碍"（Thrun，2012）。

显然，评论者们还可以挑出许多毛病来。比如，最终坚持完成慕课学习的学生比例经常不到 1%，这一数字非常让人吃惊。另外一个突出的问题是，男生的比例远远地超过了女生的比例（Christensen & Alcord，2014），所以有人认为这体现出男女生在选择话题、课程以及教师方面存在一定的差异。此类的问题如果得不到很好的解决，那么像乔治亚理工学院这样的学校将不再提供学分课程。

与其他大学不同，乔治亚理工学院的网络策略不是由管理层来决定的。相反地，每一个教员都可以为了自己的慕课课程的成功开设出谋划策。乔治亚理工学院已经组建了一个包含 20 门 Coursera 课程的档案袋。并且，慕课的主讲教师（他们更愿意称自己为慕课员工）自愿成立了一个非正式的社群进行研讨以不断提高他们的在线课程的质量。

比如，计算机科学教授 Tucker Balch 在 Coursera 上教授"应用统计学"时发现慕课批评者提出的许多问题基本都是道听途说，而不是基于其亲身经历（Balch，2013）。于是，Balch 利用 Coursera 提供的一个名为签名认证（Signature Track）的认证服务功能，去观察另外一个课程的学生的上课情况，接受该服务的学习者需要缴纳少量的费用，并且如果学习者在课程中表现良好，将获得一个经过认证的课程完成证书。学习者虽然不能得到学分，但是缴费接受签名认证服务的行为表明了其学习的决心。实际上，通过观察，他发现接受签名认证服务的学习者中的 99% 都完成了课程的学习，这与批评者所指出的 5% 的完成率形成了鲜明的对比。更令人惊讶的是，接受签名认证服务的学习者的课程完成率甚至比乔治亚理工学院学习同样一门课程的在校大学生的完成率高出 25%。Balch 还有许多诸如此类的惊人发现。

其他的慕课教师也注意到慕课与传统课程之间的不同之处。在了解了 Udacity 的"统计学 101"课程的经历之后，乔治亚理工学院的一位教授为其辩护：慕课可以随时在线修改教学内容，而这正是慕课与传统课堂相比所具有的独特优势，除此之外，教师可以每天浏览课程论坛的信息，搜寻与课程内容改进相关的建议。虽然不可能马上采纳所有的建议，但是该教授承诺道，"我们绝对会认真考虑这些反馈意见并将其运用到下一次的课程开发中，我们非常希望与你们进行线下的交流以获得更多的建议"（personal conversation，MOOC instructor，August 1，2014）。

最后，非常具备个人色彩的故事甚至能够影响到一些固执的教师。已经退休的医生 Mark Braunstein 在慕课上开设的"健康护理信息论"课程吸引了来自全球范围内的学习者，在这门课程中，教师和学习者之间是通过电子邮件交流的。"我将永远记得那两个来自非洲的学生，"他回忆道，"其中有一个来自贝宁的学生几乎在课程开设的第一时间就参加了课程，而我当时还不知道贝宁具体是在地图上的哪个位置"。

这些以及另外的一些使用 Coursera 的故事都说服了许多教授,慕课不仅是有趣的实验,还是一种更好的教学方式,它可以惠及更多的学生,而与此同时,教授们也可以提高自己的课堂教学质量。由于不断有类似的故事涌现,越来越多的乔治亚大学人支持提供学分的慕课课程。

## 1000 美金的学位

曾经多次访问过乔治亚理工学院的 Udacity 创始人 Sebatian Thrun 在一次访问中提到,如果大部分的课程都能以慕课的形式提供,那么高质量的计算机科学研究生学位的费用将可以控制在 1000 美元以内。当时 Zvi Galil 也在现场,他当时深受触动,不过,他也深知,如果把所有的费用加在一起,1000 美元是远远不够的。

这看似是一道简单的数学题。首先,美国大部分的公立大学或大学系统的经费预算都是以学生获得每学分所需要的学时为基础进行计算的。州政府一般使用固定的公式对大学进行财政补贴,计算的方式是基于所有研究生或者本科生的学时进行的,交互式远程教育联盟(Interactive Distance Education Alliance)①公布了一个普遍适用的基于学时的收费方案(Great Plains IDEA,2014)。比如在 2013—2014 学年,研究生的一个学时收费是 500 美元,本科生是 350 美元。

虽然学校财务部门对这种计算方法十分熟悉,但是如果学生按照这一计算方法对自己的学费进行预算时却会遇到一些麻烦。大学是按照学生的上课课时来收费的,不是按照学分来收费的,因此,一门三学分的研究生课程经常就不是 1500 美元。这就导致看似简单的计算方法最后也会出各种差错。

如果将大学的录取和交学费看作是一种商品交易,那么,一门三学分的有关美国历史的课程学费就会由这门课的成本来决定(教师和助教的工资还会根据班级的大小以及由此产生的其他相关的费用来决定)。一旦这种模式成为现实,那么,高等教育就会变成一种单边市场,由卖方来为一个产品或服务定价,而买方可以自由选择买或者不买。而现实的高等教育机构并非如此。

① 交互式远程教育联盟(Interactive Distance Education Alliance)是一个由 20 所公立大学成员合伙组成的教育联盟,它旨在通过合作、开发和提供高质量的在线学术课程从而给予学习者最佳的教育机会。——译者注

　　大学并不仅仅是学时买卖双方的交易场所,同时还是一些娱乐活动的交易场所,比如校际体育竞赛、校际艺术表演等。大学还提供信息服务,比如大学中有报纸、电台、公共医疗保健服务、大学医院、诊所,还有住房服务、酒店服务、停车服务、零售店饮食服务以及科学研究。在这些服务当中,一所大学都可以作为一个独立个体存在于各种市场当中,因此,相关的服务部门之间将会由于利益的冲突产生各种资源争夺的问题。可是,由于相关服务部门人员的不稳定性,大学慢慢地也产生了各种新的商业活动和对策,那就是使这些商业服务也作为大学结构体系的一部分。大学如今已经成为一个平台,这一平台让投资者更便捷地参与到与高等教育相关的各种商业活动当中。

　　总之,高等教育是一个融入了以上多种服务项目的多边市场,其中包括了成本、价格、补贴和交叉补贴。如果乔治亚理工学院提供一个 1000 美元的硕士学位的项目,那么这将会因为资金不足而导致运作链条的断裂。一个平台利用打折和交叉补贴从而通过牺牲市场的一方利益来为另一方提供低廉的成本,用这种方式来降低成本对任何一个平台都是一种挑战。技术的创新刺激这种转变。其中的一个后果就是带来了大面积的破坏,比如,我们所知道的新闻行业,由于分类广告收益的大量流失导致整个行业的收益不断下降,这一危机正在威胁着地方新闻行业的生存(Seamans & Zhu, 2011)。如果诸如慕课之类的技术创新扰乱了高等教育市场其他方面的盈利,那么,同样的趋势也将出现在高等教育领域。如果变为现实,那么,最终的受益者将是学生。可以预见的是,一所大学将可以通过打破高等教育这一多边市场的收费规则给学生提供一个低价的研究生学位项目。

## 这不是一场实验

　　Galil 以前就听说过全球教育这种理念。他的 CVN 项目的覆盖范围已经远远地超越了哥伦比亚理工项目的范围,可是,它的收费也令许多人望而生畏。当 Sebastian 提出 1000 美元的计算机科学硕士网络学位项目时,"我马上就喜欢上了这一想法,"Galil 回忆道,"不过,我告诉他 1000 美元是不够的,而应该是 4000 美元,不过我的这一想法也仅仅是凭直觉而已"。

　　Galil 在实施这一计划之前必须先说服学校的教职工,告诉他们这是一个不错的做法而且这并不会对他们的生活和工作带来太多的干扰。他说:"我告诉 Sebastian,

154 这一过程需要一点时间。我也告诉教职工们，如果他们支持这一想法，那么，我们将开始动手执行。"整个过程大概花了 7 个月的时间。其间，Sebastian 多次来到校园里与教职工见面，并回答他们提出的相关的问题。"现在看来，这一变革是相当明智的。"Galil 如是说。虽然计算机学院内部有一些深刻尖锐的批评声，最后我们还是看到支持的声音逐步占据上风。媒体记者后来录制了现场讨论的一些微视频，并未加剪辑地将其放到网上来试图为世人展示当时学校内部对这一事件的激烈讨论，而事实远非如此。

截至 2013 年，AT&T 已经资助了超过两百万美元支持网络课程的开发。在短短的几周时间里，计算机科学硕士网络学位的实施方案便起草完毕。最后，这一项目获得 75% 的教职工的支持。这一方案同时还获得了乔治亚理工学院的校长 Bud Peterson 和教务长 Rafael Bras 的支持。Bras 还就此项目向乔治亚大学联盟的校务委员会作了最终陈述，该联盟在一个小时内就同意并通过了此项目。校内的个别委员有异议，他们认为他们的声音没有得到倾听，不过最终的结果还是由全体教职工投票产生。

Galil 认为，这一学位项目的合理收费应该是 4000 美元而不是 1000 美元，可是没人知道一个确切的数字，因为这是一种史无前例的收费方式。因此，他们给予新成立的财务组很大的自由度去设计收费方案。唯一的标准是，课程必须向全社会免费开放，并且被录取的学生的学费必须低廉。通过努力，一步步地，我们看到成本逐渐下降。计算机科学硕士网络学位的学生不需要交纳体育课费用，他们使用校内设备的时间是非常有限的。而他们需要交纳一笔与计算机科学硕士网络学位课程相关的咨询费和服务费，因为这对他们来说是核心的服务项目，而在校生是可以不付这笔费用的。

最后，我们发现学费的多少主要取决于课程制作和用于课程传播的费用。可能大家都存在许多困惑。比如，需要招收多少学生才能支持该项目的正常运行？需要给学生提供多少个小时的课外在线辅导？谁将担任助教的培训师？需要多少资金才能保证计算机科学硕士网络学位的学生也能得到与在校生同等质量的教育？那么，在回答了这么多问题之后，教务长 Rafael Bras 称该学位必须是"全日制学位"。

Steve Mintz 的变革图景成了现实。它一步到位地由一个独立的没有学分认证的课程变为一个有官方认证的学位课程。奥巴马的科学和技术顾问理事会曾做出这样的评价："教育的费用可能即将进入大幅下降的时代，从而为成千上万的美国人降低受教育的门槛。"(Lewin，2013)这一目标的实现有赖于项目的成功。Galil 自己承认，还有许多未知的因素。他说："我们想证明这是可行的，对我而言，最重要的是能够让学生以低廉的价格拿到高质量的学位。"

计算机科学硕士网络学位项目唯一没有用到的词汇是"实验"。"实验是可以被放弃的"，乔治亚理工学院的校长 Bud Peterson 说，"我们深知我们无法放弃这一项目"。Peterson 本身也是一位工程师，他认为这是一种雏形，"我们会对其作出轻微的调整，改进或者重新设计"。其实，这也是他对本项目的要求之一。他说，"我们认为这不是实验，而是试点"。

155

**Richard DeMillo** 是一位美国工程师和计算机科学家，他的研究聚焦于网络安全、软件工程和教育技术。他被任命为乔治亚理工学院理事会与夏洛特 B 和罗杰 C. 沃伦计算机科学的 Warren Chair，管理系教授。他以一贯的实用主义著称。致力于研究技术、商业和政策制定等问题。他曾带领着国有和私人机构经历了暴风骤雨般的改革，包括 2002 年的惠普康柏合并以及 20 世纪 90 年代的贝尔运营公司对贝尔通信研究所的剥离。他 2011 年出版的书《Abelard to Apple：美国大学和学院的命运》是一部开创性作品，开启了当下关于高等教育未来的国际对话。

| 初译 | 交叉 | 二校 | 终审 |
|---|---|---|---|
| 陈文宜 | 范奕博 | 范奕博 | 焦建利 |

# 参考文献

Balch，T.（2013，November 30）. A comparison of online MOOC versus on campus course delivery. *The Augmented Trader*. Retrieved from http：//augmentedtrader. wordpress. com/2013/11/20/a-comparison-of-online-mooc-versus-on-campus-course-delivery/.

Belkin，D.，& Porter，C.（2013，September 26）. Job market embraces massive online courses. *Wall StreetJournal Online*. Retrieved from http：//www. wsj. com/articles/SB1 00014241278 873248077045790878401266956998.

Christensen，G.，& Alcord，B.（2014，March 16）. The revolution is not being MOOC-ized. Students are educated，employed，and male. *Slate*. Retrieved from http：// www. slate. com/articles/health_ and _ science/new _ scientist/2014/03/mooc _ survey_ students _ of _ free _ online_courses_are_educated_employed_and_male. html.

DeMillo，R. A.（2011）. *Abelard to Apple：The fate of American colleges and universities*. Cambridge，MA：MIT Press.

Empson，R.（2013，April 15）. Stanford's NovoEd brings collaboration and group learning to MOOCs to help fight attrition. *TechCrunch*. Retrieved from http：//techcrunch. com/201 3/04/1 5/stanfords-novoed-brings-collaboration-and-group-learning-to-moocs-to-help-fight-attrition/.

Great Plains IDEA.（2014，July 30）. *Student costs：Common price*. Retrieved from Great Plains IDEA website http：//www. gpidea. org/students/costs/.

Lewin，T.（2013，August 18）. Master's degree is new frontier of study online. *New York Times*. Retrieved from www. nytimes. com/2013/08/18/education/masters-edgree-is-new-frontier-o f-study-online. html/？ pagewanted ＝ all.

Markoff，J.（2011，August 15）. Virtual and artificial，but 58，000 want course. *New York Times*. Retrieved from http：//wwwnytimes. com/2011/08/16/science/16stanford. html.

Seamans，R.，& Zhu，F.（2011，October 5）. *Technology shocks in multi-side markets：The impact of Craigslist on local newspapers*. Retrieved from Econ Papers：Working Papers，NET Institute website http：//EconPapers. repec. org/RePEc：net：wpaper：1011.

Thrun，S.（2012，September 11）. Sebastian Thrun：Statistics 101 will be majorly updated.

*Udacity Blog*. Retrieved from http://blog. udacity. com/2012/09/sebastian-thrun-statistics-101-will-be. html # sthash. X7YRxFmR. dpu f.

White House. (2013，August 22). *President Obama speaks on college affordability*. Retrieved from Whitehouse. gov: http://www. whitehouse. gov/photos-and-video/ video/2013/08/22/president-obama-speaks-college-affordability.

第 14 章

**用慕课创设一个临时的、自发的、迷你生态系统**

Paul Kim，Charlie Chung

157 关于教育，我们需要谨记的是，教育系统中的每一个组成部分都不是孤立地运行着，相反，它们彼此协作并形成一种互相依赖的生态环境（Fullan，2006；Patterson，2004），其中包括学习者、教师、家长和教学活动，同时也包括评价、认证、教学设备、教学工具、经费、社会标准以及许多其他的因素。为了保证该系统的可持续发展，教育创新所带来的显著持久的改变，也需要对这一生态系统中的其他组成部分作出回应。

比如，我们开发了一个名为"斯坦福大学基于移动探究的学习环境"（Stanford Mobile Inquiry-based Learning Environment，SMILE）的平台。SMILE 是一种独特的集教学和创新于一体的移动技术（该技术不需要依赖互联网），并可在欠发达国家使用。然而，SMILE 的研究和开发团队要做的工作远远不只是开发平台。我们开展了实地考察工作坊，与非政府组织和行业合作，与研究生院的研究者合作并且利用志愿者的力量来解决可持续发展的问题。这一过程虽然聚集了众多的力量，但是，我们在项目的运行过程中还是遇到了许多挑战和障碍。因此，如果要改变全球的教育，我们需要更多的创新理念和更好的领袖来带领我们一起致力于各种教育生态系统的建设并满足不同的需求。

慕课通过 Coursera 以及 edX 等平台以迅雷不及掩耳之势腾空而出，并被追捧为"实现全球教育改革的最佳方式"（Mahraj，2012）。虽然慕课代表的是真正的创新，但

158 是，从单一个体上来看，它既不会变革高等教育，也不可能改变教育欠发达地区的情况。目前，大型的慕课平台过分地依赖宽带互联网、讲授为主的教学法、单一的评价方式以及尚不明确的商业模式，但这一切都不影响它乐观的前景。实际上，一种可持续发展的学习技术的最重要特征之一就是其进化能力（Wildavsky，Kelly & Carey，2011）。因此，慕课变革全球教育的潜力的一个指标就是，其如何在成熟过程中快速地改变并适应新形势的能力。

### 一个关于能力构建的慕课实验

本章的第一作者 Paul Kim 教授一直是以旁观者的角度观察慕课的发展过程,但是在 2012 年夏天,Kim 教授在斯坦福大学的同事——Amin Saberi 教授给了他一次实践的机会。Saberi 教授与其合作者 Farnaz Ronaghi 合作开发了一个名为"斯坦福探索实验室"(Stanford Venture-lab)(NovoEd 的前身)的慕课平台。该平台是唯一一个基于社会学习理论并强调团队协作的慕课平台(Ronaghi,Sabei & Trumbore,2014)。

Saberi 教授邀请 Kim 在 2012 年秋天在该平台上开设一门关于教育企业家精神(educational entrepreneurship)的课程。对 Kim 教授来说,开设网络课程的理念并不新颖。事实上,早在 2002 年,他就开设了多门课程,例如"教育中的技术"(Technology in Education)和"发展中地区的移动学习"(Mobile Learning for Developing Regions),当时这些课程也采取了多种授课形式,包括混合学习。然而,这次要开设的课程是完全开放的,世界上任何想要学习并且能够学习的人都可以免费学习,这与以往的课程是完全不同的,因此,Kim 教授接受了这个邀请。同时,这个课程也将是一个实验,用以检验慕课能否满足全球教育系统的各种不同需求。需要特别指出的是,本文的第一作者 Kim 教授迫切想要了解慕课是如何实现以下几个目标的:

1. 发掘全球范围内的未来教育创新领袖。我们将需要全球范围内的教育创新领袖,不过通过正式的培训项目,我们只能发掘一小部分的未来领袖。因此,如果我们可以通过慕课发掘一些未来领袖,那么,我们可以为这些未来的领袖提供他们所需要的相关资讯、理念和沟通的桥梁。

2. 汇集大众,凝聚智慧。我们都知道当有不同的思想碰撞时,问题解决的能力会得到提高(Meirink,Imants,Meijer,& Verloop,2010)。由于全球教育面临着诸多挑战,因此,我们需要凝聚尽可能多的大众智慧来解决教育面临的难题,即便其中只有极少数的思想可以真正推动教育的发展。而慕课势必成为一个凝聚大众智慧的、大型的、全球化以及多元化的渠道。

3. 为大规模的教育者提供培训经验。全球的教育者都需要各种不同的培训,他们需要得到持续不断的培训机会。同时,还有许多非教育界的参与者,他们也可以通过了解一些教育理念来使他们在事业上有更多的作为(De Souza Briggs,2008)。慕课所具备的潜在影响将可以部分地满足教育者对培训的这些需求。

在下面的章节,我们将首先描述慕课的设计及其活动,然后反思与上述三个目标相关的我们的收获。

## 创设新型学习环境的目标

该门名为"设计一个新的学习环境"(Designing a New Learning Environment,DNLE)的慕课始于 2012 年 10 月。开设这门慕课是为了鼓励学习者发挥想象力,想象一种新的教育环境和系统;不管学习者是否处于教育系统之内,对于他们而言,课程目标都是一样的。关于教学内容,我们抛弃以往冗长无趣的讲座形式(虽然许多教授都试图摆脱这种形式,但很少有人能真正做到)。为了达成这一目标,我们这样设计教学内容:我们用全球不同地区、不同教学背景的创新教学案例来进行演示和研讨。接着,让学习者思考这些案例,并让学习者结合其所在地区存在的一个或多个教学问题进行讨论。

在课程之初,Kim 教授在坦桑尼亚的姆特瓦拉用手机写了一段课程欢迎语。虽然许多教育创新项目往往最后才会考虑"可持续性"的问题,但是,Kim 教授在课程欢迎语中便对此有所提及。即便当时 Kim 教授还没有面临"可持续性"的问题,但是,DNLE 慕课的上线也就意味着将面临人们对这一问题的拷问。作者也在思考一个问题:慕课的授课时间如此短暂,"可持续性"问题该从何谈起? 最终,这样的思考引导作者观察到一个有趣而又重要的现象:慕课中的"志愿主义程度"(level of voluntarism),详情请见下文。

与许多慕课一样,Kim 教授也开发了一系列的微视频供选课者观看。不过只有开头的少数视频是采用传统的讲授式的方式展开的,通过这些视频,学习者可以了解到教育心理学中的一些基本概念,比如,布卢姆的教育目标分类学理论以及维果茨基的"最近发展区"理论。其他的微视频主要是围绕如何从教育生态系统的宽阔视角出发去看待教育需求或者教育场景(许多教育创新方案的有效性仅仅存在于理想场景中,但是,在实践中往往被证明是无效的)。我们提供了各种各样的基于个人经历的成功以及失败的案例。除此之外,课程中还有许多客座讲座,这些讲座从不同的角度出发去阐释教育中的一些问题。然而,这门课程的重点不在于学习预先设计好的内容,而是鼓励学习者在学习的过程中组成学习小组并协作创设出他们理想中的新型学习环境。

**设计一个新的学习环境(DNLE)第一部分的新生欢迎致辞**

你好！我的朋友，欢迎大家来到 DNLE！

我现在正在坦桑尼亚的姆特瓦拉用手机回复此信息。虽然比较费劲和耗时，可是我很高兴我们可以通过这种方式保持联系。我正在把我的 SMILE 即"斯坦福大学基于移动探究的学习环境"复制给一个新的学校。值得一提的是，我在达累斯萨拉姆和边界以及大部分我去到的农村地区都可以继续使用 3G 网络，对于我们目前的项目来说，这也是一种可持续发展(很高兴在论坛里看到有人就这一问题进行了热烈的讨论)。移动设备在这里似乎非常有用并且也具有发展潜力，因此，我感觉它的前景会更好。

当设计和实施一种学习技术的策略，我们是在一定的理论指导下来进行的。在做学习者个案分析或者小范围的试点研究时，我们可以更多地发现这些策略背后所隐含的更多的价值。在现实当中进行大规模的研究时，我们便会发现随着时间的推移，策略的价值之所在。没有哪种策略可以在一个生态系统当中永久有效。事物都在不断地改变、演变、适应、转换甚至在时光的演进中消失。因此，对于一个可持续性的学习技术，其重要特征之一就是其进化的能力。另外一个重要的特征就是来自同一个生态环境的参与者共同的持久的投入，以使其经久不衰。

但是，其中的问题就是：一个方案(策略)必须持续多久才可以被称之为一个可持续性的方案？我认为，这与生态系统里边每一位参与者的目标有关。

160

## 全球创新暗流涌动

慕课显然触碰到了关注教育未来的人们的潜在需求。在同事的帮助下，在课程开始的前几周，我们发布了一些关于该门课程的信息，并且在 YouTube 上发布了一段介绍性的视频。有趣的是，各大社交媒体成为课程反馈的聚集地(如推特（Twitter）、脸书（Facebook）、领英（LinkedIn）①和 YouTube)。这些正面的反馈都证明人们渴望通过尝试新的学习以及合作方式来提高教育质量。有来自全球超过 200 个主权国家的 18 800 多位学习者注册了这门课程。其中，女性学习者在人数上略占优势(占总人数的 57%)，而年龄的分布则比较分散(26 岁以下的学习者占 14%，26—34 岁之间的学习者占 26%，34—54 岁之间的学习者占 46%，54 岁以上的学习者占 14%。)。课程学习者中的绝大部分都是高中以及初中水平。一位获得了小组同伴互评满分的年轻学习者在其个人主页上写下了下面一段鼓舞人心的话：

161

> "之前，我从未想过用技术的手段去教贫困学生学习……虽然，我现在还是一位中学生，但是，我希望我和我的团队可以创建一种新型的足以改变学习者生命历程的学习环境。"

---

① 领英是一个类似于脸书的社交网络平台，但是其主要面向商业人士。——译者注

从地理位置的分布看,有的学习者来自战乱区,比如,叙利亚、巴勒斯坦、阿富汗等。可见,即便是处于水深火热当中的人们还是想要竭力提高当地的教育质量。有的学习者来自于农村,当地的互联网接入还十分有限。作为课程的开发者,当我们看到有来自坦桑尼亚农村的学习者、来自其他一些非洲国家的学习者以及处于阿富汗边境的巴基斯坦小乡镇的学习者的时候,我们感到非常惊讶:"这些人到底是怎样发现这门课程的?"

### 创新思维全球大集结

如上文提到的,Stanford Venture-Lab/NovoEd 慕课平台主要是为了团队建设和团队协作而设计的。通过使用该平台,参与者可以创建一个团队并且描述他们的项目创意,进而吸纳新的队员,或者他们可以了解别的团队并决定是否加入该团队。NovoEd 平台的特色之一就是可以根据特定的匹配算法为在指定时间内没有完成组队的学习者自动分配小组。在课程正式开始时,NovoEd 平台已经形成了 1336 个小组,平均每个小组有 4—5 个成员。根据以往课程人数保持率数据(retention data)以及其他慕课课程的经验,我们预测学习者的人数会随着课程的进行而减少。实际的数据表明,本门课程每周的辍学率为 10%—20%。在课程结束时有 284 个小组最终提交了作品。这一辍学率数据可能有点误导性,因为在最终提交作品的 1000 多名学习者之外还有学习者没有被统计在内,他们同样在积极参与课程的学习,只是没有提交最终的作品而已。

个别情况下,部分来自于同一所学校并有相同旨趣的同事或同学会参与课程并组成一个小组。不过,在大部分的情况下,小组是由来自全球不同地区的学习者所组成的。这样一个团队形成的过程对于领导力的培养非常重要(Ladewig & Rohs, 2000; Sombrero & Craycraft, 2008),因为在教育的许多领域内,将关注同一问题的人聚集起来并形成团队的过程往往比问题解决本身更加困难。一个平台能够让领导者构思蓝图并且吸引来自全球的精英来共同实现这一蓝图,那么,这一平台就起到了锻炼领导技能的目的了。

我们很高兴看到各个自发组成的跨国团队。在十佳团队(由全体学习者投票得出)中,平均每个组有 7 个成员来自四个不同的国家。这样的一种多活跃性构成使得作品更加丰富多彩。

**一位参与 DNLE 慕课平台的学习者发出的招募队员信息**
基于价值的思维、学习和建设的设计

我叫（名字）。你正在读我的文字，因为你也想寻找一位志同道合的朋友来组成一个团队……我认为教育必须帮助学生接触到他们生活中真正的兴趣之所在。许多人在生活中设立了谋生是第一要事这样一种目标，然而，这一目标很快就会被物化。帮助学生意识到生命的真正价值可以帮助他们区分短期的满足和长期的可持续发展的区别，区分商品和设计的区别，以及一时的心血来潮与核心价值的区别。

我们的要旨在于，让我们试试看教育是否可以通过以下的途径得到提升：

- 通过设计去创设一个有趣的互动环境或平台
- 利用技术来创设浸入式虚拟现实的体验
- 利用游戏来吸引学生以及通过合作来组织教学内容，我对游戏机制有过一阵子狂热，可以将其用于营销和设计
- 创建工具来帮助人们搜索和吸收有用的资源，比如思维导图工具以及帮助个人成长和完成目标的各种 Apps
- 添加成长跟踪器和个人学习的详细数据
- 帮助人们学习和成长，他们的生活因为生命价值的实现变得多彩而不仅仅是因为赚了更多的钱

我本科的专业是心理学，硕士是营销，后来开始自学绘画设计。
如果你有意加入我的团队，请回复我以上的介绍。
更新：
由于得到各位的热烈回应，我已经在我的日志贴出了新的告示。告示提供了更加详细的信息……谢谢你们的支持！
我将联系每一位私信回复我的朋友。

## 慕课中自发的志愿主义

虽然我们希望通过慕课平台以及课程的设计促进学习者之间的协作，但是我们却惊奇地发现，学习者之间可以进行自发的协作。许多学习者都主动自愿地去帮助其他人学习。详见以下例子：

- 大部分课程内容对于一些学习者而言是非常陌生的，不过对于另外一些学习者却未必如此。于是，有的学习者就自发地为一些概念添加链接或者资源，以帮助其他学习者从不同的角度或者更深层的视角理解这些概念。作为这种协作方式的一种，一个学习者还专门整理出了一个术语表供其他学习者参考。

- 当论坛的信息铺天盖地时，又有学习者自发地把重要的信息置顶，使其不至于被淹没在信息的海洋中。

- 有一位学习者（一位大型教育公司的总裁）自发地将课程视频进行压缩，方便网络欠发达地区的学习者下载。

163

● 除了评价课程要求的同伴作业外,学习者还会自发地评价更多的作业,从而可以给彼此提供更多的反馈。

在 DNLE 慕课中,学习者这种"多做一点点"以促进彼此共同进步的举动受到了其他学习者的赞赏,学习者们设计了许多种奖励办法,其中一种是将学习者的名字提名到"名人堂"中。在这一课程实施过程中的每一个环节学习者之间都会互帮互助,这些学习者就好像是在一起工作很久的好朋友一样,彼此之间具有良好的默契。这种协作和随时随地提供支持的氛围让我们啧啧称奇,虽然我们素未谋面也没有进行过新生培训。

这一切究竟是如何实现的? 首先,我们认为"学习者的规模"是一个重要因素。因为在一门只有 30 名或者 100 名学生的课程中是无论如何都不可能出现这种程度的"志愿主义"行为的。换一种说法,如果每 50 个人中能出现一名志愿者,那么,一个有 100 名学生的班级也就只有 2 名志愿者。如果一门课程中有成千上万名学习者,那么这门课程中就可能出现足够多的志愿者为"课堂生态系统"的正常运转出谋划策。当然,这种"志愿主义"行为的发生不仅仅取决于课程的人数,还取决于"课程文化"。为了培养这种"课程文化",我们不仅仅考虑了学习者的个性特点,还采取了下列措施:

(1) 让学习者相信他们才是改变的主体。在解释了一些基本的教育理念和原则之后,我们很快就把重点放在了创新案例上(比如,移动技术、故事分享社区(community storytelling)以及基于农业知识的游戏化学习(agriculture-based games)等)。接着,我们要求学习者自己开动脑筋设想创新案例。这一做法的目的是激发学习者的灵感,并且让他们树立成为教育创新专家的目标。同时,这一做法所不得不面对的妥协就是,许多学生的想法从教学法上分析是相当幼稚的;有些学生会在无意间受到别人的影响,从而不知不觉地模仿了之前已经得到验证的想法。然而,需要谨记的一点是,如果我们的目的是培养教育创新专家,那么,就需要让学习者在这样的练习中积累经验,然后他们才会有越来越多的灵感。而相反,如果我们让学习者陷入错综复杂的教育理论和心理学理论当中(这可能更适合研究生学习)而不进行上述的训练,那么,他们将理论与实践结合起来的能力可能会比较欠缺。因此,我们课程的评价标准不是团队项目的质量,而是团队中能够全身心投入、勇于发挥想象力并不断尝试改变的成员的数量。

(2) 展示不同的教育创新案例。由于课程的学习者具有复杂多样的背景,因此,教育创新案例的选择必须兼顾学习者的多样性,这对于他们的理解是非常重要的。我们竭力向学习者展示别人所做的教育创新尝试,有时甚至会向他们展示一些真实的课堂教学案例。这种做法能够最大限度地给学习者提供贴合他们背景知识的案例。同时,这种做法还向他们展示了在复杂的教育生态系统的不同领域进行教育创新的可能性。考虑到在全球大部分的发展中国家,移动设备的使用者远远多于宽带的使用者,我们着重向学习者展示了利用移动设备进行的教育创新案例(International Telecommunications Union,2014)。

(3)通过培养学习者的主人翁意识来激发领导力。从课程开始之初,我们就致力于创设平等的氛围,尽量避免形成师生间的等级关系。我们用"创新者"而不是"学生"来形容课程的选修者,从而让他们认识到自己既是课程的学习者又是课程的领导者。这种做法与当今社会所发生的角色转变是一致的。得益于师生之间的平等关系以及"学习者即创新者"理念的存在,课程中涌现了许多优秀的、敢为人先的并且富有创造力的学习者,他们主动帮助同伴解决学习过程中的问题(Angelaccio & Buttarazzi,2010;Williams,2012)。这种同伴互助可能会给学习者提供比教师的实际教学更多更好的资源和理念。

虽然我们一开始就创设了平等的氛围,但是,有少数学习者甚至在此之前就扮演了"领导者"的角色。我们鼓励这种领导力,承认他们的贡献,并随着课程的开展积极地征集他们的反馈意见。我们对这些临时"领导者"的支持和承认并不代表他们就是这门课程仅有的"领导者"。相反地,这些"领导者"的任务之一就是鼓励其他学习者同样也去扮演这一角色,提供资源并且帮助其他学习者。通过这种方式,这些早期的"领导者"就为其他学习者示范了如何成为一名合格的"领导者"。

虽然"较短的课程时长"这一非常有趣的特点很少被认为是一种优势,但是,这对于课程生态系统的建立却起着非常重要的作用。由于课程仅仅持续十周时间,这也就意味着那些担任"领导者"角色的学习者为同伴提供帮助的时间也相对较短,他们也就更加愿意提供这样的服务。如果课程持续时间更长,那么,本课程建立的生态模式将变得不可持续,比如,让那位自愿提供视频转化的学习者在半年或者更长时间段内一直免费提供服务似乎是不太可能的。课程持续时间越长,自愿提供服务的学习者也会越少,那么,课程的正常进行将需要更多额外的支持(技术、教学环节和过程、助教等)。不过,由于一个慕课课程生态系统一般只维持两到三个月,因此,课程中还是会产生可持续的志愿服务。

165

　　我们也发现一些学习者在课程结束之后仍旧与同伴保持联系,这种联系并非只发生在个体之间。让人吃惊的是,一些项目团队在课程结束很长时间之后还一直保持合作。甚至连 Paul Kim 教授本人也在课程结束之后参与了许多学习者的项目。比如,一组来自牛津大学的 MBA 学习者对课程中提到的 SMILE 项目很感兴趣,因此,他们希望加入到 SMILE 项目中,于是,他们联系了 Kim 教授并一起进行了项目合作,这一合作项目最终成为他们 MBA 研究的一部分。这一合作案例只是慕课众多案例中的一个个案,不过,这样的合作形式最后将改善现实世界的教育体系。

## 慕课超越了合理的期望值

　　人们围绕慕课展开争论主要是由于理想与现实之间存在着巨大的鸿沟。避免失望的关键在于不要有太高的期望。虽然我们对这门慕课的结果感到非常满意,不过我们认为,在慕课当前的发展阶段中,应该依据具体的结果对其进行评价,这一点我们在上文中有所论述。不幸的是,人们狭隘地只关注辍学率并将其当做衡量慕课成功与否的关键,而这也恰恰阻碍了更好的评价方法的产生。不过,比衡量一门慕课成功与否更重要的是,我们必须反思我们从慕课中得到了什么。据此,我们也对 DNLE 这门慕课作了反思,并在下文详细地列举了一些有趣的发现:

　　● 人们对教育创新的愿望非常强烈,也乐于尝试进行一些教育创新。这点是显而易见的,因为有成千上万的学习者注册了本门课程,并且为之投入了巨大的精力(74%的学习者是全职工作者或全日制的学生)。

　　● 学生的多样性以及学生之间通过小组、讨论区所进行的互动都是非常激动人心的。该门课程提供了一个便捷的平台,让来自全球不同地区的对教育创新抱有同样热情的人们分享交流提高教育水平的新方法。

　　● 学生的作品非常优秀,因为他们花了大量的时间,体现了他们经过深思熟虑之后的创意。

　　● 志愿者们自发组织的各种活动弥补了慕课课程生态系统自身的一些不足。

166

　　我们针对三条具体的假设做了检验,得到的结果都是积极的。

　　1. 作为一个培养未来教育领袖的渠道,该课程激励学习者变得积极主动,构建愿景,组建团队并互帮互助。

　　2. 作为创新思想的孵化器,该门慕课的大规模使得学习者能够集思广益并进行思想碰撞。让我们既惊讶又欣慰的是，学习者之间思想的交流和协作竟能够跨越国界！

3. 作为一种培训大量教育工作者的方式，该门慕课很好地为教育界以外的人士传授了一些基本的教育理论和概念。另外，利用视频和讨论区是强调以及讨论不同地区教育创新案例的好方式。慕课究竟可以在多大程度上促进更高层次人才的发展，目前还尚不明朗，但是，这些初步的研究结果表明了前景的光明。

自 DNLE 慕课启动以来，陆续出现了许多其他的慕课。这些慕课中，有一些也通过案例来激发创意，鼓励创新，促进全球化交流，培养领导力以及激发灵感等。像我们这样的慕课实践者或者研究者应该比较不同的慕课研究并得出进一步的结论、假设以及理念，即我们是否能够进一步推动慕课的发展以使其满足全球不同地区的人以及教育体系的要求。

我们在课程伊始就认识到，一个教育生态系统中的创新是远远不够的。不过，在一定程度上我们还是构建了一个迷你生态系统。这是如何做到的呢？我们相信"创新以及合作的课堂文化"的形成在其中起到了至关重要的作用（比如，营造教师和学习者之间的平等关系——学习者即创新者，展示不同背景下的创新案例，表彰早期的"领导者"等）。同时，慕课平台中的"项目式学习"理念也起着重要作用（比如，小组合作、自发成组、结果导向等）。一个充满活力的生态系统正是在"项目式学习"理念的滋养下才得以健康发展的。

不过，如果没有一群热切渴望对教育现状做出改变的个体的参与（在线），相互之间交流想法并齐心合作，那么，上述的成就将都不可能会达成。我们各自都在自己的学习之旅的某个节点上从对方身上学到了许多。同时，我们也激励彼此用新的方法来解决问题。回顾过往，似乎我们对彼此不同却又有所联系的任务的共识成为推动该课程前进的最重要的动力。正是这种共识帮助我们在课程伊始便按部就班地进入了工作状态。

DNLE 慕课课程是自发的、自组织的，并且由于其短暂的课程时间而尤其显得宝贵。正如萤火虫，正因为意识到其生命的短暂，所以在有生之年尽情地绽放其光芒。我们希望 DNLE 这只小小的萤火虫能为别人带来哪怕一丁点的光亮。我们也希望，DNLE 能够为未来教育以及新型学习环境的发展带来一点光亮和希望，并最终结出累累硕果。

**Paul Kim** 现任斯坦福大学教育研究院的首席技术总监和院长助理。Kim 教授曾任西部教育研究实验室理事会委员、美国国家科学院国际发展大挑战委员会的委员，是全国科学基金会教学与人才资源董事会顾问。作为"赋能的种子"（Seeds of Empowerment）（一个面向全球的非营利性的利用移动技术进行社会创新的教育孵化器）的创始人，Paul 一直致力于在服务水平低下和教育不发达地区开展、进行与评估一系列移动技术，以努力实现教育公平。Kim 博士已经在超过 20 个国家进行了一系列的移动技术的试验，例如 SMILE（斯坦福大学基于移动探究的学习环境）。他在 Stanford Venture-lab（NovoEd 的前身）开设了一门名为"设计一个新的学习环境"的慕课，来自全球超过两万名的学习者注册了这门课程。他的跨国合作项目包括阿曼新创立的国家公立大学、德国电信的全球 e 学习计划、沙特阿拉伯的全国网络教育计划、乌拉圭"一个儿童一台手提"工程的全国评估以及卢旺达的全国 ICT 计划。

**Charlie Chung** 有管理咨询以及企业投资等方面的工作经验，同时，他还在终身学习这一他感兴趣的领域有所研究。他曾与课程中心（Class Central，一个综合性的慕课课程汇集网站）以及 ZS 伙伴（ZS Associates，一个全球销售与营销咨询公司）合作完成一个企业学习方面的项目。Charlie 在密歇根大学的罗斯商学院获得 MBA 学位。

## 注释

斯坦福大学教授 Paul kim 与 Charlie Chung 共同合作完成了这篇文章。Charlie Chung 教授是众多全程参与本门课程的学习者之一。Kim 和 Chung 都被全球范围内的学习者在课程中所展现的能量和热情所深深地鼓舞了。在某种程度上，正如本文所说的那样，新型的协作方式不因课程的结束而结束。

| 初译 | 交叉 | 二校 | 终审 |
|------|------|------|------|
| 陈文宜 | 范奕博 | 范奕博 | 焦建利 |

# 参考文献

Angelaccio, M., & Buttarazzi, B. (2010). A social network based-enhanced learning system. *Enabling Technologies: Infrastructures for Collaborative Enterprises* (WETICE), *Proceedings of the 2010 19th IEEE International Workshop*, 94 - 5. June 28 - 30, 2010, Larissa, Greece. doi: 10.1109/WETICE. 2010. 59.

de Souza Briggs, X. (2008). *Democracy as problem solving: Civic capacity in communities across the globe*. Cambridge, MA: MIT Press.

Fullan, M. (2006). The future of educational change: System thinkers in action. *Journal of Educational Change*, 7(3),113 - 22.

International Telecommunications Union (2014). *ICT facts & figures: The World in 2014*. ICT Data and Statistics Division. Retrieved from http://www. itu. int/en/ITU-D/Statistics/Documents/facts/ICTFactsFigures2014 - e. pdf.

Ladewig, H., & Rohs, F. R. (2000). Southern extension leadership development: Leadership development for a learning organization. *Journal of Extension*, *38* (3). Retrieved from http://www. joe. org/joe/2000june/a2. html.

Mahraj, K. (2012). Using information expertise to enhance massive open online courses. *Public Services Quarterly*, *8*(4),359 - 68.

Meirink, J. A., Imants, J., Meijer, P., & Verloop, N. (2010). Teacher learning and collaboration in innovative teams. *Cambridge Journal of Education*, *40*(2),161 - 81.

Patterson, G. (2004). Harmony through diversity: Exploring an ecosystem paradigm for higher education. *Journal of Higher Education Policy and Management*, *26*(1),59 - 74.

Ronaghi, F., Saberi, A., & Trumbore, A. (2014). NovoEd, a social learning environment. In P. Kim (Ed.), *Massive open online courses: The MOOC revolution*. New York: Routledge.

Sobrero, P. M., & Craycraft, C. G. (2008). Virtual communities of practice: A 21st century method for learning programming, and developing professionally. *Journal of Extension*, *46* (5). Retrieved from http://wwwv. joe. org/joe/2008october/a1. php.

Wildavsky, B. K., Kelly, A. P., & Carey, K. (Eds.). (2011). *Reinventing higher education:*

*The promise of innovation*. Cambridge，MA：Harvard Education Press.

Williams，C. （2012，April）. Social learning networks for K12 education. *District Administration*. Retrieved from http：//www. districtadministration. com/article/social-learning-networks-k12-education.

第 15 章

通过对学生访谈来研究慕课

Charles Severance

研究者能够从类似于 Coursera 这样的慕课平台获取成千上万名学习者的学习活 169
动数据并运用"大数据"分析技术对这些数据进行分析,进而获得真知。许多优秀的论
文中都包含大量的图表,而这些图表的绘制都是基于大量的数据。作为研究者,我们
习惯于相信,如果一个研究有充足的数据支撑以及合适的数据分析,那么,这个研究中
的图表以及结论就是可信的。

与之不同的是,本文从学生的角度出发来探讨慕课的不同方面。在过去的两年多
时间,我在 Coursera 平台上面开设了两门课程,共有超过 35 万名学习者注册,在此期
间,我还到访了全球 25 个国家或地区并对我的慕课课程的一些学习者进行了面对面
的访谈。我每次都会对 1 到 15 名学习者进行约 1 个小时的访谈,地点通常都在星巴
克或者其他咖啡厅。本文总结了我对面对面访谈的反思以及从中得出的结论,从数据
上来看,这些面对面访谈可以说是最小的数据单位了。

## 背景

早在 20 世纪 70 年代末,我就涉足电视台以及广播电台等媒体领域。在那段漫长
的岁月里,我无时无刻不被媒体所蕴含的能量以及影响力所折服。在因特网产生之
初,我就将其视为一种扩大教育以及培训规模的手段。我一直认为,《这个老房子》
(*This Old House*)和《科学家 Bill Nye》(*Bill Nye the Science Guy*)是大众喜闻乐见的融
娱乐与教育于一身的电视节目,它们以一种娱乐的而非教唆的方式来教育观众,达到
"润物细无声"的效果。

不过,这些具备专业制作水准但是造价昂贵的电视节目无法大量生产,从而也就 170
难以满足教育的实际需求。由于教育在不断地发生着变化,如果我们花费 50 万美元
去制作一集 30 分钟的有关某领域的节目,然后,如果突然发生了足以改变这个领域的

事情,那么,我们又要另外花50万美元重新录制这一节目。要想实现真正的教育,那么课程制作所需要投入的成本以及精力就必须降低,同时,教师还必须能够自主掌控用于制作和传播内容的工具,从而可以随时修改教学内容。

因此,我专门针对教师开发了许多用于课程内容制作的工具。第一个工具叫做Sync-O-Matic,该工具采用 Realaudio(Realvideo 的前身)来传输音频并采用速率为14.4Kbps 的调制解调器在网络上与课件同步。利用这一工具,我开发了一门名为"EGR124 -因特网入门"(EGR 124-Introduction to the Internet)的课程,该课程于1997 年秋季上线并完全以网络音频流为载体进行。在此后的 18 个月时间内,我又三次开设了这门课程,课程形式也从音频转变为视频,同时,每次开课的时候我都会改进我的技术以及教学。

到了 1998 年秋天,很多学生都告诉我,即便是在没有面对面交流的情况下,他们依然觉得我的这门课程很有趣,很有吸引力,很有用而且很方便。有趣的是,学生对这门课程越来越满意,我却逐渐丧失了兴趣。开发课程内容,发现和解决问题的过程是很美妙的,我非常享受这样的过程。可是,一旦课程开发完毕并且没有我也能正常运行的时候,我便开始觉得自己很多余。换句话说,学生们正从课程中得到乐趣,可是,我却似乎成了局外人。于是,我开始被孤独感所包围。因此,我决定要进行一项实验。

我告诉我的学生,这门课程的期中考试将在线下进行。我的想法是起码与学生见一次面,从而了解现实生活中的他们以及他们在课程中的收获。当学生到达考场准备考试时,在彼此问候过后,每个学生都领到了一份试卷。有趣的是,学生们非常了解我,打招呼的方式就像老朋友那样。毕竟在过去的八周时间内,他们一直都能通过视频看到我,并且还听到了许多我讲课时穿插的蹩脚的笑话。他们不仅对我非常熟悉,而且很乐意把我当作朋友、导师或者是教练。相反地,对于我而言,他们却是陌生的。这种情况就好像是我制造了一起事件,我是众人关注的焦点,但是,我却不知道"众人"究竟是谁。

由于存在一种被隔离的感觉,我自此之后再没上过那门课。如果我想再次享受到网络教学的乐趣,那么,我需要开发某种技术,这种技术可以让我实时看到学生,进一步了解他们以及他们选课的原因等。在 1998 年的秋天,我向国家科学基金委员会本科教育分部(National Science Foundation Division of Undergraduate Education)申请资金以开发一个名为"面向教育的脸书"(Facebook for Education)的软件(这比脸书面世早 7 年，比聚友①早 6 年）。该软件可以实现异步聊天功能，每个用户都可以自主设定头像，同时，该软件还可以跟踪用户的在线状态，从而方便用户查看彼此的在线状态（详见图 15.1）。

171

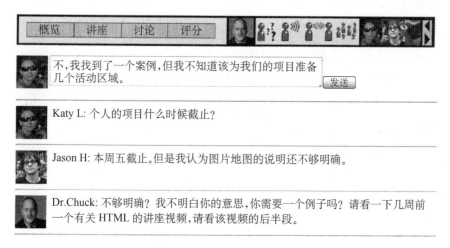

**图 15.1　支持自主头像设定的异步聊天界面**

尽管该申请没有得到资助，不过我仍旧努力开发更好的技术，以便加强师生之间的联系，同时实现学生之间的沟通与协作。在 1999 年，我开始设计一款名为"Clipboard-2000"的软件，该软件通过调用电脑中的 QuickTime 软件实现幻灯片录制、教师形象录制（通过摄像头实现）、音频录制、文本摄像（需要额外添加一个视频展示台）和注解等功能。该软件可以同时将多种信息录制在一个 QuickTime 文件内，也就是说可以将录制的信息保存在一个文件内，而不是像之前的 Sync-O-Matic 那样，只能保存为单个的网页文件。Clipboard-2000 具备与今天的 Camtasia（由 Techsmith 出品）以及其他类似产品基本相同的功能。在 2001 年，我决定把这项技术无偿提供给苹果公司，以便他们在产品中采用，可惜他们并不感兴趣。

在 2004 年，我开始致力于 Sakai② 开源学习管理系统的研发，Sakai 注重协作与沟

———————————

① 聚友（Myspace）在 2004—2010 年间是世界上最大的社交平台，总部位于加利福民亚。——译者注

② Sakai 是一个自由、开源的在线协作和学习环境，由 Sakai 成员开发和维护。Sakai 的协作和学习环境是一个免费、共享源代码的教育软件平台，主要用于教学、研究和协作，是一个类似于 Moodle 的课程管理、学习管理系统，以及虚拟学习环境。Sakai 是一基于 Java 的面向服务的应用程序，具有可靠性、协作性和可扩展性。——译者注

通,而不仅仅只是用于"学习管理"。在 2008 年,我加入了 IMS 全球学习联盟(IMS Global Learning Consortium)①,开始了 IMS 学习工具互操作标准(IMS Learning Tools Interoperability standard)的研发,最近流行的学习平台如 Piazza② 等正是基于这一标准才得以整合进学习管理系统的。

几年后的 2011 年秋天,斯坦福大学开设了 3 门慕课课程,每门课程的选课人数达到了真正意义上的"大规模",达 100 000 人之多。斯坦福的慕课设计者通过特制的学习管理系统以及其他技术使这一规模成为可能。普林斯顿大学、斯坦福大学、宾夕法尼亚大学以及我所在的大学——密歇根大学四所高校是 Coursera 平台的首批合作者。在 2012 年夏天,我开设了自己的慕课课程——"互联网的历史、技术和安全"(Internet History,Technology,and Security),这门课程的内容主要是基于我在 20 世纪 90 年代中期主持的一档有关互联网的电视节目《互联网:TCI》("Internet:TCI"),后来改名为《唯有网络》("Nuthin but Net")。在 2014 年 4 月,我开设了第二门名为"人人学编程:Python 语言"(Programming for Everybody(Python))的慕课课程,这门课程与我在密歇根大学信息学院面向研究生新生所开设的课程类似。

不同于我以往的网络教学经验,在教授这两门课程时,我主要利用 Coursera 进行基础软件以及技术的维护。这实在是太棒了! 事实上,在从教的几十年里,我第一次可以全身心地投入到教学当中,尽情地去探索这种新的教学方式,而再也不用担心技术的问题。因此,我现在可以做一名"慕课教学实验师"而不是"工具制造师"了。

### 我的慕课教学理念

我的慕课教学理念就是向学生传授技能,这些技能可以在他们学习其他知识时起脚手架的作用。不论学生的起点水平怎样,我都希望这门课程可以满足学生的需求并让他们在学习方面有所长进。我的目标并不是要教学生全部知识,相反地,我想帮学生打开眼界,从而可以影响他们的学习之路。

---

① IMS 全球学习联盟(IMS Global Learning Consortium,又称为 IMS GLC,IMS Global 或者简称为 IMS)是一个全球的、非营利的机构。它致力于在教育领域和企业界发展学习技术并扩大其影响力。——译者注
② Piazza 是一个集 wiki 和论坛模式为一体的问答平台。学生和老师可以在 Piazza 上为自己的班级创建一个问答中心,学生和老师可以在上面分享问题和答案。——译者注

对于课程的制作,我想给人一种亲近的感觉,因此,我在课程中加入了大量的眼神交流并采用近景拍摄的手法(见图 15.2)。

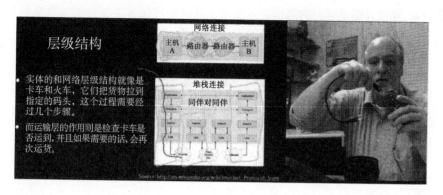

**图 15. 2** **Coursera 平台上的"互联网的历史、技术和安全"(Internet History, Technology and Security)课程截图**

在课程录制过程中,我通常会有意地喝点咖啡,犯点错误,讲一些笑话,穿着便装,或者如果我的猫恰巧出现在录课室的话,我也会向学生介绍我的猫。我甚至会故意在幻灯片中打错几个字,从而避免学生认为课程是"完美的"。这些不太正式的行为都是为了拉近师生之间的距离并让学生投入到学习中来,正如脱口秀或者真人秀节目那样。我想要学生们感觉到他们是我讲课时唯一关注的对象。

除了课程的录制形式,我还在课程的评价方面投入了大量的精力,以使其变得有趣和吸引人。Coursera 的工作人员让我不要考虑学生作弊的可能性,而只关注学生的学习。防止学生作弊的评价方式的问题就在于,任何想作弊的学生总能找到方法破解预先设计好的防作弊系统,而防作弊系统对于想要学习的学生却是一种比较大的阻碍。

我在 Coursera 上的两门课程在初次开设时都取得了成功。在课程第一次开设时,有许多细节需要改进。在课程第二次开设时,我和我的团队完善了这些细节。在课程第三次开设时,课程内容几乎不需要作改动了。如今,我的注意力便越来越多地集中于教学以及在课程中形成的学习社群了。

## 社群教学助理:学习社群的核心

Coursera 的另外一个让人印象深刻的创新举措就是"社群教学助理"(Community Teaching Assistants,CTAs)的使用。我把我开设的课程当做学习社群,我鼓励学生们在讨论区里积极讨论，同时，我自己也仅仅是一名讨论区成员而不是"高高在上的专家"。我没有急于回答讨论区中的各种问题，而是鼓励学生之间互相帮助进而解决彼此的问题，并且对提供帮助的同学表示感谢。这种做法让学生变得更加独立和自主，并且不再只是一味被动地等着让教师回答所有的问题。

　　一个优秀学习社群的运行不是仅仅依靠单一的领导者就能实现的。如果学习社群运行良好，那么，这样的领导者会不断出现并且社群会适时地改变自身的架构。不过，有时候一些学生似乎天生就是领导者和辅导者。Coursera 将这些学生视为潜在的"社群教学助理"（CTAs）。在我第一门名为"互联网的历史、技术和安全"（Internet History，Technology and Security）的慕课课程中，我发现有 8 位学生具备高于一般学生的领导力和辅导能力，因此，我邀请这 8 位学生作为第二次开设这门课程时的CTAs。在这过程中经历了一些人员的变动，不过有 3 位 CTAs 一直跟随我开设了 10次课程，成为 CTAs 中的元老。

　　来自北加州的 Sue、来自意大利的 Mauro 以及来自埃及的 Mazen 是我慕课课程中的元老级 CTAs，并且也成为开设课程必不可少的人。当我们又一次准备开设"人人学编程：Python 语言"时，他们在正式开课的前几个月花费了大量的时间和精力修改完善所要用的教学材料。在线下课程中，我有助教，或称为研究生教师（Graduate Student Instructors），这些助教也都是非常出色的教师和辅导者。在暑假期间，我也不时地邀请这些助教担任我慕课课程讨论区中的 CTAs。虽然他们很好地胜任了校园的助教工作，可是，他们在慕课课程讨论区的表现却不如之前招募到的 CTAs，他们只是参与者而非领导者。这些差异表明，线下课程以及慕课课程所需要的教学支持技能是不同的。

### 与学生面对面的时间

　　我与学生面对面交流是为了了解他们学习慕课课程背后的原因。在某种意义上，我对他们的访谈是一种特别的焦点访谈，可以用来改善我的课程。结果，我发现学生学习慕课的原因非常复杂多样，并且他们对课程的价值期待也不一样。来自不同地区的学生选课原因也是不一样的。我将在下文详细描述我在访谈中的一些发现，除了一些评论外，我不做任何评价。这些访谈是最小的数据单元。在这过程当中，我们试图用一杯咖啡或者一杯茶的时间来了解和倾听一个个真实学生的故事。

2012 年 7 月 26 日，我在纽约与学生进行了第一次面对面交流。我不知道将会发生什么，这种感觉就像是两个素未谋面的人的第一次约会，对方可能是 56 000 名学生中的任何一个，也可能对方根本就不会出现。不过，最终来了 6 个学生，我们交流了一个多小时。让我惊讶的是，我们在交流过程中几乎没有涉及课程内容本身，我们大部分时间都用来讨论慕课的意义以及教育由此可能发生的变革。学生们对于慕课的本质及其未来的发展方向非常好奇。如果你对我们的交流感兴趣，欢迎登陆 http://office-hours.dr-chuck.com 浏览我们这次的视频以及我与其他学生交流的视频。

虽然到目前为止[①]，慕课的大规模兴起还不足半年，但是，有的学生认为其有希望取代 MBA 课程。那些在经济形势良好的国家中有稳定工作的人迫切需要一些实用技能。这些人不需要为了提高薪水而去再拿一个文凭，然而，他们需要 MBA 的相关知识和技能，从而可以拓宽他们的职业道路。

早在 2012 年 10 月，我在韩国首尔第一次与国际学生进行了面对面交流。我到达首尔之后发现有一位学生学习慕课是为了让自己更容易地适应即将到来的美国研究生学习。另外一个学生是我密歇根大学的校友，他参加慕课一方面是为了学习一些有趣的东西，另外一方面就是与母校取得联系。第三个学生学习慕课课程是为了学习一些专业技术。

同样是在 2012 年 10 月，我来到了巴塞罗那，在那里与我交流的学生基本上都接近 30 岁并且都具备本科学位。他们都认为 Coursera 是非常有意义和价值的教育载体。他们认为 Coursera 提供了与当地研究生课程相同的知识和技能，但是并不收取学费。他们当中有些人正在或者已经修完了五门 Coursera 慕课课程。

175

2013 年 6 月，我在澳大利亚的墨尔本和珀斯与学生进行了面对面交流。这次学生的年龄跨度比之前的都要大，其中有些年老的学生学习慕课纯粹就是想要学习。而有些学生是失业人员，他们学习慕课是为了获得一些技能并重新就业。

2013 年的 6 月底，我在伦敦的哈默史密斯地铁站与学生进行交流，这些学生的背景同样也复杂多样。不过，这次的大部分学生并没有完整修完一门慕课，他们学习慕课一方面是为了满足好奇心，另一方面是为了自身发展。这次交流也是第一次有学生用相机记录下完整的过程。后来，我半开玩笑地问我的网络教学团队成员是否同意给我配备一名摄影师陪伴我到全球各地去与学生交流，并全程记录从而将课堂变成一场

---

① 作者写稿时。——译者注

"真人秀"。在稍作思考过后,他们的回答是"不"。

2013 年底,我在斯洛文尼亚和克罗地亚与学生进行面对面交流。虽然当时参加的人数不多,但是,这些学生都志在利用慕课丰富他们的教育经历。在美国亚利桑那州菲尼克斯进行的面对面交流中,其中有两位学生,年龄更大,并拥有高学历和稳定的工作,他们将 Coursera 慕课课程视为一种充电学习新东西的好方式,因为他们长期投身于工作之中。

2014 年 2 月,在盐湖城只有一位学生来与我进行面对面交流,不过他真的非常有趣而且特别投入。他是我见过的第一位对职业持非常灵活且放松态度的学生,他没有接受过正规的大学教育,不过他在供职的科技公司中表现非常出色。他非常聪明,认为正规教育非常无趣。因此,他选择在需要的时候自学(比如,他想要换工作的时候)。Coursera 是他的理想选择,因为他可以在业余时间选择学习需要的知识而无需交费。

2014 年 5 月,当我到华盛顿特区与学生进行第二次面对面交流的时候,我已经在 Coursera 上开设了第二门慕课课程——"人人学编程:Python 语言",这一次我特意为没有数学以及编程背景的学生开设了这门 Python 编程语言课程。

尽管我非常享受在华盛顿特区、首尔、墨尔本以及伦敦等地与学生的交流,但是,2014 年 6 月在佛罗里达州迈阿密的那次交流却最能够触动我的心弦。那次的学生中有一半是典型的中产阶级,他们认为课程充满了乐趣和潜力。而另外一些"不太走运"的学生则将 Coursera 视为他们永恒的教育源泉。Coursera 为他们提供了再教育的机会。这样看来,Coursera 就充当了弱势群体的有力工具,同时还为那些寻求工作的人们提供了帮助。

我最近一次与学生的交流发生在马塞诸塞州的剑桥市,靠近麻省理工学院的一个地方,那是在 2014 年 7 月,也就是在我写这篇文章的时候。对于这次交流,我充满了美好的回忆,因为交流的气氛非常浓厚,现场有一半的学生具备工作经验并且接受过高等教育。其中一位学生曾经是麻省理工学院的教授,还有一位学生是全职家庭主妇,她希望通过 Coursera 接受进一步的教育。不过,那天与另一位学生的谈话却是最有趣的,虽然他在大学里学的并不是工科专业,但他却极度渴望学习工科专业从而可以从事技术类工作。这一次特殊的谈话让我由衷地希望 Coursera 能提供一系列有关编程和网页设计的高水平课程。让人欣慰的是,其他一些工科专业的学生让他参与了他们的线下见面会(meet-up),他也因此能够更多地了解周围高度活跃的工科类学习社群,从而使得他能够开始追求自己的另一片天地。换句话说,我的 Coursera 课程引领他进入了一个学习社群,在这里他可以得到学习上的辅导并获得大量的资源以及专业联系。

截至目前,我与我的慕课学生进行了超过 25 次面对面交流。不管我已经与学生交流了多少次,我知道这样的交流永远不会停止。与学生在一起我总能学到新东西。学生们非常感谢我愿意抽出这么多时间与他们进行面对面的交流并不时给一些看法。每当这时,我都会试图解释,其实我这样做的出发点是有点自私的。因为如果没有面对面的交流,我就不清楚我面对的学生是谁,也就会因此失去教学的意义。如果真是这样,我也将会又一次停止教学,就像上文提到的那门 20 世纪 90 年代末因为缺乏师生交流而停止的网络课程。

**慕课学生的心声**

在某种程度上,与学生进行面对面的交流是一种独特的慕课体验,而这对于一名慕课教师来讲可能是始料未及的。为了向人们展示在慕课中与学生进行面对面交流的可能性,我于 2014 年在德州奥斯汀举办的 SXSWedu 会议①上作了一场题为"慕课学生的心声"(The Voices of the Students in MOOCs)的报告。我的目的之一是让人们了解这些参与慕课学习的学生。通过在过去 24 个月里与世界各地的慕课学生的交流,我发现他们的故事是多种多样的、有趣的而且是值得聆听的。

因此,我向超过 10 万名学习过我的慕课课程的学生发出请求,请他们以视频的形式表达对慕课的感受并将其发送给我,然后,我对这些视频进行了编辑、合成,并最终制作出在 SXSWedu 会议上使用的视频。通过使用 YouTube 收集这些视频,我收集到了在之前的面对面交流中所没有的想法。你可以在 voices.dr-chuck.com 上观看学生发给我的视频以及我在 SXSWedu 会议上展示的视频(不包括我现场讲解的部分)②。以下四点是我从学生发给我的视频中额外收集到的他们学习慕课的动机:

- 刚刚接受完正规教育并已经找到一份不错的工作的学生选修慕课的原因是希望学习成为生活的一部分。

---

① SXS Wedu 会议能够吸引大量有前瞻性的学者,旨在影响教学与学习的未来。——译者注
② 作者现场使用视频进行分享,在必要的时候作者会将视频暂停并补充一些内容,但是补充的内容不包含在视频内。——译者注

- 工作岗位要求必须参加继续教育,不过由于地理位置以及其他的原因,他们只能选择网络课程。

- 对于慕课浪潮本身及其变革社会的潜力感到兴奋。

- 希望通过慕课接触到不同的文化并从中汲取营养。

我不断地要求学生发送视频给我并将其添加到"慕课学生的心声"这一 YouTube 频道中。如果你登录 YouTube 并查看 voices.dr-chuck.com 这个网页,然后观看一两个视频,相信你会更加理解本章中的观点。

## 结论

慕课的诞生就如同一部科幻电影,某人从先进文明中获得了一个宝物并无意间开启了这个宝物。从某种程度上来说,当 Daphne Kollar、Sebastien Thrun、Andrew Ng 以及其他人在 2011 年秋免费向任何具备网络连接的人提供课程的时候,大规模的慕课运动才算真正兴起,这样一场运动迅速得到了全球范围内数以百万计的学习者的响应。

在过去的 3 年时间里,尽管有关慕课的研究和实验仍在继续进行着,但是,我们已经学会了如何有效设计慕课课程。还有许多大学出于不同的目的而加入到这场运动中。同时,随着学习者不断参与到慕课学习中来,研究者也因此可以收集到海量的数据,于是就产生了一些非常有深度的研究。顶尖大学也在想方设法利用慕课提升自己的排名以及知名度。很自然地,一些教师也在这场运动中获益颇多,他们利用慕课以及开放教育资源使自己在职业上得到发展。事实上,俄亥俄州立大学的一位教授获得了终身教职,据报道很大程度上是因为他在 Coursera 上开设了一门口碑非常不错的慕课课程——"微积分基础"(Calculus One)。

我认为慕课的迅速崛起以及唾手可得的数据蒙蔽了我们的双眼,使我们忽视了一些最基本的问题:我们对慕课的感受如何? 慕课的核心以及灵魂是什么? 我们因何而教? 随着你阅读本书其他章节的内容并具备慕课相关的经验,你或许会得到与我不同的结论。

我不认为我们可以从那些海量的数据中找到上述问题的答案。我也不认为这些问题的答案是唯一的。经验告诉我,学生在慕课学习之旅收获了价值,而他们获益的方式是我们所不能想象的。我与学生交谈得越多就越能发现慕课能够以不同形式改变学生的学习之路,就越能感受到每个学生的学习之路都是不一样的。

在高等教育领域,我们非常擅长改变学生的学习之路,我们让学生在校园里接受四年高强度且沉浸式的教育。但是有一点必须要明白:我们没有足够的空间和资金去给每一个渴求接受这种源自中世纪的教育的人提供受教育的机会。但是,有了慕课,一位教师就可以给千千万万的学生授课并影响这位学生的求学经历。然而,如果我们不能更好地了解新一代学习者的真正需求,那么,我们提供的就仅仅只是为期十周的课程而已,并不能真正满足学习者的需求。

我认为,中世纪的那种教师通过与学生在一起喝咖啡或者饮茶闲聊的方式进行的教学是我们了解这种新型教育模式的最佳途径。然而,不像中世纪,在如今这个高度联通的世界里,在这个数字教育不断膨胀的时代里,如我一样的慕课授课者能够有机会(或者说有幸)去到世界不同角落的咖啡吧里,与分散在全球各地的慕课学生进行面对面的交流,从而更好地了解这些学生们的不同需求、期望和学习经历。所以,请好好利用联通的世界所带来的便利,行动起来吧,学生们需要你!

**Charles Severance** 在密歇根州立大学获得了计算机科学的本科学位、硕士学位和博士学位。他目前是密歇根州立大学信息学院的临床副教授。Charles 在 Coursera 平台上教授的两门慕课都获得了巨大的成功,分别是"互联网的历史、技术与安全"和"人人学编程:Python 语言"。他还是《IEEE 计算机杂志》的"计算对话专栏"的编辑,同时他出版了著作《Sakai:建立开源教育社区》(*Sakai:Building an Open Source Community*)。除了将媒体当成个人的爱好,Charles 也主持了多个电视节目,其中包括由 MediaOne 录制的《唯有网络》以及《互联网:TCI》,在 10 年时间里,他还与别人合作主持了一个有关互联网和技术的广播节目。

179

| 初译 | 交叉 | 二校 | 终审 |
|------|------|------|------|
| 陈文宜 | 范奕博 | 范奕博 | 焦建利 |

## 第 16 章
### 协同设计与面向教师专业发展的慕课的开发

Bernard Robin，Sara McNeil

## 面向教师专业发展的慕课

180    和全球其他地区的教育工作者一样，我们也一直在关注有关慕课的报道研究。事实上，在阅读了大量慕课相关的报道和报告之后，我们萌发了开设一系列覆盖基础教育以及高等教育的慕课课程的想法。2013 年，休斯顿大学系统（UHS）联合其他 9 个州立大学与 Coursera 结成联盟，我们获得了 UHS 为期三年的资助。在接下来的几年内，我们决定在原有的基础上设计、开发并上线另外几门关于创新技术工具的慕课，教师可以在课堂中使用这些工具促进学生主动学习。

总体而言，我们这一系列慕课的主题是"促进教与学的有力工具"。课程主题以及上线时间如下：(1)2014:"面向教育的新型技术工具以及数字故事的教育应用"（New Technology Tools for Education and Educational Uses of Digital Storytelling）；(2) 2015:"数码图像和数码摄影的教育应用"（Educational Uses of Digital Graphics and Educational Uses of Digital Photography）；(3)2016:"演示的设计、开发和评价以及数字视频的教育应用"（The Design，Development and Evaluation of Presentations and Educational Uses of Digital Video）。为了完成这些目标，休斯顿大学采用了 Coursera 平台（Coursera，2014）。

## 多媒体的协同设计与开发

我们在 2013 年秋季开设了"多媒体的协同设计"（The Collaborative Design of Multimedia）以及"多媒体的协同开发"（The Collaborative Development of Multimedia）这两门联系非常紧密的课程，课程内容是关于教育类交互多媒体资源的设计和开发。两门课程的授课教师协同工作，因此这两门课程的联系才会如此紧密，课程彼此

181

可以作为对方的有益补充。两门课程的任务以及最终的项目也是互相联系的，所以，一门课的最后成绩也影响着另外一门的成绩（Mc Neil & Robin，2013）。这两门课程的目标是让学生在使用多媒体著作工具的同时还参与到协同设计的过程中来，然后将所学知识应用到真实的项目合作环境中。

首期的两门针对教师设计的慕课（关于数字故事和新技术）对于上述两门联系紧密的课程是非常有意义的，因为这可以让学生探索更多与慕课相关的议题，而这些议题也一直是我们所关注的。目前慕课的研究热点包括慕课对高等教育未来的影响（Billington & Fronmuller，2013）、慕课对教与学的影响（Martin，2012）、慕课可能解决的教育问题（Rivard，2013）、慕课研究的分歧（Liyannagunawardena，Adams，& Williams，2013）以及把传统的面对面教学与慕课课程结合起来开展混合式教学等（Bruff，Fisher，McEwen，& Smith，2013）。

在学期初，我们尽可能多地与学生一起学习慕课课程，并且选修了所有当时开设的不同课程。在课堂的讨论环节，我们深入地探讨了这些慕课之间的异同。我们尝试解答在文献中频繁出现的基本问题（Abramson，2013；Kolowich，2013；Lombardi，2013；Marshall，2013），比如：为什么学生愿意学习慕课？为什么教师愿意开发和教授慕课？为什么大学愿意免费提供慕课？

在接下来的几周时间里，我们教师与学生就将要开设的两门慕课课程的内容和策略进行了激烈的讨论。这两门慕课课程的原始素材来源于两门有关"数字故事"和"新技术"的研究生课程。我们面临的第一个挑战是如何把一门原本授课时长达 15 周的课程压缩并转换成为期 5 周的"预览"式课程。而第二个挑战就是如何设计合适的任务。此外，慕课所特有的一些问题也使得学生助教们认真考虑课程的设计，例如，师生之间互动的减少（Dolan，2014）、不受课程限制的学习者（Yuan & Powell，2013）、学生成绩的评估问题（Guardia，Maina，& Sangrà，2013；Sandeen，2013）以及慕课极低的完成率（Daniel，2012）。

182

在课程的第一部分，团队首先确定教学需求，制定教学目标，撰写教案，创设故事板。在第二部分，团队开始设计课程的具体组成部分，其中包括每周的授课主题、初步的授课时间安排、课程评价标准以及图像和界面设计指导方针。经过为期五个月长的学期之后，团队成员各自承担起自己的责任，我们的角色也逐步从信息提供者和教师转变为促进者，继而转变为观察者。同时，随着学生们能够小组协作并主持团队会议以及课堂讨论,课程的结构也逐渐变得弱化。

### Webscape 模型

十多年前,当我们在设计一个基于网络的、多媒体增强的教育环境模型时,我们提出了"Webscape"这一术语(Robin & McNeil, 1998)。这一模型由五个部分组成(Robin & McNeil, 2015)。首先,学生、教师以及内容专家以小组协作的方式设计和开发富媒体的教学项目。多元化的团队能够在项目设计和开发的过程中综合考虑社会、文化、宗教以及教育等因素,对于项目成果的最终形成发挥着重要的作用。

第二,我们使用了许多不同的技术工具和资源,其中包括复杂的多媒体著作程序、动态数据库、数字故事软件以及视频编辑软件的高级使用技巧。在这一过程中,学生开发出了许多能够用于其他项目的多媒体工具,同时他们针对特定场景选择最优工具的能力也得到了锻炼。

第三,我们创设了一些基于真实情境的项目,而这些项目可以为教师、学生以及网站访问者所用。教学和学习的发生往往出现在富有挑战性的项目中(Lee & Lim, 2012;Thomas, 2000;Vega & Brown, 2013)。

第四,Webscape 项目采用了 Willis(1995)提出的基于建构主义、团队合作的教学设计方式。该教学设计过程是需要反思以及循环的,并且教学设计的计划过程是非线性的、有机的、发展性的以及协作式的。

最后,因为 Webscape 项目是复杂多面的,很难在一个学期内完成,因此,类似的项目通常都要持续一整个学年。Webscape 包含以下五个要素:(1)小团队合作,(2)多种多媒体与技术的使用,(3)真实的项目,(4)反思性、非线性的教学设计,(5)超出预期的课程开发周期,逐步形成一种吸引人的、交互性的学习环境。

183 ### Webscape 模型的组成元素

#### 小团队合作

从教师的视角出发,我们认为,将 Webscape 模型应用到慕课的设计与开发中面临着诸多的挑战。首要的问题是,虽然我们对于正在设计的这门慕课(面向 K-12 教师的数字故事和新技术)的相关教学内容和专业知识有充分的把握,但是,大部分学生助教对于这些内容是不熟悉的。因此,我们让学生以将要学习这门慕课的学习者的身份参与进来,从而找到自己期望从这门课程中学到的东西。为了缓解学生由于缺乏专业知识而造成的焦虑,我们提出每个项目的教学内容设计都由一到两位专业人员来负责。

### 多种多媒体与技术的使用

我们在 Webscape 这一项目中使用了最前沿、最新的技术手段来实现技术上的突破,同时开放这些技术资源。在 Webscape 项目的早期,学习我们课程的许多学生都需要学习一些基本的知识,如网络设计技术,其中包括如何使用 HTML 创建和编辑网页,如何处理图像以及如何将文件上传到网络服务器等。然而,即便是在早期,我们也鼓励学生在掌握了基本的技术之后去学习使用高级的技术,比如 QuickTime VR、JavaScript 以及流媒体等。正是由于我们不断努力地使用最流行、最先进的技术,我们才能找到最时髦的工具来开发教育资源。同时,这也迫使我们去面对许多与用户界面设计相关的关键问题,并考虑不同的网站访问者对于这些设计的接受性以及使用性的问题。

### 真实的项目

如果某一项目仅仅只是由一个学生负责开发,那么这时整个设计过程将会变得相对简单。然而,如果这一项目需要由一个团队共同设计开发,那么就会变成另外一番景象。比如,这时对于项目最终成品的期望值将会更高,同时,由于不同思想和观点的碰撞和交集,项目的层次就会变得更高。项目组成员提出自己的想法并和大家一起讨论项目的目标,因此,最终项目的质量也会提高。

在课程的设计过程中,我们有意识地引入了"挑战性"这一要素。最初,在我们未给学生明确预期目标,未提供所需材料以及详细的内容大纲时,学生们显得有些不知所措。学生们一开始显然对这种做法感到不适,不过在一个学期的 15 周课程的学习过程中,他们对于自己设计和开发教学材料、制定教学目标、确定所需材料的样式以及组织方式的能力感到越来越自信。我们认识到,真实情境中的挑战性任务能够培养学习者的终身学习能力,同时还能丰富和改变他们的心智模型。一个既能够反映当今现实工作环境又具备实际应用意义的项目应该是学习者在学习中关注的重点,同时这样的项目可以充当学习的催化剂。

184

### 反思的、非线性的教学设计

参加这两门课程的学生都学完了一门有关教学设计的基本课程并且在课上使用迪克和凯瑞模型(Dick，Carey，& Carey，2011)设计了一个简单的任务。尽管这一模型中有一个步骤是"修订教学"，但是，就我们的经验来看，大多数学生仍然把教学设计看作是一个线性的过程。通过使用这两门课中的反思以及非线性教学设计模型，学生们认识到在教学产品的设计和开发过程中需要经常进行反思及回顾。事实上，他们后来开始慢慢意识到整个教学设计的过程都需要进行不断的反思和改进。慕课对于Webscape 模型而言是一个绝佳的案例，因为至今对于如何开发慕课，人们并没有一个清晰的答案或者被普遍接受的模型(Franka，Meinel，Totschnig，& Willems，2013；Schrire & Levy，2012)。当学生们开始设计慕课课程时，他们最初对于教学设计过程的认识发生了极大的转变，并且他们在整个设计过程中都不断地进行着反思和修订。

### 超出预期的课程开发周期

正如前文所提到的，大部分的 Webscape 项目都非常复杂和多元化，因此，很难在一个学期内完成类似的项目。虽然在秋季学期这两门慕课的设计都取得了较大的进展，但是，具体的教学内容的开发，比如视频、测验以及讨论任务等都还没有完成。所以，慕课课程教学材料的开发一直持续到接下来的春季学期以及夏季学期，开发团队成员包括原先的 5 个成员以及我们实验室的另外 1 名学生，跟我们一样，这名学生在设计过程中充当学科专家的角色。

### 我们的收获

我们从协作设计以及开发这两门慕课的经历中获得了真知，而我们也非常确信，这样的经历对于我们开发新的慕课课程以及完善上述两门课程非常有帮助。接下来，我们将讲述截至目前我们在项目中的收获。

**把教学内容从文本转换为视频**。虽然我们有大量可用于慕课的教学材料，但是从这些海量内容中找到适合 5 周慕课教学容量的内容却花费了我们大量的时间，并大大超出了我们的预期。选用合适的方法将挑选出的内容转换为短视频同样花费了超出我们预期的大量时间。

比如,在以往的 Webscape 项目中,我们开发了大量包含多媒体内容的文字网页,而这一慕课项目的重点是开发大量的短视频教学片段来取代单纯的文本阅读。因此,我们需要将文字教学内容转换为可供慕课教学使用的视频片段,这对我们而言是巨大的挑战,因为我们需要确定视频的范围和顺序,这也就意味着我们必须根据每一周的安排录制相应的视频课程。接下来,我们还需要考虑其他几个关键问题,比如,视频在哪里录制,教师是否出镜,视频的长度,视频的格式以及背景音乐的选择等。

上文中提到的许多问题是我们在录制完第一组视频之后才发现的,在此之前我们并不清楚其中包含多少不确定因素。比如,我们事先并没有意识到提前准备讲稿的重要性。因此,主讲教师在第一组视频中是即兴发挥的。在录制前,我们以为该教师对所讲领域是非常熟悉的,因此并不需要讲稿。不幸的是,这种假设是不成立的,因为站在摄像机前录制一段供成千上万的学习者观看的视频与站在课堂中面对少数学生讲课是完全不同的体验。

**几乎无门槛的技术使用**。为来自全球 100 多个国家的成千上万的潜在学习者设计基于技术的学习任务需要极强的创新性和灵活性。比如,在"数字故事"这门慕课中,我们要求学习者与同伴分享视频和音频材料以便能够得到彼此的反馈。然而,线上分享视频的做法在有些国家进行得非常顺利而在另外一些国家和地区却不尽如人意。在"给教师的新技术"这门慕课中,我们还不确定是否每个国家的学习者都可以免费使用 Web 2.0 工具。

**使用 Coursera 平台**。我们也用了大量的时间去探索 Coursera 是如何影响一门慕课的组织形式并最终影响其教授方式的(Lane,2009)。我们需要花更多的时间来继续了解如何使用 Coursera 平台。当然,如果能够早些了解这些情况的话,那么我们会得到更多的益处。虽然我们对我们自身的技术水平信心满满,然而,学习使用一个新的教学平台却并不如我们想象得那般简单。

**慕课开发所需要的支持**。由于慕课的开发在我们这所大学还处于初级阶段,因此我们未能在全校范围内得到帮助。我们需要自己完成许多工作,比如,寻找安静的地方来录制课程,录制配音,编辑多媒体文件,以及修改我们在 Coursera 上开发的 HTML 代码等。当然,我们非常庆幸能够拥有一群聪慧而主动的研究生来帮助我们完成这一系列的任务,这些研究生的研究方向是学习、设计与技术。

186

**版权问题**。由于 Coursera 是一个营利性质的公司,因此我们在课程中使用的教学内容必须是无版权限制的。Coursera 的这种版权要求与我们以往在学校里面遇到的情况是不一样的，在学校里面我们偶尔会使用一些有版权限制的内容，因为有版权限制，所以，我们只能将相关内容用于非营利性的教育场景中。然而，由于一些学生所在的国家对于教育材料的使用限制更为严格，因此，我们决定在课程中所使用的内容要么是原创的，要么是得到授权的。

**延长的开发周期**。最初，我们设想学生利用前半个学期完成课程的设计，然后利用后半个学期完成课程的开发。然而，实际上课程的设计过程所花费的时间就远远超出了我们的预期。我们老师和参与的学生整个学期都在不断修改慕课的设计。由于这是我们第一次设计开发慕课，因此，我们一开始所展现的过分乐观和野心勃勃并不奇怪。事实上，我们的学生都是初次接触慕课和了解慕课是如何运行的。

**设计的决策**。我们认识到，先单独设计一门慕课要比同时设计两门慕课更加容易且富有成效。在着手开发第二门慕课"给教师的新技术"之前，我们集中大部分精力开发第一门慕课"数字故事"。这种安排使得我们第二门慕课的开发变得非常顺利，因为"内容呈现"所面临的许多技术方面以及教学法方面的重要问题已经在第一门课程的开发中得以解决，我们可以将这些经验用于第二门课程的开发中。

最后，我们在这两门慕课的设计和开发过程中所做的三个决定非常重要并对项目的运转产生了重要的影响。首先，开发一系列慕课比单独开发一门慕课更加有意义。因为我们可以将从一门慕课开发中学到的知识和技能应用到其他一系列用于教师专业发展的慕课开发中来。其次，我们认识到慕课项目所涵盖的范围会非常广泛，因此我们应该让研究生也参与到项目的运行中来。这种参与对于研究生而言是一次非常宝贵的教育经历，同时，这对教师也是非常有益的，因为教师可以从中学到如何与学生合作开发慕课课程。学生可以从慕课的设计和开发过程中亲身体会到教师在教学内容的设计和传播过程中所使用的许多重要的设计原则。最后，我们深信，Webscape 模型经过改编之后可以用于指导慕课的设计，因为我们之前已经使用这个模型设计和开发过几个大型的教育网络项目。

187

## 结束语

Webscape 模型可以被看成是基于设计的研究项目，因为它的目的在于改善教育实践、促进反思并鼓励研究者和实践者在真实情境中展开合作（Wang & Hannafin，

2005）。作为教师，我们从中所得到的经验将会为我们后续的一系列基于设计的研究提供坚实的基础，后续的研究将聚焦于设计、开发、实施和评价 6 门慕课系列课程。

我们从这两门慕课中收集到的数据将有以下用处。首先，我们可以利用这些数据来完善课程的设计和传播，而这些课程将面向全球范围内的海量学习者。其次，借助这些数据，我们可以评估哪些技术比较适合，哪些技术需要改进或者替换，因为慕课的结构与典型的网络课程有着非常大的差别。最后，我们还可以利用这些数据确定真实任务的设计方针，这些真实任务使用创新性技术来增强学习。

虽然慕课项目与之前的 Webscape 项目有很大不同，但是，Webscape 模型中的关键要素还是能够用于有效地组织慕课课程活动的。模型中的五个组成部分，（1）小团队合作，（2）多种多媒体与技术的使用，（3）真实的项目，（4）反思的、非线性的教学设计以及（5）超出预期的开发周期，为本文中提到的两门慕课的设计提供了有用的指导。本文中的慕课项目是 Webscape 模型的最新发展形态，Webscape 模型会随着新型的基于技术的教学以及学习方式（比如慕课）的发展而发展，这将使我们有机会接触到更多具有不同背景的学习者。

**Bernard Robin** 是休斯顿大学学习、设计与技术专业副教授，他教授将技术整合进传统和在线课程，他尤其重视多媒体的教育应用。他是数字故事的教育应用方面的知名专家，在过去的十多年间，他一直从事这方面的教学、工作坊组织、文章撰写以及指导学生的工作。他的"数字故事的教育应用"网站（http://digitalstoryelling. coe. uh. edu/）为广大对于数字故事与教学活动整合感兴趣的教师和学生提供了丰富的资源。

188

**Sara McNeil** 是休斯顿大学学习、设计与技术专业副教授。她讲授的课程包括"教学设计"、"多媒体的协作设计与开发"以及"信息的可视化表征"。同时,她还研究新兴技术在教育环境中的应用,并发表了相关的文章,同时她还在全球范围内就这一话题发表演讲。她的多媒体项目有"数字历史的设计与开发"(http://www.digitalhistory.uh.edu),该项目为师生免费提供了大量优质的历史资源,另外一个是"新技术与21世纪技能"(http://newtech.coe.uh.edu),这一项目为 K-16 阶段的老师针对特定任务选择合适的 Web2.0 工具提供了指导。

| 初译 | 交叉 | 二校 | 终审 |
|------|------|------|------|
| 陈文宜 | 范奕博 | 范奕博 | 徐品香 |

# 参考文献

Abramson, G. (2013). The newest disruptive technology—MOOCs. *Journal of Applied Learning Technology*, *3*(1),3 - 4.

Billington, P., & Fronmuller, M. (2013). MOOCs and the future of higher education. *Journal of Higher Education Theory and Practice*, *13*(3/4),36 - 43.

Bruff, D., Fisher, D., McEwen, K., & Smith, B. (2013). Wrapping a MOOC: Student perceptions of an experiment in blended learning. *MERLOT Journal of Online Learning and Teaching*, *9*(2),187 - 99.

Coursera. (2014). *Courses*. Retrieved from https://www.coursera.org/courses.

Daniel, J. (2012). Making sense of MOOCs: Musings in a maze of myth, paradox and possibility. *Journal of Interactive Media in Education*. Retrieved from http://jime.open.ac.uk/2012/18.

Dick, W., Carey, L., & Carey, J. (2011). *The systematic design of instruction*. Upper Saddle River, NJ: Pearson.

Dolan, V. (2014). Massive online obsessive compulsion: What are they saying out there about the latest phenomenon in higher education? *The International Review of Research in Open and Distance Learning*, *15*(2),268 - 81.

Franka, G., Meinel, C., Totschnig, M., & Willems, C. (2013). Designing MOOCs for the support of mukiple learning styles. *Proceedings of the 8th European Conference on Technology Enhanced Learning* (*EC-TEL*), Paphos, Cyprus: Springer Verlag.

Guàrdia, L., Mama, M., & Sangrà, A. (2013). MOOC design principles. A pedagogical approach from the learner's perspective. *eLearning Papers*, *33*(May), 1 - 6.

Jordan, K. (2014). Initial trends in enrollment and completion of massive open online courses. *The International Review of Research in Open and Distance Learning*, *15*(1),133 - 59.

Kolowich, S. (2013). The professors who make the MOOCs. *Chronicle of Higher Education*, *59*(28). Retrieved from http://chronicle.com/article/The-Professors-Behind-the-MOOC/137905/#id=overview.

Lane, L. M. (October, 2009). Insidious pedagogy: How course management systems affect teaching. *First Monday*, *14*(10). Retrieved from: http://firstmonday.org/htbin/cgiwrap/bin/ojs/index.php/fm/article/viewArticle/2530/2303.

Lee, H., & Lim, C. (2012). Peer evaluation in blended team project-based learning: What do students find important? *Journal of Educational Technology & Society*, *15*(4),214 - 24.

Liyanagunawardena, T., Adams, A., & Williams, S. (2013). MOOCs: A systematic study of the published literature 2008 - 2012. *International Review of Research in Open & Distance Learning*, *14*(3),202 - 27.

Lombardi, M. (2013). The inside story: Campus decision making in the wake of the latest MOOC tsunami. *MERLOT Journal of Online Learning and Teaching*, *9*(2),239 - 48.

Marshall, S. (2013). Evaluating the strategic and leadership challenges of MOOCs. *MERLOT Journal of Online Learning and Teaching*, *9*(2),216 - 27.

Martin, F. (2012). Will massive open online courses change how we teach? *Communications of the ACM*, *55*(8),26 - 8. Retrieved from http://dl.acm.org/citation.cfm? id=2240246.

McNeil, S., & Robin, B. (2013). Linked graduate courses in instructional technology: An innovative learning community model. In R. McBride & M. Searson (Eds.), *Proceedings of Society for Information Technology & Teacher Education International Conference 2013*(pp.1373 - 80). Chesapeake, VA: AACE.

Rivard, R. (2013, July). Beyond MOOC hype. *Inside Higher Ed*. Retrieved from http://www.insidehighered.com/news/2013/07/09/higher-ed-leaders-urge-slow-down-mooc-train.

Robin, R., & McNeil, S. (1998). A theoretical framework for creating Webscapes: Educational information landscapes on the Web. In T. Ottmann & I. Tomek (Eds). *Educational Hypermedia and Multimedia*. Charlottesville, VA: Association for the Advancement of Computing in Education, pp. 1816 - 17.

Robin, B., & McNeil, S. (2015). Webscapes: An academic vision for digital humanities projects on the Web. *Book 2.0*,*4*(1+2). pp.123 - 143. doi: 10.1386/btwo.4.1-2.123_1.

Sandeen, C. (2013). Assessment's place in the new MOOC world. *Research & Practice in Assessment*, *8*(1),5 - 12.

Schrire, S., & Levy, D. (2012). Troubleshooting MOOCs: The case of a massive open online course at a college of education. In T. Amiel & B. Wilson (Eds.), *Proceedings of World Conference on Educational Multimedia*, *Hypermedia and Telecommunication 2012* (pp.761 - 6). Chesapeake, VA: AACE.

Thomas, J. (2000). *A review of research on project-based learning*. San Rafael, CA: Autodesk Foundation. Retrieved from http://www.bie.org/research/study/review_of_project_based_learning_2000.

Vega, A., & Brown, C. (2013). The implementation of project-based learning. *National Forum of Educational Administration & Supervision Journal*, 30(2), 4 - 29.

Wang, F., & Hannafin, M. J. (2005). Design-based research and technology-enhanced learning environments. *Educational Technoiogy Research and Development*, 53(4), 5 - 23.

Willis, J. (1995). A recursive, refiective instructional design model based on constructivist-interpretivist theory. *Educational Technology*, 35(6), 5 - 23.

Yuan, L., & Powell, S. (2013). *MOOCs and open education: Implications for higher education*. Bolton: CETIS. Retrieved from http://publications.cetis.ac.uk/wp-content/uploads/2013/03/MOOCs-and-Open-Education.pdf.

# 第 17 章

## 女权主义的慕课替代课程

分布式开放协作课程的开端

Erika M. Behrmann, Radhika Gajjala, Elizabeth Losh, T. L. Cowan, Penelope Boyer, Jasmine Rault, Laura Wexler, CL Cole

190

　　2013 学年，我们见证了学生抗议示威，宫廷政变①，丑闻等，同时也包括肆意破坏公物及欺骗学生等在内的诸多行为。有趣的是，这些并不是由世界范围内政府层面上的政治问题而引起的，而是由抵制慕课引起的。教员们担心丢掉自己的工作，担心他们的传统课堂失去活力，同时也担心丧失自己的话语权。尽管越来越多的教员反对慕课这种教育传播的新形式，但是，学校管理部门仍认为慕课具有巨大价值，并持续积极推广慕课。而就在教员们犹豫迟疑和抱有怀疑态度之时，女权主义技术网络（FemTechNet）和分布式开放协作课程（Distributed Open Collaborative Course，DOCC）二者的出现为这些问题提供了解决方案。

　　分布式开放协作课程是受女权主义教学法理念的启发而产生的一个协作项目。在使用最新学习技术方面，该项目将女权主义教学法的理念融入到协作当中，但是协作的发生既得益于数字知识的出现，但同时也受到其限制。分布式开放协作课程的共同特征是什么呢？对于刚接触这一概念的人来说，在这个过程中会有强烈的"反思性参与"出现。不仅如此，人们还会发现，课程的一大焦点就在于知识的共同创造、对分布式专业技能的认同，以及对分布式资源的合作使用。例如，一门分布式开放协作课程要求付出大量的劳动，而其劳动量远远超过教授一门课程通常所需要的基本劳动量。一门分布式开放协作课程的设计和实施需要不同平台和教学模式之间的协同，以

---

① 2012 年 6 月 10 日上午，维吉尼亚大学（University of Virginia）的校董事会发动了一场"宫廷政变"，将时任校长 Teresa Sullivan 强制辞退，这一事件的导火索是学校董事会认为校长对待慕课这一新生事物的态度不够热情。——译者注

便适应于不同的需求、规模以及不同的地域环境。

　　本章的作者全程参与了分布式开放协作课程的初期建设以及后续开发。2013年,分布式开放协作课程网包含 18 个合作单位,同时还有代表不同大学、不同职位和不同学科背景的 27 位教师,他们分别来自博林格林州立大学(Bowling Green State University)、布朗大学(Brown University)、加州理工大学圣路易斯-奥比斯波分校(Cal Poly San Luis Obispo)、科尔比学院(Colby College)、耶鲁大学(Yale University)、新学校大学(The New School)、加利福尼亚大学圣地亚哥分校(University of California San Diego)、皮特泽学院(Pitzer College)、伊利诺伊大学(the University of Illinois)、俄亥俄州立大学(Ohio State University)、宾夕法尼亚州立大学(Penn State University)、加州州立大学富勒尔顿分校(Cal State Fullerton)、罗格斯大学(Rutgers University),以及安大略艺术设计学院(Ontario College of Art ＋ Design)。我们还有两个基于社区的项目:一个位于德克萨斯州的圣安东尼奥市,另一个在马萨诸塞州的北安普敦市。这些教师有不同的专业研究背景:媒体研究、科学技术研究、图书馆信息科学、美术与应用艺术、美国研究、性别与女性研究、民族研究。除了其交叉学科特性之外,这些节点课程班在规模大小与水平程度上各不相同,它们包括本科通识教育和入门课程、本科专业课程以及硕士研究生的研讨课程。这些课程中的一大部分都是通过线上线下相结合的混合式教学方式进行的,但是有两门分布式开放协作课程则是完全在线教授的,而其中一门由俄亥俄州立大学开设的课程是在"第二人生"(Second Life)①平台上进行的。有 200 多位学生(其中包括 25 位插班生)注册学习这 18 个网站上提供的课程。只有 2 位学生未能完成课程,从而使得课程的完成率达到了 99%。

191

### FemTechNet 的成立

　　2012 年春,来自新学校大学的 Anne Balsamo 和皮特泽学院的 Alexandra Juhasz 一起,与那些致力于技术问题研究的女权主义学者聚集一堂,商讨改进教学法的相关

---

① Second Life,中文译作"第二人生",是一个在线的虚拟网络世界,它于 2003 年 6 月 23 日上线,截至 2013 年,已经有大约 100 万常规用户。用户可以在"第二人生"上面创建自己的虚拟形象,并可以与其他用户交流和学习。——译者注

议题。通过女机器人联盟（Fembot Collective）①群发邮件，在一些诸如 4S②、HASTAC③ 和 ICA④ 之类的会议上的面对面研讨，以及许多其他不同的方式，FemTechNet 便诞生了，这是一个由学者、艺术家和学生构成的网络社群，他们主要关注技术、科学以及女权主义。

2012 秋季学期，我们几位着手依据分式开放协作课程的架构开发一门试验课程，这个架构非常强调机构间的合作。比如，博林格林州立大学的 Radhika Gajjala 和 Juhasz 教授利用在线的方式将学生联系起来，从而使学生可以在作业设计上开展合作，之后他们要求学生将作业发布到我们的主服务器和网站（http://femtechnet.newschool.edu/）上以便其他人也可以使用。

2013—2014 学年，围绕着"女权主义与技术的对话"（Dialogues on Feminism and Technology）这一门课程，教员们在网络学习架构下进行了大规模预试验。这门分布式开放协作课程包含一些基本的组成元素，即共享式学习工具和分享式学习活动。以最适宜于当地情形的方式方法，将这些学习工具或活动整合进你自己的课程之中，这是参与到这门分布式开放协作课程之中的几点要求之一。课程的一个重要工具就是"视频对话系列"（Video Dialogue Series），全球的学者围绕每周的主题开展对话，并将这些对话录制成视频。学生观看这些视频，然后录制他们自己的视频，他们录制的这些视频被称为"关键字视频"（Keyword Videos）。FemTechNet 中的不同组成单元共享这些视频，并且不同地区根据各自的需求使用这些视频。"女权主义与技术的对话"课程的其他三个重要活动包括：（1）"对象互换"，来自全国各地的学生相互结成笔友；（2）"用维基百科教学"或者"维基百科头脑风暴"，学生通过编辑维基百科来反思课堂上学习的内容；（3）"女权主义者绘制项目"，在这个活动中，学生制作交互式电子地图，来追踪一个主题的历史以及曾经发生的地点。尽管不同地区的参与者都根据各自的

192

---

① 女机器人联盟（Fembot Collective），是一个聚集了女权主义媒体活动家、艺术家以及学者的国际性联盟。——译者注

② 4S，即 Society for Social Studies of Science（社会科学研究协会），是一个创办于 1975 年的国际性的、非营利性质的学术团体，该协会致力于交叉学科的研究。——译者注

③ HASTAC，即 Humanities，Arts，Science，and Technology Alliance and Collaboratory（人文、艺术、科学、技术联盟和协作会），是一个跨学科的协会，聚集了一大批的人文学家、艺术家、社会学家、科学家以及技术专家。——译者注

④ ICA，即 International Communication Association（国际通信协会），该协会为那些致力于研究媒体通信的学者提供了一个舞台。——译者注

需求对上述活动进行了改编,但是他们选择的每一个活动都与课程的主题密切相关。

"女权主义与技术的对话"课程的主题是通过分辨和鉴别学术的、艺术的以及活动家的工作而产生的,这些工作已经使得女权主义的科学与技术研究变成了跨学科的交叉领域(例如,团体、劳工、种族、性别、机器等)。依靠集体的努力制作而成的视频对话系列体现了创新女权主义者的工作特点,这些具有创新精神的女权主义者包括Heather Cassils、Skawennati、Shu Lea Cheang、Wendy Chun、Maria Fernandez、Donna Haraway、Lynn Hershrnan、Alexandra Juhasz、Lisa Nakamura、Dorothy Roberts、Lucy Suchman、Judy Wajcman 以及 Faith Wilding。在 2013 年秋季期间,每周都会有一个新视频发布;任何想要观看视频的人都可以立即进行观看。截至写这篇文章时,这些对话视频已经被浏览 3000 多次了。

教师在分享每周的课程安排的时候还会附带阅读材料,这些阅读材料通常也构成了女权主义者制作每周视频的基本文本素材。教师与学生对这些视频的评价也构成了这些课程的主要内容,它们也会被当做补充材料而被加以使用。2014—2015 学年,在分布式开放协作课程"女权主义者与技术的对话"中,FemTechNet 参与者将会在继续开发新主题的同时,增加内容以进一步丰富课程的资源。

对 FemTechNet 的分布式开放协作课程来说,最重要的是其六种核心理念。这六种理念涵盖了本章节的大部分内容,具体如下:

(1) 反映女权主义者原则的有效教学法

分布式、协作式的教学需要一种多角度、多节点且灵活的知识生产和传播方式,这也使得女权主义教学法变得更加显而易见。女权主义教学法承认,课堂教学中的知识具有复杂性、差异性和情境性,并且认为权利和资源的获取之间具有一种非对等的关系。FemTechNet 所开设的分布式开放协作课程增进了教师与学生间的联系,而不是加深了个人主义和彼此孤立。并且,这门课程还认为这样的联系是实现政治变革的必要条件(Balsamo & Juhasz, 2012)。它优先支持资源的分配,而不是资源的囤积,打造的是(教育)关系网而非一个(教育)品牌。这门跨学科性质的"女权主义与技术的对话"分布式开放协作课程不属于一个单独的机构,而是多所学校和社区的人员通力协作的产物。

分布式开放协作课程的一个核心原则是:最重要的是"你与谁一起学习",而不仅仅是"你学到了什么"。这个原则有很多种实现方式,其中一种已经被教员们证明的方

193 式就是通过网络办公时间实现的。学生在自己的学校或者社区就能顺便"造访"在FemTechNet 中开设课程的老师。网络办公期间的师生交互既可以是一对一的形式，也可以是小组讨论的形式。通过这种形式的网络教学，学生不仅有机会和不同的教师讨论自己的观点，而且还可以和那些原本不可能通过其他方式结识的同学一起参与到一种共享的智力项目之中。

和参与学习的学生一样，分布式开放协作课程的教师也从网络学习环境中获益匪浅。他们讨论了许多与教师技能相关的活动，比如"有效撰写博客"、"女权主义在线教学法"、"非传统作业中的评价"，以及"创设跨（国际）情景的活动"等。通过这些活动，教师们体验到了网络专业知识和分布式教学法的资源分享能力。在当代的体制环境中，教师为了得到资源以及虽然稀少但是有意义的情感支持而竞争，这些活动是人们理解分布式开放协作课程的方式之一。分布式开放协作课程不只是一门课程，还是女权主义者创造世界的一系列策略。

分布式开放协作课程在很多方面颠倒了慕课的逻辑。分布式开放协作课程模型不是借助数字技术来增加师生比，而是通过网络运作来颠覆流水线式的教育。分布式开放协作课程不像慕课那样具有企业学习管理系统的架构（通常指的是 xMOOCs），而更加像人们经常提及的 cMOOCs。cMOOCs 的核心体现联通主义的原则，并且竭力与孤立学习者以及把他们当作竞争性主体的 xMOOCs 区别开来（Losh，2014）。分布式开放协作课程与 cMOOC 的某些方面基本相似，两者的目的都是为了将学生联系起来。然而值得注意的是，与 cMOOCs 不同的是，分布式开放协作课程是女权主义教学法塑造而成的，力图消除微观层面（师生分野）和宏观层面（制度压迫）的权力体系。

通过适应各种形式的差异（例如，地域、机构类型、教育水平以及基础知识等），我们反对专业发展和学业成功的个人主义取向。相反，受过去女权主义教育的创新和当代在线教学法的启发，我们正在设计一个数字结构，以继续重塑"教"与"学"的意义。分布式开放协作课程模型提供了一种教育体验，让体验者不仅认识到课程材料的复杂性，而且还认识到学习这一实践本身的复杂性（Cowan，2014；Cowan & Rault，2014）。

（2）扰乱教育机构的现状

参与者之间有关分布式开放协作课程的讨论大部分都集中在分布式任务上，因此，年轻教师、教师助理、研究生、教学技术专家以及图书管理员获得的协作奖励是公正合理的。慕课模式多采用一种自上而下的教学方式,而分布式开放协作课程模式则 **194** 要求不同职称头衔的同行相互尊重,并且坦然承认权力关系的复杂性。从这个意义上说,基础设施和社区建设的过程便构成了课程目标不可或缺的一个部分,既不极力追捧,也不台下分流,而是实实在在、批判性地发展建设课程。

女权主义者从事免费开放学习事业已经有很长时间,甚至可以追溯到 20 世纪之交的"睦邻运动"(settlement movement)①之前。从剑桥女子学校到跨国网络女权主义的教育项目,开创性的女权主义教学法早已成为公认的最佳做法——美国高校联盟(Association of American Colleges and Universities)认为其中的许多做法具有深远的影响(Kuh & O'DonneU, 2013)。这些教学法与高校课程标准操作流程有很大区别,而慕课仅仅是对这些操作流程稍作调整。例如,分布式开放协作课程计划中那些"基于社区的团体"(community-based groups)有能力为自己争取更大的自由度,然而由于慕课需要靠风险投资推动,因此,其无法给那些参与的团队更多发声的机会。例如,我们参加的 2013 年的分布式开放协作课程,"自由"的自组织团体在三个不同地区会晤,这些自组织团体不附属任何教育机构。

(3)挑战"获得技术等于获取知识"的假设,尊重教育行业中的人力投资

关于女权主义的学术研究让我们认识到单纯的技术创新并不能引起结构性的变革,正如新的清洗技术无法减少妇女花在无报酬的家务劳动上的平均时间(极端不公平)(Bittman, Mahmud Rice, & Wajcman, 2004)。另外,我们知道,网络空间的"自由"并不意味着没有种族主义和性别歧视(Nakamura, 2007)。此外,手提电脑和手机将我们从办公室解放出来却未能将我们(尤其是妇女)从无偿的加班中解放出来(Gregg, 2011)。也许直到最近我们才了解到,慕课的成功(Pappano, 2012)不仅掩盖了它自身花费巨大这一事实,同时还掩盖了女性、低学历人群和弱势群体在学习慕课时所面临的限制(Newman & Oh, 2014)。

对学生来说,虽然他们学习慕课是免费的,但是开发这些慕课的大学或者教授课程的老师却需要投入很多。例如,2012 年哈佛大学和麻省理工学院各出资 3 千万美

---

① 睦邻运动是一个社会改革运动,起源于 19 世纪后半期的英国,在 1920 年代于英国和美国达到高峰,影响了近代的社会福利与社会工作的发展,是今日社会团体工作的先声。睦邻运动主张受教育的志愿服务者要和穷人住在相同的地方共同生活,并领导邻里改革和提供教育与服务。——译者注

元建设 edX 平台。另外,美国各地的大学需要为加入 edX 平台支付 200 万到 500 万美元不等的费用,并且需要为每一门新开的慕课课程支付 25 万美元,如果需要再次开设该门慕课课程,则还需要额外支付 5 万美元。宾夕法尼亚大学和加州理工学院在 2013 年给 Coursera 投资了 370 万美元,但是估计宾夕法尼亚大学还需要为每门慕课课程支付 5 万美元的费用。最近,关于慕课运营成本的一项综合研究表明,在不同平台之间,运营一门慕课估计需要花费 39000 美元到 325000 美元之间不等。该报告得出这样的结论,"迄今为止,对各机构来说,开发慕课明显是需要花费大量的时间和金钱的"(Hollands & Tirthali,2014,p.9)。

　　除了上述提到的那些预计的开支,我们对慕课的开发和传播过程中因为人员的参与(比如教授的参与,教学团队(通常包括研究生)的参与)而带来的隐性支出更感兴趣,同时我们感兴趣的还有那些可以从慕课资源的分配和学习中获益的在校大学生的学费支出。鉴于美国高校联盟认同的那些具有深远影响的教育实践依赖于小班教学以及与教学团队固定的面对面接触(Kuh & O'DonneU,2013),似乎那些用来开发、维护以及教授慕课的资源可以更好地被用来增加教师以及研究生(比如助教)的数量,而他们又会与小组学生合作。正如本章所强调的,这些资源能够支持当前女权主义教学基础设施的发展,比如用来培养更多分布式开放协作课程中的教授、学生和教学技术设计者。

　　此外,随着智能手机普及的那一天的注定到来,所有的教师都感受到了"专业存在感消退"的压力。比较流行的预期是,教师每天的工作将无时无刻不伴随着数字技术,他们会用这些技术回复邮件、更新共享在谷歌服务器上的文件、撰写专业博客、参加视频会议等。然而,当"依据性别进行的劳动分工仍旧在极力抵制技术创新"时(Bittman et al.,2004),由此而带来的压力对于女教师而言是极为致命的。(Gregg,2011)。分布式开放协作课程聚集了许多在非学术机构、学术机构工作,并与被拖欠工资、无固定工作、非终身教职以及终身教职等各种人打交道的女权主义学者,分布式开放协作课程的参与者依据现有的女权主义教学法观点、技术研究以及劳工研究成果,在当前学术环境下发展出了一种女权主义的"颠覆性创新"。

　　(4)对"技术科学的选择并不是价值中立的"以及"基础设施的建设并不是简单地选择消费产品"观点的理解

　　经由相关公司和组织(Coursera,Udacity,Edx,FutureLearn,NovoEd 等)的推动,目前关于慕课最具吸引力的承诺就是它可以提供免费并且随时可获取的教育资

源。这一承诺对长久以来一直倡导并致力于开发创新型的以及免费的教育资源的女
权主义学者而言尤其有吸引力。我们可以回想一下,在二十世纪初,简·亚当斯(Jane  196
Addams)在芝加哥为穷人和移民提供免费大学教育的工作(Addams & Lagemann,
1994),或者在 1971 到 1992 年间,剑桥女子学校(Cambridge Women's School)为波士
顿的数千名学生提供的上百门免费的女权主义课程(Burgin,2011)。

最近,女权主义"衔接课程项目"(bridging programs)在美国各地提供课程和高校
资源,鼓励低收入(尤其是女性)学生开始或继续接受高等教育(Biemiller,2011;
Conway,2001)。正在实践中的女权主义教学法变革已经发展成为改善一直以来困
扰美国高等教育的经济、社会以及政治问题的良方(hooks,2003;Rich,1979)。事实
上,"免费并且随时可获取的教育资源"这一承诺对女权主义教育者以及学者的吸引力
很大,因为一个多世纪以来,他们一直在朝着这个目标努力。

(5)对区域和文化复杂性的认识

FemTechNet 试图从根本上改变慕课的基本理念以及设计(这些理念和设计在
xMOOCs 以及 cMOOCs 都有所体现),慕课打着这些理念的旗号声称要将北美一流大
学的先进知识传播给发展中国家的那些所谓的未能接受高等教育的群体。但实际上,
大多数慕课学习者已经获得大学文凭或者正在大学就读(Newman & Oh,2014)。此
外,慕课的设计是否适用于发展中国家(global south)的复杂情况仍旧值得商榷。

例如,如果你参观印度的大学校园、智囊团或者学习空间,你会发现那里的人会质
疑为什么要用视频录像取代会讲多种语言的教授。此外,即便是那些来自印度班加罗
尔(位于印度"硅谷"的中心地带)的社区空间——Jaaga① 的最忠实的慕课学习者,也
承认在没有人鼓励或者社区学习参与的情况下,很难完成在线课程的学习。

在 2013 年数字人文专题研讨会上,一位来自加尔各答(印度)并就读于总统大学
(Presidency University)的学生——Sritama 倾诉了她对慕课中同伴互评的挫败感,因
为给她打分的美国同伴对她的文化背景不了解,不仅不了解她的英式英语,也不理解
她的整个次大陆(subcontinental)知识框架(Chatterjee,2013)。Michael Roth 是卫斯
理大学(Wesleyan University)的校长,他开设了一门名为"现代和后现代"(The
Modern and the Postmodern)的慕课课程(Roth,2013),他说如果他能在成千上万的

---

① Jaaga 是位于印度班加罗尔市中心的一个专门服务当地艺术和技术发展的社区。——译者注

学习者中早点认识 Sritama，或许他会更加了解她的感受。遗憾的是，课程管理系统的功能不支持学生所希望的与教师的个性化交流，这确实很遗憾，因为教授慕课的教师是因为其卓越的教学技能而不是别的能力而被选中承担慕课的教学的。在慕课学习中，学生可以见到的授课教师往往是那些醉心于慕课试验的老师。例如，每当加州大学伯克利分校教师 Armando Fox 到国外参加会议时，他都会尽可能多地与当地的慕课学习者见面，但是，这仍旧无法取代师生持续的双向沟通。

女权主义者深知实时交流分享的重要性。一名埃及的软件工程师可能因为可以得到更多的编程教育资源而热血沸腾，不过在与同事们的共事过程中，他发现人际交往的"软技能"以及通过实习岗位获取的隐性知识才是创造更加多元化的工作场所和大学的关键。而参与 FemTechNet 分布式开放协作课程的全体教师希望可以更多地创造这种交流机会。许多学术机构和来自其他国家的自主学习者表示愿意加入分布式开放协作课程，并贡献出他们自己的口语对话视频和学习项目。

（6）使多个利益相关者学习的创新试验

2013 年，FemTechNet 开设的分布式开放协作课程更加重视社区建设而不是内容，从而使课程得以突破计算机和大学围墙的限制，造就了以下两种类型的课程：在德克萨斯州圣安东尼奥开设的 *FemTechNet ¡Taller!*，以及在马萨诸塞州北安普敦开设的 *Mass FemTechNet*。

值得注意的是，参加这些课程的学生不是在校生，教师也没有薪水。他们通过免费 Wi-Fi，在社区空间互动交流并共享所有在校大学生使用的分布式开放协作课程工具。参与者没有成绩或对该项目的责任，因此对该项目也没有正式的义务。全球范围内的自主学习者十分关注 FemTechNet 共享网站提供的教学大纲、课外阅读和视频。

在 *FemTechNet ¡Taller*！课程中，大约有 30 人学习了 12 周的课程。这些学习者有全职妈妈和上班族妈妈、在文化非营利组织或学术界工作的博士、艺术家和来自社区大学或地方大学的本科生，他们大部分是拉丁裔和盎格鲁人（They were a mix of Latinas and Anglos）。

圣安东尼奥有一个关于女性公共艺术平等的"女权主义绘制项目"（Feminist Mapping Project），是参与者协作构思而成并由 *FemTechNet ¡Taller*！课程的学习者具体实施的。该绘制项目之所以成功的另外一个策略是邀请了当地的一些人共同合作，其中包括相关主题艺术家、社区领导人，以及参加了大约一半活动的教授。特别难忘的部分包括 Merla Watson 博士发表的主题为"地位"(Place)的演讲,以及在项目尾声时,Cortez Walden 博士所作的关于 Gloria Anzaldua 转型理论的演讲。

*Mass FemTechNet* 课程在马萨诸塞州北安普敦开设,该课程每周的核心参与小组包括 6 位成员,他们的年龄在 22 到 45 岁之间。在这 6 位成员中,有 2 位应届大学毕业生,3 位在读博士,还有 1 位已取得博士学位。另外,在这 6 位成员当中,有 4 位的职业是教师、学者或者图书管理员;在性别方面,有 5 位女性,另外 1 位是变性者;至少 2 位是有色人种;至少 5 位是同性恋。每个人都在女权主义理论方面有很丰富的经验,并对技术感兴趣,这些技术包括轻博客(Tumblr)、网络监控和安全、访问和可访问性、图书馆实践、电影和媒体艺术。

198

*Mass FemTechNet* 课程促进者 Stephanie Rosen 的报告指出:"我们围绕编辑维基百科和女权主义绘制项目展开了富有成效的商谈,并且我们组的一位组员对访问障碍和 FemTechNet 阅读之间的关系产生了浓厚的兴趣。"Rosen 指出,在 *Mass FemTechNet* 课程中形成了一个可靠的知识社区,并且参与的学习者将自己的经验运用到了与 FemTechNet 其他成员的合作当中。例如,他们进一步推动了 FemTechNet 中视频和读物的可访问性。

不同社区的参与仍旧是形成 FemTechNet 的核心与关键。分布式开放协作课程对市政厅会议(Town Hall meetings)、演讲事务处(Speaker's Bureau)、在线开放办公时间(Open Online Office Hours)在线开放,并且对 FemTechNet 中的自主学习者来说,如今在 Filpboard① 上阅读女权主义技术网络摘要(FemTechNet Digest),是所有社区参与的要素和渠道。

## 未来展望

未来,分布式开放协作课程期望发展成为一个更加广阔的、全球性的社区。通过打通学术机构和社区之间的阻隔,一个以社区为基础的创新型分布式开放协作课程范式得以形成。而新的理念和理论也会随着分布式开放协作课程的持续发展而不断涌现。除了分布式开放协作课程的六个特征:(1)以女权主义教学法为框架;(2)打破教

---

① Flipboard(中文译名飞丽博)是一款免费的应用程序,支持 Android 和 iOS 操作系统,将 Facebook 和新浪微博等社交媒体上的内容整合起来以杂志的形式呈现给用户阅读。——译者注

育的现状；(3)对知识获取假设的挑战；(4)专注于价值中立的基础设施的建设，不涉及企业消费主义；(5)理解文化复杂性的能力；(6)能够为学生和其他人提供教学的能力，分布式开放协作课程的易变性和不断丰富的内涵是其区别于慕课的一个最主要的特征。FemTechNet 和分布式开放协作课程最初只有几名参与者，但是如今已经网罗了来自全球各地数百人的参与。我们希望这一举措可以挑战慕课运营体制，并且为每位投资者提供新鲜的、更加公平的想法。

**Erika M. Behrmann** 是博林格林州立大学(Bowling Green State University)的博士生。她已获得妇女与性别研究硕士学位，目前在媒体与传播学院攻读博士学位。她的研究侧重女权主义理论、后女性主义、教育学、后殖民主义及其在数字媒体与游戏中的多样化交叉和物化。她的研究成果曾多次在全国会议上得以发表，比如，国立妇女研究协会(National Women's Studies Association)和国立传播协会(National Communication Association)举办的会议。

199

**Radhika Gajjala** 是博林格林州立大学媒体和传播专业的教授。她是《网络文化与庶民》(*Cyberculture and the Subaltern*)(Lexington Press, 2012)和《网络本性：南亚裔女性的女权主义民族志研究》(*Cyberselves：Feminist Ethnographies of South Asian Women*)(Altamira, 2004)两本著作的作者。同时，她还参与编写了以下几本著作：《赛博女权主义 2.0》(*Cyberfeminism 2.0*)(2012)、《网络连接赛博女权主义者实践》(*Webbing Cyberfeminist Practice*)(2008)以及《南亚科技空间》(*South Asian Technospaces*)(2008)。她是女机器人联盟和女权主义技术网络(FemTechNet)的成员之一(参与分布式开放协作课程的教学工作)，并与 Carol Stabile 共同主编了《Ada：性别、新媒体以及技术杂志》(*Ada：A Journal of Gender，New Media，and Technology*)。

**Elizabeth Losh** 是加州大学圣地亚哥分校第六学院的学术项目主任。她的研究兴趣包括性别和技术、数字人文、远程教育、连接性学习(connected learning)、媒介素养。她著有《Virtualpotifik：战争时期政府媒体制作、丑闻、灾难、错误传达的电子历史》( *Virtualpolitik：An Electronic History of Government Media-Making in a Time of War，Scandal，Disaster，Miscommunication，and Mistakes* )(MIT 出版社,2009)和《战争中的学习：在数字大学取得进展》( *The War on Learning：Gaining Ground in the Digital University* )(MIT 出版社,2014)。她与 Jonathan Alexander 合著有漫画书教材《理解修辞：图形化写作指南》( *Understanding Rhetoric：A Graphic Guide to Writing* )(Bedford/ St. Martin's, 2013)。她目前正在编写一部新的专著,书名暂定为《奥巴马在线：技术、男子气概与民主》( *Obama Online：Technology，Masculinity，and Democracy* ),同时她正在与芝加哥大学出版社合作出版有关慕课以及高等教育规模和入学机会的著作。

**T. L Cowan** 是一位作家,表演者和教授,目前居住在布鲁克林。她在尤金郎学院(Eugene Lang College)的文化与传媒、性别研究以及综合艺术系任教;同时,她还在新学校大学的媒介研究学院担任 FemTechNet 实验教学法主席。纵观她的丰富实践,T. L 致力于研究知识和转型媒体美学、绩效以及主题与场景。她的主页是 http：//tlcowan. net/。

**Penelope Boyer** 在德克萨斯州圣安东尼奥投身于基于社区的事业。在土地遗产研究所(LHI),她提出和指导 LHI 艺术–科技项目(LHI Art-Sci Projects),建筑面积达 1200 英亩的土地博物馆正在建设之中。她拥有瑞士萨斯费欧洲研究生院(EGS)的博士学位。在她的著作 *My Great High-Roofed House：Homer's Penelope～Paradigm，Periphrasis，Periphron，Phenomenology，Poesis，Poludeukes and Praxis* 中(Atropos Press, 2012),她将女性的闺房(gynaeceum)看作催生早期技术发展以及其他事物发展的温床。

200

**Jasmine Rault** 是纽约市新学院大学的尤金郎学院文化与传媒专业助理教授。Rault 致力于女权主义者和同性恋情感等主题以及文化经济体的研究。同时,她的研究发表在多个不同期刊上,比如,2014 年与 T. L. Cowan 合作的发表在 *ephemera* 杂志上的《自由并且充满爱的经济体中的劳动研究》( *The Labour of Being Studied in a Free Love Economy* ),2014 年与 T. L. Cowan 合作的发表在《妇女研究季刊》( *Women's Studies Quarterly* )上的有关"同性恋债务以及历史抉择"的文章,2014 年与 T. L. Cowan 和 Dayna McLeod 合作发表在《Ada:性别、新媒体以及技术杂志》( *Ada:A Journal of Gender,New Media,and Technology* )上的有关"跨女权主义者和同性恋网络档案设计"的文章。她的第一本著作是 2011 年出版的《艾琳·格雷和萨福现代的设计:居家》( *Eileen Gray and the Design of Sapphic Modernity:Staying in* )。

**Laura Wexler** 教授的主要兴趣聚焦于美国研究、女性以及性别与性取向研究,她是影像记忆工作坊( The Photographic Memory Workshop)主任,照片语法学项目( Photogrammar Project)的首席研究员,同时还是耶鲁大学公共人文学科项目( Public Humanities Program)的协调员之一。作为一名视觉文化学者和理论家,她有几部获奖著作,比如《温柔的暴力:美帝国主义时代的国民愿景》( *Tender Violence:Domestic Visions in an Age of US Imperialism* )、与摄影师桑德拉·马修斯合著的《孕妇形象》( *Pregnant Pictures* ),同时她还有许多其他公开发表的作品。目前,她致力于家庭相册中历史记忆的代际转移的相关研究。她曾在哥伦比亚大学获得文学硕士、哲学硕士以及"英语与比较文学"的博士学位。

**CL Cole** 教授是伊利诺伊大学厄巴纳-香槟分校媒体和电影研究系主任,她的主要研究兴趣是性别与妇女研究、批评与解释性理论。CL Cole 研究并教授有关运动、身体与技术、媒介素养、数字技术以及教学法的课程。

| 初译 | 交叉 | 二校 | 终审 |
|------|------|------|------|
| 陈莉莉 | 焦建利 | 范奕博 | 焦建利 |

# 参考文献

Addams, J., & Lagemann, E. (1994). *On education*. New Brunswick, NJ: Transaction.

American Association of University Professors. (2012 - 13). *Annual Report on the Economic Status of the Profession*. Washington, DC.

Balsamo, A., & Juhasz, J. (2012). An idea whose time is here: FemTechNet—a distributed online collaborative course. *Ada: A Journal of Gender, New Media & Technology*, 1. http://adanewmedia. org/2012/11/issue 1-juhasz/.

Biemiller, L. (2011, September 11). Women's colleges try new strategies for success. *Chronicle of Higher Education*. Retrieved from http://chronicle. com/article/Womens-Colleges-Try-New/128935/.

Bittman, M., Mahmud Rice, J., & Wajcman, J. (2004). Appliances and their impact: The ownership of domestic technology and time spent on household work. *The British Journai of Sociology*, 55(3), 401 - 23.

Burgin, S. (2011). Coarse offerings: Lessons from the Cambridge Women's School for today's radical education alternatives. *Graduate journal of Social Science*, 8(2), 21 - 40.

Chatterjee, S. (2013). *Digital humanities workshop 2013: Remediating texts and contexts*. Presidency University, Kolkata, India.

Conway, J. K. (2001). *A woman's education*. New York: A. A. Knopf.

Cowan, T. L. (2014, August 14). *FemTechNet—distributed digital pedagogies: Collaborating across difference*. Paper presented to the Digital Pedagogies Institute, University of Toronto at Scarborough, Ontario, Canada.

Cowan, T. L., & Rault, J. (2014, April 25). 'Haven't you ever heard of Tumblr?' Killjoy affects and online pedagogical publics. Paper presented to the HASTAC conference on the panel FemTechNet: Dialogues on feminism and technology rethinks the MOOC paradigm. Lima, Peru.

Downes, S. (2008). *MOOC—The resurgence of community in online learning*. Retrieved from http://halfanhour. blogspot. com/2013_05_01_archive. html.

Gregg, M. (2011). *Work's intimacy*. Cambridge, UK: Polity Press.

Hollands, F. M., & Tirthali, D. (2014). Why do institutions offer MOOCs? *Online Learning*, *18*(3). Retrieved from http://olj. onlinelearningconsortium. org/index. php/jaln/article/download/464/116.

hooks, b. (2003). *Teaching community: A pedagogy of hope*. New York: Routledge.

Kuh, G. D., & O'Donnell, K. (2013). *Ensuring quality & taking high-impact practices to scale*. Association of American Colleges and Universities, Washington, DC.

Losh, E. (2014). *The war on learning: Gaining ground in the digital university*. Cambridge, MA: MIT Press.

Nakamura, L. (2007). *Digitizing race: Visual cultures of the Internet*. Minneapolis: University of Minnesota Press.

Newman, J., & Oh, S. (2014, June 13). 8 things you should know about MOOCs. *The Chronicle of Higher Education*. Retrieved from http://chronicle. com/article/MOOCs-EdX/146901/.

Pappano, L. (2012, November 2). The year of the MOOC. *New York Times*. Retrieved from http://www. nytimes. com/2012/11/04/education/edlife/massive_open_online_courses-are-multiplying-at-a-rapid-pace. html? pagewanted＝all.

Peterson, R. (2013, September 17). What do MOOCs cost? *Minding The Campus*. Retrieved from http://www. mindingthecampus. com/2013/09/what_do_moocs_cost/.

Rich, A. (1979). Claiming an education. In A. Rich (1979). *On lies, secrets and silence: Selected prose, 1966 - 1978* (pp. 231 - 6). New York: W. W. Norton & Company.

Roth, M. (2013, April 29). My modern experience teaching and MOOC. *Chronicle of Higher Education*. Retrieved from http://chronicle. com/article/My-Modern-MOOC-Experience/138781/.

# 第六部分

## 发展中国家和地区的慕课与开放教育

在第六部分，我们将了解到，在这个星球上的一些极为偏远贫穷的地区，数百万人　203
的学习经历可以通过参与令人振奋的慕课与开放教育的课程和项目得以增多、拓展甚
至改变。换句话说，该部分中特别强调慕课和开放教育在发展中国家和地区所发挥的
作用。实际上，随着那些早先被切断了教育渠道的地区的人逐渐获得教育机会，慕课
和开放教育的应用为人道主义的未来增添了希望。但同时，从发展的角度来看，慕课
和开放教育在利用技术和可获取性、政策发展、质量控制、课程设计标准以及职业发展
和培训方面还需要继续努力。

第 18 章中，来自加拿大温哥华的英联邦学习共同体（Commonwealth of
Leanring，COL）的 Balaji Venkataraman 和 Asha Kanwar 在一开始便描述了他们提
出且经过检验的关于慕课影响人的发展的独特见解。作者明确指出，慕课起源于高等
教育，主要盛行于北美的一流大学，不少人误认为慕课只有在这种环境下才能实施。
于是，人们通常把慕课与世界名牌大学和知名研究机构联系起来，如斯坦福大学、麻省
理工学院、杜克大学等。面对这种情况，两位 COL 的领导人促使我们去反思慕课能否
对人的学习进步和发展作出贡献，也就是说，发展中国家的个体和机构能否从慕课这
种方式中获取新的有利条件。为了解决他们的问题，2013 年底 COL 组织了一次"移
动设备为发展服务"（Mobiles for Development）的慕课活动，来自 116 个国家的约
2200 人参与了此次活动。课程的评价工具以及相关参与者的反馈都证明了此次慕课　204
活动是一次极大的成功。作者们应用 M4D①活动的研究结果为我们展示了一个被称

---

① M4D 是 Mobiles for Development 的缩写，指"移动设备为发展服务"慕课。——译者注

之为"为发展服务的慕课"(MOOC4D)的模型框架,还讨论了最新的项目——"关于慕课的慕课"(MOOC on MOOCs)。这个项目在 2014 年夏天推出,目标受众是在人类发展领域工作的学者和政府官员、专业人员和非政府组织(NGOs)未来的领导者,主要关注慕课如何促进发展中地区的人力培训和教育。

第 19 章中,来自世界银行研究所(World Bank Institute)[①]的 Sheila Jagannathan 详细地介绍了开放学习模式在帮助发展中国家开展大规模能力培养项目方面所具备的潜力。她在这一章中简要描述了在创设"知识共享和学习"的文化时所遇到的挑战,创设这种文化是为了消除贫困,全球共享繁荣。重要的是,Jagannathan 提供了丰富的案例来说明在线学习和混合学习能够在哪些方面带来改变,这些案例的主人公分别是一名坦桑尼亚的农民、一名孟加拉国的 Skype[②] 企业家、一名越南的汽车技术工人和一名玻利维亚的公务员。Jagannathan 还讲述了慕课和一般意义上的数字化学习正如何为世界银行的能力培养项目开拓新局面。本章还介绍了世界银行的慕课中两个非常有用的案例,一个是关于气候变化的,另一个是关于发展风险管理的。同时,本章也指出了一些围绕慕课的关键问题和争论,其中包括课程再设计过程中反馈机制的设置,对慕课参与者的技术培训和同伴支持,追踪调查专业人员中途退出慕课的原因的能力等。Jagannathan 在总结时讨论了新创立的"开放学习校园"(Open Learning Campus),以及其用于满足世界银行员工、客户以及公众需求而新兴的一套工具和资源,也探讨了为适应不同国家和不同语种(差异)而调整项目设计过程中所面临的诸多挑战。

第 20 章中,Zoraini Wati Abas 介绍了她近年来工作过的两个国家——马来西亚和印度尼西亚为慕课发展所提供的特殊机遇以及所进行的工作。她认为,互联网应用的飞速增长,对高等教育需求的上升,以及斯坦福大学和其他西方知名大学那些备受关注的慕课案例,都促使东南亚的教育者们开设慕课的想法越来越强烈。虽然较迟加入这个大潮,但东南亚目前已有大批公立和私立的机构开始推出大量的开放在线课程,以满足当地的需求。这些大规模开放在线课程大多是为当地学生设计的,因此,也往往采用当地的语言进行授课。本章概述了东南亚总体的慕课发展情况,特别是马来

---

① 世界银行研究所是一个为了培养发展中国家人才而举行各种研修和调查活动的机构。——译者注
② Skype 是一款即时通信软件,最初发布于 2003 年 8 月。——译者注

西亚和印度尼西亚,重点讨论了东南亚地区以及上述两个国家的慕课"全球本土化"现象。实际上,马来西亚和印度尼西亚的教育者们采纳的是广义的慕课概念,是为当地的学习者创设教育体验,而非让他们注册海外机构提供的慕课。

　　第 21 章是由菲律宾大学开放大学①(University of the Philippines Open University, UPOU)的 Melinda dela Pena Bandalaria 教授和 Grace Javier Alfonso 校长合作撰写的。需要重点指出的是,Bandalaria 教授是 2013 年拉斯维加斯的 E-Learn 国际会议的会前专题讨论小组成员,而这次会议直接促成了本书的产生。在这一时效性强又具吸引力的章节中,作者讨论了在发展中国家(比如菲律宾)开设慕课的相关问题,还描述了 UPOU 如何运用开放和远程数字化学习的质量保障框架来解决慕课和相关开放教育形式中的各种问题。据 Bandalaria 和 Alfonso 介绍,UPOU 已经开设了超过十年的基于数字化学习的有学分和无学分的课程,其慕课发展便从中汲取了各种各样的启示。Bandalaria 和 Alfonso 还强调了经验丰富的学者对学习管理系统设计提出的建议,最终他们也将该系统用于慕课管理。此外,本章还描述了由此催生的慕课框架——大规模开放远程网络学习(Massive Open Distance eLearning, MODeL)。

　　在本部分的最后一章中,非洲虚拟大学②(African Virtual University, AVU)的 Griff Richards 和 Bakary Diallo 记录了开放教育资源是如何为亟需学习的非洲居民提供了可获取的学习内容。同时,慕课这样一种为千万名非洲学习者授课的方式也获得了前所未有的关注。因此,他们在这一章中简要介绍了与 AVU 的慕课和开放教育资源(OERs)相关的伙伴关系和协同努力,还介绍了将大量职业发展相关课程引入非洲亟需此类课程的地区的方法。并且本章还详细介绍了一些 AVU 项目中的案例,以及近年来关于慕课和开放教育以及相关技术发展的决策。最后,本章对该新型教育传输形式在非洲的总体发展潜力进行了预测,也提到了将面临的主要挑战。

| 初译 | 交叉 | 二校 | 终审 |
| --- | --- | --- | --- |
| 张彦琳 | 贾义敏 | 范奕博 | 焦建利 |

---

① 菲律宾大学开放大学(简称菲律宾开放大学)是一所公立研究型大学和远程教育机构,位于菲律宾内湖省洛斯巴诺斯。它创建于 1995 年,是菲律宾大学系统中的第五个成员大学。——译者注
② 非洲虚拟大学是泛非洲努力建成的为非洲大陆服务的一所开放和远程学习机构。AVU 作为世界银行的一个项目始创于 1997 年,2003 年移交给非洲政府,之后发展成为独立的教育机构。——译者注

205

第18章

变调：慕课服务于人的发展？

个案研究

BalajiVenkataraman，Asha Kanwar

206 在批判性分析和主流媒体中，大规模开放在线课程（MOOC）都被认为是一种只能对高等教育领域产生影响的发展产物（The Economist，2014）。该术语也获得了一个非正式的品牌内涵，即课程、平台和教学过程的集合体，这一点在慕课的三大先驱机构，即 edX、Coursera 和 Udacity 中都有所体现，这三个机构都尝试提供讲座和基于内容的慕课课程（也称为 xMOOCs）。在一篇关于慕课的详细分析文章中，作者主要关注的是慕课在北美高等教育中的角色和影响（Hollands & Tirthali，2014）。相反，联通主义慕课或 cMOOCs 的支持者们则将关注点放在教学法和教学风格上（例如，参考Siemens，2014）。

然而，为发展中国家学习者所开设的不同类型慕课之间的关联性则受到较少的关注。慕课提供商的数据显示慕课学习者中有许多来自发展中国家，例如，edX 平台中13%的参与者来自印度（Ho et al.，2014）。在可查阅的有关慕课的文献中提及了发展中国家学习慕课的人数，但是没有明确说明慕课对于促进全球发展的有效性，最多就是提到品牌慕课如若不是在内容上，那就是在推广过程中建立了一种全球公共利益（Global Public Good，GPG）（Word Bank，2011），发展中国家的机构和个人都可以使用这样的公共利益为自己服务。

品牌慕课通常是不提供学分的，但对于来自发展中国家的学习者来说，无论是实时参与还是在线参与，他们都希望能够获得学分。鉴于这样的期待，一个可参与却没有适当学分制度的品牌慕课是否称得上为全球学习者的发展作出了贡献呢？慕课最

207 主要的优势在于其参与者众多、规模大，发展中国家的教育机构该如何利用慕课为众多的学习者提供获取学习材料和课程的机会呢？

过去，人们从重构慕课的技术以及过程的角度出发去考察上述问题以及其他相关

问题,以其给学习者提供更好的学习体验。英联邦学习共同体(Commonwealth of Learning,COL)与一所地处发展中国家的研究型大学(印度理工学院坎普尔分校(Indian Institute of Technology-Kanpur,IITK)[①]合作开发并推出了一门慕课,但是这门慕课的开发与我们熟知的三大慕课提供商无关。这个"移动设备为发展服务"(Mobiles for Development,M4D)(2013)的在线课程,在 2013 年最后一个季度推出,吸引了来自 116 个国家的 2282 名学习者注册学习。在这些参与者中,有 333 人学完课程并获得了由 COL 和 IITK 共同颁发的能力证书和参与证书;学习者中有大约 90% 来自发展中国家。此外,发展中国家的参与者中获得证书的比例略超过 90%,说明课程的初衷和目标得以实现。该慕课主要是关于移动设备在农业、食品安全等领域的应用,课程内容以开放教育资源的形式发布到网络上,任何人都可以使用。下文将呈现关于该课程的一个简要描述和对结果的分析,介绍在此基础上形成的 MOOC4D 模型。

## 解构与重构品牌实践：一个案例

如本书其他章节所述,开放教育资源(OER)可以免费和无限次使用的概念在全球发布,特别是 2002 年 OER 获得国际公认的定义(UNESCO,2002)至今,已达 15 年之久。在早期,几乎所有的 OER 都是由经济合作与发展组织(Organization for Economic Co-operation and Development,OECD)成员国的大学发布的。这是基于这样一个假设:这些高质量的内容是由发达国家创建的一种全球公共利益(Global Public Goods,GPG),发展中国家可以重复用并因地制宜地创生出新的用途。

十年后,此种类型的 OER 应用相对少了一些(Dhannarajan & Porter,2012;McGreal,Kinuthia,Marshall,& McNamara,2013)。而今出现了一种新的现象:发展中国家成了主要的 OER 发行者。例如,在英联邦国家中,由发展中国家所发布的 OER 总量超过了发达国家的发布总量(COL,2014)。虽然 OER 的概念和实践起源于 OECD 国家,但发展中国家已经能够对其进行改造和创新以适应自己的情况。

---

① 印度理工学院坎普尔分校(Indian Institute of Technology-Kanpur,IITK)是位于印度北方邦坎普尔的一所研究型机构。该学校作为最早的印度技术学院之一,建于 1959 年,作为印度坎普尔美国项目(KIAP)的一部分,由 9 所美国研究型大学合力协助创建。——译者注

OER 范式中的技术和程序已经不再与发达国家的内容挂钩,而是与来自发展中国家的优质内容相融合。最初的观点认为 OER 是一个压缩包,但现在 OER 被认为是一个集程序、步骤、内容于一体的"篮子",其全部或者部分内容可以根据需要进行替换和更改。

208　　　　同样地,我们相信,这种重构和解构是一种评估正在开发中的慕课关联性的实用方法。例如,解构慕课,先不管它的品牌价值,将内容与程序、步骤和技术分开,再将这些部分重组以适应目前的情况和目标。这样做可以让发展中国家的教育机构利用慕课来为地方和国家的发展需要服务。

### COL-IITK 的慕课"移动设备为发展服务"

2012 年间,COL 和 IITK 对慕课进行了一系列的分析(COL, 2013b),结果清晰地显示:(1)对一门典型慕课的内容、程序、步骤进行解构是可行的;(2)最好将一门慕课的开设视为管理一个事件(特别是一个媒体事件),比如一次虚拟会议,而非一个虚拟教室。能否获得成功的慕课体验的一个重要因素是,在低带宽的情况下,能否可靠地获取慕课资料和进入慕课互动空间。另一个关键因素是学习者与指导者、导师之间的互动机会,评分和评价过程从技术层面上必须简单易控。这些启示都来自于我们在开放和远程学习中的经验和专业技术知识,并为 M4D 的慕课设计奠定了基础。

课程的主题是经过 COL(2013a)组织多次讨论后确定的。我们强烈意识到,移动电话在发展中国家的普及和发展是非常惊人的。同时,我们也意识到手机的发展已经为消除数字鸿沟,将不可能变为可能创造了新的机遇。COL 与那些"为求发展而学习的合伙人们"进行了多次沟通,发现建立一个中立的用于讨论移动技术的概念和发展的平台应该会受到发展中国家利益相关者们的热烈欢迎。于是,COL 决定尝试开发慕课。IITK 在农业移动技术应用方面的专长(Balaji & Prabhakar, 2014)及其慕课经验,加上 COL 在开放和远程学习(ODL)与农民终身学习(Lifelong Learning for Farmers)方面的优势,这次合作取得了真正的协同效应和互补效果。COL 和 IITK 双方就学习认证这一需要重点关注的问题达成了共识,并一致同意由 COL 和 IITK 继续教育中心共同签署证书。

"移动设备为发展服务"慕课由印度理工学院坎普尔分校(IITK)的 T. V.

Prabhakar 教授负责管理，并由 COL 提供营销建议和支持。技术方面的核心内容由 IITK 负责，参与人员包括学校的多名员工和来自多个部门的相关合作人员。IITK 的农业百科/vKVK① 团队用与农业相关的在线知识库提供农业相关主题的内容。vKVK 的目的是利用互联网和移动技术将 KVK 的专家和当地的农民联系起来，加速技术向农业领域的转化（Bagga，2010）。来自加拿大的阿萨巴斯卡大学（Athabasca）的 Mohamed Ally 教授主持慕课的移动学习部分，印度国家银行管理学院（National Institute of Banking Management，NIBM）的员工负责普惠金融的部分，COL 负责协调所有非 IITK 员工参与的活动。

在 IITK 的支持下，COL 邀请了一名外部专家对该课程的教学方面进行事后评估。由不列颠哥伦比亚大学的校园执行理事 David Porter 所做的一份课程评估报告已经作为 4 一份公开文档得以发表（Porter，2014）。下面的这三个部分将大量引用 Porter 的报告。

### 课程平台和传输

COL 原本设想采用 Canvas② 作为 M4D 的传输平台，但该平台的费用过高。基于其多种学习管理系统（LMS）的丰富使用经验，IITK 建议使用开源的 LMS——Sakai 作为该课程的在线课堂平台。另外，视频内容可以放在 YouTube 上面，课程主页则用来放置各种文件（如幻灯片文件、视频的文本、通知等）以及其他重要的课程信息。同时，注册网页也链接在课程主页上面。

课程页面布局的设计是为了方便学习者直接访问课程的所有组成部分。M4D 课程页面组成部分包括：1.课程题目和学生工作空间；2.课程导航菜单；3.主题表；4.每周教学模块安排；5.以色彩区分的专题；6.登录和课程描述；7.以色彩区分的专题图例；8.专题讲师；9.专题的视频链接；10.幻灯片和/或文本链接。

M4D 慕课最主要的教学策略是采用 2 到 25 分钟长短不一的视频进行教学。课程主题开发团队一共制作了 92 个视频，教学周期为 6 周，学生平均每周需要观看 15

---

① vKVK 是 virtual Krishi Vigyan Kendra 的缩写，是一个通过互联网或移动技术将农业专家和农民联系起来的平台，其目的是为了在农民和农业专家之间架起可沟通的桥梁。——译者注
② Canvas 是一个基于云的学习管理系统，类似的系统还有 Blackboard、Moodle 和前文介绍的 Sakai 等。——译者注

个视频。

绝大多数视频讲座都附有幻灯片予以补充。在一些课里面,视频还附上了字幕,学生的反馈表明,当视频中有不熟悉的口音或者语调时,字幕很有帮助。

该课程中使用了两种活动策略:

- 聊天室
  - 在这个课程中,聊天室里一共有 1641 条交互信息
- 论坛
  - 普通论坛有涉及 76 个主题的 398 条信息
  - 技术论坛有涉及 55 个主题的 370 条信息
  - 技术支持论坛有涉及 35 个主题的 89 条信息

210

在线小测验被用作一种评价策略。该课程中一共有 3 种测验:

- 测试(Test Quiz)  324 位学生提交了测试
- 测验 1(Quiz 1)  296 位学生提交了测试
- 终测(Final Quiz)  261 位学生提交了测试

测验都是以选择题的形式进行。

### 课程结果

前面已经提到,最初有 2282 名学习者注册该课程,其中 1441 名学习者在 6 周的学习周期里表现积极。M4D 课程的网站数据展示了活动和参与的情况。

- 一共有 333 名学习者获得了证书,其中获得能力证书的有 244 位,获得参与证书的有 89 位。
- 注册人数最多的五个国家分别是印度、尼泊尔、毛里求斯、格林纳达和南非。
- 大约 500 名注册者来自非洲-加勒比海-太平洋地区的国家,大约 200 名注册者来自 OECD 国家和东欧。

### 课程成本

根据 IITK 提供给 COL 的文件,可以得到如下信息:

- COL 为该课程提供了 15 000 加拿大元(加元在 2013 年差不多与美元等值)
- 大部分的课程费用(超过 75%)用于内容开发,其中包括录制和编辑教学视频

● IITK 团队提供了可观的经费用于服务器的管理

课程主页（http://m4d.colfinder.org）托管在 COL 的服务器上（托管费用是 140 加元）。此外，COL 还提供了总数为 6000 加元的支持费用。

IITK 团队在课程的主页设置了一个安全可靠的注册系统，用于将资料以安全的方式传输到在线课堂的网址（www.m4d-mooc.org）。传输程序是由 IITK 专门为该课程开发的，因为当时还没有能够将 Drupal① 转换为 Sakai 的方法，这个工作需要进行软件开发，而 IITK 没有将这部分工作费用纳入成本之中。

根据慕课开发的相关文献估算，一门慕课单独用于课程开发和传输的成本大概在 50 000 到 250 000 美元之间（Porter，2014）。《经济学人》（Economist，2014）杂志最近的一篇报导指出一门慕课的平均成本在 70 000 美元。这些成本估算表明，M4D 慕课在开发和传输方面的成本处于成本范围的低端。

### 学生反馈

在课程结束后对学生进行了一项网络问卷调查，一共回收 208 份问卷。学生对每个问题进行五分制评分，1 表示得分最低，5 表示最高。下面是对主要调查结果进行的总结。

总体上，学生的满意度为 87%，这意味着学生对于教师、课程内容、资源和传输形式都非常满意。很明显，调查对象认为课程网站使用方便（平均分为 4.38，208 位受访者）；论坛和聊天室的讨论非常有帮助（平均分为 4.06，207 位受访者）；测验相关度高，题目经过了精心挑选（平均分为 4.12，205 位受访者）；资料的呈现清楚明了（平均分为 4.30，205 位受访者）；所开设的课程与设定目标相符（平均分为 4.40，207 位受访者）；学习者对于课程的总体质量非常满意（平均分为 4.45，208 位受访者）；主讲人对于课程内容有很好的掌握（平均分为 4.66，206 位受访者）。

在问卷调查中，我们还提出了两个问题，要求学习者用"是"、"不是"或者"不知道"来回答。大约 71% 的学习者表示即便没有证书他们也会选择 M4D 课程。更令人印象深刻的是，208 位受访者中有 201 位（相当于 97%）表态他们会将 M4D 课程推荐给其他人。除了分值评定和是非问题之外，我们还提出四个开放式问题，要求受访者进

---

① Drupal 是一个免费开源的内容管理系统，它给全世界至少 2.3% 的网站提供后端框架。

行文字作答。在 Porter(2014)的报告中,他对 208 位受访者的文本答案进行编码并将其归入不同的主题(见表 18.1)。

212

表 18.1　受访者对要求文字作答的开放式问题的回答(Porter, 2014)

| 问　　题 | 从回答中涌现出来的主题 |
|---|---|
| 你喜欢这个短期课程的什么方面？<br><br>你对我们该如何改进有何建议？<br><br>你不喜欢这个课程的什么方面？<br><br>未来你还对什么短期课程感兴趣？ | ● 课程内容<br>● 主题和个案研究之间的联系<br>● 设计的灵活性<br>● 视频：视频音频可以更短更优质<br>● 评价：更多测验<br>● 课程强度<br>● 测试中有太多技术问题<br>● 教育主题：移动技术应用于教学的教学设计<br>● 农业主题：拓展对世界其他区域的案例研究<br>● 无线和网络主题<br>● 安全：网络安全<br>● 管理：知识管理和技术转换<br>● 数字媒体<br>● 创业：在农村环境中的小商业发展<br>● 健康<br>● 金融：微金融,合作社<br>● 性别：性别平等,性别问题 |

## 讨论

对课程的描述、成本分析以及参与者的调查结果皆显示 M4D 慕课取得了绝对的成功。将 Sakai、YouTube 和 Drupal 相结合的在线传输管理方式在此课程中取得了良好的效果。相对地,采用品牌慕课平台可能会是一个现成的解决办法,但成本也会非常高。

在该慕课进行期间,学习者能够以一种高度安全可靠的方式进入课程学习,因为课程设置了专门预防网络攻击导致服务瘫痪的安全措施。除了加起来总共有三个小时的定期维护工作之外,在整个课程开设期间课程网站都是可用的,没有中断。这是质量保障的一部分,是学习者对于任何网络课程的期望,该课程做到了这一点。实时讨论、作业和评估都是严格按照课程表来进行的。大多数学习者都是通过台式电脑或者笔记本电脑来访问课程网站和获取学习资料的,但也有相当一部分学习者(大概

10%）使用平板电脑或者手机来学习。其间有三次因几组学员没有办法看到 YouTube 上的视频，课程管理人员用 DVD 将学习材料发送到尼泊尔、塞拉利昂和赞比亚的节点，这样，学员们便可以收到作业、测试，可以进入论坛区，并最终获得证书。

我们最初没有计划采用网上测验这种考试方式，但是在讨论中有学员提出这样的要求，于是，我们在课程中采用了这种方式。同样，根据讨论中提出的意见和观点，我们对一些课题也进行了拓展或删减。4 次实时在线讨论（从课程的第二周开始每周一次）是由教师通过聊天设备来组织进行的。考虑到参加的学员分布在 18 个时区，由 3 位位于不同时区的教师对学员的在线讨论提供支持。从调查结果来看，学员们认为讨论的内容质量相当高，教师的能力也得到所在区域学员的高度好评。

慕课教学还是一个新兴领域，利用慕课进行教学的教育者们还需要从"开放和远程学习"（ODL）和在线学习的重要启示和做法中多多学习（Sharpleset al.，2012）。本项目中的许多教师来自研究型大学，在此类大学中教师与学生的常规接触都是面对面的方式。然而，令人惊讶的是，教师们很快便能够适应慕课的环境。IITK 课程团队在此前开设过一个小型的慕课（Sodhi&Prabhakar，2014），所以团队能够利用先前的经验来进行有效的教学设计。外部评估显示，本项目兼顾了网络学习的多种有效做法（Porter，2014）。因此，本项目除了向学生开设了好评度高的慕课，还提升了发展中国家研究型大学教职员工们在设计支持自主学习的慕课框架方面的能力。

### 促成"为发展服务的慕课"模式

从我们的经验中可以清楚地发现，慕课可以被有效地解构并有目的地重组，为千千万万的学习者创设一个合适的、实用性高的学习空间。品牌慕课可以成为有效做法的一个来源，但不必是唯一的技术平台。关于慕课的风格（例如 cMOOCs 和 xMOOCs）和教学法的详尽讨论，虽然从学术层面上是有趣的，但是，在以学习促发展的环境中却不是很适用。我们的经验告诉我们，一个 M4D 慕课是由环境所决定的教学风格和教学法的融合。

教职员工和支持部门组成的核心团队在教学上的高度投入是慕课成功的关键。分析学习所得出的数据可以用来确保学习者及时地得到其所需的帮助。核心团队在选择课题之前最好仔细研究发展环境中的需求。核心团队应该随时准备使用多种媒体和混合式教学帮助学生参与学习，比如，当部分学员遇到联络和上网困难的时候，该团队就曾经用快递的方式将学习内容传送给他们。

需要重点指出的是,这是第一次开设为发展服务的慕课课程。此门为发展服务的慕课还需迭代(COL 和 IITK,2014),才可以提供一个更加详尽的模式。慕课作为一个事件(而非仅仅是在线课堂)将继续提醒我们,要满足地方在教学方法和多媒体使用方面的需求(例如,在可行的情况下,用手机或者 Skype 来收看对话类节目)。同等重要的是,我们还需要将研究潜入到课程的开发和传播过程中,以便总结掌握学到的经验。

214 为发展服务的慕课需要更多的迭代?是的,我们已经这样做了。COL 和 IITK 开设了一门"慕课的慕课:你需要了解大规模网络开放课程的哪些方面"(MOOCs on MOOCs:What you need to know about massive open online courses)的课程(2014 年 9 月—10 月,共 4 周),我们把从 M4D 慕课中获得的大量启示和心得应用到这门慕课的设计和传播过程中。"慕课的慕课"解决了在设计和运行慕课过程中的基本问题或细节(Perris,2014)。这次特殊的慕课的目标之一是让参与者了解慕课并认识到自身的潜力,并在接下来的时间里在自己的专业或者兴趣领域继续学习慕课。这门慕课的直接对象是从事与人类发展问题相关工作的学者和政府官员,还有就职于 NGO 的专业人员(Perris,2014)。

这门关于慕课的慕课有 2347 名学习者注册报名(来自 93 个国家,其中三分之二是学者和大学教师,有 316 位学习者符合获得证书的条件)。注册人数最多的 5 个国家分别是印度、尼泊尔、毛里求斯、南非和加拿大(即 COL 的总部所在地),这是该慕课影响广泛的一个标志。学习者们希望增进对慕课的了解,有一些还乐于自己尝试。得益于慕课全球化所带来的可能性,这门慕课还邀请了世界各地的客座专家对课程进行补充和提升,除了 IITK 和 COL 的员工,还有 John Daniel 先生(COL 的前主席)、Sanjay Sarma 博士(麻省理工学院数字学习专业的主任)、Russell Beale 教授(英国伯明翰和未来学习大学)以及来自谷歌和微软的教育部门的主管们。而且,IITK 团队设计和建立了一个新的慕课平台,起名 MOOKIT。和 M4D 慕课一样,对参与者的调查显示该课程比较有效,新的平台也得到了极高的评价。

这篇文章是在 2014 年 11 月下旬撰写的,正值 COL 和 IITK 合作致力于一项新的尝试,即利用慕课培训半熟练的园艺师,通过纯音频课程(四周)帮助他们掌握现代园艺生产技术的基本要领。考虑到目标听众的文化程度较差,且了解到他们没有使用网络来获取学习材料的能力，我们开发了一个能够传播音频（基于实际情况，采用印度语）并且能够接收询问和回复的平台。在课程开始的时候有 1075 人注册，大约 90% 是园艺工作者和仅能维持生活的农民。可以说，这样的响应和参与程度，已经超乎了"为发展服务的慕课"的许多关键目标的预期效果。

需要重点指出的是，许多致力于发展的机构和国家政府部门将技能发展列为优先考虑的政策（Aggarwal & Gasskov, 2013）。"为发展服务的慕课"并不能够对高等教育领域产生直接影响，相反地，作为一种支撑技术，它更可能对中间技术的大规模传播起到促进作用（COL, 2013c）。慕课与已有的质量保障、评估、认证和资质认定的方法相结合，其性质和程度需要由一系列的试验和原型来确定。

在"为发展服务的慕课"实践里，在线教育资料和资源应该是一种核心技术而非唯一的技术（如同很多国家的电子商务操作，可以在线下单，然后通过银行柜台或者邮局付款）。慕课在教学法方面的不足需要通过精心设计的多次试验来解决。在这些问题上，开放和远程学习机构基于多年的、完善的实践经验，可以贡献有效的策略。

政府领导者对于慕课的关注呈上升趋势，包括像印度这样的国家（Prime Minister's Office, 2014）。政府领导者感兴趣的是，慕课如何提升文化技能、健康意识、经济发展以及如何作为年青人参与其中的一种渠道。鉴于这些关注点都曾推动慕课的顺利开展，我们希望"为发展服务的慕课模型"可以得到更广、更快的发展。

215

**Balaji Venkataraman** 是英联邦学习共同体（COL）（位于加拿大温哥华）的技术和知识管理部门的主任。他致力于如何将 IT（网络技术）应用到农村地区的发展和学习。他近期的工作是将语义网络技术应用于农业，当前的研究兴趣是将新一代的移动设备运用到农村的学习和检验慕课在支持技术发展方面的优势。Balaji 分别取得印度理工学院（Indian Institute of Technology）和马德拉斯大学（University of Madras）的硕士和博士学位。

**Asha Kanwar** 是英联邦学习共同体主席兼首席执行官。她是国际知名的远程教育专家,她在以发展为目的的学习领域中作出了开创性的贡献。她对性别研究,尤其是远程教育对亚洲女性生活的影响作出了突出的贡献。她获得过不同的奖项和奖学金以及荣誉博士学位。Kanwar 教授曾在发展中国家和发达国家工作过。她在印度的旁遮普大学获得硕士和副博士学位,在英国的苏赛克斯大学(Sussex)获得博士学位。

| 初译 | 交叉 | 二校 | 终审 |
| --- | --- | --- | --- |
| 张彦琳 | 贾义敏 | 范奕博 | 焦建利 |

# 参考文献

Aggarwal，A.，& Gasskov，V.（2013）. *Comparative analysis of national skills development policies：A guide for policy makers*. Retrieved from International Labour Organization website：http://www.ilo.org/wcmsp5/groups/public/---africa/documents/publication/wcms_224559.pdf.

Bagga，M.（2010，October）. vKVK—A way to empower Krishi Vigyan Kendra. *Information Technology in Developing Countries*，20(3). Retrieved from http://www.iimahd.ernet.in/egov/ifip/oct2010/meeta-bagga.htm.

Balaji，V.，& Prabhakar，T. V.（2014）. Changing the tunes from Bollywood's to rural livelihoods. In M. Ally & A. Tsinakos（Eds.）. *Perspectives on open and distance learning：Increasing access through mobile learning*（pp. 205 - 16）. Retrieved from Commonwealth of Learning website：http://www.col.org/resources/publications/Pages/detail.aspx? PID=466.

Commonwealth of Learning（COL）.（2013a）. *Mobiles for Development（M4D）*. Retrieved from Commonwealth of Learning website：http://www.col.org/progServ/programmes/KM/Pages/M4D.aspx.

Commonwealth of Learning（COL）.（2013b）. *MOOC for Development（MOOC4D）*. Retrieved from Commonwealth of Learning website：http://www.col.org/progServ/programmes/KM/Pages/MOOC4D.aspx.

Commonwealth of Learning（COL）.（2013c）. *Events*. Retrieved from Commonwealth of Learning website：http://www.col.org/news/Connections/2014Mar/Pages/Events.aspx.

Commonwealth of Learning（COL）.（2014）. *DOER Infographic*. Retrieved from Piktochart website：https://magic.piktochart.com/output/1834969-doer-infographic.

Commonwealth of Learning and IIT Kanpur（COL and IITK）.（2014）. *MOOC on MOOC*. Retrieved from http://mooconmooc.org/.

Dhanarajan，G.，& Porter，D.（Eds.）.（2013）. *Perspectives on open and distance learning：Open educational resources：An Asian perspective*. Retrieved from Commonwealth of Learning website http://www.col.org/resources/publications/Pages/detail.aspx? PID=441.

Economist, The. (2014, June 28). The future of universities: The digital degree. *The Economist*. Retrieved from http://www. economist. com/news/briefing/21605899-staid-higher-education-business-about-experience-welcome-earthquake-digital.

Ho, A. D. , Reich, J. , Nesterko, S. , Seaton, D. T. , Mullaney, T. , Waldo, J. , & Chuang, I. (2014). *HarvardX and MITx: The first year of open online courses, fall 2012-summer 2013* (HarvardX and MITx Working Paper No. 1). SSRN-id 2381263. Retrieved from http:// papers. ssrn. com/sol3/papers. cfm? abstract_id=2381263.

Hollands, F. M. , & Tirthali, D. (2014, May). *MOOCs: Expectations and reality. Full report*. Retrieved from Center for Benefit-Cost Studies of Education, Teachers College, Columbia University, NY website: http://cbcse. org/wordpress/wp-content/uploads/2014/05/MOOCs_Expectations_and_Reality. pdf.

McGreal, R. , Kinuthia, W. , Marshall, S. , & McNamara, T. (Eds.). (2013). *Perspectives on open and distance learning: Open educational resources: Innovation, research and practice*. Retrieved from Commonwealth of Learning website: http://www. col. org/resources/publications/Pages/detail. aspx? PID=446.

MOOCs for development: A massive open online course (MOOC) by IIT Kanpur and COL (2014). Retrieved from http://m4d. colfinder. org/.

Perris, K. (2014, September 12). MOOC on MOOCs? A novel yet pragmatic approach. *University World News*. Retrieved from http://www. universityworldnews. com/article. php? story=20140903154113518.

Porter, D. (2014). *MOOC on mobiles for development report*. Retrieved from Commonwealth of Learning website: http://www. col. org/resources/publications/Pages/detail. aspx? PID=483.

Prime Minister's Office. (2014). *Text of Prime Minister's statement in the 6th BRICS Summit on the Agenda: Sustainable Development & Inclusive Growth*. Narendra Modi, Prime Minister's Office, India. Retrieved from http://pmindia. nic. in/details156. php.

Sharples, M. , McAndrew, P. , Weller, M. , Ferguson, R. , FitzGerald, E. , Hirst, T. , et al. (2012). *Innovating Pedagogy 2012*. Retrieved from the Institute of Educational Technology, The Open University website: http://www. open. ac. uk/personalpages/mike. sharples/Reports/Innovating_Pedagogy_report_July_2012. pdf.

Siemens, G. (2014, May 6). Multiple pathways: Blending xMOOCs & cMOOCs. eLearnSpace.

Retrieved from http://www.elearnspace.org/blog/2014/05/06/multiple-pathways-blending-xmoocs-cmoocs/.

Sodhi, B., & Prabhakar, T. V. (2014). Architecting software for the cloud: An online course on building cloud based applications. *About the course*. Department of Computer Science and Engineering at IIT Ropar (Punjab), India. Retrieved from http://www.iitrpr.ac.in/class/a4c/.

UNESCO. (2002, July 8). *UNESCO promotes new initiative for free educational resources on the Internet*. Retrieved from UNESCO. Education News website: http://www.unesco.org/education/news_en/080702_free_edu_ress.shtml.

World Bank. (2011). What are global public goods? Retrieved from World Bank website http://go.worldbank.org/JKZLIHR2B0.

Yuan, L., & Powell, S. (2013). MOOCs and open education: Implications for higher education. A White Paper. Retrieved from JISC CETIS website: http://publications.cetis.ac.uk/wp-content/uploads/2013/03/MOOCs-and-Open-Education.pdf.

第19章

借开放学习之力，消除世界贫困，共享全球繁荣

Sheila Jagannathan

218　　开放学习在发展中国家的意义

新兴教育技术(包括互联网)亟待开发的潜力是其在学习和能力建设上所发挥的杠杆作用。在世界发达国家和地区，许多大学、智囊团和企业部门已经开始致力于颠覆培训和能力建设的传统概念。新的学习策略能否被引进到发展中国家和地区，使其到2030年前，能够脱离贫困并共享经济繁荣？

请注意：**2010年，有12亿人在每天收入不足1.25美元的情况下寻求温饱、住所、医疗和其他基本服务，另外，还有30亿人每天的生活费用不足4美元**(World Bank，2013a)(见图19.1)。在中国、印度以及其他发展中国家，有许多年轻的父母，他们身上

图19.1　世界银行集团的两个并行目标

有着无限的精力,但所受的教育却相对匮乏。全球化经济为他们的国家、城镇、乡村带来了有着更高收入的工作机会,然而,问题的关键是这些人中的绝大部分未能具备相应的能力和技能来获得这样的机会。因此,他们对于生活的期望很低,甚至全部被磨灭了。

在许多发展中国家,实体教育机构的硬件基础设施不足以满足国民的需求,因此,人们学习的愿望通常没有被转化为真正知识的获取。基于种种原因,中小学、大学和培训机构的学习基础设施并不能有效地、公平地发挥作用。

首先,有学习愿望的人数非常多,给教育系统带来了巨大的压力。在教育机遇来临时,居住在农村和偏远社区的人们,往往没能获得与居住在大城市的人同等质量的教育,因为一流的教育机构都在大城市里。第二,教育机构资源的匮乏加上教师动机水平不足,抑制了公立学校和大学中许多学生的课堂学习。第三,学习能力有一个基本的"级联效应"——一个小学阶段没有得到良好教育的学生会放弃对要求提供中学文凭的工作的渴望。同样地,一个在中学阶段学习受挫的学生会放弃对要求提供大学文凭的工作的渴望,以此类推。这种不良的抑制渴望的过程直接导致上亿的年青人无法享受全球化经济带来的收入和就业的机会。

当然,我们并没有丧失所有的东西。在开放教育领域中有很多令人振奋的机遇亟待开发,包括获得基础教育、个性化培训的机会,以及通过技能再培训来获得能力,以适应现有的、新兴的较高收入工作的机会。虚拟学习平台上的各种教育形式和在线资源都有可能为共享繁荣和减少贫困创造机会(Hewlett Foundation,2011)。

目前,通过不同的在线传输机制和平台上所提供的解决方案,我们可以预测技术的应用将在全球范围内扩大知识的传播,并使人们了解到什么有效,为什么有效,以及在什么情况下有效。例如:

- 坦桑尼亚的一位农民在小学辍学后通过手机来学习怎样将种植庄稼的实际经验与防止食物变质相结合来获得更多的利润;
- 孟加拉国的一位年轻女士在移动互联网链接上进行投资,为村民和在外务工的人们提供远程的 Skype 服务;
- 越南的一位高中毕业的汽车技术工人,通过互联网学习如何修理汽车和摩托车,因为这项工作在电子零件方面变得越来越复杂;
- 玻利维亚一位大学毕业的公务员,通过混合学习课程来学习为何以及如何回应市民关于提高基础服务的问题和忧虑（比如用水清洁、垃圾处理、健康和教育）。

## 数字学院（e-Institute）的能力培养实践

要实现以上的转变，关键是要对隐性知识和课程进行编码和打包，使之变成容易消化的学习内容（就以上的例子来说，也就是能够分别满足那位农民、Skype 企业家、汽车技术工人和公务员的要求）。同样重要的是，学习平台基础设施能够通过学习过程自身的反馈循环，即根据什么有效，什么不能发挥作用来不断地更新和丰富知识库。

数字化学习和在线学习能够扩大教育规模，使成千上万渴望学习和应用新知识的人能够获取这样的机会——在面临生计和收入的挑战时，人们仍然能够继续学习。这种学习的民主化能够帮助人们充分意识到他们的经济愿望，尤其是当所需求的信息就在指尖，及时又刚好可以消化（切割成小块的课程）的时候。另外，学习技术的创新使学习的成本持续缩减，可以预见，未来的学习会更加经济。

这种教育方式与传统的能力建构方式形成了鲜明的对比。传统方式的重点放在发表研究报告、政治简述和技术指导这些纸质的知识产物，例如，世界银行集团（The World Bank Group，WBG）在这样的知识产物上投入了大量的资源，但内部评价表明，仅有 2% 的知识产物直接对目标受众的学习有实际影响。同样地，通过面对面的课程讲授来进行能力建设也是世界银行集团分享知识和学习的主要措施。遗憾的是，这种方式花费多，资源集中传递，并且只能惠及一小部分经过挑选的客户。

发展中国家一直面临的挑战是如何保障许多利益相关者（农民、青年、弱势妇女、公务员、政治领导等）能够获得优质的、最新的知识和学习产品，以实现消除贫穷和共享繁荣两个并行的目标。显性和隐性的发展知识可以被融合进学习设计中，我们要对相关知识，即如何取得利益相关集团所关心的特定成果，进行组织、定制和转化。

2011 年，世界银行集团成立了一个开放的学习平台试点，叫做数字学院，作为传送高质量、批判性学习产品的工具，主要用于自学和虚拟驱动的网络课程。数字学院利用新技术，使得学习体验既经济有效、有创新性，又以从业者为中心。

在过去的四年间，这个试点发展迅猛。事实上，世界银行集团及其合作伙伴已经推出了 200 多门课程，所涉及的发展主题广泛且多样化（如，城市发展、气候变化、政府治理、创新和竞争力），从专业技能、学习和知识方面引导学生。这些课程包括世界范围内如何提供各种服务方面的政策改革和已被证实有效的做法——从负责任的政府到更好的厕所,从改善营养状况到智能城市的规划。重要的是,许多课程都根据当地的需要进行调整。另外,通过每个月的线上讨论会、在线学习共同体、访谈和各种多媒体形式,支持从业人员持续、及时地跟上课程的学习进度。

政策制定者、民间社会组织者、媒体工作者、政府官员和议员、私营部门的重要人员、一大批学者,当然还有年青人和未来的领导者们都可以直接使用数字学院。数字学院还和它的重要合作伙伴,包括国家和地区的培训机构、网站、智囊团和大学,成功地建立了合作模式。

## 慕课作为全球课堂引起关注,人们可以在任何地方、任何时间参与进来: 大规模传播学习的良机

因大规模开放在线课程的出现,全球范围内的学习受到冲击,数字学院的试验刚好在这时开始。新兴的慕课供应商和世界银行集团双方都有合作愿望,以探索新的学习工具如何使全球范围内以发展为目的的学习取得平衡发展。在过去的 6 个月中,世界银行集团和 Coursera 合作已经成功推出了两门慕课。在这一章节中,我们将对早期慕课开发过程中所提炼出来的初步经验进行总结。

慕课具有扩大规模和加速发展进程的潜力。同时,慕课也可以有效地传播高质量的教育,扩散影响。在发展环境中,慕课能够使能力建设项目超出传统客户和服务的范围。而且,慕课可以让全球范围内大量不同类型的人员参与进来,学习其他国家和社区如何减少贫困,创造就业机会,减少不平等现象以及赋予它们的公民要求政府无腐败的权力。鉴于此,早期的慕课为从业人员和普通民众提供了动态的互动空间,他们可以开展活跃的讨论和辩论,以及分享关于发展主题的观点、工具和资源。幸运的是,慕课参与者的参与度和互动程度都很高。因此,我们开始意识到,对于世界银行集团来说,这个过程是一次突破性的选择,将参与者们集中起来分享知识,并转化为有创新性的、有形的实际行动。

2014 年 1 月,世界银行集团的第一门慕课发布,取名"将热量调低: 为什么要避免一个高 4˚C 的世界"(Turn Down the Heat: Why a 4˚C Warmer World Must be Avoided)(World Bank, 2012a,2013b,2013c)。这是世界银行集团和德国波茨坦气候影响和气候分析研究所(Potsdam Institute for Climate Impact Research and climate Analytics)联合发布的一个重点科学报告,该慕课对报告内容重新进行了包装。

222

慕课将内容整合进一个综合的、可公开取得的、免费及互动的学习工具里，为学习者提供一个平台，以提高他们对气候变化所带来的危险和破坏性影响的科学认识（World Bank，2012b）。与此同时，它也使发达国家和发展中国家发起了一场关于核心政策对气候行动影响的全球性讨论。该慕课分享了不同部门之间主要的减排和改造行动案例，讨论了个人和国家在应对气候挑战时如何从现在起开始行动、合作和分工，从而激励从业人员以及大众去获得如何应对这个重要发展挑战的宝贵信息。该慕课的参与者达到 2 万人，视频下载量总数超过 10 万次。

该课程围绕四个主题展开（World Bank，2012a），对应以下四周的课程：

第一周主要通过快速回顾从 650 000 年前到今天的漫长历史，来观察气候的变化及其影响。

第二周由专家引导课程参与者去了解一系列的气体排放及其所引起的气候变化现象，还有预期的气候影响及预计到本世纪末温度上升 2 到 4 度所带来的危险。

第三周介绍我们生活中最基础的方面（比如农业、水源、人类健康、生物多样性和生态系统服务）如何受到变化的气候的影响（如图 19.2）。

223

**图 19.2 气候变化对农田的影响**

第四周通过提供信息库使学习者能够将所学的东西综合起来指导行动。这一周的活动促使学生思考各种改变的可能途径,包括如何应对气候变化可能带来的影响的各种选择。从很多方面来看,这一周都是最重要的一周。

2014 年 6 月,基于《2014 世界发展报告》(World Development Report 2014),我们发布了第二门慕课"风险与机遇——为发展所做的风险管理"(Risk and Opportunity——Managing Risk for Development)(World Bank,2013)。与关于气候变化的第一门慕课一样,这门课程也是可开放获取的教育资源。人们还可以看到该门慕课所基于的《2014 世界发展报告》,同时,该报告的概述部分附有 7 种语言版本(即英语、西班牙语、法语、葡萄牙语、俄语、阿拉伯语和汉语)(World Bank,2013d)。"风险与机遇——为发展所做的风险管理"这门课程重点突出风险管理在发展中的重要性——强调准备不足往往导致危机和发展受挫。同时,对于风险的畏惧也可能会阻碍人们去承担风险,寻求机遇(见图 19.3)。关于这些问题的讨论和辩论促使学习者去思考,在他们自己的社区和国家需要做出哪些改变。这门课程有大约来自 145 个国家的 34 500 名参与者,几乎涵盖了所有的世界银行集团的成员国的所在地区(包括中东和北非、南亚、东亚、太平洋地区、欧洲和中亚、非洲和拉丁美洲以及加勒比海地区)(Berniyazova & Kyla,2014)。

224

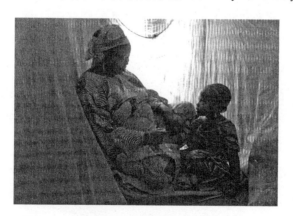

**图 19.3　降低儿童死亡的危险**

## 随之而出现的教学方法

慕课的设计结合了为发展中国家受众定制的当代慕课教学法和低带宽的限制。以下将对一些重点进行探讨(Berniyazova & Kyla,2014)。

　　**双路径。**为了能够让大量的目标受众参与进来，慕课的开设采用了双路径方式：(1)通才或冠军路径；(2)政策或领导路径。通过这两个路径既能触及到从业者(占了课程参与者的80%)，还能触及到对这些主题愈来愈感兴趣的普通大众。比如，在"将热量调低：为什么要避免一个高4℃的世界"的慕课中，通才们[①]感兴趣的是追踪他们的碳足迹，并探索降低碳足迹的途径。对于政策制定者来说，该课程为他们提供了关于重要政策工具的讨论。另外，平台的"定位自己"的功能允许参与者来确定其所在的机构、城市、国家和大陆，实现了地理位置上的交流，以后可以进一步对参与者根据专题领域、地理位置和其他个人兴趣进行分组。

　　**xMOOC 和 cMOOC 方法的混合。**慕课课程教学综合了两种慕课设计的模型——联通主义的 cMOOCs 和行为主义的 xMOOCs，一种是传递关于发展挑战和解决方法方面知识的实证性课程，另一种是促进学习与合作的网络构建的课程，以实现两种学习目标。

　　例如，在"将热量调低：为什么要避免一个高4℃的世界"慕课中，一方面，课程设计依赖传统的教学工具，与 xMOOC 相结合，比如，由17位世界知名专家录制的互动短视频，以及与这些视频资源绑定的一系列核心读物、网络资源、测验，以及有针对性的作业。另一方面，这门课程也适合那些在气候变化方面想要扩充已有知识、构建学习与合作网络的专业人员和政策制定者。cMOOC 的理念是，学习是知识的合作创新，参与者在其中发挥着积极作用。xMOOC 的理念是，学习是将特定的内容从专家传递到学习者。事实上，世界银行推出的这两门慕课是围绕这两个观点来设计的。

　　基于游戏进行模拟的体验式学习：在"风险与机遇——为发展所做的风险管理"慕课中，我们将基于游戏的模拟和卡通动画作为一种教学工具，鼓励学习者深刻思考风险背后的观点和关系。

　　除了专家视频中探讨的例子之外，"风险与机遇——为发展所做的风险管理"慕课还开发了一个面向课程参与者的新游戏——"风险地平线"。在游戏中玩家需做出他们个人的风险管理选择，而动画片(World Bank，2013e)则以有趣、引人的方式阐释了课程的主要观点(见图19.4)。这个游戏由 Engagement Labs[②] 和世界银行合作开发，

---

① 指普通大众中那些对某一些主题感兴趣的能人。——译者注
② Engagement Labs 即参与实验室，是一个总部位于加拿大的公司，该公司主要采集博客、社交网站以及视频完整的数据进行实时的数据分析。——译者注

**图 19.4 风险地平线游戏界面**

让学习者能够体验到必须为自己选择风险管理的过程。虽然游戏是高度程式化的,但却反映出了人们在真实世界中做出选择的两难境地。游戏一开始团队便收到了预设目标玩家的各种反馈。

一部分游戏参与者很快适应了游戏,并且能够看到与慕课更广泛的联系,另一部分游戏参与者则在游戏中受挫,不能充分理解游戏的所有组成部分,升级有困难。考虑到课程的指导者和参与者之间在地理位置上是分离的,对于游戏设计团队来说,一个关键的学习点就是对游戏如何运行进行清晰的图解说明,详尽的指导手册能够极大地提高游戏的可接受性。

忙碌的社交媒体渠道:社交媒体为从业者和大众提供了动态和交互的空间,在这个空间中从业者和大众能够进行激烈的讨论和辩论,可以分享观点、工具和资源来应对现代的发展挑战(比如,气候变化)。从业人员之间的高度参与和互动对于世界银行集团来说是一个突破性的机遇,可以将参与者集中起来分享知识,之后进行创新和有形实践。例如,在"将热量调低:为什么要避免一个高 4℃ 的世界"慕课的案例中,最热门的推特标签(hashtag)♯wbheat,有 800 条推文跟帖回复。课程中使用到的其他创新工具包括谷歌环聊(Google Hangouts)①,与推特和 YouTube 相结合,可以让世界知

226

---

① 谷歌环聊(Google Hangouts)是谷歌公司的一款即时通讯和视频聊天应用,2013 年 5 月 15 日发布以取代 Google Talk(Gtalk)。目前,谷歌环聊支持 Android、iOS 以及 Chrome 多平台,并在 Gmail、Google＋中集成环聊网页版。——译者注

名专家和课程学习者参与到实时的对话和探讨中。

数字制品：为了进一步提升对慕课实施过程中出现的问题的全球意识,我们要求参与者制作数字制品,或者其他能够传递课程重要收获的创造性在线资源。最有趣的成果之一是课程最后的项目,在这些项目中参与者们展示了丰富的创造力、广泛的兴趣和开阔的视角。创造力体现在项目的多样化,包括报告、博客、视频、动画、信息图表,甚至是用一首歌(Quismundo, 2014)来温柔地重复吟唱课程的主题:*是时候改变了……要改变了……我们改变世界的时候到了……*

总体上,课程总结阶段的反馈证明,早期的两门慕课能够满足参与者的体验。自愿参与课程调查的学习者对慕课做出高度的评价:绝大多数的学习者都可以被称为主动参与者(见图 19.5)。参与调查的大多数学习者浏览过所有的视频,做过所有的测验(≈80%),而且完成了所有要求的阅读内容与同伴评价,并上交了最后的项目作业。在阅读和作业方面,参与调查的学习者对参与者的评价大多是非常好或者优秀;但参与者在同伴评价中获得的评价则有轻微下降,这反映了虚拟构建实践社群一直面临的困难。图 19.6 中的饼状图总结了整个过程的满意度。虽然只有很小比例的学习者评价他们的体验是"差"或"中等",但这些反馈反映出建构高质量的同伴互动一直存在的挑战。此外,由于同伴评价的作业和最终项目作业要求他们开发的课程内容几乎都是新的,所以事实上,受访的大部分学习者不仅是主动的参与者,他们也是社群的建设者。幸运的是,绝大多数(92%)的反馈者将他们的学习体验评定为非常好、很好和好(见图 19.6)。

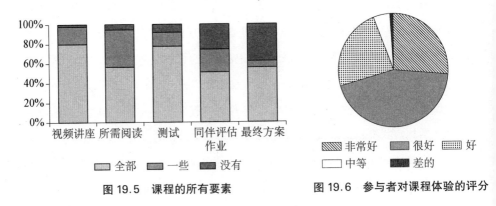

图 19.5    课程的所有要素        图 19.6    参与者对课程体验的评分

### 出现的挑战

与典型的大学生注册学习慕课以获得大学学位证书不同,另一类学习者,即面向发展的从业者,则对聚焦于发展主题的慕课感兴趣。这些从业者经常是处于职业发展中期的官员、NGO 的工作人员和其他利益相关者。他们不仅希望学习具体的主题,而且希望能够与其他学员建立起网络联系。当这样的专业工作人员退出一门慕课时,我们需要建立一个跟踪系统来反馈他们退出的原因,到底是因为已经获得了满足自己需求的学习内容,还是因为缺乏兴趣。

用当地的语言来传递慕课的内容是许多发展中国家的一个长期以来的需求。对我们来说,困难是在翻译上投入多少算合适。例如,像讲蒙古语和高棉语的国家都是相对较小的,但这些国家又是最能体现慕课影响力的国家,因为其教育系统存在严重缺陷,然而当地人对于学习的渴望又极其强烈。

一个重要启示是反馈机制要能够为设计者们提供充分的实时数据,以便他们在必要的时候对课程内容进行修改。比如,关于气候变化的慕课就曾推荐一些可泛化的政策用于提升牧区牧民的适应能力。这些政策能够帮助牧民调整管理大批羊群的方法。实时反馈非常重要,可以保证通过慕课传递给学习者的信息和其他网络内容是他们特别关心的内容。

## 技术挑战和同伴支持

许多学习者在最初并不十分乐意参与到数字制品的制作中去,因为缺乏必要的技术和对自己的作品在公共区域展示存有顾虑。然而,从这个作业被布置的第二周开始,慕课团队出现了十分特别的现象——已经创作出数字制品的学习者在课程论坛中突然涌现出来,并跟在线伙伴们分享如何完成手头任务的建议和意见。因此,许多最开始持怀疑态度的学习者的积极性被激发起来,做出了有意义的制品,并且渴望分享他们的制品和想法。

表 19.1　开放学习校园架构

228

| 单一学习平台的 3 所"学校" | | |
|---|---|---|
| WBx<br>讨论<br>及时学习 | WBa<br>学院<br>结构化学习 | WBc<br>联结<br>学习社群 |

续 表

| 单一学习平台的 3 所"学校" | | |
| --- | --- | --- |
| WBx 是播客、外部和内部的专家的视频谈话、讲故事、一小段关于热点话题的谈话、在线指导的空间 | 探索发展问题和解决方法方面的深度学习：在线学习课程，慕课，将学习剪裁并定制成可消化的小模块 | 从业者与专家和同伴联系，寻求解决所面临的发展挑战的方法 |
| 世界银行集团谈话与会议的现场参与和直播，比如，知识谈话、首席经济师系列 | 面对面辅助学习的部分，课程和工作坊 | 南南知识交流 & 解决问题中心和解决问题实验室，实践社区 |
| 模仿 TED①、阿斯彭研究所（Aspen Institute）②和世界经济论坛（WEF）③ | 模仿可汗学院④、Coursera 和 GE 克劳顿管理学院（GE Crotonville）⑤ | 模仿 Quora⑥、谷歌环聊、达特茅斯学院（Dartmouth）⑦在医疗保健上的合作 |

① TED(TED 是 Technology, Entertainment, Design 的缩写，即技术、娱乐、设计)是美国的一家私有非营利机构，该机构以它组织的 TED 大会著称，这个会议的宗旨是"值得传播的创意"。TED 诞生于 1984 年，其发起人是里查德·沃曼。2001 年起，克里斯·安德森接管 TED，创立了种子基金会（The Sapling Foundation），并运营 TED 大会。——译者注

② 阿斯彭研究所（Aspen Institute），于 1950 年成立，总部设于美国华盛顿，是国际知名的非营利性组织，致力于提高领导力，以宣扬领导和良好公共政策为宗旨。——译者注

③ 世界经济论坛（World Economic Forum, WEF）是以研究和探讨世界经济领域存在的问题、促进国际经济合作与交流为宗旨的非官方国际性机构，总部设在瑞士日内瓦。其前身是 1971 年由现任论坛主席、日内瓦大学教授克劳斯·施瓦布创建的"欧洲管理论坛"。1987 年，"欧洲管理论坛"更名为"世界经济论坛"。论坛会员是遵守论坛"致力于改善全球状况"宗旨，并影响全球未来经济发展的 1000 多家顶级公司。由于该论坛在瑞士小镇达沃斯首次举办，所以日后也被称为"达沃斯论坛"。——译者注

④ 可汗学院(Khan Academy)，是由孟加拉裔美国人萨尔曼·可汗创立的一家教育性非营利组织，主旨在于利用网络影片进行免费授课，内容有关于数学、历史、金融、物理、化学、生物、天文学等科目，教学影片超过 2000 段，该机构的使命是加快各年龄学生的学习速度。——译者注

⑤ GE 克劳顿管理学院被《财富》杂志誉为"美国企业界的哈佛"，建于神秘而神圣的"克劳顿村"，占地 58 英亩，位于纽约州哈得逊河边，距纽约 30 公里，起伏的山脉满是大树和青草。GE 克劳顿管理学院创立于 1956 年，是 GE 高级管理人员培训中心，有人把它称为 GE 高级领导干部成长的摇篮。出自 GE 公司跻身财富 500 强的 CEO 就多达 137 位，可以说"克劳顿村"与 GE 共成长。——译者注

⑥ Quora 是一个问答 SNS 网站，由 Facebook 前雇员查理·切沃(Charlie Cheever)和亚当·安捷罗（Adam D'Angelo)于 2009 年 6 月创办，在 2009 年 12 月推出测试版，随后在 2010 年 6 月 21 日向公众开放。Quora 一开始采用邀请制，吸引了很多明星和智慧人士。Quora 此后逐步开放，用户通过 Google 或者 Facebook 帐号即可登陆，这是为了防止搜索引擎索引内容，但同时又让大众都可以参与。——译者注

⑦ 达特茅斯学院(Dartmouth College)成立于 1769 年，是美国历史最悠久的学院之一，也是闻名遐迩的常春藤学院之一，坐落于新罕布什尔州的汉诺佛(Hanover)小镇。依利扎维洛克牧师当初成立这个学校，是为了培养当地印第安部落的年轻人和年轻白人。达特茅斯学院在全美顶尖研究型大学排行榜上位列第八，但若以"学生满意程度"来看，它在全美排第二，仅次于普林斯顿大学。——译者注

## 开放学习校园

229

世界银行集团通过数字学院来实施网络课程的经验,以及之后的两次慕课试验是将学习和创新引入能力构建项目的重要里程碑。这些新的教育传递机制使世界银行集团能够将范围扩大到传统的听众之外,传统的听众只是阅读报告,参加面对面的培训。这些经历推动我们建立了一个开放学习校园,在 2015 年的春天推出(见表 19.1)。

开放学习校园将作为一个单一的学习平台,世界银行的客户、普通大众和世界银行的员工均能够在此获得实时的、相关的、世界范围的学习。它的特点是在线学习和面对面学习相结合。更具体地说,这 3 所"学校"将包括:

WBx——讨论。重点放在多少适中的学习内容,特点在于由主要的发展专家进行简短而有针对性的播客、网络会议、游戏和讨论。

WBa——学院。一个提供网络学习课程、慕课和大小适中的课程的深度学习场所,学习者可以进行与发展问题和执行相关的学习。WBa 也包括面对面的辅助学习课堂、课程和工作坊。

WBc——联结。这是一个联系专家和学习伙伴对从业者所面对的发展挑战进行 230
解答的虚拟场所,包括了南南知识交流、解决问题实验室和实践社区。

开放学习校园是我们应对内部学习过程和培训项目中所出现的变化的后续举措。此外,它还发掘了一系列颠覆学习的全球化趋势。我们建设开放学习校园是因为意识到一个事实,知识、学习和创新是任何发展过程的关键因素。开放学习校园强调了一个事实,随着互联网和移动电话设备在全世界范围内的推广,大范围有影响力地传递教育项目和事件的前景正越来越好。在这一章中所详述的信息仅仅是个开始。世界银行集团将开放学习校园视为塑造全球性具有影响力的、新的学习活动和体验的一种方式。我们把慕课和其他在线和混合学习课程和体验,以及在它们周围建立的在线学习者社区都视为交流知识和提升实践技能的方法。

总而言之,当我们把发展知识的主体转变成利益相关者可定制的学习,其影响则不容小觑,这些利益相关者指的是政策制定者、公务员、农民、汽车技术工人、学者或世界银行自己的员工。令人欣喜的是,未来在世界的任何地方,任何人的学习愿望都不会被阻碍。开放学习提供了一个花费锐减而服务更加细致的学习平台,是专门为实现发展中国家上亿人的学习愿望而定制的。我们真诚希望开放学习校园能够在联结、分享和支持全球学习者社区中发挥重要的作用。

## 致谢

我们在此向来自爱丁堡大学教育学院的 Jen Ross、Hamish Macleod 以及他们的团队致谢，感谢他们在我们第一批慕课中在慕课教学法方面所提供的指导。

231

**Sheila Jagannathan** 是位于华盛顿特区的世界银行研究所数字学院的首席学习专家和项目经理。她在设计和管理远程学习项目以及转变在线和课堂教学方法与技术方面有 28 年的从业经验。Sheila 也为世界银行在东亚、中国、中东和北非、非洲以及南亚地区国家等级的能力建构项目提供政策建议和技术援助。她的兴趣包括慕课、体验式教学法、在线和混合学习策略、丰富的多模式和社会学习环境的开发、大数据和学习分析、学习管理系统和学习生态系统。

| 初译 | 交叉 | 二校 | 终审 |
|------|------|------|------|
| 张彦琳 | 贾义敏 | 范奕博 | 徐品香 |

# 参考文献

Berniyazova，A.，& Kyla，R.（2014）. Internal consulting notes. World Bank's e-Institute. Washington，DC.

Hewlett Foundation（2011，November 23）. *Quality education in developing countries*. Retrieved from http：//www. hewlett. org/library/hewlett-foundation-publication/qedc-overview.

Quismundo，E.（2014，February 19）. *YouTube：Turn down the heat（an environmental song）*. Retrieved from https：//www. youtube. com/watch? v = jXq2TlfkJ6E&feature = youtu. be.

World Bank（2012a，November 1）. *Turn down the heat：Why a 4℃ warmer world must be avoided*. Retrieved from http：//documents. worldbank. org/curated/en/2012/11/17097815/turn-down-heat-4%C2%B0c-warmer-world-must-avoided♯ .

World Bank（2012b，November 18）. *Climate change report warns of dramatically warmer world this century*. Retrieved from http：//www. worldbank. org/en/news/feature/2012/11/18/Climate-change-report-warns-dramatically-warmer-world-this-century.

World Bank（2013a，January 1）. *End extreme poverty and promote shared prosperity*. Retrieved from http：//www. worldbank. org/content/dam/Worldbank/document/WB-goals2013. pdf.

World Bank（2013b，June 19）. *Publication on turn down the heat：Climate extremes，regional impacts，and the case for resilience*. A Report for the World Bank by the Potsdam Institute for Climate Impact Research and Climate Analytics. The World Bank，Washington，DC. Retrieved from http：//www. worldbank. org/en/topic/climatechange/publication/turn-down-the-heat-climate-extremes-regional-impacts-resilience.

World Bank（2013c，June 19）. *Turn down the heat：Climate extremes，regional impacts，and the case for resilience*. Retrieved from http：//www-wds. worldbank. org/external/default/WDSContentServer/WDSP/lB/2013/06/14/000445729_20130614145941/Rendered/PDF/784240WPOFull00D0CONF0to0June19090L. pdf.

World Bank（2013d，October 6）. *World Devetopment Report 2014，risk and opportunity，managing risk for development*. Retrieved from http：//econ. worldbank. org/WBSITE/EXTERNAL/EXTDEC/EXTRESEARCH/EXTWDRS/EXTNWDR2013/0，contentMDK：

23459971~pagePK:8261309~piPK:8258028~theSitePK:8258025,00. html.

World Bank (2013e, March 19). *YouTube: The Gomez family: A modern tale of risk and opportunity*. Retrieved from https://www. youtube. com/watch? v=-Ri0jG6dPe8.

第 20 章

**全球课程,本土应用: 慕课在东南亚的发展**

Zoraini Wati Abas

## 简介

东南亚是指亚洲地区的一批主权国家,西接印度次大陆,北邻中国,东至太平洋, 232
包括 11 个国家: 文莱达鲁萨兰国、柬埔寨、东帝汶、印度尼西亚、老挝、马来西亚、缅
甸、菲律宾、新加坡、泰国和越南。这些国家像亚洲的其他国家一样,每个国家都在努
力增加国民接受高等教育的机会。简而言之,其目标是通过增加教育场所和高等教育
机构的数量,或者提供远程学习(比如,大胆进军在线学习),来实现教育民主化,或者
说为所有人提供教育机会。

据经济观察网站(Economy Watch)①报道,这个地区人均 GDP 最高的六个国
家是:

1. 新加坡(64 832.62 美元)

2. 文莱达鲁萨兰国(58 695.77 美元)

3. 马来西亚(18 752.92 美元)

4. 东帝汶(11 821.22 美元)

5. 泰国(11 481.60 美元)

6. 印度尼西亚(5672.59 美元)

据 Economy Watch 报道,新加坡和文莱达鲁萨兰国在全世界人均 GDP 的排名为
第三和第四,只落后于卡塔尔(第一)和卢森堡(第二),排在美国(第六)之前(Economy

---

① 经济观察网站(Economy Watch)是财经新闻网站,主要发布世界经济、个人理财、企业投资等信息。
  Economy Watch 是由 Stanley St Labs 公司团队所运营的,后者是一家来自新加坡的数字媒体公司,致力
  于开发和运营网站与服务。——译者注

Watch，2014）。

233 　　新加坡、东帝汶和文莱达鲁萨兰国是东南亚国家中最小的三个，人口分别是 560 万，120 万和 42.3 万。东南亚人口最多的国家是印度尼西亚，有 253 600 000 人，是世界上人口第四大国家。印度尼西亚拥有超过 1700 座岛屿。马来西亚（人口达 30 100 000）、印度尼西亚和文莱达鲁萨兰国的相近之处在于，在地理位置上毗邻，官方语言相通，人口大部分都是穆斯林。其他东南亚国家则在官方语言、文化习俗、历史和当地的教育目标方面皆有其独特性。

　　联合国教科文组织（2014）最近发布的一份报告指出，在过去的二十年间，许多东南亚国家的高等教育机构已经从之前的为精英服务转变成现在的为大众服务。从注册高等教育机构的人数上看，下一个阶段，高等教育很可能被普及化。

　　有趣的是，马来西亚和新加坡都变成了教育中心，吸引了来自多个国家的大量国际生。在马来西亚的 20 所公共高等教育机构中，在校总人数为 560 359，国际生略超 5%（28 837）（Ministry of Education，Malaysia，2014）。据报道，马来西亚国际学生来自全球 100 多个国家。另外，马来西亚的公立大学中注册的女生人数（大约 61%）比男生（大约 39%）多。

　　作为教育中心目标的一部分，这两个国家都与一些国外大学合作，建立了分校区。现在新加坡已经设立了 16 所分校区，马来西亚设立了 9 所。两个国家各自都设立了增加录取国际生的目标，并且已经由海外员工来协助工作。

　　有意思的是，亚洲互联网使用率最高的 10 个国家中东南亚国家占了 5 个，加起来互联网的用户总数有 180 400 000（见表 20.1）。根据因特网全球数据统计（Internet World Statistics）（Miniwatts Marketing Group，2014），马来西亚的网络普及率是 67%，有 20 100 000 名用户，而印度尼西亚的普及率还不到它的一半，只有 28.1%（大概总数有 55 000 000 名用户）。如果没有互联网的基础设施就位作为前提条件，慕课不可能发展起来。不过，印度尼西亚在移动互联网服务商的数量及所拥有的 4 300 000 部智能电话和 6 000 000 台平板电脑说明其在这方面的发展是迅速的。

### 东南亚的慕课

　　自 2014 年 10 月，慕课在印度尼西亚、马来西亚、新加坡和菲律宾开始推行。泰国计划在 2014 年 12 月推行它的第一个慕课。然而，目前只有马来西亚和印度尼西亚将

234

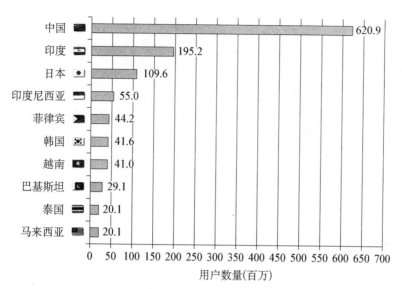

**图 20.1　亚洲 10 个互联网使用率最高的国家排名**

源自:Miniwatts Marketing Group, 2013;(http://www. internetworldstats/stats3. htm)

慕课作为战略性政府措施。这两个国家的慕课相隔一个月开始推出,分别在 2014 年的 9 月和 10 月。

如前所述,马来西亚的高等教育机构比当地学生需要的多。因此,它已经成为一个教育中心,吸引了近 30 000 名海外学生。相反,印度尼西亚,幅员辽阔、人口众多,当前却只有 30% 的中学毕业生能够进入高等教育学习,虽然该国拥有 4000 所高等教育机构,能够接纳 5 400 000 人。印度尼西亚多数的高等教育机构集中在爪哇岛和主要城市,尤其是雅加达和日惹。印度尼西亚并不打算吸引大量的国际生,由此当然也不打算吸引大量的国际员工,因为它急切计划让更多的国民接受教育,需要广泛地使用印度尼西亚语来教授课程。可见,这两个国家各自推行慕课的目的在一定程度上是不一样的。

### 慕课在马来西亚

在第一门有马来西亚教育者参与的慕课发布时,我正好应邀作为客座讲师参与由加拿大教育家 Dave Cormier、George Siemens 和 Stephen Downes 开发的一门“推动教育技术领域发展的主要贡献”的慕课(从 2011 年 9 月至 2012 年 5 月)(更多的信息见：http://change.mooc.ca/about.htm）。在其中一个指定的学习周，我展示了在马来西亚开放大学所做的有关移动学习的研究。刚好那个时候，慕课在新闻媒体中呈现出一种令人兴奋的趋势，开始引起教育者和普通大众的关注。

2013 年 3 月，马来西亚一所私立学院——泰勒大学，尝试推出它的第一门慕课，课程名称为"创业"（Entrepreneurship）。这应该是马来西亚的高等教育机构推出的第一门慕课。该慕课吸引了来自 115 个不同国家的学生。在首次慕课获得成功之后，在 2013 年的 7 月，该大学又推出了第二门慕课——"依靠情商获得成功"（Achieving Success With Emotional Intelligence）。之后，该大学在开放学习网站（OpenLearning）推出了 14 门慕课（见图 20.2）。开放学习项目的目的之一是为泰勒大学创造网上露面的机会。简单地讲，开放学习网站允许一个学院将它的标志免费放在登录页面来推广自己的品牌。

235

图 20.2　泰勒大学所推出的 14 门慕课中的 8 门

源自 https://www.OpenLearning.com/taykoruniversity

马来西亚政府通过教育部制定了 2011 至 2015 年进一步发展数字化学习的计划。

其目标包括:通过数字化学习提供平等的教育机会,提供必要的基础设施,开发网络内容来促进学和教,通过数字化学习促进职业发展,建立网络资源库和目录,支持数字化学习社区的发展。

慕课的发展被视作一种途径,可以:

1. 提高学和教的质量;

2. 节省成本;

3. 促进该国家在治疗热带疾病、伊斯兰金融和商业、伊斯兰食品工业、生物多样性等方面的发展,使高等教育机构全球化;

4. 创造全球知名度和推广品牌;

5. 提供终身学习机会。

马来西亚博特拉大学(Universiti Putra Malaysia)是第一个向学生和普通大众提供慕课的公立学校。2013 年 4 月,它在自己的平台上推出了两门慕课,一门叫"农业和人类"(Agriculture and Man),另一门叫做"马来艺术"(Malay Arts)(Ismail, 2014)。这两门慕课与面对面授课相结合为学生提供了一种混合式的学习方式。这两门慕课的内容占混合课程内容的 30%。

教育部的下一个举措是在 2014 年 12 月 18 日推出了它的第一个系列慕课。这一举措的目的是鼓励在公立大学实施在线学习和减少面对面授课。2014 学年的第一学期教育部推出了 4 门慕课:(1)"伊斯兰文明和亚洲文明",(2)"种族融合和民族关系",(3)"创业简介",(4)"信息通信与技术能力"(见图 20.3)。这 4 门课程是由 4 所不同的公立大学开发的,其中 2 门用英语授课,2 门用马来语授课。在写这篇文章时,这 4 门课程刚刚推出 2 个星期,已经有 33 500 人报名参加。教育部预计到 2015 年公立大学中有 15% 的学习是通过慕课进行的,到 2020 年这个比例将上升到 30%。需要重点指出的是教育部最近将开放学习(OpenLerning)作为国家慕课平台(Brimo, 2014)。

在慕课的推行过程中,Shawn Tan(2014)分享了他对马来西亚慕课发展的希望。比如,他建议马来西亚的慕课应该更贴近学习者,且方便浏览。他也建议在质量和结构上有标准的格式。课程中的视频大小需要再斟酌,因为不是所有的人都拥有高性能网络。Tan 的观点看起来跟对更加发达的国家以及更加知名的大学所提供的慕课的批评意见相近,它们的慕课也经常在课程和学习设计上缺乏专业知识。所以虽然慕课的潜力很大,但推出者需要保证这样的公开课程在推出之前质量已经得到保障。

236

237

**图 20.3　马来西亚公立大学最早推出的 4 门慕课**

源自 https://www.OpenLearning.com/malaysiamoocs

## 慕课在印度尼西亚

今天的印度尼西亚是世界第 16 大经济体,到 2030 年可能赶超德国和英国,上升到第 7 位(Oberman,Dobbs,Budiman,Thompson,& Rosse,2012)。如此快的经济发展要求大约 113 000 000 名技术工人(Oberman et al,2012)。虽然印度尼西亚目前有大约 4000 所高等教育机构,但是只能容纳 30% 的中学毕业生。慕课被视为增加招生比例的一个途径,或者作为接触到那些在偏远地区学习者的途径。

印度尼西亚的第一门慕课是"徐振焕模式"(Entrepreneurship Ciputra Way)①,由芝普特大学创业精神在线教育(Universitas Ciputra Entrepreneurship Online)在 2013 年 8 月推出(Darmawan,2014)。该课程通过印度尼西亚语来授课。印度尼西亚开放大学(The Universitas Terbuka)在 2014 年 3 月 24 日,其建校 30 周年之际,推出了几

---

① 徐振焕(中文媒体也译为徐清华),印尼徐氏商业集团董事长。他在学生时代就开始创业,通过自己和同僚数十年的努力,缔造了一个以地产业为主业的商业帝国。在投资策略上,徐振焕开创了"徐振焕模式"(Entrepreneurship Ciputra Way),这一已被收入一些 MBA 教材的创业投资方式,强调创业者在谨慎地评估风险之后,应当大胆做出决断,创造机会并进行革新。在开拓过程中,只要预判风险还处于可控范围内,企业就应当大胆地接受风险,勇往直前。——译者注

门慕课作为庆典活动之一(见图 20.4)。UT 推出的五门慕课分别是:(1)"公共演讲",(2)"幼儿英语",(3)"营销管理",(4)"远程教育",(5)"食品加工"。只有前面两门是用英语授课,其他皆采用印度尼西亚语授课。

238

**图 20.4 印度尼西亚 Terbuka 大学推出的慕课**

在 2014 年 10 月 15 日,由国家教育文化部推出了其他的一些慕课。最早推出慕课的 5 个高等教育学院(公立和私立)总共推出了 23 门慕课,这 5 个学院分别是:万隆理工学院(Institut Teknologi Bandung),印尼泗水理工学院(Institut Teknologi Sepuluh Nopember),卡渣玛达大学(Universitas Gadjah Mada),印度尼西亚大学(Universitas Indonesia），比娜努沙登加拉大学（Universitas Bina Nusantara）和 STMIK AMIKOM Yogyakarta①。值得指出的是教育部把资助慕课的发展和实施作为一次尝试之举。

239　　国家教育文化部办公厅印度尼西亚慕课发展项目主管 Paulina Pannen 教授称，印度尼西亚政府将慕课作为一种途径来：

　　1. 提高素质教育的普及度（平等和质量），使教育能够推广至爪哇（大学集中的地区）之外的地区；

　　2. 在现有的大约5 000 所高等教育机构能够招收30%的中学毕业生的基础上，增加接受素质教育的人数。

　　印度尼西亚的在线学习项目，包括高等教育学院的慕课，是由慕课供应方（机构或者个人）提供的，由教育文化部统一整合（见图 20.5）。除了慕课本身，学生、讲师和大众还可以通过教育文化部门户网站所提供的链接看到公开的教学内容、公开课程和在线课程（Pannen & Abas，2014）（见 http://pditt. belajar. kemdikbud. go. id）。

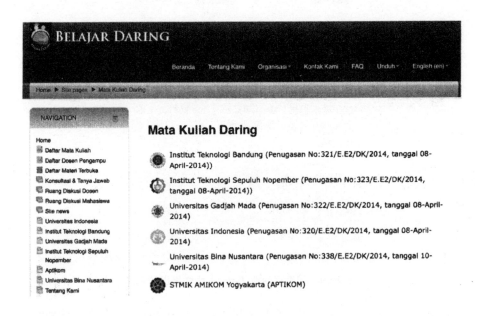

**图 20.5　在印度尼西亚教育和文化部门户网站上罗列的高等教育机构所提供的慕课**

---

① 位于印尼日惹的一所私立 IT 学院。——译者注

教育部对慕课进行门户管理并提供质量保障。每个机构可以决定如何以最好的方式将慕课呈现给大众。由机构开发的慕课托管在各自机构的平台上，而由个人开发的则直接托管在教育文化部的学习管理系统中。

教育文化部的计划是首先在那些对慕课感兴趣的人中进行试点。课程参与者如果能够完成课程的要求将获得一份结业证书。教育文化部下一步计划通过慕课的方式来推行学习项目，参加者通过选择这样的项目可以最终获得学位。虽然慕课目前还是免费的，但参加之后的学习项目将被收取少额费用。

预计在第一个五年中将由 25 个高等教育机构推出总计约 800 门慕课课程，分属 8 个学习项目，目标是能够使 300 000 或者更多的学生从教育文化部的慕课行动中受益。

## 前景

马来西亚和印度尼西亚这两个国家都是集个人和机构之力、政府和个人之力来提供慕课。但马来西亚的目标是通过慕课向海外推广它的教育机构并增加其学生的在线学习机会，是混合教学政策的一部分。印度尼西亚则希望通过慕课的形式来增加高等教育的机会使国民能够通过学习项目来获取学位。因此，马来西亚是在国际平台上推行慕课，而印度尼西亚则是将慕课放在机构或者教育文化部的平台上。

期望高质量的慕课经过长足发展能够向大众提供终身学习的机会，特别是向那些英语不流利、更希望能够用马来语或者印尼语来学习课程的人提供终身教育机会。通过有效设计的慕课，企业就可以赋予员工们权力，通过选择不同的慕课，从而员工可以拥有自己职业发展的自主权，很有可能高中生也会报名学习他们感兴趣的慕课来提高自我认识。另外，这些青少年学习者中有不少也会将慕课作为一种工具，通过完成一门或几门他们感兴趣的专业课程来确定是否真的有兴趣就读这个专业。已经在高等教育机构注册的学生也可以浏览或者更全面地学习某一门慕课来作为目前所修课程的补充，作为一种提升他们对课程理解的方法。

2014 年 12 月，在韩国首尔举行的韩国慕课（KMOOC）研讨会上，来自乔治亚大学（University of Georgia）的 Tom Reeves 教授在报告中称亚洲慕课至少可以有三个远景计划（Reeves，个人交流，2014 年 12 月 22 日）。第一个计划是亚洲各国需要用当地语言开发各自的慕课；第二个计划是在某些组织比如 UNESCO（联合国教科文组织）

的帮助下开发 ASEAN(东南亚联盟)范围的慕课模型;第三个计划是亚洲国家应该首先利用在美国和英国出现的慕课课程和 OER,基于这些免费和开放的资源为他们自己的学生建立起支持服务。

## 结论

241

最近,在韩国首尔慕课研讨会上,与会专家提出来了一些远景计划任务,而慕课可以担负起其中一些任务。虽然我们必须要长远地考虑这些观点和其他有价值的规划,但慕课最终的方向和所选择的传递方法还是取决于各个国家开设慕课的意图和目的。慕课必须全球本土化(从全球的角度思考,根据地方实际行动)。全球本土化这个术语意思是采取慕课的广义概念,为当地的学习者设计教育体验而非将当地的学习者纳入海外机构的慕课,因为不是所有的慕课都适合他们特定的环境和生活。事实上,为当地人设计和开发的慕课应该以他们喜欢的语言来教学,也需要提供当地学习者容易理解的有意义的、有联系的例子。换句话说,慕课的设计必须考虑当地的文化因素、宗教价值观和社会规范。

如之前所言,马来西亚和印度尼西亚开设慕课的目的有所不同。而且,这两个国家开设慕课的目标与那些更加发达的国家开设慕课的意图也明显不同。后者尽管经常推广慕课教师和机构,其实践程度更深、更广。相反,马来西亚政府开设慕课的目标是创造在国际上出镜的机会(通过开放学习平台),以此来吸引国际生和增加招生。还有另一个目标是,对于公立大学的学生来说,慕课变成了混合学习体验的一部分(30%)。而对于印度尼西亚来说,最重要的是政府能够提供由慕课组成的整套学习项目,这样学生学完时可以被授予学位。这个目标是一个增加高等教育招生率的方法和成功之道。事实上,印度尼西亚迫切需要实现这个目标,因为它需要让国民获取更高水平的教育从而在接下来的几年中取得更大的经济发展。

**Zoraini Wati Abas** 是教育技术学教授。她曾就职于马来西亚和印度尼西亚的政府部门和私立学校。现在她是位于雅加达的萨姆波尔纳大学(USBI)的执行副校长,主管学院和学生事务,她还兼任学习、教学和课程发展中心的主任。Zoraini 是数字化学习方面的先驱,在开放和远程学习、移动学习和使用恰当的学习技术来设计学习方面扮演了重要的角色。2014 年,她获得了在印度孟买举行的世界企业大学大会颁发的教育领导奖,且在东南亚 14 名有影响力的高等教育技术领导的提名中位列第二。

| 初译 | 交叉 | 二校 | 终审 |
|------|------|------|------|
| 张彦琳 | 贾义敏 | 范奕博 | 徐品香 |

# 参考文献

Brimo，A.（2014，September 26）. *OpenLearning selected as Malaysia's MOOC platform*. Retrieved from：https://www. openlearning. com/blog.

Darmawan，A.（2014，February 17）. *Sekolah wirausaha tanpa biaya ala Ir Ciputra*. [*Entrepreneurial school without fees the Ir Ciputra way*]. Retrieved from http://tinyurl. com/ko4f59v.

Economy Watch. (2014). GDP per capita (PPP)，US dollars data for all countries. Retrieved from http://www. economywatch. com/economic-statistics/economic-indicators/GDP_Per_ Capita_PPP_US_Dollars/2014/.

Ismail，A.（2014）. *Malaysia MOOC：Leveraging on blended learning at Malaysia public universities*. Paper presented at the ASEAN-ROK Workshop on Models of Teaching e-learning/blended learning in higher education，Seoul，Korea.

Ministry of Education，Malaysia.（2014，July）. *Quick facts 2014：Malaysia educational statistics*. Retrieved from http://tinyurl. com/mb853gp.

Miniwatts Marketing Group.（2014）. *Internet World Stats：Usage and population statistics*. Retrieved from http://www. internetworldstats. com/stats3. htm#asia.

Oberman，R.，Dobbs，R.，Budiman，A.，Thompson，F.，& Rosse，M.（2012）. *The archipelago economy：Unleashing Indonesia's potential*. McKinsey Global Institute. Retrieved from http://www. mckinsey. com/insights/asia-pacific/the_archipelago_economy.

Pannen，P.，& Abas，Z. W.（2014）. *E-learning models in Indonesia*. Paper presented at ASEAN-ROK e-Learning Workshop：Best Practices in Higher Education，Seoul，Korea.

Tan，S.（2014，September 29）. *On blended learning and Malaysian MOOCs*. Digital News Asia. Retrieved from http://www. digitalnewsasia. com/insights/on-blended-learning-and-malaysian-moocs.

UNESCO.（2014）. *Higher education in Asia：Expanding out，expanding up. The rise of graduate education and university research*. UNESCO Institute for Statistics. Retrieved from http://tinyurl. com/ox5tjuf.

## 第 21 章
### 发展中国家视野的慕课

菲律宾的个案研究

Melinda dela Pena Bandalaria，Grace Javier Alfonso

## 简介

慕课被认为是"自从柏拉图开创学院以来，人类历史上最伟大的高等教育改革"　243
（Drake，2014）。尽管还有有关如何开发和开设慕课的种种问题和疑虑，但是，许多学术机构已经发现，在推出自己的慕课或类似慕课的课程方面，它们具备诸多优势。最常被提及的两个尝试开设慕课的原因是：（1）"提高机构的知名度"或者宣传该机构；（2）"促进学生招募"或者增加招生（Blake，2014；Drake，2014）。

正如人们在现实中所做的一样，慕课的概念可以简单概括如下：

一名高资质的教授提供了一个在线无学分的课堂，免费开放给任何想听课的人。这个系统让全球各地的学生能够向知名的学者学习，而这些知名的学者反过来也可以接触比在传统课堂中多得多的人（Drake，2014）。

大量的批评和评估指出，慕课没有实现它的承诺，且它真正的缺陷"不是辍学，而是更根本的问题"（Wetterstrom，2014）。然而，人们对于慕课的期望依然很高，特别是在因教育缺失而导致进步和发展受阻的地区，尤其是发展中国家，人们希望它能提供宝贵的学习机会。

### 发展中国家的环境：聚焦菲律宾

以发展为导向的机构用了不同的术语，试图说明发展中国家的境况或者对其进行描述。因此，经常会听到"欠发达国家"、"最不发达的国家"、"小岛屿发展中国家"和　244

"内陆发展中国家"的说法（Library of Congress Collections Policy Statements，2008）。联合国基于三条标准来判断一个国家是否能够被归入发展中或者最不发达的行列：(1)人均国民总收入（GNI）；(2)人力资产指数（HAI）；(3)经济脆弱性指数（EVI）（United Nations，2013）。

教育对第二个标准 HAI 有直接的影响，HAI 包括了四个要素，每个要素在总量中的权重是一致的（25%），这些要素是：(1)营养不良的人数比例；(2)5 岁以及以下儿童的死亡率；(3)中等教育毛入学率；(4)成人非文盲率。教育对人均国民总收入也有间接的影响，因为这是对一个国家收入水平或者说一个国家所生产的产品和服务的价值的衡量（World bank，2014）。

以菲律宾为例，2013 年该国的 GNI 为 3270 美元，与埃及（3160 美元）、瓦努阿图（3130 美元）和危地马拉（3340 美元）相近。这大大超出越南（1730 美元）和老挝人民民主共和国（1460 美元），但却远远落后于许多周边的亚洲国家和地区，如，泰国（5370美元）、新加坡（54 040 美元）、马来西亚（10 400 美元）和中国香港（38 420 美元）。菲律宾的 GNI 明显低于高度发达国家，例如，美国（53 670 美元）、日本（46 140 美元）、法国（42 250 美元）、德国（46 100 美元）和英国（39 110 美元）（World Bank，2014）。

菲律宾的 GNI 反映了其教育状况：

> 初中辍学率高达 6%，高中辍学率高达 8%，说明很多学生没有完成教育，没有获得在现代中等收入经济社会就业所需的技能。假设小学一年级有 1000 名学生，到初中毕业只有 650 名，而到高中毕业就只有 430 名，能够进入大学的有 230名，但最终只有 120 名能够获得学位（相当于最初入学人数的 12%）。大多数辍学的学生都是来自最贫穷的家庭，无法负担起相关的费用，即便基础教育和大学都是免费的。辍学的学生与他们的父母一样，只能做一些低技能的工作，或者失业，这样的贫穷生活会一直循环下去。（Arangkada Philippines，2014）

这种教育状况同样反映在菲律宾的劳动产业中，主要反映在失业和不充分就业两个方面。

从 1994 年到 2013 年，菲律宾的失业率平均为 9.01%，在 2000 年的第一季度达到最高峰 13.90%,在 2007 年的第三季度降到最低 6.30%。2014 年 4 月,失业人员中男性占了 61.7%。在总失业人数中,25 岁到 34 岁年龄阶段的人占了 30.5%。从教育素养方面来说,五分之一(22.4%)的失业人口是研究生,14.5%是大学本科毕业生,32.7%是高中毕业生。(Lopez,2014 年 7 月)

245

劳动和就业部门(DOLE)指出,工作不对口是菲律宾当前存在这么多失业人口的主要原因之一。虽然"有许多职位提供给菲律宾的失业者,但遗憾的是,他们中的许多人都不够资质"(Waga,2014)。

### 为菲律宾开设的慕课

菲律宾开放大学(UPOU)一直主张开放教育。采用慕课来传递教学内容可以进一步推进该主张,并为遍布世界各地的菲律宾学习者接受素质教育提供了机会。在数字时代的联通主义和建构主义教学观指导下的教与学是菲律宾开放大学在线课程的特点,这些特点也被引入到它所推出的慕课中。该大学采用了 ICT 和最大化的 Web 2.0 功能可视化,已将以学习者为中心、高度灵活的数字化学习和分布式学习作为其教育举措的核心成分。推进在线建构主义教学法与该大学关于学习和知识的指导理念高度一致,揭示了学习者和教师是学术语境的共同创造者。

菲律宾开放大学是菲律宾大学这所菲律宾一流大学的构成单位之一。UPOU 建于 1995 年,目的是通过远程教学提供有学位和无学位的教育项目,来进一步推进高等教育民主化。目前,该大学推出 27 个有学位的教育项目,包括两个博士项目。2001 年,该大学开始推出在线课程,2007 年通过采用数字化课程材料和使用 Moodle 作为它的学习管理系统(LMS),已经实现 100% 在线教育。2013 年,UPOU 建立了 uLearn① 项目,并将其作为该大学承担的所有慕课活动的总项目,其重点是将研究整合到慕课实践中。

### 大规模开放远程网络学习

UPOU 在开发自己的慕课过程中需要面对很多关于该教育形式的质疑和问题,

---

① uLearn 是一个类似于 Moodle 的学习管理系统。——译者注

其中最紧迫的问题和挑战是：

1. 教育的质量，包括作弊和剽窃的问题（Anders，2012），以及鉴于巨大的招生规模，如何设置合理的评价机制的问题。

2. 最初的投入和持续性模式。

246

3. 合适的学习者支持模式或者框架，以及鉴于巨大的课程招生规模，大学能否提供这样的模式或框架。

4. 产业和其他学术机构的认可和认证。可以预见慕课在教育机构中有相当大的潜在阻力，因为这项发展对它们的收益模式可能带来影响。

鉴于其国情，菲律宾除了需要重点关注以上的问题和挑战外，还需重视与慕课相关的全球经验和视角。由于教育资料从富裕的北方国家单向传输到南方国家，慕课被认为是知识新殖民主义（Rivard，2013），且广泛的报道指出慕课参与者的课程完成率低。

在菲律宾，关于教育开放度和开放教育领域（比如慕课）的参与度的具体论述主要围绕三个相互关联的问题展开：(1)获取途径，(2)质量，(3)跨国的教育。UPOU 作为远程网络学习机构已有十多年的经验，在此基础上设计出自己的慕课，整体上可以应对以上所罗列的绝大部分的挑战。

**通过开放和远程数字化学习的质量保障框架的教学质量**

为了应对关于慕课教学质量的担心，UPOU 采用了它们在日常远程数字化学习课程中所使用的开放和远程数字化学习（ODeL）的质量保障（QA）框架。这个质量保障框架包括在文献中经常讨论的开放和远程数字化学习的领域和质量基准。这些基准包括了 UPOU 的 I Teach IDEA 质量框架，I 指机构的支持和使命，Teach 指教学、支持人员和教学环境或中心，IDEA 的 I 指 IT 基础设施，D 指学习和教学的设计，E 指评价或对行为的持续研究和监控，A 指对学习的评估和为学习所做的评估（Frydenberg，2002；Phipps, & Merisotis, 2000；Jung, Wong, Li, Baigaltugs, & Belawati, 2011）。通过采用 I Teach IDEA 框架，其他常见的关于慕课的问题都得到了解决。

由 UPOU 开发的慕课因其质量标准出名。因此，可以推断，在它的所有推出的课程中都会采用相同的质量标准。框架中"Teach"这个因素指慕课中如何进行教学，包括教和学的环境或者将被用于慕课的 LMS。通过一个被称为"慕课马拉松"（MOOCathon）的程序，大学的学者们开始了关于慕课的"不断对话"，努力寻找能够解决 Teach 因素的机制。比如，"慕课马拉松"其中有一个"设计思考工作坊"，在此，大家可以为慕课提出可取的 LMS 的细则。

通过众包和充分利用开放课件，UPOU 设计出了其慕课的 LMS。第一个接受测 试的 LMS 是由 Moodle 授权，并采用了各种免费和开放的插件。该 LMS 的特点是将课程教学设计的诸多方面考虑进来，比如，通过允许教师的直接教学、学员间的学术讨论和互动、自动评价或者测试来促进以评促学、博客和同伴评价。为学习者提供彼此交互的机会，目的是为远程学习者提供他们经常寻求的一种归属感，缺乏这种归属感可能会导致学员在课程学习的中途退出。

在设计评价时，采取另外的措施可将作弊和剽窃的可能性降到最低，即便不能完全消除。UPOU 所开发的大多数评价机制要求学习者参与到情景化的个案分析中来，并且在规定的时间内提供答案，比如，使用插件 YouTube Anywhere 进行 5 分钟视频捕捉。学习者对于评价问题的回答则上传到 YouTube 供老师和指定评分者进行评分，老师会指导学习者将他们的 YouTube 账号设为私密账号，这样只有知道网络链接必备信息的人才能获取资料。

这样的安全措施可防止其他的学习者抄袭课程中其他同伴的答案。而且，一个学习者的全部课程作业集中上传到学习者的电子档案以便应聘时使用，以及认证时评价学习者使用。认证和成绩证书的认可以及作弊和剽窃的问题已经成为在线课程的常见问题，希望这种评价机制能使之得以解决。

### 与产业合作

根据 UPOU 的经验，推出与产业合作的慕课可以解决以下问题：最开始的资产投入；持续性；产业对成绩证书的认可；甚至是内容的质量。在"安卓 Apps 的开发"这门慕课中，UPOU 有幸与国内一家电信公司合作，并与一些处理慕课业务的公司联系，这些公司专门为那些希望进入这个产业的学习者提供技能和知识。对于此类慕课来说，产业从业者变成了主题内容专家，开发课程内容以及按产业认可的准则来评价学习者的进步和对测评的作答。产业从业者参与开发教学材料，合作教授这些慕课，以及对慕课学习者的认证进行评价给分，一定程度上使产业从业者对内容的关联性更加自信，同时意识到要将产业实践和评价劳动力所需的知识和技能结合起来。

248 **学习者支持**

在开发慕课学习者支持框架时,UPOU 主要考虑了两个因素:大规模的课程招生意味着学习者的背景、技能和情况各不相同;还有,潜在学习者没有远程数字化学习的广泛经验。因此,UPOU 在最开始开设慕课时,在课程前的招生阶段,课程中间和课程完成后皆提供学习者支持。

课程前招生阶段的支持包括对课程本身的详尽文本通知,如时间安排、课程网站的链接、如何报名或注册课程、具体的技术要求,比如,安卓设备、摄像头等。另外,还有关于大学的视频介绍,如何使用 LMS 的说明和远程教育准备模块,为学习者提供一些着手远程数字化学习的准备,包括在论坛发帖,回复其他同学的帖子,测试和上传文件或作业。

课程报名后,学习者会得到一个"课程指南",里面有课程要求、时间表和其他需要注意的政策。在课程进行过程中的支持包括在上传新文件或者将开始一个新的活动时发送邮件通知,以及提醒测试即将进行或课程要求上交的作业即将到期。在一定时间内(比如三个星期)不够活跃的学习者,也将收到大量的邮件提醒,他们如果能够完成课程要求,仍然可以获得毕业证书。为学习所做的评价,比如机器自动测试,能马上为学习者提供反馈,也可以被视为一种学习者支持,因其为学习者提供了相关课程内容学习进度的信息。最后,课程结束时的支持主要是对认证的评估。

需要注意的是,在课程前、课程中和课程后,不同期的技术支持采用支援追踪的方式纳入学习者支持框架。一支技术团队负责解决通过支援追踪系统转发来的关于援助的请求。

希望慕课开设中学习者支持部分能够解决慕课的低完成率问题,并成为远程网络学习的一个基准或领域。

**学术机构的认定或者有学分的慕课**

理想的情况是,在先前学习验证(简称 APL)框架中修完慕课后可以获得学分,累积获得学位。这方面在为业务流程管理产业开设的慕课中就有考虑到。菲律宾高等
249 教育委员会官方宣布,将这些课程纳入高等教育信息技术和管理课程大纲。提供这些课程的学术机构可以让他们的学生报名参加 UPOU 慕课,获得学业证书,并申请转换成同等学分,便可以满足获得学位的部分要求。学业证书可以证明该学员选择了这个

课程,并完成慕课及其相关的学习,证书的品牌意味着通过了该大学的考核标准(比如,通过了评价——包括形成性评价和总结性评价)。品牌的设计是为了解决慕课的认可和认证,并与慕课供应商通常颁发的普通结业证明区分开来。

### 持续性模式

课程是免费的,但开设慕课有一些相关的费用——比如对学生的评价,LMS 的托管和提供学习者支持。为 UPOU 慕课所设计的持续性模式包括了学费的证明(来支付评价的花费),政府补贴和产业支持,大学人员的拓展或社区工作的绩效。

UPOU 计划、设计和传输慕课所依赖的途径包括对适合其所开设的慕课的模式进行积极的搜索和评估。名称为"大规模开放远程网络学习"(简称 MODeL)的课程在这个框架下"一直致力于达到一系列成果"(Youell, 2011)。它比大学平常要获得学位或者学分而要学习课程的时间短,最多只有 8 周,将学习工具的作用最大化,比如 LMS 和所需的插件,还有最特别的是它开放给任何有兴趣进入这个唯一的教学环境的人。

前面曾提到过,在慕课运动中,出现了一种对知识新殖民主义的担心。UPOU 推出自己慕课的动机可以被视为应对此种担心的一种做法。慕课经常与知名大学或者品牌联系在一起(比如,宾夕法尼亚大学、杜克大学、密歇根大学、韩国高等科技学院(KAIST)、新加坡南洋理工大学、爱丁堡大学等)。慕课与这些精英机构的联系并不出奇,开创 Coursera 的两位教授就来自斯坦福大学。同样地,edX 是哈佛大学和麻省理工学院合作开创的,现在参与合作的还有东京大学、早稻田大学、清华大学、多伦多大学和伯克利学院。与 Coursera 和 edX 相反,UPOU 的慕课可以被视作一种南南合作的模式。

### 菲律宾慕课学习者的档案

250

我们对于 UPOU 最早的几个慕课是否能够完成它们扩大教育普及面,特别是将教育推广至社会边缘化行业的承诺仍存有疑虑。在第一个关于安卓 Apps 开发的慕课中,91% 的学习者是菲律宾本地的,大多数来自大都市。这个数据与报名参加 UPOU 学位项目的学生的地理位置非常相符,因为这个慕课只通过该大学的网站进行广告。在接下来的慕课中,国外学习者的比例有少量增加,因为关于慕课的信息传播更广了,但来自农村地区的学习者比例依旧比较低。

最开始的调查显示,在学生性别方面,课程的性质有重要影响。在安卓 Apps 的慕课中,学习者中大部分(63%)是男性——根据课程的技术性质多少可以预计得到。在服务管理的慕课中,男女比例截然不同,62%的学习者是女性。年龄的层面,75%的学生在 20—40 的年龄范围,这是一群在信息时代的崛起、互联网(dot. com)泡沫和激烈的数字全球化过程中出生和成长的人(见 Isacosta's Site, n. d.)。慕课学习者的年龄跨度,最年轻的 15 岁,最年长的 57 岁,这意味着慕课提供了终身学习的机会。其中有48%的学习者具有大学学位,这说明专业从业人员有兴趣学习一些与其兴趣相符的或可以增加未来就业资质的新东西。

### 菲律宾经验的启示

1. 慕课就像其他任何远程数字化学习课程一样,唯一的实质性的不同在于慕课是开放的,因此,可以让尽可能多的学生参与进来。所以,慕课可以将决定远程数字化学习质量的原则和程序也考虑进来。

2. 一门慕课的学习设计和评价机制很大程度上取决于学习目标。因此,一门慕课可以通过直接讲授来操作,也可以从联通主义的角度,也可以两者相结合。我们需要先解决慕课教学方面的问题,再解决学习方面的问题。

3. 在判断课程能否作为慕课推出时,需要特别考虑的一点是,参与者在课程最后能否获得整套技能。并且,这套技能应该是市场驱动的,并符合重要产业部门的要求。

251

4. 与产业部门的合作可以直接解决关于最初的资产投资、证书认可和可持续模式的选择等问题。

5. 国家投资的学术机构作为授权的公共服务机构,可以负责慕课的开设。

6. 国家层面的政策和指令对于通过远程教育和慕课来实现素质教育十分必要。

### 将慕课置于发展中国家的环境中: 选择和指南

在宣布"慕课元年"(Pappano, 2012)的大约两年后,慕课在全球高等教育机构的未来依旧很不确定且广受争议(Drake, 2014)。许多人相信,慕课对于全日制学校并不构成威胁。事实上,他们认为慕课的低毕业率强调了在校教学的价值和重要性。相反,慕课的拥护者们则认为,任何形式的教育——面对面的、在线的或者混合的——只要能够对之前缺乏教育途径或在某些方面被弱势化的学习者提供帮助就是有价值的。虽然已经有关于"有学分的慕课"和"面向学位的慕课"的讨论,保守的观点认为,慕课与仍占主导地位的面对面教授的教育不能相提并论。

慕课在发展中国家已经起到了一定的影响。在构思慕课和慕课相关的想法时，发展中国家和地区应考虑到以下的机制：

1. 对混合传递模式的规划要将数字鸿沟的相关问题考虑进来。除了直接向学习者开授慕课之外，还应该考虑以下的混合模式。

a. 高等教育机构将慕课已有的资料作为附加的课程资源（即开放教育资源（OERs）），将其作为提升教学质量的一种方法加以应用。

b. 高等教育机构招收的慕课学生所上的课程与它们在学校所开的课程相近，可以将慕课所提供的学习机会最大化，并辅以在学术机构中正在践行的全日制教学和评价机制。

c. 高等教育机构直接对学习者选的慕课进行以学位为导向的评分。学术机构可以选择进行有挑战性的考试，从而对希望在课程结束获得学分的学习者进行考核。

2. 修复了教育和产业之间的需求鸿沟，解决了不对接问题。比如，可以推出短期培训的慕课为目标产业的人才库，提供专门种类的技术和知识培训。可以推断，这样的机会可以使那些较早辍学的和那些还没完成高等教育的人获得就业所需的相关知识和技能，甚至是获得某个学位所需的学分。

3. 慕课可以提供终身学习机会，特别是对于产业从业人员来说，为他们提供具有竞争力的技能库来应对大多数职业所要求的快速变化的技能。这种学习机会对于教师职业发展尤为重要。

在菲律宾，比较特殊的是，虽然学术机构有机会推出在线课程，甚至是慕课，但是，并非所有的高等教育机构都被允许这么做。政府政策和规定专门对课程大纲和传输系统、教学材料开发、传输模式和策略，以及学生支持服务做出了指示和要求。因此，只有一部分机构能够采用灵活的教学传输模式。菲律宾也有关于跨国教育（TNE）的政府指导意见，特别是对于机构的资产、合法性、等价性、资质和透明度方面。这些是政府为促进教育更加开放，同时解决教育质量问题所做的努力。这不仅影响到菲律宾本土的学习者，也影响到那些居住在国外的参与了课程的学习者。

## 总结

虽然 UPOU 在慕课的设计和传递方面取得了一些成绩，但围绕慕课当前模式的开展还有许多问题和疑虑。随着高等教育机构积极使用不同的设计框架来解决各种各样的问题和疑虑,各种慕课相关的教学方案的开发和实施也在进一步开展。慕课在发展中国家的重要角色不容忽视,这种新的教学传递模式提供了开放教育和持续获取知识和技能的机会。然而,学术机构和政府部门都还需努力将慕课的潜能最大化,从而来真正地为终身学习者服务,使之在国家和国民的全面发展中发挥作用。

**Melinda dela Pena Bandalaria** 是菲律宾开放大学的教授、信息和通信系的主任。她为本科生和研究生开设远程数字化学习的课程,也积极地参与研究和社区发展项目。Melinda 协助开放教育的国际会议的事务,并就菲律宾的数字化学习进行广泛的写作。她是在拉斯维加斯举办的 E-learn 2013 会议的会前研讨会的专题小组成员和核心成员,此次研讨会也促成了这本书的出版。

**Grace Javier Alfonso** 是电影和大众传媒专业教授,她自 2007 年开始担任菲律宾开放大学校长,现在是第三个任期。她是菲律宾远程学习学会的现任主席,也是菲律宾高等教育委员会交互和远程教育的专家小组的主席。

| 初译 | 交叉 | 二校 | 终审 |
| --- | --- | --- | --- |
| 张彦琳 | 贾义敏 | 范奕博 | 徐品香 |

# 参考文献

Anders, G. (2012). Are they learning or cheating? Online teaching's dilemma. *Forbes*. Retrieved from http://www. forbes. com/sites/georgeanders/2012/08/16/are-they-learning-or-cheating-online-teachings-dilemma/? &_suid = 141087518605007.

Arangkada Philippines. (2014). *Education*. Retrieved from http://www. investphilippines. info/arangkada/climate/education/.

Blake, D. (2014). New data on online education, MOOCs. *MOOC Musings*. Retrieved from http://moocs. com/index. php/new-data-on-online-education/.

Drake, M. (2014, February 9). Old School rules! Wisdom of massive open online courses now in doubt. *The Washington Times*. Retrieved from http://www. washingtontimes. com/news/2014/feb/9/big-plan-on-campus-is-dropping-out/? page = all.

Frydenberg, J. (2002). Quality standards in e-learning: A matrix of analysis. *International Review of Research on Open and Distance Learning*, *3* (2). Retrieved from http://www. irrodl. org/index. php/irrodl/article/view/109/551 .

The Institute for Higher Education Policy. (2000). *Quality on the line*. *Benchmarks for the success in Internet-based distance education*. Retrieved from http://www. americanbar. org/content/dam/aba/migrated/legaled/distanceeducation/QualityOnTheLine. auth-checkdam. pdf.

Isacosta's site (n. d. ). *List of generations chart*. Retrieved from http://www. esds1. pt/site/images/stories/isacosta/secondary_pages/10%C2%BA_block1/Generations%20Chart. pdf.

Jung, I. , Wong, T. M. , Li, C. , Baigaltugs, S. , & Belawati, T. (2011). Quality assurance in Asian distance education: Diverse approaches and common culture. *International Review of Research on Open and Distance Learning*, *12* (6). Retrieved from http://www. irrodl. org/index. php/irrodl/article/view/991/1953.

Library of Congress Collections Policy Statements. (2008, November). Retrieved from http://www. loc. gov/acq/devpol/devcountry. pdf.

Lopez, E. (2014, June 10). Unemployment rate eases to 7% in April. *Manila Bulletin*. Retrieved from http://www. mb. com. ph/unemployment-rate-eases-to-7-in-april/.

Pappano, L. (2012, November 2). The year of the MOOC. *New York Times*. Retrieved from http://www. nytimes. com/2012/11/04/education/edlife/massive-open-online-courses _ are-multiplying-at-a-rapid-pace. html? pagewanted＝all&_r＝0.

Phipps, R. , & Merisotis, J. (2000, April). *Quality on the line: Benchmarks for success in Internet-based/distance education*. Institute for Higher Education Policy. Washington, DC. Retrieved from http://www. nea. org/assets/docs/HE/QualityOnTheLine. pdf.

Quillen, I. (2013, April 5). Why do students enroll in (but don't complete) MOOC courses? *Mind/Shift*. Retrieved from http://blogs. kqed. org/mindshift/2013/04/why-do-students-enroll-in-but-dont-complete-mooc-courses/.

Rivard, R. (2013, April 25). The world is not flat. *Inside Higher Education*. Retrieved from https://www. insidehighered. com/news/2013/04/25/moocs-may-eye-world-market _ does-world-want-them.

Tabonda, J. (2014, September 10). Philippines unemployment rate. National Statistics Office. Retrieved from http://www. tradingeconomics. com/philippines/unemployment-rate.

United Nations. (2013, August). *LDC information: The criteria for identifying least developed countries*. Department of Economics and Social Affairs (DESA). Development Policy and Analysis Division. Retrieved from http://www. un. org/en/development/desa/policy/cdp/ldc/ldc_criteria. shtml.

Waga, B. (2014). Job mismatch causes unemployment problems—DOLE. *Kicker Daily News*. Retrieved from http://kickerdaily. com/job-mismatch-causes-unemployment-problems-dole/.

Wetterstrom, L. (2014, January 28). The year after the year of MOOC. *The Gate*. Retrieved from http://uchicagogate. com/2014/01/28/years-after-mooc/.

World Bank (2014). *GNI per capita, Atlas method (current US $ )*. Retrieved from http://data. worldbank. org/indicator/NY. GNP. PCAP. CD).

Youell, A. (2011, December). *What is a course?* London: Higher Education Statistics Agency. Retrieved from http://www. hesa. ac. uk/dox/publications/The_Course_Report. pdf.

# 第 22 章

## 非洲开放教育资源与慕课

非洲虚拟大学体验

Griff Richards，Bakary Diallo

据统计，在非洲，只有大约 6% 的人有机会接受高等教育。目前，北美以及欧洲地　255
区高等教育的普及率达到了 45%，而非洲下一步的目标则是 12%。由此可以看出，它
们之间的差距是巨大的。但是，这不意味着非洲政府没有在高等教育上进行投入，比
如说，在过去二十年，尼日利亚一直在建设大学，迄今已有 102 所大学覆盖超过一百万
个地区（Aluede，Idogho，& Imonikhe，2012）。尽管如此，OKeKe（2008）写道，由于人
口增长的速度远大于高校建设和教师招聘的速度，导致仍有大约 85% 的尼日利亚合
格考生无法在这 102 所大学中找到一席之地。

### 通过远程学习方式加强能力培养

非洲虚拟大学是由非洲发展银行投资的第二阶段跨国项目（MNP II），其创立的
目标就在于鼓励撒哈拉以南的高校，通过开放和远程数字化学习（ODeL）项目来提高
教育的普及率。首先，开放（Open）意味着每个人都可以去学习这些课程，从而使得那
些入学考试不在前 5% 的学生和没有能力支付学费的学生也有机会接受高等教育。
其次，远程（Distance）就意味着学习者几乎不需要亲自去学校——他们在家甚至在乡
村，就能接受更好的教育。最后，数字化学习（e-Learning）可以说扩大了教学空间。随
着非洲互联网的迅猛发展以及移动设备的广泛使用，越来越多的课程可以提供给学生
在线学习。总之，相比传统的面对面教学，数字化学习更具快速提高教育产能的潜力。

在非洲培养学习者在线学习能力面临着以下几点障碍（Diallo，2014）：　　256

1. 非洲国家的 ICT 基础设施没有发达国家那么广泛普遍。只是在近两年，才有
跨洋光纤网络将非洲的主要港口城市与世界上的其他地方连接起来。现在，高速宽带
从海岸进入内陆主要城市，电信运营商正忙于挖掘城市街道安装暗光纤。大多数农村

地区很少或根本没有高速宽带网络。网络的访问普遍是经由卫星或者日趋发展的手机网络进行的。尽管非洲国家对云计算很感兴趣,但是,目前还只是开发出了少数可用的基础设施。此外,电量供应既不普及也不稳定,一些主要城市,如有 1700 万人口的拉各斯,每天不得不靠私人发电机供电几个小时。许多农村地区使用太阳能来照明和给手机充电。

2. 个人电脑的持有量极少。世界银行最近的一份报告(Crandall, Otieno, Mutuku & Colaqo, 2012)表明,80%的非洲人通过手机访问互联网,但是,报告的作者们也注意到,智能手机的使用仍主要局限于城市区域的专业人员和学生。

3. 缺乏训练有素的 ICT 专家,尤其是在中心区域以外的地方。最近的一次非洲虚拟大学校董会会议指出,大学里现代设备的缺乏意味着大部分计算机科学家毕业时拥有大量的理论知识,但是却缺少实践经验。

4. 在传统面对面教学的大学里,远程教育和在线学习的经验是有限的。

因此,将在线学习作为教育传播机制就意味着要为前面的几个问题提供解决策略(Diallo & Richards, 2014),这些策略包括下列一个或多个方面:

1. 哪里基础设施薄弱就增强那里的节点。前面所提到的非洲虚拟大学的第二阶段跨国项目(MNP II),其目标是为每一个参与机构提供设备和连接。某些情况下,技术支持仍然指的是要提供卫星天线和发电机。

2. 电脑可以提供给参与院校,用于建设 ODeL 项目。同时,需要优化在线学习材料,尽量使其适用于手机学习。

3. 非洲虚拟大学和 18 个参与机构正在开发一种新的开放和远程数字化学习计算机项目。

4. 非洲虚拟大学正在与 12 所高校合作,更新扩展开放和远程数字化学习教师培训项目的资料。

5. 非洲虚拟大学正通过创建在线学习模块与开放和远程数字化学习的教师专业发展项目,提高教师技能。

6. 近期任务是加强支持创建数字化学习可持续社区,并促进其投入使用。

非洲虚拟大学的关键战略就是远程学习模块的协作开发,参与开发的教员来自21 个国家的 27 所大学。由于大多数的非洲人根本无能力支付教科书费用,因此,确保相关教学内容嵌入到模块中是至关重要的。鉴于我们是用英语、法语和葡萄牙语传播教育内容,而且语言翻译费用高以及大多情况下科学术语、二次引用和图形图标不受重视,因此,我们尽量鼓励每一种语言的教师都参与进来。接下来是同伴互评内容和组织质量的问题。如果翻译是必不可少的,那么,这同样也需要同伴互评。根据知识共享许可协议(CC-BY-SA),教育传播作为开放教育资源(OER)意味着教育者可以自由选择或改编材料,以备其在本地使用。

迄今为止,非洲虚拟大学已经使得学术课程在 27 个参与机构中得到共享。人们认为这些机构能够因地制宜地整改课程内容,并传播这些资源来满足当地所需。非洲虚拟大学专注于通过高校教师的专业发展,来开发、管理和传播 ODeL 项目。我们的重大成果就是参与机构中 ODeL 的教师专业发展。在这些机构中,每个培训组可以作为一个团队进行计划、发布和支持 ODeL 项目。这些参与非洲虚拟大学项目的教师也可以在他们的校园向其他感兴趣的教师提供工作坊("阶梯培训")。我们一直在寻找更好的方法来实施"阶梯培训",于是,最近开始研究慕课以达到这一目的。

## 非洲的慕课现状

慕课之风现已席卷非洲,许多非洲人已经注册学习美国、欧洲国家以及印度等国家和地区的大学所提供的免费在线课程。这些课程往往需要学习者坚持 13 周的理论学习,并且已有成千上万名学习者注册学习。然而,在这么多的学习者中,大约只有 5% 的学习者完成了这些大规模课程。

对学习者最后完成结果的数据统计显示,大约有 83% 的慕课学习者,包括那些来自发展中国家的,都已经持有本科学位(Christensen, Steinmetz, Alcorn, Bennett, Woods, & Emanuel, 2013),这是十分有趣的。想必这些有经验的学习者并没有发现慕课能吸引他们充分参与其中。尽管研究人员分析了有关慕课学习者参与度的大量的相关数据(Christensen et al., 2013; Perna, Ruby, Boruch, Wang, Scull, Evans, & Abroad, 2013),但是,这里的参与度通常指看视频、访问问题或者完成任务,而不是像 Richards(2011)所探讨的以智力投入来衡量的。另外,由于一半的慕课学习者是因为好奇才来注册的,一旦发现课程无趣或需要主动参与,辍学也就变得不足为奇了。

简言之,一些非学术性的课程似乎有更高的完成率。例如,据报道,非洲一门为期六周的产期保健课程,有 35 000 位参与者并且完成率约为 65%(S. Einarson, personal communication, 2013)。类似高完成率的报道发生在一个由"非洲管理联盟"(African

Management Initiative)开设的为期仅三周的管理技能课程(R. Harrison，personal communication，2014)。这些经验表明，专注于职业发展主题的慕课课程比学术类课程具有更好的发展前景。非洲虚拟大学将准备利用慕课方式开展教师专业发展的培训活动，同时也会开设如和平管理和解决冲突等面向社会公众的课程。即使有50%的辍学率，这样的慕课课程也能很好地提高大家对这些问题的认识。另外，如果这些内容是开放和可获取的，教师就可以随时随地查找并获取想要的资源。

在教师专业发展的案例中，在相互讨论和分享有意义的实践中，教职人员们受益匪浅。因此，一个建构主义类型的课程网站能够使非洲虚拟大学向整个非洲提供高质量的教师发展课程。鉴于非洲有640所大学，因此，如果每一所大学都有一百名教师接受ODeL方式的培训，那么就会有64 000名老师受到培训。

然而，我们的策略是先培训一小部分教师("迷你慕课")，总结经验教训再进一步扩大培训规模，同时使我们的课程顺利开展。非洲虚拟大学也希望能够得到参与院校中的培训师的帮助，来宣传这个项目，从而加强当地各院校的网络支持服务。相应地，随着教师们对平台越来越熟悉，教师专业发展促进者们也不断开发和传递新的主题。非洲虚拟大学也在考虑采用一些建构主义的方法，开展一系列关于和平构建的公共研讨会，这样既有利于教师与和平事业工作者的交流，也能促使他们成为和平事业工作者庞大体系中的一部分。

无论采用何种形式的慕课，我们的关注点都是学习者学习体验的质量，而不是学习者的数量。当考虑到慕课能够大规模、远距离地传播课程，同时它又可以避免校本传播课程的局限性障碍的时候，人们认为慕课是最佳的选择。同时，慕课这一形式，也可以用在模板课程中的少数学习者身上，这样使得参与院校的课程得到了充分利用。

259　　　　在Coursera和edX平台上开设的北美慕课广泛采用数字化视频来传授知识、录制讲座，或提供可汗学院式的辅导资源。虽然非洲在不断改善宽带连接，但是，对非洲农村地区的学习者来说，大量使用数字化视频学习仍然是不切实际的。Guo、Kim和Rubin(2014)通过对最近超过六百万个edX视频交互分析得出，即使在宽带资源丰富的地区，观看者也很难忍受冗长的教学视频而倾向于几分钟的短视频。因此，他们建议视频长度最好保持在六分钟左右，片段中可以偶尔有面部正面特写，并且视频最好采用一种非正式或者对话式的语言风格。更重要的是，Guo等人(2014)发现，学习者更喜欢单一主题的可汗学院风格的视频教程，而不是一些主题广泛的讲座。

事实上,慕课未能吸引学习者的部分原因是有些慕课只是试图重复课堂讲授的教学方式,而未充分利用学习者使用新媒体学习时所产生的积极性。遇到这样的问题,可以尝试用以下这种办法解决,那就是,精心的教学设计可以使任何课程更令人印象深刻,即确保教学内容、媒体、形成性评估与预期的学习结果一致。非洲慕课的任何媒体设计,都要谨慎确保其画面的炫目程度不妨碍学习,不影响核心内容的呈现,无论是文本或视频形式,都要采用可选择的各种格式,以适用于低带宽地区以及不同的学习者。除了上述所说,为了使视频内容更容易理解,慕课设计者需要为其添加字幕,并利用简短的视频来优化观看时间,同时降低潜在的文件传输问题。当然,文本在教学中仍有很多优势,尤其是在非洲大陆和全球其他带宽有限的地区。

## 实现慕课的潜力

对高等教育工作者来说,这些都是有趣的时刻。从来没有如此多的学习者可以免费获取这么多的教育内容。然而,提到学习完成率,我们不应该对学术型慕课课程的潜力太过兴奋。在非洲,从小学教育到中等教育再到高等教育,学习者人数会减少很多。非洲基础设施建设也有显著的城乡差别,如可靠的电力和接入互联网的带宽等基础设施。在一些国家,人民的基本读写能力较低仍是一个挑战,并且女性接受各程度的教育明显比男性少很多,性别差距巨大。慕课可能提供令人振奋的学习机会,但还是有许多其他与基本的教育准入相关的问题值得我们关注。

像非洲虚拟大学这种组织所提供的 ODeL 项目,对改善教育机会、提升非洲大陆学习者成就有很大作用。然而,ODeL 必须建立在初级教育、中等教育和当前提升成年人读写能力措施成功的基础上。网络学习者还需要学习信息和通信技术以及如何在网络学习环境下学习。新兴的"全球学习者"能够随时随地真正自由地学习任何东西,因此,其中的潜在效益是巨大的。随着人民享受中等教育、高等教育的机会远远超过目前的水平,因此,经济和社会发展将有很大希望。

260

与播种的种子一样,它是否能成长,取决于人们的精心培育。非洲虚拟大学在塞内加尔的教师培训项目非常成功。塞内加尔政府、大学和普通学校共同努力培训了约13 000 位曾经不合格的教师——尤其是在农村地区,此次培训质量和教师保持率都有提高(B. Diallo, personal communication, 2014)。另一个案例是,非洲虚拟大学的合作伙伴内罗毕大学在肯尼亚已经发展了 23 个学习中心,提供学员管理和考试服务,并且每年可以接收的学习者高达 7000 名（H. Kidombo——personal communication，2014）。从 2010 年到 2012 年间，非洲虚拟大学已经有超过二百万的注册记录，其中近 25% 的学习者来自巴西。此外，我们了解到，斯里兰卡大学正在实施一项基于开放课程的研究项目。

显然，开放教育资源运动的发展不仅提高了非洲大陆的教育能力，而且对世界其他国家也大有裨益。虽然我们还处在慕课的开发和评价的起步阶段，但是，开放教育的多样性仍是一个重大议题。在非洲开发银行（ADB）的支持下，非洲虚拟大学以及来自 22 个国家的合作伙伴在改善非洲教育方面起带头作用，以期这项投资能够促进社会和经济的进步。

**Griff Richards** 是加拿大在线学习研究者和开放教育的倡导者。Griff 在康考迪亚大学获得教育技术专业博士学位。Griff 成就颇丰，他开设了加拿大不列颠哥伦比亚省的高中在线法语课程，并为汤普森河大学的开放学习项目设计远程学习课程。此外，他还参与了多个欧洲研究项目，他是日本开放大学的外国研究员，并设计了非洲开放教育模块。Griff Richards 还是鞑靼斯坦喀山社会与人文科学学院的荣誉教授。Griff 现在在阿萨巴斯卡大学担任教学设计课程教师，是技术增强知识研究所（TEK1LI）的研究员。他的联系方式是 griff@sfu.ca，想了解他的详细资料请到：athabascau.academia.edu/GriffRichards。

**Bakary Diallo** 在加拿大渥太华大学获得教育管理专业博士学位，2005 年加入非洲虚拟大学，2007 年出任该校校长。他专注于开放教育资源的开发和传播的研究，最新的研究成果促进了信息和通信技术在高等教育机构的使用。他精通法语和英语。

261

| 初译 | 交叉 | 二校 | 终审 |
| --- | --- | --- | --- |
| 陈莉莉 | 陈炜 | 范奕博 | 焦建利 |

# 参考文献

Aluede, O., Idogho, P. O., & Imonikhe, J. S. (2012). Increasing access to university education in Nigeria: Present challengers and suggestions for the future. *The African Symposium*, *12*(1),3 - 13. Retrieved from http://www.ncsu.edu/aern/TAS12.1/TAS12.1.pdf.

Christensen, G., Steinmetz, A., Alcorn, B., Bennett, A., Woods, D., & Emanuel, E. J. (2013). The MOOC phenomenon: Who takes massive open online courses and why? [Working Paper]. Retrieved from http://ssrn.com/abstract=2350964.

Crandall, A., Otieno, A., Mutuku, L., Colaco, J., Grosskurth, J. & Otieno, P. (2012). Mobile Usage at the base of the pyramid in Kenya [World Bank Report]. Retrieved from https://blogs.worldbank.org/ic4d/files/ic4d/mobile _ phone _ usage _ kenyan _ base _ pyramid.pdf.

Diallo, B. (2014). Pragmatism before popularity: The African Virtual University's approach to MOOCs. In D. Wagner & J. Sun (Eds.), MOOCs4D: Potential at the bottom of the pyramid. [Conference Report], April 10 - 11, University of Pennsylvania. http://www.gse.upenn.edu/pdf/moocs4d/moocs_pragmatism.pdf.

Diallo, B., & Richards, G. (2014). Pragmatism before popularity: The African Virtual University's approach to MOOCs. In D. Wagner, & J. Sun (Eds.), *MOOCs 4D*: *Potential at the bottom of the pyramid*. [Conference Report], April 10 - 11, University of Pennsylvania http://nebula.wsimg.com/832d31b1a1e95f24bb2a8d0b1086fc15? AccessKeyId=A8CECD67 C777CBD7A503&disposition=0&alloworigin=1.

Guo, P., Kim, J., & Rubin, R. (2014). How video production affects student engagement: An empirical study of MOOC videos. *Proceedings of the L & S Conference*, March 4 - 5, Atlanta, GA. Retrieved from http//groups.csail.mit.edu/uid/other-pubs/las2014-pguo-engagement.pdf.

Okeke, E. A. C. (2008). Access in Nigerian education. In B. G. Nworgu & E. I. Eke (Eds.) *Access*, *quality and cost in Nigerian education*. Proceedings of the 23rd Annual Congress of the Nigerian Academy of Education, pp.20 - 34. University of Nigeria, Nsukka, Nigeria.

Perna, L. , Ruby, A. , Boruch, R. , Wang, N. , Scull, N. , Evans, C. , & Ahmad, S. (2013). *The life cycle of a million MOOC users*. Presentation at the MOOC Research Initiative Conference. December 4 – 5, University of Texas, Arlington, Arlington, Texas. Retrieved from http://www. gse. upenn. edu/pdf/ahead/perna_ruby_boruch_moocs_dec2013. pdf.

Richards, G. (2011). Measuring engagement: Learning analytics in online learning. *Electronic Kazan 2011*. Kazan, Tatarstan, Russian Federation. Retrieved from http://www. academia. edu/779650/Measuring_Engagement_Learning_Analytics_in_Online_Learning.

# 第七部分

# 企业中的慕课和开放学习资源选择

当前,全世界范围内的慕课和开放教育潮流并不仅发生于高等教育领域。慕课, 263
作为一种切实可行的教育形式,在其出现之后虽然曾一度停滞不前长达几年,但是现在,各大企业和专业机构终于开始广泛使用慕课和其他开放形式的学习,并涌现出了很多应用案例,介绍在工作场所中使用慕课和开放教育的效果。有趣的是,企业慕课提供商——Udacity 成立了一个"开放教育联盟",它通过在网页设计、编程、交互式三维图形和数据分析等领域提供"纳米学位"(nanodegrees)来帮助学习者为日后的工作做好准备。与此类似,Aquent Gymnasium 则为具有创造力的专业人士提供网页设计、编程、JavaScript 等免费的技术类课程。就教育和培训实践而言,企业世界似乎一下子从一个封闭的世界,进入到一个非常开放的世界。本书第七部分由 3 个章节组成,将向读者阐述这个领域的最新进展。

在第 23 章中,企业学习专家 Elliot Masie 探讨了"开放"在企业培训中的意义。对于以利益和"投资收益"为主要目标的企业来说,开放的概念是存在争议的。其实,以前的企业学习采用的是传统方法,例如,请专家开展面对面的教学,以及使用来自特定机构提供的 e-learning 项目。就此而言,在企业学习中推行开放的理念极具挑战性。正如 Masie 所指出的,自 2010 年以来,越来越多的人从开放和公共资源库中"收集"资源,并将其用于开展企业培训。企业从 TED 演讲等公共资源中收集资源并发布自己的资源,为高等教育和个人所用。因此,资源和访问权限是两大主要议题,针对 TED 演讲和其他形式的在线共享视频,Masie 调查了一些企业中的首席学习官,发现了此类视频颇受欢迎的原因,并推荐了这些视频的最佳使用方法。这仅仅是一个开始。正 264
如 Masie 所言,根据新近的发展趋势,企业中的开放运动将在不久的将来获得极大的发展和演变。

在接下来的一章中,Mike Feerick 介绍了一个在线学习社群——阿里森(ALISON)。有人认为,早在 2007 年,ALISON 便提供了最初的慕课,至今已经培养了超过 500 000 名来自世界各地的毕业生。Feerick 是 ALISON 的首席执行官和创办者,在这一章中,他阐述了在工作中及工作之余进行学习和提升个人能力的方式将从哪些方面变得更加动态化、个性化,以及更重要的是,走向免费。举个例子说,ALISON. com 免费为全世界超过四百万名的学习者提供了 600 门在线课程,并提供证书和文凭。与针对高等教育的慕课相比,ALISON 关注的是工作场所的知识和技能增长。有趣的是,自 2007 年 ALISON 发布第一门课程以来,各种身份的学习者都陆续参与过其课程学习。这一章描述了该网站的演变:刚开始 ALISON 的学习者多为图书馆员、失业者、老年人以及新移民,而现在 ALISON 则常用于开展跨国公司的技术和领导力培训以及语言教育。本章还介绍了ALISON 的测评系统,该网站将有可能免费提供在线学习证书。

第 25 章由伊利诺伊大学斯普林菲尔德分校(UIS)的 Ray Schroeder 以及他的同事共同撰写。UIS 有着将近二十年的在线教学和混合教学的历史。作为该校在线和混合教学的参与人之一,Schroeder 每天更新自己的博客,报道关于在线教育的最新消息以及他对新兴的在线技术的试用情况,他因此而远近闻名。正如本章所描述的,他其实是第一个开设了与在线学习相关的专业发展类慕课的教师。这门慕课于 2011 年夏季开课,来自 70 个国家的 2700 多人学习了这门慕课,当时真是堪称规模最大的一门慕课了。自那以后,UIS 的网络学习、研究与服务中心(COLRS)便一直致力于研究和提供高等教育慕课。COLRS 发现慕课在以下方面具有巨大潜力:作为培训、专业发展、信息分享以及协作的渠道,以及作为讨论和辩析重要的公众话题的媒介。在这一章,Schroeder 和他在 UIS 的同事 Vickie Cook、Carrie Levin 和 Michele Gribbins 探讨了慕课的各种使用模式。其中,大部分模式适用于企业和专业协会的培训。Schroeder 和他的同事认为,我们将进入到一个慕课使能(MOOC-enabled)的时代。该时代将在变革传统高等教育和企业培训及教育中发挥重要作用。

| 初译 | 交叉 | 二校 | 终审 |
|------|------|------|------|
| 陈泽璇 | 陈文宜 | 范奕博 | 焦建利 |

# 第 23 章

## 企业中的开放学习

Elliot Masie

对于企业来说，"开放"这个词既有趣又极具挑战性。然而，在企业培训的教学资 265
源获取途径、授课方式以及课程设置中，开放学习是最能引起人们关注且快速变化的
元素之一。本章从资源和访问权限两方面探讨"开放"一词在企业培训中的应用情况。

回顾 2010 年，当时的企业培训中几乎没有任何开放内容。各种机构在提供面对
面教学和 e-learning 项目时，它们所使用的教学内容来源于两个渠道：（1）内部专家，
（2）外部的服务或课程提供商，例如出版社或高校。

短短几年之后，就在 2014 年，我们发现，教学资源的获取方式悄无声息地发生了
极大的转变。越来越多的人从开放和公共资源库中"收集"资源。下面举两个例子说
明这种资源收集方式对企业培训的影响。

**TED 视频片段：** 在美国，几乎每家大型企业都在广泛使用 TED 视频开展培训。这
些 TED 视频选自 TED 全球会议和 TEDx 活动的视频。它们将 6—18 分钟的 TED 视频
嵌入课堂教学，用其取代外聘专家的讲课。除此之外，有些机构还将 TED 视频加入到
e-learning 项目的课程中——除了传统的学习模块，还增加了观看视频的学习活动。

最近，我调查了一些企业中的首席学习官对 TED 视频的使用情况。结果发现，他
们一致认为，这些开放的（例如，免费且清晰）视频很适合用于企业培训，因为它们具备
以下特点：

- **短视频：** TED 视频可压缩、在线播放和重复播放。
- **主题聚焦：** 与其他视频不同的是，每个 TED 视频都聚焦于一个关键话题。
- **择优上线：** 所有上线的 TED 视频均经过筛选，确保是具有较高价值和较高吸 266
引力的。

- **信誉保证：** TED 这个名字即是对视频的一种认证，表明这些视频所涉及话题是
重要的，又或者是能引发思考的、具有发展前景的。

● **使用权清晰**：TED 对其视频的使用权有明文规定，这更便于企业将其视频整合到培训中。

**YouTube 视频**：此外，有些机构还到网上搜索其他视频材料，结果经常搜到了 YouTube。越来越多的企业使用 YouTube 视频开展培训。当然，在选用时，也需要考虑到一些限制因素和研究需求，以下列举其中几个：

● **使用权清晰**：有些公司认为，在 YouTube 上搜索到的视频并不能直接作为企业培训之用。在考虑到能否将视频用于企业内部培训或者将其整合到 e-learning 项目中去时，很多公司会通过做背景调查和核实等工作，来确定是否有权使用某个视频。当然，公司在使用这类视频时需要清晰地注明来源。

● **时间编码选项**：有些 YouTube 视频偏长，有些机构开始使用时间编码选项功能，以便让观看者直接观看视频的某一个片段，例如从 2 分 5 秒到 11 分 8 秒。TubeChop① 是实现这种 YouTube 视频分割的工具之一。时间编码选项功能能帮助企业在开展培训的过程中实现人们所期望的简洁和聚焦。

● **更新和调整**：有些 YouTube 视频可能拍摄得较早（如，2009 年），使用时需要更新或至少根据需要进行调整。此类更新和调整工作可以通过以下方法得以实现：在网页中加一个视频，补充近几年更新的内容。

此外，企业培训中还使用了其他形式的开放资源，以下列出其中四种：

1. 协会的资源：在 e-learning 刚兴起时，很多协会曾天真地以为可以直接使用工业界的一些视频作为培训之用。现如今，我们发现有越来越多的专业型开放资源（主要是以视频的形式）问世。这些资源适用于需要使用视频的公司，诸如全国零售商或国家游泳池这些非营利性实体。

2. 共享的资源库：有时，几个公司达成协议进行资源共享。每个参与机构贡献它们的优质资源供其他成员公司所用。

3. 高等教育慕课和资源：有些公司将慕课或其他高等教育资源整合到它们的培训课程中。在这些资源中，可能有些是免费的，也有些是需要付费的，但一般都被视为开放性资源。

4. 策展的资源：有些企业也使用那些来自学习者和用户的资源。它们通过策展

---

① TubeChop 是一个用来对 Youtube 视频进行剪辑的工具。——译者注

的方式广泛地从公司内外搜集资源；同时，将教学内容设计为开放式的，并请学习者在培训期间和培训结束之后为课程贡献资源。

最后，一些企业开始意识到以一种更开放的形式向企业之外的人分享资源的好处。这些做法可能包括：

● 将企业的相关资源上传至公共服务器上，便于非企业员工的个体用户使用。此类资源可能主要与该企业的主打产品、推广类产品以及新产品相关。这些资源能帮助未来的员工在职位申请前更好地了解公司。

● 向高校推送资源：有些会计公司将自己公司的资源制作成可供高校商学院和它们的教师使用的教学材料。这种方法可谓一种服务，也是一种品牌推广手段，那些接触过相关资源的学生可能会去这些公司应聘。

在企业中推广开放学习将带来以下几个方面的变化：

● 减少企业从外部的资源提供商购买资源的数量。

● 减少企业聘请专家讲课的时长。有个技术公司的员工跟我说，他们再也不需要请我去给他们做培训了，因为我的讲课内容都可在网上找到。

● 学习者能接触更多的观点，而非局限于内部公认的、台上的权威讲者。

● 帮助学习者获取与专业背景相关的资源，使得他们能获得个性化发展。例如，一位正在与迪拜客户打交道的学习者可通过观看酋长国成员讲解妥协和协商技巧的视频，学习与他们沟通的技巧，具体内容可涉及语言、背景、地理，甚至是专业历史。

● 在"开放"的过程中，视频的长度变短了。在 Masie 中心，我们一直在追踪调查企业培训中所使用的视频时长是否在不断缩短。结果发现，它们所使用的视频在不断地变短，变得更聚焦。

企业培训中的开放学习的另一个方面是访问权限。很多公司已经决定向更多人 268 开放它们的学习项目。拥有访问权限的人可能包括：

● 企业雇员

● 顾客

● 分销商

● 公司的供应商

● 监管人员

● 高校和技术学校学生

- 公众

- 其他合作伙伴

同样地,有些公司取消了对于学习者申请学习某门课程的审批流程。例如,有个公司,主要提供类似慕课的在线领导力培训的课程,现在决定对其所有员工开放该课程,不再局限于那些获得晋升的职员。这个公司不再将领导力作为晋升之前的培训内容,而是将其视为一种技能,并向全体企业员工开放其所有课程内容。

最后,正如本章开篇时所提及的,对于那些营利性公司来说,"开放"一词并不容易被他们所接受。很多公司的文化甚至在语言方面,其实并不是非常开放。很显然,在企业培训中使用开放学习,无论是适度地,还是大范围地使用,均是挑战和机遇并存。然而,它一直在发生、发展和演变。

**Elliot Masie** 是学习、协作、劳动效能等领域的领袖级研究者、分析师、思想领袖以及未来主义者。Elliot 是学习联盟(the Learning CONSORTIUM)的主席。该联盟由 200 家全球性公司组成,致力于研究学习和知识的未来发展趋势。另外,他常年主持在佛罗里达州奥兰多市举办的学习年会。Elliot 是 MASIE 中心的首席执行官,MASIE 中心是一个重点关注学习、教育以及技术三者之间的联系的智囊团。他写了 12 本书,包括《大学习数据》(*Big Learning Data*)。迄今他已经向全世界超过两百万的专家学者做过报告。他广泛参与企业和非营利性组织董事会的工作,包括斯基德莫尔学院(Skidmore College)、中央情报局大学(CIA University)董事会,以及 FIRST 机器人(FIRST Robotics),此外,他还是百老汇音乐剧《长靴妖姬和忠诚》(*Kinky Boots and Allegiance*)的一名制片人。他的个人网站是 http://www.masie.com。

| 初译 | 交叉 | 二校 | 终审 |
|------|------|------|------|
| 陈泽璇 | 陈文宜 | 范奕博 | 焦建利 |

## 第24章

## ALISON

一个新的免费认证学习平台

Mike Feerick

最近一次预定酒店时,你是先在网上查询一下该酒店是否是全国酒店协会的认证 269
会员,还是仅粗略地在猫途鹰(TripAdvisor)上查看其档案? 如果你是后者,那么,你
便跟世界上的大多数人一样,忽视了传统的质量评估模式,且信奉免费的非正式认证。
互联网可用于搜集群众评价,使得公众无需付费请传统的第三方去评估产品及服务便
可得知其质量。

从实用的角度看,人们不想依靠一个酒店协会去了解酒店的优劣,他们希望直接
从像他们一样在体验过酒店服务之后并提供客观描述的顾客那里得知信息。这是基
于经验的描述而非基于费用。通过互联网,社会各界的人均可获悉更便捷、更精准的
评估。这使得传统的认证形式变得多余。

这种变化将深刻地影响我们的学习方式。人类文明第一次出现了这种情况:每
个人不仅是学习者,同时也是老师。随着免费的、便于使用的自助发布平台例如阿里
森(ALISON)[①]的发展,传统的阻碍知识和技能的免费分享的障碍被彻底地清除了。

这得益于支持这些变化的新技术和经济模式的出现和汇聚。鉴于教育是社会进
步的基础,这些变化将全面改变我们的世界。下述是 ALISON 的一些关键概念。这
些概念必将引领新的免费认证学习。

### 所有的知识性教育和培训将免费  270

免费的自助发布平台使得各行业的教师和专家得以分享他们的知识。显然,所有

---

① 阿里森(ALISON)是一个于 2007 年成立于爱尔兰的数字化学习提供商,与其他的慕课提供商不同,
 ALISON 的合作者主要是发展中国家的学术机构,在 2015 年 2 月,其注册学习者已经达到了 500 万之
 多,成为美国本土之外最大的慕课提供商。——译者注

知识性教育终将在网上免费开放。这将影响从小学教育至成人教育各个层面的教育。从小学到高中，学校教育更加关注学生的全面发展而不是知识的传授。然而，这些变化在工作场所则特别明显。对视频提供者的水平的把控能力是发展这种新教育模式的关键。我们所指的视频提供者是一群专家和热心的成年人，他们决心致力于更好地传播他们所关注的领域里面的教育。

如果你怀疑我们对自发的群众来源的视频的提供者的把控能力的话，请想一想基于这种变化的猫途鹰之外的群众把控能力或服务的发展情况：从 Wikipedia 的作者身份，到亚马逊图书在线评论，甚至到苹果公司如何动用最少的力量做到高效评论新发布的应用程序。我们所看到的是高度自发的、自我修正的以及可持续发展的教育体系的出现，这些教育体系拥有发展成为巨大的、可持续发展规模的潜力。

## 分门别类的课程

自助发布平台给我们带来的一个结果是，随着自定进度的交互性多媒体课件的发展，免费的学习内容的宽度将变得无限宽广。例如，在很短的几年内，各种语言版本的中小学课程将可在网上免费获得。如果你觉得这听起来太简单化了，那就请想一想：目前全世界范围内的中小学对视频内容学习的学时要求是否太少了？

相反，就每个个体的工作任务和责任而言，现在的工作环境变得非常多元化和独特。维多利亚时代那种很多书记员坐成一排做记录的场面早已成为过去。很快，每位学员将拥有能力为自己设定或实际上自行设定一条独特的、专门为自己所希望演绎的角色所打造的学习途径。各大工作场所和产业将打造并发展由它们自己的视频提供者组成的工作场所学习生态体系。在这里，教育和培训服务的第三方提供者将变得越来越多。很简单，你只需要来自任何领域的专家分享他们所知道的知识，而他们所提供的知识是免费的。

如果你担心人们不愿公开、免费分享他们的知识，近几年的 MOOC 运动提供了大量的证据证明情况恰恰相反。同样地，维基百科（Wikipedia）的成功便是一个强有力的例子。在 ALISON，我们向我们的出版商提供了分红和潜在客户，这对很多人来说是很有吸引力的。然而，仍然存在免费发布个人的作品或思想的很多其他的动机，包括为了个人利益，为了公众的利益，以及仅仅炫耀自己的知识。所有的这些都是非常强大的动机。在 ALISON，我们将这种无限的、免费的、自成体系的学习运动称为"学

271

习的长尾巴",很显然,这是一条有可能永远没有尽头的尾巴。

与高等教育层面的慕课不同的是,ALISON 关注的是工作场所的知识和技能发展。最先采用 ALISON 的是图书馆员,他们希望为顾客提供免费的在线技能发展机会。他们的顾客中很多人是被边缘化的,且无法支付任何学习费用。这些顾客包括学生、老年人、失业者、新近到达英语国家的移民。随着 ALISON 课程档案的规模和专业水平的不断发展,各种类型和规模的机构,从新兴公司到跨国企业,均已开始使用 ALISON 平台来提升他们员工的技能,从英语方面的训练到六西格码管理。ALISON 旨在为它的学习者提供一条循序渐进的学习途径。例如,一旦一个学习者熟悉了键盘和鼠标,我们便能向其介绍基本的桌面应用;之后,我们可以教其如何建立一个网站;再之后,帮助他们创建在线商务。在这里,他们甚至可以进行个体经营。我们认为,没有哪种工作场所的学习是这个平台所无法提供的。

可以说,ALISON 的学习者来自多个国家,背景各异。这个在线平台提供了超过 600 门的免费课程,打破了传统教育的诸多壁垒(见图 24.1)。很值得注意的是,ALISON 一直很幸运,我们所提供的技能培训得到了很多人的认可。在我们的网站,已经有来自全世界的很多心存感激的学习者写下了超过 20 000 条赞扬性的留言。有时,我们亦吸引到名人的支持,比如说在 2011 年,哈佛商学院的 Clayton Christensen 教授曾在他的推特(Twitter)上写到:"想要打破教育体系的传统做法,全面地对其重

**图 24.1 ALISON 学习者来自多个国家,背景各异**

新思考的话，就应该像 ALISON 那样做。"作为哈佛毕业生以及他的仰慕者之一，我对这样的鼓励真是感激不尽。

## 分门别类的证书

ALISON 推出的评估系统需要在全世界范围内得到进一步的评估。ALISON 测试或"闪"测试是一个简单的过程。每位修完 ALISON 课程的人将能随时进行重新测试，以确保他们保持他们曾经达到的水平。我们中的很多人都拥有从不同高校获得的学位，但我们中又有多少人愿意在未来的某一天再测试一下看看我们是否还记得课程的内容呢？其实很少人愿意这样。正如我们正在一起玩看手势猜字谜的游戏，而有人一直蓄意将我们蒙在鼓里。

或许为我们自己找一个好一点的借口的话，我们可能会说是因为我们别无选择。然而，现在我们有一个选择。利用网络，每个人都能随时随地获得任何学科的测试（和教育）。智能手机的不断更新和普及极大地推动了这个事情的发展。只要能联网，我便能在我的 iPhone 上测评任何人的 ALISON 课程成绩。所需要的仅仅是一个由 ALISON 的拥护者所建立和提供的试题库。

我们需要考虑以下两点：第一，世界正在以一种极快的速度互联，并且在你可能没想到的地方，其联网速度正在加快。例如，ALISON 现在总体上拥有一百万遍布非洲的在线学习者，以及很多来自中东和北美地区的在线学习者。另外，ALISON 在印度次大陆和西南亚也有广泛应用。事实上，ALISON 学习者已经遍布全球各个国家（见图 24.2，ALISON 学习者在全球范围内的地理分布信息）。

第二，我们必须明白的是，我们所依赖的发达国家的传统课程认证系统与发展中国家的相关度着实有限。传统的教育认证和质量保障框架对发展中国家的作用不大。有些国家几乎不了解这些框架。请记住，目前世界上的 70 亿人中，仅有 20 亿人能上网。发展中国家将采用的学习和认证系统是那些与它们的时间、需求和情况相符合的系统，而不是我们在发达国家中所采用的教育系统，也不是任何适合我们向发展中国家推销的系统。

最后，认证的概念本身也将发生改变。那种一张文凭就等同于该文凭持有者"曾经懂得这方面的知识"的概念将不复存在。证书的概念将更多关注你现在所知道的事情。在 ALISON，我们将这种做法称为"动态证书"，即你所知道内容的形式以及你所

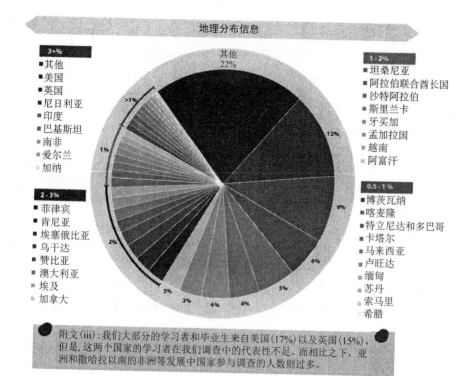

273

附文(iii):我们大部分的学习者和毕业生来自美国(17%)以及英国(15%),但是,这两个国家的学习者在我们调查中的代表性不足。而相比之下,亚洲和撒哈拉以南的非洲等发展中国家参与调查的人数则过多。

**图 24. 2    ALISON 学习者在全球范围内的地理分布信息(ALISON, 2014)**

宣称你所知道的内容将不断变化。比如说,未来的证书都将有时间标签。如果你于 2015 年在 ALISON 平台获得了项目管理的文凭,你必须在几年内甚至更短的时间内重新认证或重新修读该门课程。类似地,雇主将会重点关注你是否不断通过学习和培训更新自己。原因很简单,他们有渠道获悉这方面的信息。

## 免费认证学习产生的社会影响

2014 年 2 月份,ALISON 面向我们的毕业生和学习者开展了一次全世界范围的调查,将近 40 000 人参与了调查。其结果让我们更加了解免费在线学习认证改变社会的潜力(ALISON, 2014)。其中,最引发人深思的结果是 90% 的 ALISON 毕业生表示说,免费学习鼓舞他们不断学习。另外,88% 的毕业生说参与 ALISON 的免费学习提升了他们的综合自信心。此外,76% 的人表示这种免费的学习让他们觉得更能掌握自己的人生(ALISON, 2014)。或许对于我们来说最重要的是,14% 的 ALISON 毕业生说 ALISON 上面的免费学习帮助其找到一份新的工作,获得晋升,或提升了其在大学中的成绩排名。

274

这样的结果提醒我们，传统的教育和培训的费用障碍在多大程度上阻碍了社会的发展，如何限制了人们继续学习以及成为更好的自己的雄心。要是每个人都想变得更自信，更好地主宰自己的生活，并且渴望进一步学习，那怎么办呢？包括政治家以及任何其他关心如何更好地使用公共资源在内的人都发现希望已经到来。

在促使这种教育和培训变革发生的过程中，我们都能贡献自己的一份力量。我们不应该低估那些在当前教育和培训现状中获益的人和机构将会采取什么行动来保护他们自己的个人利益和他们自己心中所认为的"领地"。我们这些熟知 ALISON 潜力的人，必须支持这种新的做事方法并对其保持信心，同时鼓励以多种形式来运用这些新方式。正如我们支持使用新方式去决定入住哪家酒店一样，我们必须支持新的学习方式。请每个读过这一章的人自己决定，是停留在旧的教育系统，还是支持新的机会并将其发展到极致。

免费的、普适的认证教育和培训拥有巨大的潜力去积极改善我们身边的世界。正如 Nelson Mandela 曾经说过的："教育是你能用于改变世界的最强大的武器。"ALISON 开拓的免费认证学习方式无疑是我们这个时代所蕴含的巨大机遇之一。

**Mike Feerick** 是 ALISON.com 的创办者和首席执行官，是全球免费在线认证学习领袖。ALISON 拥有五百万学习者，他们来自全世界各地。ALISON 成立于 2007 年，被广泛认为是世界上第一个慕课提供商。Mike 是国际知名的社会企业家，2013 年获得卡塔尔基金会（Qatar Foundation）颁发的世界教育创新峰会奖（WISE Award），2012 年获亚瑟·健力士基金（Arthur Gwinness Funding），2011 年获 Ashoka Globaliser 学术奖金，2011 年因使得公众能更好地接受教育培训和技能培训而获得联合国教科文组织（UNESCO）颁发的文凭奖（Diploma Award）。

| 初译 | 交叉 | 二校 | 终审 |
|------|------|------|------|
| 陈泽璇 | 陈文宜 | 范奕博 | 徐品香 |

# 参考文献

Alison (2014). *ALISON Learner and Graduate Survey Results 2014*. ALISON. Retrieved from http://www.advancelearning.com/wp-content/uploads/2014/07/ALISON_Survey_2014_Infographic.pdf.

## 第 25 章
### 慕课的替代模式

Ray Schroeder，Vickie S. Cook，Carrie Levin，Michele Gribbins

## 引言

275  慕课能产生最重要影响的领域可能不是高等教育。伊利诺伊大学斯普林菲尔德分校的网络学习、研究与服务中心（COLRS）[①]一直在研究大规模开放网络学习对于高等教育之外的社会各阶层的潜在影响，并且发现，如果将慕课作为培训、信息、协作以及公共事务讨论的手段，其对社会各个阶层能够产生深远的影响。

汇聚了全球范围内各个学习领域的专家，COLRS 在 2011 年夏天带头开设了一门前 xMOOC 课程——eduMOOC，该课程为期八周，主要介绍网络学习的现状和未来。课程为讨论和参与未来的网络学习提供了一个平台，有来自 70 个国家的 2700 名教育管理者和学生注册了该课程。

专业机构和企业认为慕课是联系一般公众、专业人士以及相关领域专业人员的有效途径。在本章中，我们将讨论一门正在开发中的慕课，医疗保健领域内的两大专业组织也参与到该慕课的建设当中，该慕课旨在提醒医疗领域重视如下两个问题：接近生命尽头的病人接受姑息治疗的问题以及企业将慕课用作员工培训的趋势。

276  COLRS 关注商业领域使用慕课进行员工培训和专业发展的做法，因为这种做法如雨后春笋般出现在高等教育领域之外。企业和专业组织需要针对国内外员工的技能、工作流程及实践及时展开培训。有许多因素导致了高等教育在培养学生的工作技能方面处于落后的局面，但是或许最为显著的几个因素是：创新与研究经费的不足，未能及时提供适用于员工培训的教育模式，未能得到职场的认证（Blair，2010；

---

[①] 网络学习、研究与服务中心（COLRS），2008 年 12 月成立于伊利诺伊大学斯普林菲尔德分校，是该校网络学习、技术以及最佳实践的研究和应用中心。——译者注

Christensen & Horn，2011；Oshita，2012；Ross-Grodon，2011）。

COLRS 持续关注作为取代传统学习手段的慕课的发展。商业领域已经开始利用慕课给那些迫切需要掌握相关入门技能而又没有接受过高等教育的学生提供培训。

案例之一就是由 Udacity 及其合作伙伴推出的"微学位"项目（Udacity，2014），学习者需要学习为期 6 到 12 个月不等的课程，首批学习者是那些想要学习网站前端以及后端开发、IOS 开发以及数据分析的人，该项目由商业领域提供，受众面极广且面向全球。不像 Udacity 的其他计划，"微学位"项目没有与任何一家高等教育机构合作。

与由 Udacity 推动的乔治亚理工计算机科学网络学位项目不同，"微学位"的课程是直接与企业而非高校合作开发的。Udacity 如此宣传这一项目："用行业领袖提供并承认的认证来推动你的事业。"（Udacity，2014）项目的首批合作企业包括 AT&T[①]、Cloudera[②]、Salesforce[③] 和 Autodesk[④]。Udacity 这样向学习者描述道："一流的科技公司在我们的帮助下设计和提供'微学位'，并且承认其价值。这些公司十分清楚自己公司所需要的技术以及它们的雇员所必须具备的新技能，它们以高效的方法把正在使用的技术教给学员们。"（Udacity，2014）这一描述暗示了未来的职业教育的慕课化或者是其衍生的形式，因此，未来的职业教育将逐步从传统的高等教育机构、项目以及经验中脱离。

## eduMOOC：一门全球协作共建的关于网络学习的未来的 cMOOC

在 2011 年春天，COLRS 的创始人 Ray Schroeder 与他的同事分享了一个大胆的想法。Schroeder 刚刚在密歇根州奥克兰大学的 eCornucopia[⑤] 会议上发表了题为"开放的数字大学"（The Open Digital University）的主题演讲，并且意识到慕课正变得日趋流行，他深感伊利诺伊大学斯普林菲尔德分校（以网络学习创新著称）应该参与其中。COLRS 的成员开始集思广益并且收集材料准备开设一门有关"网络学习——现状和未来"（Online Learning-Today and Tomorrow）这一他们非常熟悉的主题的课程。 277

---

① AT&T 总部位于达拉斯，是当今世界上最大的电信公司。——译者注

② Cloudera 是美国的一家软件公司，提供基于 Apache Hadoop 和 Apache Spark 的软件。——译者注

③ Salesforce 是创建于 1999 年 3 月的一家客户关系管理（CRM）软件服务提供商。——译者注

④ Autodesk 是美国的一家跨国软件公司，给制造业、娱乐业以及建筑业等行业开发软件。——译者注

⑤ eCornucopia 是由奥克兰大学每年举办的为期一天的学术会议，主要探讨有关网络教学与学习的相关议题。——译者注

这门早期的慕课被设计成了一门 cMOOC。COLRS 的成员了解到 George Siemens 和 Stephen Downes(Downes，2012；Siemens，2005)提出并倡导一种专属于数字时代的学习理论——联通主义学习理论。在 cMOOC 中，学习者使用博客、维基(Wikis)和社交媒体围绕课程内容进行交流，而学习就在这样的交互过程中发生了(Yeager & Bliss，2013)。

在资料准备就绪并达成一致意见之后，Schroeder 和他的同事决定每周发布一个模块，从 2011 年 6 月 27 日开始到 2011 年 8 月 15 日一共持续八周时间。每一个课程模块包含与某一特定话题相关的文章链接、相关的讨论问题以及一个由网络学习领域的顶尖学者主持的实时同步专题研讨会。用于课程开发的资料通过免费的云技术以及社交媒体进行共享，包括谷歌站点(Google Sites)、谷歌小组(Google Groups)、维基空间(Wikispaces)、推特(Twitter)和推特流(Twitterfall)、谷歌环聊(Google Hangouts)和脸书(Facebook)(eduMOOC OERu Planning Group，2013)。

下面列举的是每周的课程主题以及专题研讨会的主持人：1."网络学习的现状"(Online Learning Today)——Ray Schroeder（伊利诺伊大学斯普林菲尔德分校），Bruce Chaloux(南区教育委员会)，Robert Hansen（大学专业教育与继续教育协会）和 Witt Salley（密苏里远程学习协会）；2."研究揭示了什么"(What the Research Tells Us)——Karen Swan（伊利诺伊大学斯普林菲尔德分校），Phil Ice（美国公立大学系统）和 Ben Arbaugh（威斯康星大学奥什科什分校）；3."网络技术的现状和未来"(Online Technologies Today and Tomorrow)——Michael Cheney（伊利诺伊大学斯普林菲尔德分校），Alexandra Pickett（纽约州立大学），Bethany Bovard（新墨西哥州立大学）和 Nic Bongers（奥克兰大学）；4."网络学习"Apps 与移动学习(Online Learning Apps and Mobile Learning)——Glenda Morgan（伊利诺伊厄巴纳-香槟分校），David Middleton（西东大学）和 Patricia McGee（德州大学圣安东尼奥分校）；5."公有、私有以及开放网络学习"(Public，Private and Open Online Learning)——Ray Schroeder，Cable Green（知识共享组织），Larry Ragan（宾夕法尼亚州立大学世界校区）和 Jeff Newell（伊利诺伊社区大学委员会）；6."个人在线学习网络"(Personal Online Learning Networks)——Shari McCurdy Smith（伊利诺伊大学斯普林菲尔德分校），George Siemens（阿萨巴斯卡大学），Jason Rhode（北伊利诺伊大学）和 Nancy Rubin（学习目标组织）；7."协作、集体与云"(Collaboratives，

Collectives and Cloud）——Shari McCurdy Smith，Karen Vignare（密歇根州立大学）和 Linda C. Smith（伊利诺伊厄巴纳－香槟分校）；8. "网络学习的未来：2011－2021"（Online Learning Tomorrow：2011－2021）——Ray Schroeder，Cable Green，Curt Bonk（印第安纳大学），Bruce Chaloux 和 Seb Schmoller（英国学习技术协会）。

Schroeder 的博客以及 Twitter 有许多忠实的粉丝，于是，他开始借助这些社会性媒介的力量来推销 eduMOOC，课程的注册人数在缓慢而平稳地增长着。

Marc Parry 以及《高等教育纪事报》（*The Chronicle of Higher Education*）①了解到了这门慕课。2011 年 6 月 21 日，也就是这门课程正式上线的前几天，Parry（2011）在《高等教育纪事报》上发表了一篇文章——《伊利诺伊大学斯普林菲尔德分校开设新型的慕课》，文章的开篇为："当你邀请全世界一起学习一门网络课程时将会发生什么？"课程的注册人数如火箭般快速增长了起来，事实上，COLRS 的成员在处理注册请求时遇到了许多困难。在课程正式开始那天，注册人数已经超过了 2700 个，这些人来自世界上 70 个不同的国家，这就使得 eduMOOC 成为当时注册人数最多的一门慕课课程（很快就被来自斯坦福大学的 Sebastian Thrun 于 2011 年秋所开设的"人工智能导论"课程的注册人数所远远地超过了，这门课程的最终注册人数达 16 万之多，分布于 190 多个国家和地区）。

在 2011 年，伊利诺伊大学斯普林菲尔德分校使用 Elluminate（现在为 Blackboard 协作）进行同步的网络学习。该大学最大的教师网络研讨会可以容纳 100 人。随着 eduMOOC 的注册人数激增到 2000 多人，COLRS 的成员在寻找一种新的方式，以便容纳所有想观看实时课堂情况以及向主题研讨会主持人提问的学习者。大学的信息技术人员迅速开发了一个网站，该网站除了支持演示文稿和音频，还支持专题网络研讨并可实时展示推特留言。此外，在研讨会进行期间，COLRS 的成员随时关注推特上面的有关问题并转发给发言人。所有研讨会的情况都被记录并保存起来了，方便那些未能参加的人观看。直至今天，这些记录仍旧保存在 https://sites.google.com/site/edumooc/home 这一网站上。

随着 eduMOOC 的发展，课程学习者找到了一些新的方式来扩大他们的个人学习网络。由于对 Google Group 所能提供的功能不满意，几个学习者创建了一个

278

---

① 《高等教育纪事报》（*Chronicle of Higher Education*），由 Corbin Gwaltney 创办于 1966 年，第一期于 1966 年 11 月公开发行，总部位于华盛顿，在美国学术领域占据主流地位。——译者注

Wikispaces 小组，随着时间的推移，这一小组已经成为 eduMOOC 上面最重要的进行异步讨论的地方。Schroeder 在他的个人博客上记录了开设 eduMOOC 的经验，他的博客网址是 http://edumooc.blogs-pot.com/。此外，课程学习者还创建了 Twitter 小组和 Facebook 小组，组织了每周一次的 Google Hangouts 反思活动来讨论主题研讨会，还开办了一份 eduMOOC 网络报纸（使用 Paper.li①）。开放网络学习的影响面非常广，以至于来自新西兰克莱斯特彻奇的一群 eduMOOC 学习者每周都在当地的麦当劳观看网络主题研讨会并展开讨论。

作为一个实验，eduMOOC 的成功使得 COLRS 的成员开始研究其他形式的慕课。其中的一种形式就是下文将要讨论到的与两个协会以及两所大学的合作。

## 协会和企业使得慕课不再局限于课程的形式

基于共同愿景以及相互信任所建立的合作关系可以确保这种合作模式在慕课世界中取得成功。伊利诺伊大学斯普林菲尔德大学与伊利诺伊医院协会（Illinois Hospital Association）、伊利诺伊家庭医疗与关怀协会（Illinois Home Healthcare and Hospice Association）以及南伊利诺伊大学医学院（Southern Illinois University Medical School）展开合作，目前正在进行的是协助开发专业发展型慕课以促进姑息治疗走向卓越。这次合作将使得医疗专家以及家庭医生接触到全国范围内的姑息治疗专家，从而提高护理的质量。

这门慕课得到了许多资助。由于合作伙伴承担了管理费用，因此预计课程的开发费用将少于 35 000 美元。课程的时间安排需要根据专家的日程以及其他时间因素来确定，因此课程的时间安排还不确定，但是估计课程的最终上线时间为 2014 年底。

这门慕课与 eduMOOC 具有相同的理论基础，这也是一门 cMOOC。根据联通主义理论的要求，该慕课的合作伙伴除了彼此保持联系之外，还与其他的组织以及全球的专家保持联系，以便给全国的学习者提供高质量的学习体验。慕课的主题必须让学习者学有所得，同时必须正视由这一主题所带来的一些敏感话题。在深厚的合作基础上提出、讨论和否决问题而不对任何组织造成威胁，这种合作关系必定给慕课的开展

---

① Paper.li 是一个内容策展工具，非常简单好用，用户只需要设定自己感兴趣的主题，它便可以自动搜索内容，并将内容以报纸或者简报的形式呈现，大大地提高了用户获取信息的效率。——译者注

提供最佳的环境与条件。构建良好的合作关系是推出优秀产品的必要条件。

如同其他的合作关系一样，为了确保合作的成功必须重点关注以下几个方面：

1. 一份详细阐明每一个合作者责任的书面说明；

2. 具备专业知识以弥补合作伙伴彼此的不足；

3. 具有共同的任务和愿景；

4. 开放高效的沟通；

5. 能考虑到每一位合作者的利益；

6. 能考虑到社会伦理以及慕课在社会中的地位；

7. 固定的截止日期。

上述的每一个方面对于任何一个可操作性强或功能性强的慕课而言都是必不可少的，它为确保学习者学有所获奠定了坚实的基础。这些合作实践同样也为将来的合作奠定了基础。通过在协会间建立稳定的合作关系、共同的愿景以及相互信任，慕课的这一替代模式是能够行得通的。因为像协会一样，商业公司也在寻找途径减少开支并且提高知名度。

## 企业慕课

280

由于每年用于员工培训的费用超过 1500 亿美元（Meister，2013），企业正转而利用慕课来减少费用开支并提升员工培训的相关性以及可用性。同时，慕课提供商正与企业展开合作，提供内容开发与授权服务、学习平台，达到帮助企业培训员工的目的（Bersin，2013）。此外，企业也定制开放课程以满足特定的员工培训需求。

据 Udemy 网站显示，当慕课模式用于企业内部培训时，它能够帮助企业统一记录员工的学习经验，这样一种模式能够更好地记录员工的隐性知识。比如，Pitney Bowes 利用慕课对信息技术开发者进行商业技能以及最新编程语言的培训。Google 的 g2g 项目[①]旨在帮助其员工协作并且学习彼此的丰富经验（Hughes，2013a）。

对于许多企业的员工而言，即便一门慕课或者其他任何直播活动结束了，但它们仍是开放的并且随时可用的，因此，慕课变成了一个可供未来参考和使用的资源库，这一资源库对于企业的新进员工而言是极其重要的。但是，这样的资源循环利用以及资

---

① 该项目鼓励谷歌的员工奉献自己的一部分时间来帮助自己的同事学习和提高。——译者注

源共享在面对面的培训中是不可能发生的。比如,迈克菲和因特尔使用慕课培训模式以此来提高员工培训的有效性以及一致性(Hughes,2013a)。

除了内部开发的慕课,企业还在寻找外部开发的慕课以替代其自主开发。正如本书中 Demillo 撰写的章节所指出的一样,AT&T 正与乔治亚理工学院以及 Udacity 合作希望可以为符合条件的员工提供计算机科学硕士网络学位,而不仅是给大学毕业生提供这一学位(Bersin,2013)。理所当然地,当慕课专注于某一特定领域,比如,上文提到的硕士学位项目,慕课的学习者将有机会与拥有相同兴趣或者工作经验的人进行交流,并且可以互相答疑,提供建议以及建立联系。而这种现象也同样出现在前文提到的 eduMOOC 以及姑息治疗专业发展型慕课中。负责企业培训的人员将很快意识到,这种专业型慕课所带来的好处。比如,雅虎公司会给员工支付其获得慕课证书所需的费用,而这一费用比进行面对面员工培训的花费要少得多(Bersin,2013)。

企业还利用慕课来提供培训并与商业伙伴、顾客、潜在的雇员以及消费者建立良好的关系(Bersin,2013;Hughes,2013a)。比如,SAP 公司开发了 openSAP(http://open.sap.com/),为开发者以及用户提供帮助;与 SAP 公司的原则一样,甲骨文开设了一门慕课帮助 Java 开发者了解内嵌的应用(McGinn,Caicedo,Weaver,Ritter,& Chin,2014);此外,1-800-FLOWERS 公司使用慕课教授个体花商学习不同的商业模式以及插花设计;美国银行以及可汗学院合作给消费者提供个人财经教育服务(http://www.bettermoneyhabits,com/),帮助美国银行进行品牌营销;一些公司,比如谷歌、亚马逊和脸书利用慕课进行员工筛选以及人才储备。

从上述五个例子中我们可以看出,将慕课用于企业培训具有许多优势。慕课可以帮助员工在瞬息万变的工作环境中随时更新必备的知识和技能(Carson,2014)。与传统的面对面培训相比,慕课培训节省时间以及金钱,并且不受空间的限制,因此更多的员工将从慕课培训模式中受益。此外,在这种培训模式下,学习是自定步调以及模块化的,对于那些难以抽出整块工作时间来接受培训的员工来说是十分有利的(Hughes,2013b)。慕课还可以改善员工的学习体验,因为传统的培训对于员工来讲存在着速度过快或者过慢的问题,而在慕课培训模式中,员工可以调整自己的学习进度以更好地消化学习内容(Abbasi,2014)。

使用慕课进行培训的另一个好处是,员工对材料的理解程度以及使用的熟悉程度可以更加直观地被测量出来,面对面培训却很难做到这一点。在面对面培训中,员工只有在完成一系列任务之后,才能获得结业证书或者数字徽章,而这些就是员工参与了学习活动的证明。对员工的慕课学习以及其他网络学习项目的完成情况的记录是员工培训一个非常重要的环节,领英公司已经与众多的慕课及网络学习提供商合作推出"简介直达"(Direct-to-Profile)认证证书,学员在完成某门课程的学习之后,通过一些简单的操作便可以将该证书显示在其领英资料上面(Baird,2013)。

Udemy 指出了使用慕课进行企业培训的一些注意事项(Hughes,2013b):首先,平台的界面必须是友好的;其次,应该根据不同类型以及不同年代的学习者的要求来设计和讲授教学内容;再次,企业管理者应该参与到教学内容的开发当中,并且最好还能够参与讲授教学内容;最后,管理者应该具备追踪员工学习情况的能力。

### 高等教育领域之外的新兴模式

2008 年,一种被看作是慕课雏形的新型教学模式开始接受人们的考验,并且人们很快地认识到这种教学模式能满足学生的需求。在 2012 年,慕课的发展渐入佳境,大学也开始探索如何利用慕课辅助教学。

今天,高等教育领域之外的许多领域出现了数量众多的新型教学模式,这些模式将会影响慕课的发展进程。正如 Erin Carson(2014)所言,"除了那些比较著名的慕课平台,企业也准备将慕课这一新型的网络学习模式的构想变为现实,开发面向各行各业的慕课课程"。为了证明自己言之有据,Carson 引用了 Jenny Dearborn(SAP 的首席学习官)的观点,"开发针对培训需求的慕课用于企业培训这一新趋势将能够更加有效地对员工进行能力培训"。Carson(2014)还指出 SAP 开发的慕课课程包含许多不同的主题,比如了解产品、软技能以及领导力培养等。

像 SAP 这样开发慕课课程用于企业培训的公司远远不止一家,其他的公司比如TELUS——一家加拿大通信公司,也在使用慕课进行企业培训。2011 年 2 月,TELUS启动了一个为期六周、涵盖四万名员工的企业培训项目,该项目大量地使用了视频、网络节目以及社会性媒介(Nielsen,2013)。从 TELUS 公司"学习与协作"部门主管 DanPontefract 的言论中我们可以得知该公司利用慕课进行企业培训的决心,他这样说道:"我们对慕课并不恐惧,我们正在以实际行动表明慕课不仅仅可以通过 Coursera、Udacity 和 edX 这样的企业给学术领域带来积极的影响,它同样也可以给企业培训带来积极的影响。"(Nielsen,2013)毫无疑问,Pontefract 不是最后一个持有这种看法的人。实际上,在《纽约时报》2013年秋季的一篇很有名的新闻报道中,Clayton Christensen 和 Michael Horn(2013)将慕课比作工业革命中的蒸汽机,我们可以看到技术之于继续教育以及终身学习,正如当年蒸汽机之于运输行业以及人类的出行方式。

许多媒体将2012年看作"慕课元年"(Pappano,2012)。高等教育机构利用慕课来影响更多的人,并且许多机构正将这种新型的教学形式整合进网络学习平台。而2014年被看作"企业慕课元年"。商业领袖预测到企业将把慕课引入到新型的学习平台,而这也将增加企业培训的机会,不断让员工参与到慕课进化过程当中。不出预料的话,将来还会不断涌现出各种新型而有效的培训模式。可以预见的是,企业将更多地使用慕课,企业员工将会更加经常地参与慕课的学习以掌握具体的工作技能和获得证书(Bersin,2014)。

283  通过回顾迈克菲公司使用慕课作为企业培训的模式,我们可以发现,在培训中使用慕课可以节省大量的时间,并且还可以提高销售团队的销售能力(Meister,2013)。通过这种方式,企业可以创造性地利用和改变不同的慕课,培养员工具备当今经济以及就业市场所需要的能力。

在图书馆以及其他场所出现的学习中心便于学习者见面并参与到小组学习以及小组讨论中(Coursera,2014)。Coursera与美国国务院合作为全世界的学生提供辅导等相关服务。实际上,这些学习中心把慕课变成一种"混合学习"的模式。这种独特的"政府-高校"之间的合作模式是慕课进化的另一种形态,它有别于传统的高校模式。

慕课的思想、模式及其应用仍在不断地出现和发展。待本书出版之日,许多建立在早期慕课研究及其经验基础上的模式必将陆续出现并投入实践。希望这一新型的学习模式能够继续发展并给教育者和学习者带来帮助。

**Ray Schroeder** 是伊利诺伊大学斯普林菲尔德分校网络学习部的助理副部长,他同时还是大学专业教育与继续教育协会(UPCEA)网络领导力与策略中心的主任。他在过去的十年间发表了大量有关网络学习以及教育技术的博客文章。他获得了斯隆联盟(Sloan Consortium)2010 年度的个人最高奖项——A. Frank Mayadas 领导力奖。此外,他还获得了伊利诺伊大学2011 年度的杰出服务奖。Ray Schroeder 是斯隆联盟的现任委员以及大学专业教育与继续教育协会 2012 年度的数字化学习创新委员。他的联系方式为 Schroeder. ray@uis. edu。

**Vickie S. Cook** 是伊利诺伊大学斯普林菲尔德分校网络学习、研究与服务中心的主任。她同时还是教育领导部的副教授,她的研究兴趣是网络教育中的领导力,联系方式为 cook. vickie@uis. edu。

**Carrie Levin** 自 2005 年以来一直从事网络学习领域的研究。   284
她是伊利诺伊大学斯普林菲尔德分校网络学习、研究与服务中心副主任。她多次开展了针对网络学习的工作坊及培训,她还撰写及参与撰写了许多次会议论文以及期刊文章。她从伊利诺伊大学厄巴纳-香槟分校获得戏剧艺术学士学位,从哥伦比亚大学获得舞蹈运动疗法以及咨询硕士学位。除了在网络学习、研究与服务中心工作,她还担任伊利诺伊大学斯普林菲尔德分校计算机科学部的助理教师。

**Michele Gribbins** 是伊利诺伊大学斯普林菲尔德分校网络学习、研究与服务中心网络学习与开发专员,她还是管理信息系统部的助理讲师。她多次在有关网络学习与信息系统的国内以及国际会议上发表演讲。她的研究成果发表在《信息技术杂志》、《信息系统传播协会》、《电子市场》以及《国际管理理论与实践杂志》上。

| 初译 | 交叉 | 二校 | 终审 |
| --- | --- | --- | --- |
| 范奕博 | 陈文宜 | 范奕博 | 焦建利 |

# 参考文献

Abbasi, S. (2014, May 29). The business benefits of adopting a corporate MOOC in your organization. *Udemy for Organizations*. Retrieved from http://www. udemy. com/organizations/blog/2014/05/29/the-business-benefits-of-adopting-a-corporate-mooc-in-your-organization/.

Baird, A. (2013, November 14). Introducing a new way to add certifications to your LinkedIn profile. *LinkedIn Blog*. Retrieved from http://blog. linkedin. c om/2013/11/14/introducing-a-new-way-to-add-certifications-to-your-linkedin-profile/.

Bersin, J. (2013, November 30). The MOOC martketplace takes off. *Forbes*. Retrieved from http://www. forbes. com/sites/joshbersin/2013/11/30/the-mooc-marketplace-takes-off/.

Bersin, J. (2014, February 4). Spending on corporate training soars: Employee capabilities now a priority. *Forbes*. Retrieved from http://www. forbes. com/sites/joshbersin/2014/02/04/the-recovery-arrives-corporate-training-spend-skyrockets/.

Blair, A. (2010). In from the margins: The essential role of faculty in transforming a professional studies unit into an academic department. *Journal of Continuing Higher Education*, 58(1), 31 - 9.

Carson, E. (2014, June 20). How MOOCs are flattening corporate training and education. *TechRepublic*. from http://www. techrepublic. com/article/how-moocs-are-flattening-corporate-training-and-education/.

Christensen, C., & Horn, M. (2011, July/August). College in crisis: Disruptive change comes to American higher education. *Harvard Magazine*. Retrieved from: http://harvardmagazine. com/2011/07/colleges-in-crisis.

Christensen, C. M., & Horn, M. B. (2013, November 1). Innovation imperative: Change everything. *New York Times*. Retrieved http://www. nytimes. com/2013/11/03/education/edlife/online-education-as-an-agent-of-transformation. html?_r=0.

Coursera. (2014). *Coursera learning hubs*. Retrieved from http://www. coursera. org/about/programs/learningHubs.

Downes, S. (2012). *Connectivism and connective knowledge: Essays on meaning and learning networks*. Retrieved from http：//www. downes. ca/files/books/Connective _ Knowledge-19May2012. pdf.

eduMOOC OERu Planning Group. （2013）. WikiEducator. Retrieved from http：// wikieducator. org/OERu/eduMOOC_planning_group/MOOC_comparison.

Hughes，S. (2013a，December 23). Seven ways to corporate MOOC. *Udemyfor Organizations*. Retrieved from http：//www. udemy. com/organizations/blog/2013/12/23/seven-ways-to-corporate-mooc/.

Hughes，S. (2013b,June 24). What are the lessons of massive open online courses（MOOCs） for corporate learning and training? *Udemy for Organizations*. Retrieved from http：//www. udemy. com/organizations/blog/2013/06/24/what-are-the-lessons-of-massive-opem-online-courses-moocs-for-corporate-learning-and-training/.

McGinn，T. ，Caicedo，A. ，Weaver，J. ，Ritter，S. ，& Chin，S. (2014). Oracle massive open online course：Develop Java embedded applications using a Raspberry Pi. *Oracle Learning Library*. Retrieved from https：//apex. oracle. com/pls/apex/f? p = 44785：145：0：：：：P145_ EVENT_ID,P145_PREV_PAGE：861,143.

Meister，J. （2013，August 13）. HowMOOCs will revolutionize corporate learning and development. *Forbes*. Retrieved from http：//www. forbes. com/sites/jeannemeister/2013/ 08/13/how-moocs-will-revolutionize-corporate-learning-development/.

Nielsen，B. (2013，April 29). MOOCs：From the classroom to the conference room. *Your Training Edge*. Retrieved from http：//www. yourtrainingedge. com/moocs-from-the-classroom-to-the-conference-room/.

Oshita，Y. （2012）. Committed to continuing higher education in the workplace. *The Evolllution*. Retrieved from http：//www. evolllution. com/corporate_partnerships/committi ng-to-continuing-higher-education-in-the-workplace/.

Pappano，L. (2012，November 2). The year of the MOOC. *New York Times*. Retrieved from http：//www. nytimes. com/2012/11/04/education/edlife/massive-open-online-courses-are-multiplying-at-a-rapid-pace. html? pagewanted = all&_r = 0.

Parry，M. (2011，June 21). U. of Illinois at Springfeld offers new "Massive Open Online Course". *Chronicle of Higher Education*. Retrieved from http：//chronicle. com/blogs/ wiredcampus/u-of-illinois-at-springfield-offers-new-massive-open-online-course/31853-http：//chronicle. com/blogs/wiredcampus/u-of-illinois-at-spring-field-offers-new-massive-open-online-course/31853.

Ross-Grodon, J. M. (2011). Research on adult learners: Supporting the needs of a student populations that is no longer nontraditional. *Peer Review*, 13(1),26 - 9.

Siemens, G. (2005). Connectivism: Learning as network-creation. *ASTD: eLearnSpace*, 1 - 28.

Udacity. (2014). *Nanodegrees: A new kind of credential for jobs in technology—Udacity.* Retrieved from http://www.udacity.com/nanodegrees.

Yeager, C., Betty, H.-D., & Bliss, C. A. (2013). cMOOCs and global learning: An authentic alternative. *Journal of Asynchronous Learning Networks*. 17(2),133 - 47. Retrieved from http://onlinelearningconsortium.org/jaln/v17n2/cmoocs-and-global-learning-authentic-alternative.

# 第八部分

## 未来展望与开放选项

不得不承认,在过去的几十年间,一直追踪关注学习技术与开放教育的每一个人,都很难预测接下来会发生什么。通常,人们有关技术以及教育所面临机遇的预测或者断言,往往与真实发生的情况相比都太过保守。当然,在另外一些情况下,有些预测则太过激进,以至于自提出之后,我们就再也没有看见或者听说过。

如今,我们可以确定的是,开放和网络教育在未来的十年间将继续发展,并形成一种有更多学习者参与的新型学习传播形式。慕课或慕课的衍生物、类似的观点以及形式,对于向之前未能接受教育的成千上万的人提供进一步的开放教育机会起着极其重要的作用。同时,正如发端于顶尖高校的慕课一样,这些新型的远程教育形式也将在重塑或者(至少)改善传统高等教育中发挥重要的作用。与此同时,在接下来的几年或者更长时间内,开放教育政策、质量标准以及对开放教育和慕课的整体使用水平和接受程度将继续得以改善和提高。终身学习将不再是一句简单的口号或虚无缥缈的目标,反之,它将成为人类社会不可分割并无处不在的一部分。

在第26章,来自南昆士兰大学的澳大利亚数字未来学院的 Michael Keppell 重点关注学习者在混乱的学习环境中成功学习所需要的知识、技能与态度。他指出,在未来的学习中,适应能力强的个性化学习者将变成终身学习者,他们每天都会找寻解决办法以应对问题或者挑战。这些个性化学习者需要具备包含以下6个维度的"工具箱":(1)数字素养;(2)无缝学习;(3)自主学习;(4)以学习为导向的评价;(5)终身学习;(6)学习路径。这个工具箱可以帮助学习者克服正日益变得数字化、网络化以及混乱化的学习环境所带来的难题。在这一章中,Keppell 不仅描述了这6个维度,同时还介绍了每个维度中所包含的3个层级的能力,这些维度可以作为未来十年内终身学习

287

288

者的行动路线图。因此,这一章给我们提供了一个非常有用的视角,透过这个视角,我们可以预见在当今这一高度技术化以及开放学习的时代中,未来十年间学习的样子。

在接下来的一章中,来自加拿大的 Rita Kop 和 Hélène Fournier 指出,慕课的存在完美地契合了"知识共享"的要旨。更加重要的是,这一章的图 27.1 向我们清晰展示了"知识共享"的涵义。Kop 和 Fournier 指出,作为开放网络学习的一种重要形式,慕课存在于正式学习和非正式学习的顶端,参与其中的人都可以对"知识共同体"有所贡献。但是,没有任何一件事情是完全令人满意的。正如本书第 1 章中 David Wiley 所言,Kop 和 Fournier 也指出,慕课其实并不是真正的开放。另外,尽管最近教育界在向以"学习者为中心"的教学转变,但是围绕"主动学习",比如"数字制品的创造"的担心却越来越多,大多数学习者认为,主动学习并非慕课学习体验或者学习活动的核心。更为糟糕的是,慕课的大规模迫使课程开发者使用数据驱动而不是人力驱动的技术或者联通主义来促进学习过程。这种着眼于数据、自上而下的方式面临着很大的问题,尤其是当开发者面向所有学习者开发能够开放获取信息和知识的学习环境时就变得更为明显。为了解决这个问题,Kop 和 Fournier 从开放、网络学习以及慕课的文献入手,提出了几种能够克服当前慕课缺点的解决方案。

在第 28 章中,来自英国的 Rebecca Ferguson、Mike Sharples 和 Russell Beale 展望了 2030 年慕课的发展状况。他们构想出几种当前的慕课可能进一步发展的方式。他们的想法主要体现在"技术增强型学习复合"(Technology-Enhanced Learning Complex)模型中,该模型是一个结合了技术、人与实践的综合体。同时,他们的想法还受到了 FutureLearn 平台愿景与使命的影响,该平台起源于英国开放大学,如今已经发展成为一个大型慕课平台。为了实现这些愿景,作者在该章中提出要变革慕课教学法,改进技术以及大环境,这些因素对于慕课的真正繁荣必不可少。三位作者认为到 2030 年,由慕课发展而来的系统将能够通过给不计其数的学习者提供受教育机会而满足社会的需求。如果这变为现实,那么,这样的系统将能够使得全世界人类享受到开放学习的红利。慕课开发者、政策制定者以及教育工作者需要时刻牢记这样的愿景并一直前行,从而实现这样的目标。实际上,慕课如果要想产生巨大的影响并在增强学习的同时真正实现开放教育的目标,2030 年的慕课教学法必须要考虑将来新型学习者的特点以及教师要承担的完全不同的角色。同时,慕课教学法还必须利用创新的方法来设计将来的学习,不管这种学习是慕课学习还是其他形式的大规模学习。

在第 29 章,也就是本书的最后一章中,我们(本书的四位编者)回顾了书中各章作者的贡献以及他们的思想。同时,我们对慕课和开放教育的相关主题进行了概述,其中包括目前慕课的几种不同的使用方式。同时,在该章中,我们还讨论了本书中的一些独特贡献以及这些贡献的价值和潜在的受众。在该章的最后,我们简单地预测了如今愈发开放的教育世界中未来学习的样子。在这种新型的学习时代里,我们每个人都有许多的"开放选项"。在结语部分,我们满怀希望地认为,本书中所提到的想法所服务的对象绝不仅仅是那些已经参与过某种形式的开放、网络或者混合学习(包括慕课、开放课件以及开放教育资源)的高度好奇的、非正式的以及非传统的学习者,同时,还应该包括那些所在地区教育资源匮乏、处于辍学边缘的学习者。这些"弱势"学习者急需获得新技能、能力以及教育经历,而这些需求现在或者在以后的时间里都可以通过慕课或者其他形式的远程学习得以满足。

翻译:范奕博

审定:焦建利

**第 26 章**

**未来学习**

开放世界中的个性化学习

Michael Keppell

# 引言

290      我将在这一章剖析未来学习的基本概念,探讨学习者应对捉摸不定的学习环境必需的知识、技能和态度。作为本章讨论内容的一部分,我将描述适应能力强的学习者可能需要如何继续完善其知识,提升其技能,改变其态度,以应对瞬息万变的世界。

在这个学习型的未来,适应能力强的个性化学习者每天都需要面对困难、问题和挑战,并寻求解决方案。这个学习型的未来也要求学习者成为终身学习的人,他们的学习能力将是他们在这个不断变化的世界中苗壮成长必需的生存技能。适应性较强的学习者将成为学习型未来的"典范",这主要是因为开放教育作为一种可接受和可行的高等教育方式变得更加流行了。本章首先将对个性化学习进行界定,然后剖析开放世界中的个性化学习的路径。

## 个性化学习的界定

我把个性化学习定义为,能够促成学习和行动的知识、技能和态度,它们是学习者能够继续学习的动因。

在这个定义中,知识现在是共同创造的、通过网络传播的、个性化的。它已经从这样的描述——"解释世界的某个部分"和"用于某种行动"发展到涉及生态环境和网络(Siemens,2006,p. vi)。技能能使我们完成特定的任务,而态度则影响信念和行为。知识、技能与态度这三者聚合起来,可能会赋予或限制学习者的学习能力。此外,我们探讨与个性化学习相关的知识、技能和态度的具体方面,可能有助于鼓励和促使学习者继续学习。

291      个性化学习不再关注学习者现在知道什么,而是关注学习者怎样才能学得更多。

展望未来，我们都会成为不断学习的人，依据反馈行事，从前馈知识的下一次应用中学习。我们需要接受"发展思维方式"，而非"固定思维方式"（Dweck，2006）。如果学习者接受发展思维方式，他们就会公开地寻找挑战，应对挑战。他们表现出有目的的参与，这种参与是学习的关键。具有发展思维方式的学习者通过自己的努力取得进步，他们有拼搏的热情，从不限制自己（Dweck，2006）。但是，学习环境日趋数字化，彼此关联，且捉摸不定，因此，具有发展思维方式的学习者也需要具备应对这种复杂的学习环境的法宝。这个法宝包含数字素养、无缝学习、自主学习、以学习为导向的评价、终身学习和学习路径。

## 个性化学习路径

最近，我撰写了关于高等教育个性化学习策略以及学习者在学习过程中如何为自己定制个性化的自然和虚拟学习空间内容的文章（Keppell，2014）。我在其中谈到了个性化学习者如何改编、使用学习空间设计的 7 个原则。在这一章，我从 6 个方面阐述个性化学习的路径：(1)数字素养，(2)无缝学习，(3)自主学习，(4)以学习为导向的评价，(5)终身学习，(6)学习路径。如表 26.1 中的详细描述，每个方面包含个性化学习者终身发展的 3 个层级。这个路径剖析了个性化学习者的成长历程，为适应未来奠定了基础。

现在，我来逐个讨论个性化学习的这 6 个方面，并从 3 个层级来提出发展建议。

**表 26.1 个性化学习的层级**

292

| 个性化学习 | 第一层级 | 第二层级 | 第三层级 |
|---|---|---|---|
| 1. 数字素养 | **数字能力**<br>这是数字能力的先期表现形式（Martin，2008），是指知道如何使用数字工具和设备，其中包括电脑、平板、智能手机、文字处理程序以及互联网搜索的使用等。 | **数字熟练程度**<br>能够很习惯地使用数字技术，并能将知识和技术运用到学习、教学或者实践中，以满足具体的要求。Beetham（2010）关注数字技术在人际交往、学术领域以及其他专业领域的运用，比如开发出一套解决方案或者解决一个具体问题。 | **数字设计**<br>包含"数字能力"和"数字熟练度"，同时还包含"学习者即设计者"这一理念。"由学习者产生的内容"包括媒体的设计，比如视频。"由学习者产生的内容"是开放教育中很重要的一种资源形式。 |

| 个性化学习 | 第一层级 | 第二层级 | 第三层级 |
|---|---|---|---|
| 2. 无缝学习 | **校园学习**<br>学习者习惯在校园中的正式或者非正式学习环境中学习,比如教室或者咖啡厅。 | **虚拟校园学习**<br>学习者习惯使用网络学习以及混合学习的方式进行学习,同时还习惯使用社交媒体。 | **在任何地方学习**<br>学习者可以在任何场所进行学习,比如火车上、咖啡厅以及远程学习等。学习者需要具备学习空间素养(Keppell, 2014) |
| 3. 自主学习 | **支架式学习者**<br>教师通过提供脚手架等形式支持学习者的自主学习,并将学习的主动权移交给学习者本身。教师赋予学习者掌控自己学习的权利。学习者开始设定自己的学习目标。 | **策略性学习者**<br>学习者开始管理自己的学习。学习者采用不同的策略推进自己的学习。 | **自主学习者**<br>学习者能够评估自己的学习表现并调整自己的学习。学习者能够制定决策以满足自己的学习需求。学习者最终成为自主学习者。 |
| 4. 以学习为导向的评价 | **真实评价**<br>教师通过提供脚手架的形式来支持真实性评价。同时,学习者参与到这种评价中来。 | **协商评价**<br>学习者与教师协商评价的方式。学习者在同伴互评或者小组任务中协商各自的角色。 | **自我评价**<br>开始把"反馈当作前馈"。学习者自主选择作业的提交形式,比如纸质或者多媒体形式等。学习者自主评价自己的学习。 |
| 5. 终身学习 | **短期学习**<br>关注当前的课程。同时,教师使学习与未来的工作联系起来。 | **以未来为导向的学习**<br>将个人目前的课程与未来的工作联系起来。认识到自己知识层面上的不足并通过学习来进行丰富完善。 | **做个学习者**<br>学习变成了一种自然的习惯,更加重视全方位的学习。 |
| 6. 学习路径 | **指定的学习路径**<br>学习者遵循指定的学习路径。 | **灵活的学习路径**<br>学习者可以选择一些选修课。 | **开放教育路径**<br>学习者可以自由指定学习路径以满足自己的需求。 |

## 1. 数字素养

个性化学习的第一个方面涉及数字素养领域。数字素养包含能够使个体在数字时代更有效地学习、工作、生活、娱乐以及沟通的知识、技能和态度(Johnson，Adams，Cummins，& Estrada，2012)。我使用了素养的复数形式而非单数形式，原因在于其复数形式为整合其他素养(包括意义建构和其他认知技能)奠定了基础(Lankshear & Knobel，2008)。此外，我们探讨数字素养也很重要(Martin，2008，p. 156)。这些素养多种多样，从"实用性的"(如，简单技能)到特定情境下的"社会参与"(如，社会文化实践)，到学习者的"思维"和"赋能"、"转变"(Belisle，2006；Martin，2008)。

### 第一层级：数字能力

Martin(2008)把数字能力描述为数字素养的前兆。他指出，学习者在投入数字环境之前，必须懂得如何使用数字工具和设备，这样才能在学习环境中应用这些知识。例如，学习者必须具备如何使用计算机、表格和智能手机这样的基本技能和能力。除此之外，学习者还需要学习诸如文字处理、电子表格制作、演示软件操作等，需要具备数字环境下必备的网络搜索能力。

### 第二层级：数字熟练程度

我把数字熟练程度作为个性化学习者数字素养学习的第二步。熟练程度是指学习者对数字技术的熟悉程度和习惯程度。这里的数字技术指的是那些为实现学习、教学或实践的特定目的而应用知识和技能的技术。Beetham(2010)探讨了数字技术在个人、学术和职业方面的应用。学习者通过关注环境，能够找到相应的对策或解决该学习环境中特有的问题。

### 第三层级：数字设计

数字设计涵盖了能力和熟练程度，并剖析了"作为设计者-生产者的学习者典范"的概念(Lockyer & Kerr，2000)。有观点认为，当学习者参与数字资源的设计和建设时，他们会沉迷于应用数字素养创建新产品和新知识。用户-构建式学习通常包括内容管理、反思和产品的创建(Swanson，2013)。这种由学习者创建的内容可能还包括媒体设计,比如录像,它也可以作为开放教育的一种资源共享。

## 2. 无缝学习

Conole(2014)认为,我们正在步入第三代学习环境。她指出,我们在个性化学习环境方面已经从虚拟学习环境迈进涉及"物联网①"和无缝学习的第三个阶段。无缝学习大概是指"跨越环境、技术和活动的联结式学习"(Sharples et al,2012,2013)。Kuh(1996)指出"无缝这个词是指那些曾经要分离的东西,如今却又拼接在一起,以整体或连续体的形式呈现出来"(P.136)。

### 第一层级:校园学习

传统的校园学习包括学习者在诸如教室、辅导室和实验室这种正式的学习场所的学习,以及学习者在像图书馆、公共学习场所、咖啡馆这样的非正式学习场所的学习。在每种学习环境下,学习者都有可能使用笔记本电脑、平板电脑和智能手机。这是校园学习的显著特征。

### 第二层级:虚拟校园学习

在这个层级,个性化学习者习惯在虚拟校园学习,可能需要使用混合学习方法,这种方法要求学习者通过访问内容、论坛互动或完成在线评估等介入在线环境。面对面的学习和教学与在线学习难以区分,这对高校的学习者和教师来说都是个重大转变,这也对那些渴望在不失去面对面交互的精准性的情况下又能灵活地选择学习、教学和评价方式的学习者具有重要意义。学习者也可能会全身心地投入在线课程,在虚拟校园利用社交媒体进行交流。

### 第三层级:在任何地方学习

在任何地方学习意味着个性化学习者适合在任何时间、任何地方学习。学习者适合在各种学习场所进行交互,包括在正式和非正式校园环境和在线学习环境中,可能

---

① 物联网,是互联网、传统电信网等资讯承载体,让所有能行使独立功能的普通物体实现互联互通的网络。——译者注

也包括在移动中介入学习,比如,在火车上、咖啡馆和远程办公空间等。Bonk(2009)指出:"我们去地方学校、学院、大学、政府或公司培训中心要走的路不再是混凝土铺成的,我们现在的学习可能发生在轮船上或飞机上、在山颠、在大峡谷的底部,或者是当我们站在变薄的海冰上时。从大海、陆地、冰川来看,从数百英里之遥的宇宙飞船来看,世界是完全开放的。"

在这一更加开放的教育世界中,学习者习惯使用各种技术联结其学习。为了充分掌握这种能力,他们还必须具备有关学习空间素养方面的知识(Keppell,2014)。弹性学习通过在时间、节奏、地点(自然的、虚拟的、校内、校外等)、学习模式(以印刷材料为主、面对面、混合、在线等)、教学方法(合作式、独立式等)、评估和人员配置方式等方面的灵活性为学生增加其学习经验提供了机会。无缝学习可能需要利用各种学习和教学媒体、环境、学习空间和技术,但是,要求学习者掌控自己的学习之旅。自主学习是我们接下来要探讨的一个方面,我们将剖析学习者在个性化学习中的角色。

## 3. 自主学习

"自主学习是帮助学生管理其思想、行为和情绪的一个过程,旨在成功地指导其学习实践。"(Zumbrunn, Tadlock, & Roberts, 2011, p. 4)它包括三个阶段:(1)预先考虑和规划,(2)执行情况监控,(3)反思。它要求学习者掌控自己的学习。自主学习是个性化学习的一个重要方面,要求教师给学生指导,并为其学习搭脚手架,以鼓励学生成为自主学习者。

### 第一层级:支架式学习者

在这个层级,教师需要指导学生采用自主学习策略。教师要通过给学习者搭脚手架和创建学习条件支持自主学习。搭脚手架涉及鼓励深度学习,教师主要通过个性化支持鼓励学习者实现其目标。作为这些努力的一部分,教师还要使学生掌控其学习,并帮助他们确定学习目标。

### 第二层级:策略性学习者

这一层级的目标是学习者开始管理自己的学习,成为策略性学习者。在第二层级,学习者需要掌控权力,制定目标,监视自己的表现。此外,他们开始采用各种策略来提高自己的学习水平。

### 第三层级:自主学习者

在第三层级,学习者能够对自己的学习任务完成情况进行评价,并进行改进。事实上,他们已经变成了反思型的学习者,知道自己的学习需求。这类学习者能够独立地确定合适的学习目标,正在向自主学习者转变,他们探寻实现其目标的学习选项。

## 4. 以学习为导向的评价

以学习为导向的评价大概是把学习置于评价中心,并重新建构评价设计,以强调学习的功能。以学习为导向的评价涉及三个重要的方面:(1)评价任务就是学习任务,(2)学生参与评价过程,(3)反馈具有前瞻性(Carless, Joughin, Liu, & Associates, 2006)。由于所有评价均导向某种形式的学习,所以,为了鼓励我们看重和希望的学习成果类型,精心设计评价显得非常重要(Boud, 1995; Carless, 2007, 2014; Keppell & Carless, 2006)。我特别渴望教师能够减少如下的这种惯常做法,即,在一门课讲授完毕之后才给学生大量的反馈,因为这样学生便无法从反馈中获益(Keppell & Carless, 2006)。评价应当与学习者相关联,并通过真实评价为解决学习者的一些问题提供良机。

### 第一层级:真实评价

首先,真实评价侧重实际应用,包含与学习者直接相关的困难和问题等。在这个层级,评价重在为学习者提供发现评价价值的情境。为了保证其有效性,教师必需设计真实的评价任务,这些任务与学习者相关,并允许学生使用已有知识。教师还需要通过搭脚手架来支持真实性评价,并指导学习者充分参与这种评价。

### 第二层级:协商评价

在这个层级,个性化学习者参与协商评价。这些协商情况可能会添加到评价题目中或者其他相关事项之中,促进评价协同设计,优化与学习者的相关性。在小组项目或同伴评价活动中,学习者需要以开始再现真实交互的形式协商其角色。

### 第三层级：自我评价

个性化学习者在这个层级反省自己的表现，开始把"反馈当作前馈"来精心策划自己的学习（Keppell，2014）。那些已完成自我评价的学习者有能力按照这个反馈促进自己的学习。此外，学习者应当在评价提交格式上有选择。就正式作业而言，他们要负责选择非常适合学习和评价目标的演示媒介（如，书面、音频、录像、照片、博客等）。作为惯例的自我评价意味着学习者总是依据基于重复的反馈学习。

## 5. 终身学习

个性化学习需要有某种态度和动机。在数字时代，自我激励学习既有趣，又有必要。由于就业市场的变化性和流动性，人一生不再只从事一种工作，所以，个性化学习者需要接受终身学习的理念。终身学习者属于自主学习者，他们寻找挑战，并依照"作为前馈的反馈"行事。

### 第一层级：短期学习

在这个层级，学习者聚焦于基于课程或学期的短期发展目标。教师有责任提醒学生这个"意图"。教师把学生的学习与未来的学习和职业关联起来，这一点必不可少。

### 第二层级：以未来为导向的学习

在这个层级，学习者开始对自己的学习负责，把他们现在的课程重点与其以后的课程关联起来。他们也开始把自己正在做的事情与职业理想关联起来，并仔细研究下一步该学习什么才能实现这些目标。他们开始思考自己的学习，发现自己的知识缺陷，并努力通过学习来弥补这些差距。事实上，他们正成为终身学习者。

### 第三层级：做个学习者

终身学习的最后一个层级重点探讨的是学习成为一种习惯或惯常行为。这类学习者无法想象他们一天不学习新东西。此外，这类学习者追求的是能够使自己接触尚未熟悉领域的终身学习实践（Jackson，2010）。这种终身学习方式可能会涉及音乐节奏、视觉空间、文字语言、逻辑数学、肢体运动、人际关系、自我认知和天生智慧等方面的体验（Gardner，2000）。简言之，"始终做个学习者"是这个层级的一个显著特征。

299        ## 6. 学习路径

个性化学习的第六个方面重点探讨的是逐渐放松对学习者学习路径的控制。最初，学习者需要遵循设定好的学习路径，希望最终把课程配置齐全，实现自己的学习目标。"个性化学习者需要在学习过程中的不同阶段考虑自己的理想路径，继续完善自己的学习历程。"（Keppell，2014）

### 第一层级：指定的学习路径

指定的学习路径，顾名思义，探讨为实现特定目标而预先确定的学习路径。指定的路径使学习者的选择极少。因而，教师在真实评价中为学习者提供选择，并培养他们在这种情境下的自主学习就显得非常重要。

### 第二层级：灵活的学习路径

在这个层级，学习者对自己决定选修的课程有选择权，但必须基于未来学习需求对其选择做出合理的解释。学习者一开始就要构建自己的学习路径，以便学会如何在一生中校正学习路径，这一点很重要。

### 第三层级：开放教育路径

在这个层级，学习者有构建自己的学习路径、满足自己的学习需求的自由。在正规教育背景下，学习者构建其学习路径的自由可能涉及大量学习内容的融合并最终形成一个完整的学习计划。此外，这可能也涉及与开放教育资源（OER）或微课的整合。

## 开放教育的意义

据预测，在未来的几十年，随着高等教育需求的激增，个性化学习将成为未来学习成功的一个重要要素。例如，Gibney（2013）预言，到2025年，接受高等教育的学生人数将达到9800万，且"在未来15年里，拥有30 000个学生的四大高校可能每周都需要开放"。为了满足如此众多的学习者的需求，开放教育必须更为普遍，必须开发新的资格认证模式，必须经过考查。开放教育共同体（Open Education Consortium）认为，开放教育"把知识共享的惯例与借助21世纪技术的创造结合起来，创建海量的、公开共享的教育资源,同时,利用今天的合作精神开发更符合学习者需求的教育方法"(开放教育共同体,2015)。

开放教育资源大学(OERu)是一个由 35 所关注开发与大学的正规课程对等的开放教育课程的研究机构组成的共同体。这些课程的开发源于开放教育资源,因而允许学习者自主学习课程,并进行正式评价,以获得学分(http://wikieducator. org/OERu)。开放教育资源大学提出,开放教育应当"真正为学生提供获得合格院校各学科学分的机会,因为学生积极参与最高质量的在线教育实践"(Jim Tayor,quoted in Mackintosh,2014)。

### 结论

本章探讨了个性化学习的路径。21 世纪的学习越来越多地发生在正规学校或大学之外;在这个新时代,各种环境(包括工作场所、家、社区)下的学习普遍存在:"个体在后现代社会秩序方面面临的挑战是维持或重新获得掌握其命运的权力,继续进行意义构建。"(Martin,2008,p.155)

我认为,个性化学习者要在日新月异、捉摸不定的学习环境下学习,要具备丰富的知识、技能和端正的态度。学习者需要具备数字素养,懂得无缝学习,也要通过自主学习了解自己的学习情况。"在这个日益捉摸不定的时代,获得数字素养是个体能够保持其生活形态的一种手段。"(Martin,2008,p.156)此外,学习者需要参与评价,接受终身学习,在其学习路径方面有发言权。学习者也需要做"混沌世界中的引航员",以便成功地应对日新月异的学习环境。

本章详细描述的这个路径是个非常励志的框架,它为教师和学习者共同推进个性化学习提供了指导。数字技术能够使学习者介入以前无法介入的学习。但是,缺乏相应的知识、技能和态度,全面参与就会非常受限。

301

**Michael Keppell** 是墨尔本斯温伯恩科技大学的副校长(学习变革),曾经担任南昆士兰大学澳大利亚数字未来学院的执行总监和数字未来合作研究网(DF-CRN)的主任,也当过南昆士兰大学区域性高效网络(RUN)数学和科学数字课堂项目的总监。Mike 在澳大利亚、加拿大和香港有很长的从事高等教育相关职业的经历。他的研究兴趣涉及数字未来、学习空间、混合学习、以学习为导向的评价、真实学习、领导力以及运用基于设计的研究变革学习等。他爱好摄影,喜欢探险,曾登上过乞力马扎罗山、肯尼亚山和基纳巴卢山的山顶。

| 初译 | 交叉 | 二校 | 终审 |
|---|---|---|---|
| 徐品香 | 焦建利 | 徐品香 | 焦建利 |

# 参考文献

Beetham, H. (2010). *Digital literacy*. Lecture at Greenwich University. Retrieved from http://www.jiscinfonet.ac.uk/infokits/collaborative-tools/digital-literacy.

Belisle, C. (2006). Literacy and the digital knowledge revolution. In A. Martin & D. Madigan (Eds.). (2006). *Digital literacies for learning* (pp. 51 - 67), London: Facet.

Bonk, C. J. (2009, October 19). *The wide open learning world: Sea, land, and ice views*. Association for Learning Technology (ALT) Online Newsletter, Issue 17. Retrieved from http://archive.alt.ac.uk/newsletter.alt.ac.uk/newsletter.alt.ac.uk/1h7kpy8fa5s.html.

Boud, D. (1995). *Enhancing learning through self-assessment*. London: Kogan Page.

Carless, D. (2007). Learning-oriented assessment: Conceptual basis and practical implications. *Innovations in Education and Teaching International*, 44(1),57 - 66.

Carless, D. (2014). *Exploring learning-oriented assessment processes*. *Higher Education*. DOI 10.1007/s10734-014-9816-z.

Carless, D., Joughin, G., Liu, N. F., & Associates. (2006). *How assessment supports learnirig: Learning-oriented assessment in action*. Hong Kong: Hong Kong Universiry Press.

Conole, G. (2014). *Disruptive innovation and the emergence of the PLE+*. Retrieved from: http://e4innovation.com/? m=201408.

Dweck, C. (2006). *Mindset: How you can fulfil your potential*. London: Constable and Robinson, Ltd.

Gardner, H. (2000). *Intelligence reframed: Multiple intelligences for the 21st century*. New York: Basic Books Inc.

Gibney, E. (2013, January 13). A different world. *Times Higher Education*. Retrieved from: http://www.timeshighereducation.co.uk/features/a-different-world/2001128.article.

Jackson, N.J. (2010). From a curriculum that integrates work to a curriculum that integrates life: Changing a university's conceptions of curriculum. *Higher Education Research & Development*, 29(5),491 - 505. doi:10.1080/07294360.2010.502218.

Johnson, L., Adams, S., Curnmins, M., & Estrada, V. (2012). *Technology outlook for STEM+ education 2012 _ 2017: An NMC horizon report sector analysis*. Austin, TX: The

NewMedia Consortium.

Keppell, M. (2014). Personalised learning strategies for higher education. In K. Fraser (Ed.), *The future of learning and teaching in next generation learning spaces*. International Perspectives on Higher Education Research, Volume 12 (pp. 3 - 21). Bingley, UK: Emerald Group Publishing Limited.

Keppell, M. J. (2010). *Blended and flexible learning standards*. Charles Sturt University. Unpublished report.

Keppell, M., & Carless, D. (2006). Learning-oriented assessment: A technology-based case study. *Assessment in Education*, 13(2),153 - 65.

Kuh, G. D. (1996). Guiding principles for creating seamless learning environments for undergraduates. *Journal of College Student Development*, 37(2),135 - 48.

Lankshear, C., & Knobel, M. (Eds.) (2008). *Digital literacies: Concepts, policies and practices*. New York: Peter Lang.

Lockyer, L., & Kerr, Y. (2000). *Learner as designer-producer: Physical and health education students experience of Web-based learning resource development*. (pp. 591 - 5) World Conference on Educational Multimedia, Hypermedia and Telecommunications, Chesapeake, VA: Association for the Advancement of Computing in Education (AACE).

Mackintosh, W. (2014, May 11). *OERu launches strategic planning consultation*. Retrieved from http://oeru.org/news/oeru-launches-strategic-planning-consultation/.

Martin, A. (2008). Digital literacy and the "digital society." In C. Lankshear and M. Knobel (Eds.), *Digital literacies: Concepts, policies and practices*. New York: Peter Lang (pp. 151 - 76).

Open Education Consortium (2015). *About the Open Education Consortium*. Retrieved from http://www.oeconsortium.org/about-oec/.

Sharples, M., McAndrew, P., Weller, M., Ferguson, R., FitzGerald, E., Hirst, T., & Gaved, M. (2013). *Innovating pedagogy 2013: Open University Innovation Report 2*. Milton Keynes: The Open University.

Sharples, M., McAndrew, P., Weller, M., Ferguson, R., FitzGerald, E., Hirst, T., & Whitelock, D. (2012). *Innovating pedagogy 2012: Open University Innovation Report 1*. Milton Keynes: The Open University.

Siemens, G. (2006). *Knowing knozuledge*. Creative commons. Retrieved from http://www.

elearnspace. org/KnowingKnowledge_LowRes. pdf.

Swanson，K. （2013）. *Professional learning in the digital age：The educator's guide to user-generated learning*. Larchmont，NY：Eye On Education，Inc.

Wikieducator. （2014）. *OERu*. Retrieved from http：//wikieducator. org/OERu.

Zumbrunn，S. ，Tadlock，J. ，& Roberts，E. D. （2011）. *Encouraging self-regulated learning in the classroom：A review of the literature*. Metropolitan Educational Research Consortium （MERC）. Virginia Commonwealth University. Retrieved from：http：//www. self-regulation. ca/download/pdf_documents/Self Regulated Learning. pdf.

## 第 27 章
### 用慕课同伴互评和开放教学法促进知识共享的实现

Rita Kop，Hélène Fournier

cMOOCs 代表了网络时代的一种新的教学法，它专注于知识的创造与生成。在 cMOOCs 中，学习者是学习的主体，而教师则专注为关联学习的发生创造条件。cMOOCs 允许学习者规划自己的学习。在非正式的、自主的、自我导向学习的教学实践中，以及个人学习环境的自我管理学习中，这种自主性是有效教学范式重现的基础。

像慕课这种组织松散的学习可以归为非正式学习，即学习并不一定是为了获得学分或技能认证（Bouchard，2014）。最早期的 cMOOCs 是于 2008 和 2009 年涌现出来的。当时，有学生通过正式学习获得了曼尼托巴大学（University of Manitoba）的学分，也有来自世界各地的其他学习者以免费的、非正式的形式参与学习。事实上，任何对相关课程感兴趣的人，都可以通过网络参与学习。其他的参与形式包括学生自定步调完成慕课的学习活动，但由所在的教学机构进行考核（Fini，2009）。

由于慕课的发展和非正式学习提供了多种可供选择的参与方式，人们开始质疑正式学习的地位。尽管正式教育机构在学分认证方面仍占据举足轻重的地位，但是，当前开放学习的发展势头意味着这些机构的地位可能正在发生变化，尤其是在这个人人都可以免费分享自己的专业知识的网络时代（Bouchard，2014；Weller，2013）。不仅是学问在逐步开放，就连非正式学习也比以往任何时候都受到更多的重视（Irvine，Code，& Richards，2013）。对慕课和其他开放的教育环境下的自我导向学习者的研究表明，最重要的是明确哪类资源能够满足学习者不断变化着的学习需求。此外，如果想让学习者去 cMOOCs 所在的网络平台上检索资源，那么，还需要思考网络本身所起的作用。

有研究者发现，在线网络存在一些结构性问题，这些问题可能会阻碍学习者获取满足他们学习需求的优质资源。例如，Bouchard 的研究表明，完全民主的网络的发展趋势是，随着时间的推移，它会自动形成一个由领导者和追随者组成的等级系统。基于个人学习环境的网络学习的社会结构，被人们誉为政府和商业"之外的"世界，其特别之处

303

304

是，在网络上，流通的不是金钱或权力，而是声望和名气（Bouchard，2011，p.296）。

在观察和评估了几门 cMOOCs 之后，我们发现，课程开设者（例如，为本书写了前言的 George Siemens 和来自加拿大研究委员会的 Stephen Downes）的声望和名气通常是学习者注册和参与前几周学习的主要动力。然而，这并不能用来反驳 Grahamz（2006）的研究结果。在比慕课早了几年的混合学习的相关研究中，他发现，声望和名气是自我导向学习环境中持续存在的障碍或挑战。他所谓的障碍包括缺乏反馈和帮助，缺乏个性化辅导以及资源过多。

相关研究也强调技术带来的信息和知识获取途径的改善，意味着学习者获取信息的行为正在发生着巨大的变化，正如学习者或参与者与"博学之人"之间关系的变化一样（Bouchard，2014；Mott & Wiley，2009；Pardo & Kloos，2011）。例如，如果学习资源和文章是开放的、免费的，任何人只要使用计算机设备即可下载，那么，学习者还需要向大学教授获取这些资源吗？

网络错综复杂，而我们对网络的复杂性了解有限，因此，学习者在学习过程中掌握网络结构方面的知识是至关重要的。Kop 和 Bouchard（2011）认为，在富含许多技术型因素和技术型场景的网络学习环境中，"博学之人"的出现和参与能够帮助学习者理解并分辨网上提供的海量资源。我们人类的社会本质之一是沟通交流，分析各种活动和信息，以及将我们已知的信息关联起来。在这个过程中，信息和知识得以验证。

蓬勃发展的在线网络是催生这种新兴的或衍生性的关联和知识的最佳地方。因为网络提供了接受各种信息的可能性。这些信息不仅仅只是源于信息提供者或者大众媒体，而是来自众人。社交媒体促使教育模式发生转变：从原来的围绕课程而设置并由教学机构在封闭的环境中"传播"的模式变成适合学习者需求的模式。新的模式能帮助人们在个性化的、开放的、能不断扩展非正式个人空间的学习环境中使用集合型的教育模式开展教和学。

305

## 开放学习与主动学习

如果技术使学习的自主权从教学机构转移到学习者手中，这将要求学习者不再被动地等待教师给他们传授知识，而是要有一定程度的自主性和主动性来敦促自己学习。

几十年来，许多教育工作者一直主张，教和学的发展应该从普通教学法转向成人教学法（Knowles，1970；Tough，1971）。这种教育趋势促使学习者从依赖性学习转向较高层次的自我导向学习。这也标志着教与学发生了显著的转变,即从强调基于主题的学习,转变为强调基于问题的学习。这种教育趋势包括从教学到促学的转变。同时,也有人强烈呼吁减少教育机构对我们日常生活的影响(Foucault, 1977; Illich, 1971)。

Illich 的愿景是希望人们能够自己掌控学习进度,而不是教育机构来掌控教育。他呼吁:"尽量使用技术创建一些能提供个性化的、富有创造力的,以及自主的、互动的学习机构。同时,人们的价值观不再总是被权威技术专家所左右。"(1971, p.2)。他认为,"学术渠道",即他所称的教育机构的另一种实现方式是那些能开展真正的交流的网站。在 Illich 的著作中,他探讨了传统教育机构对学习者自由度的限制、"围墙内的公众"、日益增多的管制、对日常生活的监视(Illich, 1992, p.51),以及上述这些限制如何扼杀了人们的创造力等问题。有趣的是,这些也是当今教育界日益关注的议题(Benkler, 2006; Bouchard, 2014; Willis, Spiers, & Gettings, 2013)。在新技术的影响下,开放教育(如慕课)的发展似乎是助推 Illich 的理想通往现实的一种途径。正如 Willis 等人写到:

> 慕课踏上了前往教育的乌托邦之路,相对于传统教育或者甚至某些在线平台,慕课能实现知识共享,增强社会流动性,因此减少了教育的资金投入,同时也给原先无法享受教育的人提供了接受教育的机会(Willis et al., 2013, p.2)。

306　　　　新技术使得人们能够以前所未有的规模相互联系、交换信息、创造知识,并催生了知识共享。

### 知识共享:网络学习的挑战

我们之前已讨论过网络信息资源的丰富性,以及学习者的信息行为如何受到技术的影响而改变。海量的信息意味着学习者需要判断相关的信息和资源是否有价值。同时,教师在开放在线网络学习中较少出现,这就更加要求学习者自觉完成信息筛选的工作。有些研究者提倡在线人工服务,帮助网络用户筛选海量信息,而有些研究者则致力于研发自动的信息筛选系统(Boyd, 2010; Duval, 2011)。

信息筛选所面临的挑战是,网络信息的获取受到固有的网络权力关系和网络独特发展方式的影响(Barabasi, 2003)。此外,众所周知,商业利益决定了哪些信息可以让人们轻易获取，哪些信息需要他们大费周折才能搜索到，或者通过付费获得（Bouchard，2014；Ingrain，2014）。这些问题不仅引起了教育界的关注，也引发了公众去关注免费获得开放信息的需求。哈佛大学法律学院的 Yocahi Benkler 教授对此作出了很好的阐释：

> 一个社会如何打造自己的信息环境是自由的核心所在。谁具有发言权？受众是谁？全世界处于什么状态？如何界定信息是否可靠？不同形式的行为将如何影响世界？这些问题都是人类在开展各项活动之前所必须考虑的（Benlder，2006，p.1）。

这些问题和关注点是"知识共享"发展的核心。除了作为人们"聚会"、主动处理信息和可用资源（也许是创作多媒体，分享、重组或加工信息）的地方，互联网还是信息存储的地方。现在亟待解决的问题不仅有信息的获取还有知识的获取。根据 Hess 和 Ostrom 的观点，在这种情况下，我们需要"以一种新的视角看待知识，将其看作共享的资源、复杂的生态系统中共享的知识"（Hess & Ostrom，2006，p.3）。此外，知识共享也可以是聚集不同学科并整合各学科的知识共同解决问题。

越来越多的国家在计划开发一种依托于信息自由流通和免费获取的"知识经济"。此外，学习者的"自己动手能力"也在逐渐提高，这就意味着学习内容的免费开放将会使得他们有更多的机会检索到有价值的、相关度高的信息。由于当前大部分的知识是由公立大学创造出来的，我们需要了解究竟是谁创造了这些知识，以及谁将开发未来的知识（Bouchard，2014）。

目前，大部分免费的开放教育和开放网络知识的相关研究项目由美国和欧洲国家承担，或者实际上，由北半球较为发达的国家在推进。同时，具体的研究成果至今主要是由出版商发布，因此，其版权就归这些出版商所有。当今关于这种情况的版权问题和知识产权的争论日趋激烈。此外，研究数据也基本上归出版商所有，这就催生了一个全球数十亿美元的知识产权（IP）控制产业（Bouchard，2014；Weller，2011）。然而，关于知识产权的法律和惯例是在资源稀缺的时代制定出来的。现在我们进入了一个资源充裕的时代，之前的知识产权控制系统似乎不再起作用了。

知识封闭的做法面临着越来越多的严峻挑战，特别是在这个创新的和开放资源唾手可得的时代。科学界和一些国家,如欧盟国家,都在提倡数据公开(包括它们自己政府的数据)以及未处理过的大数据和研究出版物的开放,以便进行数据挖掘和其他形式的数据分析和知识开发(UNESCO,2014;OECD,2013)。

### 应用大数据及开放数据增强学习

高等教育机构的有效教学实践产出了可观的教学成果,目前,大部分的 e-learning 学习设计模型就是在这个基础上开发出来的。毫无疑问,新兴的学习技术让我们能够开展不同模式的学习。目前,有些研究团队正在研究数据驱动的学习者支持服务体系和学习环境,如慕课。欧盟和加拿大国家研究委员会分别资助了几个大的研究项目。通过利用学习者参与在线学习活动的相关数据和重现学习路径的方法,这些项目试图开发个人学习环境(Downes,2013;Dural,2011)。同时,英国开放大学正致力于利用话语分析技术,加强关于学习的研究(Ferguson,Wei,He,& Buckingham Shum,2013)。另外,卡内基梅隆大学的一个研究团队正着手研究运用机器学习技术实现个性化学习(Spice,2014)。

308 　　显然,21 世纪的研究者能够获取到大量的数据。这些数据以连续输入和输出数据流的方式记录了整个数字体验过程。当我们面对这么庞大的数据源时,最大的挑战是对这些"大"数据的分析。大数据带来的新挑战是这些数据千差万别,数据量庞大,解读起来复杂,难以把握。此外,如何从这些数据中筛选出重要的、相关的提示或信息以及如何全面解读数据结果又是一个问题(Kitchin,2014)。

上述这些项目的共同点是,它们都尝试利用学习者的数据来增强未来学习。然而,关于使用在线学习者的数据是否合乎伦理的问题,仍然存在激烈的争议。而且关于使用学习者数据开展研究,是否需要得到他们的知情同意也存在很大争议。最近发表的一个基于脸书(Facebook)的情感感染实验(Authur,2014)的结果表明,对于这些伦理道德问题和顾虑,社交媒体用户可能在乎,也可能不在乎。

当然,问题是掌控这些项目的并非学习者,而是技术专家和研究者。有些研究是由企业资助的,而这将对整个研究产生怎样的影响就不得而知了。例如,如果是像谷歌(Google)这样的企业资助的教育研究项目,我们就必须质疑其研究结果的可靠性,因为 Google 是研究发现的既得利益者。相应地,这些研究结果可能影响 Google 的收益。这些企业参与研究的做法与开放学习和开放知识共享的倡导者所提倡的做法截然不同。此外,有些社会学家认为:"任何形式的数字化数据都是一个不断发展着的实体,而数据贡献者却通常对这些数据几乎没有甚至完全没有掌控权。"(Selwyn,2014,p.7)另外,那些数据不仅是被加工过的,而且还影响着我们的日常生活。这意味着,我们需要慎重思考如何使用学习者数据开展教学研究的问题。因为我们不知道每个层级的数据分别是如何被操控的,也不清楚是由谁操控的。

## 知识和教育的开放获取

当然,开放教育和知识的相关问题有很多。Weller(2011)深刻地揭示了当前的技术变革将如何促进数字化学习和开放学习。他还揭示了学术出版物的开放将如何对公众的参与产生积极影响。2013 年,Weller 重点介绍了人们开设慕课的各种动机,包括开放访问权限、教学法试验和课程营销(Weller,2013)。

这些动机给慕课提供者和教师带来了一个挑战。例如,难以筛选和整理慕课提供给学习者的海量资源,以及这些学习者和其他慕课参与者所贡献的资源和数据。Kop、Fournier 和 Mak(2011)认为,在一个开放的学习环境中,除了系统提供自动反馈之外,还需要让学习者见到教师或者同伴。如果学习者能够接触到人,他们将会觉得随之出现的信息或知识是可信的。Kop 等人也认为,学习者在学习过程中的积极参与是高质量学习的关键。

这种强调积极参与学习的教学理念与 Stephen Downes 的观点是一致的。Downes(2013)认为,如果要让新兴技术在 cMOOCs 中发挥作用的话,遵循以下 4 个重要原则能促进学习,即:(1)参与者的自主性,(2)关联性,(3)参与者的多样性,(4)开放性。此外,Siemens(2011)和 Bell(2011)也强调了在关联主义学习中,人类主体的重要性和主动参与的必要性。在 cMOOC 中,教师负责组建一个学习团体。在这里,没有一个需要由教师传授给学习者的知识体系;学习也不只是发生于一个学习环境中。相反,关联主义构建了一个学习环境。在这个环境中,参与者围绕他们感兴趣的一个主题,互相推荐资源和技术并共享于网上,同时积极参与各种在线活动。由此,他们促进了知识共享。

然而,所有慕课面临着的一个共同的挑战是,学习者把慕课当作其他网络资源一样使用。例如,有时,他们注册一门慕课,只是为了从中获取一部分资源和技术来满足自己的学习需求而已。而这种做法在大学课程中是比较少见的。因此,人们认为,慕课的辍学率之所以那么高,是因为许多慕课参与者把慕课当作网络资源来看待。我们关于 cMOOCs 的研究表明,如果想让参与者坚持参与慕课的学习,我们必须为他们构建一个学习活动和参与机会较多的学习环境。如果能做到这一点,开放的慕课教育网络就会是一个很好的学习平台。现代学习者可以在这里查找信息,与他人建立联系并且享受富有挑战的学习。

### 慕课如何促进知识共享

慕课概念自出现之初,就似乎很有可能构建这样一个开放的学习环境:一个人与人之间互相学习的网络,并致力于共建集体智慧,我们称之为"知识共享"。在这样一个知识共享的过程中,慕课处于正式和非正式教育的边缘,处于正式教育和非正式教育之间的"灰色地带"。因此,慕课是开放的,且不一定由教育机构负责管理。事实上,慕课也可以由学习者或参与者来管理。

如前文所述,慕课始于 2008 年。起初,其理论基础是关联主义。当时,新兴的技术逐步发展到能支持大规模的同伴交互、协作以及知识和资源共享,使得基于关联主义的教学实验成为可能。人们应邀参与在线探索、交往、评估、创建、连接、协商、分享并管理自己的的学习环境。

然而,近年来,慕课这个名称已经被一些高等教育机构赋予了新的用途和新的意义。事实上,有了这些技术平台,我们便可以开展大规模的在线学习,以及将传统大学课程中的那种自上而下的教学复制到在线学习环境中。另外,高等教育机构也可以通过向公众发布体验课的形式来推广他们的课程。同时,我们还可以创建营利性的在线教育公司。

310　目前,这些慕课(有时指的是 xMOOCs)的提供者往往是在课程结束后就关闭了课程,这极大地限制了慕课对开放知识共享的贡献。相比之下,cMOOCs 是让学习环境一直处于开放状态,从而使得大家可以随时访问学习者贡献的内容,以及博学之人应邀提供的资源。这种做法有利于知识共享。

### 结论

目前,数字数据的产生、收集、处理和分析被认为是针对许多普遍存在的教育问题的潜在解决方案。研究人员正在致力于研究如何使用数据增强学习体验,以及如何使学习检索变得个性化。然而,研究人员也呼吁在教育环境中要慎重选择使用数据的方式。因此,至少就目前来说,我们相信对数据和信息的验证或许还需要靠人力,或许需要借助社交媒体。

我们提出了一个学习设计模型。这个模型不仅需要数据,还需要借助技术,比如社交媒体。这种学习设计模型允许学习者进行一次性的学习活动,比如参与慕课的学习。或许更重要的是,它还能够"在学习活动结束之后,继续保持资源开放和通信渠道畅通,从而有助于开放知识共享"。我们为这个章节的主要内容设计了一个初步的模型(参见图 27.1)。

311

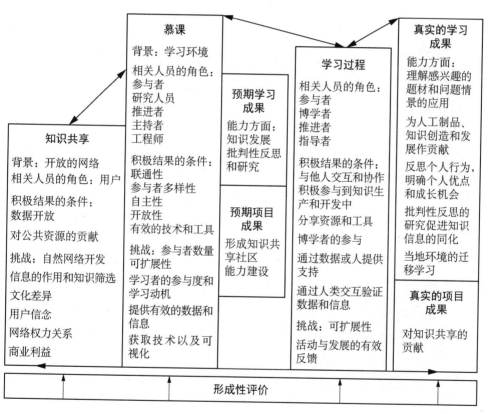

**图 27.1　知识共享的慕课模型**

从这个模型中可以看出,我们很重视人的参与。这个模型中同样显而易见的是,我们想要确保在开放学习的过程中,慕课不仅优化了学习者本人和他们的同伴的学习过程,而且也能促进知识共享。为此,慕课应该是开放的,并且所有资源都应是可供获取的。此外,还需要让学习者积极参与知识的生产、创作和共建。基于上述观点建立的教学模型不仅包括传统的知识传授,也包括学习者在学习过程中的积极参与,并创造出与课程相关的内容,还包括学习者与博学的人沟通以提高自己的学习,以及学习如何为知识共享作出贡献。朝着这样的目标,我们正在推广一种在任何学习环境中分享的理念。我们期待与你在那里相见!

**Rita Kop** 是加拿大约克维尔大学教育学院院长。她也是加拿大国家研究委员会的研究员,具有成人继续教育专业博士学位。她目前的研究重点是先进的网络学习环境中的学习。在她加入加拿大国家研究委员会之前,她是英国斯旺西大学的助理教授。在斯旺西大学时,Rita 曾与一些社区团队和大学院校一起为英国最贫穷地区的成年人提供基于社区的在线教学。在此之前,Kop 博士在荷兰的一所小学担任了十年的校长并承担教学工作。访问 http://www.you-learn.org 可以获得更多关于 Kop 博士的信息,她的邮箱是 rkop@yorkvilleu。

312

**Hélène Fournier** 是加拿大国家研究委员会信息技术研究所的研究员,具有麦吉尔大学教育心理学博士学位。她的研究重点是教育技术。她目前参与的几个研究项目的研究重点是先进技术在培训机构和远程教育中的应用及效果评估。她近期主要关注的是以学习者为中心的研究和 cMOOCs 的发展以及学习支持系统的研究。Fournler 博士推进了远程教育、在线学习和成人教育方面的研究。她也一直从事 cMOOCs 背景下的非正式学习的研究,在同行评审期刊和国际会议上发表过多篇文章。

| 初译 | 交叉 | 二校 | 终审 |
|------|------|------|------|
| 陈莉莉 | 陈泽璇 | 范奕博 | 徐品香 |

# 参考文献

Authur, C. (June, 2014). Facebook emotion study breached ethical guidelines, researchers say. *The Guardian*. Retrieved from http://www. theguardian. com/technology/2014/jun/30/facebook-emotion-study-breached-ethical-guidelines-researchers-say.

Barabasi, A. (2003). *Linked: How everything is connected to everything else and what it means*. New York: Penguin Books.

Bell, F. (2011). Connectivism: Its place in theory-informed research and innovation in technology-enabled learning. *International Review of Research in Open and Distance Learning*. Retrieved from http://www. irrodl. org/index. php/irrodl/article/view/ 902/1664.

Benkler, Y. (2006) *The wealth of networks: How social production transforms markets and Freedom*. New Haven and London: Yale University Press.

Bouchard, P. (2011). Network promises & their implications. In The impact of social networks on teaching & learning. *Revista de Universidad y Sociedad del Conocimiento (RUSC)*, 8(1), 288 – 302. University Of Catalunya. Retrieved from http://rusc. uoc. edu/ojs/index. php/rusc/article/view/v8nl-bouchard/v8n1-bouchard-eng.

Bouchard, P. (2014, June). The problem of learner control in networked learning environments. *Journal of Literacy and Technology*, 15(2),80 – 110. Retrieved from http://www. literacyandtechnology. org/uploads/l/3/6/8/136889/pb_3. pdf.

Boyd, D. (2010, September/October). Streams of content, limited attention: The flow of information through social media. *EDUCAUSE Review*, 45(5),26 – 36.

Downes, S. (2013, December 4). Learning and performance support systems. *Half an Hour*. Retrieved from http://halfanhour. blogspot. com. es/2013/12/leaming-and-performance-support-systems. html.

Duval, E. (2011, February). Attention please! Learning analytics for visualization and recommendation. *Proceedings of 1st International Conference on Learning Analytics and Knowledge*, Banff, Alberta, Canada.

Ferguson, R. , Wei, Z. , He, Y. , & Buckingham Shum, S. (2013, April). An evaluation of learning analytics to identify exploratory dialogue in online discussions. *Proceedings of the Third Conference on Learning Analytics and Knowledge*（*LAK 2013*），CAN，pp. 85 – 93，Leuven，Belgium.

Fini，A.（2009）. The technological dimension of a massive open online course：The case of the CCK08 course tools. *The International Review of Research in Open and Distance Learning*，*10*（5）. Retrieved from http://www. irrodl. org/index. php/irrodl/article/view/643/1402.

Foucault，M.（1977）*Discipline and punish*：*The birth of the prison*. London：Peregrine Press.

Graham，C. R.（2006）. Blended learning systems：Definition，current trends，future directions. In C. J. Bonk & C. R. Graham（Eds.），*The handbook of blended learning*：*Global perspectives*，*local designs*（pp. 3 – 21）. San Francisco，CA：Pfeiffer Publishing.

Hess，C. ，& Ostrom，E.（2006）*Understanding knowledge as a commons*：*From theory to practice*. Cambridge，MA：The MIT Press.

Illich，1.（1971）. *Deschooling society*. Reprinted in 1978 by Marion Boyars，London.

Illich，1.（1992）. *In the mirror of the past*. New York and London：Marion Boyars Publishers.

Ingram，M.（2014，May 23）. Giants behaving badly：Google，Facebook and Amazon show us the downside of monopolies and black-box algorithms. *Gigaom*. Retrieved from http:// gigaom. com/2014/05/23/giants-behaving-badly-google-facebook-and-amazon-show-us-the-downside-of-monopolies-and-black-box-algorithms/.

Irvine，V. ，Code，J. & Richards，L.（2013）. Realigning higher education for the 21st century learner through multi-access learning. *MERLOT Journal of Online Learning and Teaching*，*9*（2），172 – 86. Retrieved from http://jolt. merlot. org/vo19no2/irvine_0613. pdf.

Kitchin，R.（2014，April-June）. Big data，new epistemologies and paradigm shifts. *Big Data & Society*. *1*（1）. Retrieved from http://bds. sagepub. com/content/1/1/2053951714528481. full. pdf＋html.

Knowles，M.（1970）. *The modern practice of adult education*：*Andragogy versus pedagogy*. New York：Cambridge Book Co.

Kop，R. ，& Bouchard，P.（2011）. The role of adult educators in the age of social media. In M. Thomas（Ed.），*Digital education*. London：Palgrave Macmillan.

Kop，R. ，Fournier，H. ，& Mak，S. F. J.（2011）. A pedagogy of abundance or a pedagogy to support human beings? Participant support on massive open online courses. *International*

*Review of Research in Open and Distance Learning*，12(7),74 - 93. Retrieved from http://www. irrodl. org/index. php/irrodl/article/view/1041/2025.

Mott,J. , & Wiley, D. (2009). Open or learning: The CMS and the open learning network. *E in Education: Exploring our connective educational landscape*，15(2)，3 - 22. Retrieved from http://ineducation. ca/index. php/ineducation/article/view/53/529.

OECD (2013). *Commercialising public research: New trends and strategies*. OECD Directorate for Science，Technology and Industry. Retrieved from http://www. oecd. org/science/sci-tech/commercialising-public-research. pdf.

Pardo, A. , & Kloos, C. D. (2011, February/March). Stepping out of the box. Towards analytics outside the Learning Management System. *Proceedings of the 1st International Conference on Learning Analytics and Knowledge* (pp. 163 - 7)，ACM，Banff，Alberta，Canada.

Selwyn, N. (2014). Data entry: Towards the critical study of digital data and education. *Learning，Media and Technology*. Retrieved from https://www. academia. edu/7187672/Data_entry_towards_the_critical_study_of_digital_data_and_education.

Siemens, G. (2011). Moving beyond self-directed learning: Network-directed learning. *Connectivism*. Retrieved from http://www. connectivism. ca/? p=307.

Spice, B. (2014，June 24) Paying attention to how people learn promises to enhance MOOCs. *Carnegie Mellon News*. Retrieved from http://www. cmu. edu/news/stories/archives/2014/june/june24_improvingmoocs. html.

Tough, A. (1971). *The adult learning projects: A fresh approach to theory and practice in adult learning*. Toronto: Ontario Institute for Studies in Education.

UNESCO (2014，June 1). UNESCO publications now freely available through a new open access repository. *UNESCO Media Services*. Retrieved from http://www. unesco. org/new/en/media-services/single-view/news/unesco_publications_now_freely_available_through_a_new_open_access_repository/♯. U7_q5Wcg_EU.

Weller, M. (2011) . *The digital scholar: How technology is transforming scholarly practice*. Bloomsbury Academic，London，UK. Retrieved from http://www. bloomsburycollections. com/book/the-digital-scholar-how-technology-is-transforming-scholarly-practice/.

Weller, M. (2013). The battle for open—a perspective. *Journal for the Interactive Media in Education*，15. Retrieved from http://jime. open. ac. uk/article/2013-15/pdf.

Willis, J. E., Spiers, E. L., & Gettings, P. (2013). MOOCs and Foucault's heterotopia: On community and self-efficacy. *Proceedings LINC 2013 Conference*, MIT, Cambridge, MA. Retrieved from http://jime.open.ac.uk/jime/index.

# 第 28 章

## MOOCs2030

大规模开放学习的未来展望

Rebecca Ferguson, Mike Sharples, Russell Beale

## 引言

在本章中,我们展望 2030 年,思考当前慕课的愿景如何变为现实。同时,我们还 315
考察了慕课繁荣发展所必需的一些在教学法、技术以及大环境等方面的变革。

慕课是一种技术增强型学习(TEL)方式。正如许多其他成功的 TEL 变革,我们
期待学习方式的日渐成熟以及持久性变革。慕课的愿景是实现大规模的开放学习,这
一愿景与"技术增强型学习复合"(TEL Complex)模型相关联(Scanlon et al., 2013),
该模型是一个结合了技术、人与实践的综合体(见图 28.1)。那些成功的 TEL 变革体
现了模型中的每一个元素。图 28.1 所示,这些元素不仅包含了大政策背景、资金以及
环境,同时还包含了政策背景中的不同社群及其实践,以及与这一大规模学习愿景相

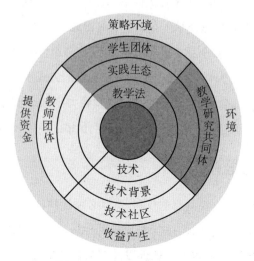

**图 28.1　TEL Complex 原型**

关联的教学法和技术的发展。

持久的教育变革愿景对于 TEL 革新的成功是必不可少的,这一愿景为 TEL 革新提供了目的、方向以及基础。以慕课为例,这一愿景包含三个元素:(1)满足社会需求;(2)开放教育;(3)从大规模教育中获益。换句话说,当今社会的发展和繁荣离不开大规模开放教育。

## 慕课愿景: 满足社会需求

大约在 20 年前,时任英国开放大学副校长的 John Daniel 爵士就预言,"需要规模巨大的新型大学来满足高等教育入学人数的需求"(Daniel,1996,p. 4)。最近,英国教育与科技国务大臣在 FutureLearn 慕课学习平台启动时也指出,"慕课为扩大世界级高等教育的受众面,以及满足全球的高等教育的需求提供了机遇"(Clifton,2013)。造成对高等教育的需求增大的部分原因是人口的增加,有预测指出,世界人口将在 12 年内增长 10 亿人(United Nations,2013)。另外一个原因是全世界范围内有越来越多的人想要享受高等教育及培训所带来的好处。

被称为第一门慕课的"联通主义"是网络资源集合体,学习者可以通过这门课学到数字经济时代所必须的技能、知识以及态度。这门慕课鼓励学习者建立地方性、区域性以及国家性的网络,从而提高数字公民进行终身学习以及协作实践的参与度(McAuley,Stewart,Siemens,& Cormier,2010)。

最近,Coursera 以及 Udacity 也在关注参与度以及对学习者赋权的问题。Udacity 网站描述道:"教育不仅仅应该使学生在学业上取得成功,还应该使他们在生活中取得成功。Udacity 人是好奇的、全身心投入的世界公民。"(http://www.udacity.com/us)Udacity 的"微学位"项目是为了给企业提供一种有效的方式来培训员工掌握其职业生涯发展所必备的技能。同时,Coursera 的宗旨是"致力于通过教育帮助学生改善自己以及家人的生活,同时为其所在的社区作出贡献"(http://www.coursera.org/about)。

## 慕课愿景: 开放教育

为了使教育成为全球公民共享的权利,慕课必须让教育变得触手可及。Anderson (2013)指出实现上述目标的四种方式:1. 面向其他区域和国家的学习者的开放课程;2. 学术自由以及言论自由;3. 以开源软件以及开放教育资源的形式提供的开放资源

4.开放注册而不考虑学习者人口学特征以及先前知识水平。

Udacity 的联合创始人之一的 Sebastian Thrun 曾表达了他对开放的愿景:"我反对教育仅仅属于最顶尖的 1% 的人群;我反对不计其数的学费支出;我反对目前的教育系统所造成的不平衡局面;我想让另外 99% 的人群也享有受教育权。"(Leckhart & Cheshire,2012)

为了实现上述目标,学习者需要具备一系列的技能、工具和资源,具体如下所示:

- 能够使用个人电脑以及因特网;
- 可以不受限制地访问重要的网站;
- 能够理解慕课所使用的语言(可能经过翻译),所以慕课的内容必须深入浅出并能促进学习者的学习;
- 安全的环境;
- 具备学习所需要的基本知识水平;
- 具备数字素养、网络学习以及社会性网络技能;
- 具备较高的动机水平以及自我效能感。

在上述列举的条件中,有一部分是进行网络学习所必备的先决物质条件,另一部分是继续学习课程所必备的知识和技能,还有一部分是成功学习所必备的知识和技能。虽然人们已经意识到慕课不可能惠及每一个人,但是它却能为人们提供一个安全的、有吸引力的并且内容丰富的学习环境。因此要发展高等教育就务必要开发相关的技术,做好基础设施的建设以及培养人们相关的学习能力,从而使人们能够参与到慕课的学习当中。

## 慕课愿景: 大规模教育

318

"大规模"所能带来的不仅是一条通往开放教育的大道。对于学习者而言,大规模的教育可以促使学习者互相帮助并且分享学习资源。对于教师而言,大规模的教育能够为其提供一种积极愉悦的教学体验,使其有更多的机会接触到各种资源,同时,激发其进行更多的教学实践的动机。对于社会而言,大规模的教育能够提供开发适用于其他场景的工具以及资源的可能,它能够变革专业实践,增加公众受教育的机会并且能够通过解决大规模的教育难题实现其全球影响力(Ferguson & Sharples,2014)。

慕课的这些愿景意味着:

到 2030 年,依托于慕课而发展起来的教育系统将能够使全世界的人们接受教育,从而可以满足社会的需求,这将使教育变得开放从而使全世界的人们受惠于此。而实现这一目标不仅需要慕课提供商的持续努力,还需要政策制定者以及教师的共同努力。

为了实现上述的目标,必须重视 TEL Complex 模型中的所有元素。教学法、技术以及大环境的变革都是必不可少的。下文将探讨这些变革。

## 教学法：学习以及教学的方法

到 2030 年,慕课要想实现满足社会需求、开放教育以及从大规模教育中获益的目标,其教学法就必须要重视新型的学习者、教师的新角色以及进行学习设计的新方法。

### 学习者

慕课起源于大学,大学的教师和研究者有充足的时间及资源去开发慕课,但是,这并不一定表明慕课的本质就是服务于大学生的。最近关于慕课学习者的调查表明大部分的学习者已经接受过良好的教育。爱丁堡大学分析了其在 Coursera 平台上的第一门慕课课程的开展情况之后,发现 70% 的受访者拥有学士学位,而 40% 的受访者则拥有硕士学位(University of Edinburgh, 2013)。尽管还有许多失业者或者从未接受过高等教育的人也注册了课程,但是,慕课显然对那些已经具备课程所要求的知识技能的人群更加有利。

不过,这种现象正在逐步发生变化,因为慕课提供商正在开设有关网络学习技能的课程。目前,人们习惯于认为,学生在小学结束之后就已经学会了学习,他们清楚自己的学习重点和学习目的。然而,这些技能都是在面对面的学习环境中获得的。未来的学习者需要学会为自己的学习负责,学会成为一名网络自主学习者以及最大限度地利用大规模网络学习所带来的好处。

### 教师

教师也应该最大限度地利用这些优势,并学会如何在缺乏面对面交互的学习环境中帮助学生更加有效地学习。通常,当同一门课程在不同场合或平台开设时,其内容的设计以及受众面要比面对面的教学大很多。教师用于讲课的时间将变得更少,而将更多的时间投入到与学生的讨论中,激发学生的学习动机并与学生建立联系。同时,教师需要担任信息交换、知识构建以及学习开发的推动者。

John Daniel 认为,面向公众开放教育将促使许多教育机构自觉地提高教学质量。

> 慕课便于公众了解不同教育机构的教学质量。它有可能揭示某些顶尖大学在教学上的不足,改变大学不重视教学的现象并且促使大学将提高教学质量作为核心任务,这一切就是慕课所能够带来的变革(John Daniel,引自 Haggard,2013)。

以上观点的前提是,教师在慕课以及传统课堂中扮演了相同的角色。事实上,在基于慕课的教育系统中教师将扮演多重角色,新的教师需要具备网络授课、在线促学以及在线指导的技能。有些教师或许会选择专门从事上述的某一环节或者学习设计,其他的教师或许会选择与媒体制作人、动画制作人、社会媒介专家或者其他人合作进行内容制作。图书管理员将帮助学习者习得数字素养技能,获取并且评价资源。这些活动顺利进行的前提是研究者对成千上万的学习者进行测试以及观察。到 2030 年,慕课教师将成为技能型团队的一员,团队的成员之间共享专业知识而协同工作。

## 学习设计

具有教育学专业知识背景的人才将负责设计课程以促进有效学习。课程的设计需要考虑由于身体、经济或者技术等各种原因的影响而没有受过教育的人群的需求。同时,课程的设计还要兼顾社会的需求,充分利用大规模教育所带来的优势。

对慕课的早期研究分析表明,学习者喜欢短小的视频课程。如今的慕课通常是短小、免费的独立学习单元,学习者无法清晰地了解到自己的进步,除非学习者愿意花费金钱去学习时间更长的正式课程。将来会出现更多的高度模块化的、自成一体的课程,这些课程将使用更加精炼的材料,由于采用了学习设计以及元数据,专业知识的学习变得更加连贯且个性化。

越来越多的人对于使用慕课进行持续的专业发展感兴趣。慕课不仅可用来对全球的专业人士进行职业培训也可用作分享工作实践的平台。同时,它还是一种解决疑

320

难问题的途径,比如气候变化或者饮用水的安全问题,因为这些问题仅仅靠个人或者小团体都是无法解决的。

这一切意味着由慕课演变而来的教育系统将脱离大学,或者大学将重塑自己的角色以容纳新领域的学习和发展,而这些新领域的发展必须依靠技术的革新。

## 技术

许多技术性变革将能够影响慕课以及开放教育。由于信息和通信技术几乎渗透到了每个行业,泛在的信息获取正变为现实。Web2.0 即"读/写网"将要被作为"语义网"的 Web3.0 所取代。在 Web3.0 中,每一个个体都与元数据息息相关。除了 Web3.0,人机合一这种设想的实现也已经初见端倪(Kurzweil,2005)。未来再讨论移动技术或者移动学习会让人觉得可笑,因为到时这些都将成为常态。技术以及学习的机会将常伴人们左右。

然而,技术不是孤立地存在着的,普及技术的过程也存在种种障碍。防火墙以及付费墙的存在会阻碍某些潜在的学习者顺利地获取工具和资源。同时,道德方面的考量也迫使我们思考究竟应该收集多少关于学生以及教师的数据用于分析和研究。我们努力避免数字鸿沟的出现,因为数字鸿沟意味着,只有那些支付得起技术以及基础建设费用的国家和个人才可以享受到相关的教育资源。因此,在开发和利用技术的同时,我们也需要考虑这些因素,只有这样,关于慕课的愿景才有可能得以实现。

慕课已经采用了以下新兴的学习技术:

- 提高反馈质量的学习分析技术;
- 提供个性化学习路径的适应性学习技术;
- 强调联结的社会网络分析工具;
- 支持自动测评的话语分析技术;
- 提供个性化支持的语义网络技术;
- 帮助学习者在沉浸式环境中进行基于问题的虚拟学习技术(Haggard,2013)。

这些技术的开发将为教师以及学生提供自动的支持和反馈,从而使他们可以集中精力解决问题。然而,仅仅依靠这些技术是远远不够的。我们还需要一个全球通用的学分转换系统,以确保学习者所获得的学分证书在不同的机构和平台之间都得到认可。为了保证这一资格系统的正常运行,我们需要一个改良版的认证系统,该系统能够把注册的学习者、学习者的学习活动及其学分证书三者有机地结合起来。我们还可以使用技术来检测抄袭,但是,随之而来的一个问题是,如果题库的题目数量有限,那么,这种检测方法将面临严峻的挑战。同时,建立终身学习档案的需求日益显著,这种学习档案可用于收集学习者在不同平台上的学习记录,而我们还需要确保这些学习档案的安全存储以及方便提取。

## 大环境

为了实现慕课的愿景,必须进行变革,但是,变革不应该仅仅局限于大学、学习者以及教师,这些变革要求我们转变对高等教育的角色以及服务对象的看法。剧烈变革的时代要求我们更加主动地进行协作学习并且使用相关的社会性媒介,同时,政策上也需要有相应的变革以支持和推动教育变革的发生。

### 变革高等教育

对许多学生而言,上大学是为了获得文凭。随着学费的激增,世界上许多国家的学生在关注文凭的同时也意识到自身作为消费者的角色。由于财政紧缩,大学以及学习者都在寻找节省开支的方式。而慕课的出现使得大学不再是接受高等教育的唯一方式(Anderson,2013)。由于学生可以进行网络学习,传统的教学、学生经验以及认证将变得不再那么重要,与此同时,高等教育机构将重视网络学习,而学生也会比较不同学校所开设的网络课程的质量。正如过去的教师利用优秀的教材来教育学生,未来的教师将用优秀的课程来教育学生。

许多大学建立了网络学习环境,以方便学生学习并且获取相关资源。有些传统的大学使用网络课程作为授予网络学位的方式。大学课程与网络环境的扩展整合是伴随着大学课程与慕课学习资源的整合而产生的,在校大学生在网络学习环境中也可以享受到高质量的课程资源并且参与在线讨论。

毫无疑问,网络学习与课堂学习的混合学习模式将进一步发展。人们正在设计"大学预科慕课课程"以帮助准大学生学习学术写作以及大学数学。许多大学也逐渐意识到让每个教师或机构都去开发,如统计学入门课程或者学习技能类的课程,是不划算的。越来越多这样的课程将由院校合作开发并以慕课的形式呈现,同时结合线下的辅导。大学的课堂将变成"翻转课堂"的教学模式,在这种模式下,学生进行在线自

322

主学习,并参与在线讨论和测试,然后,在课堂上进行学术讨论和问题解决。

技术也正与提供虚拟学习环境的网站结合以促进慕课的发展,而像 OpenEdx 这样的慕课平台也正在大学投入使用。到 2030 年,慕课平台与虚拟网络学习环境之间的差别将不复存在。学生将在网络上完成大部分的学习任务,而去学校则主要是参加群组工作坊,参与讨论,上实验课以及考试,而在某些大学,这些活动将有可能变为自选的付费项目。

"后学校教育"将不再是高强度的学习体验,因为到时终身学习将成为常态。未来将会出现许多不同的教育模式。学习者可以自如地切换学习的主题和内容,可能他/她一开始在观看一个时事话题的视频,但马上就学习有关这一话题的慕课,或者又可以切换为一门在职的研究生课程甚至是职场的培训课程,许多学习者将会有这样的学习经历。运用不同学习方式的学习者将有可能使用相同的学习资料。在学习过程中,学习者开发自己的学习资料,这些资料也可能为其他学习者所用。与此同时,他们可能会培养自己与人协作以及辅导别人的能力。

随着慕课的日益流行,构建学习过程以及认证学习结果正变得越来越重要。成功的大学将积极思考这些方面并将其纳入到自己的商业策略中。大学将建立学习者社群从而使这些学习者一直能够参与到大学的各个活动中来。在校生以及毕业的校友之间的距离将缩小,那些完成一门课程的学习者会更有动力继续学习其他的课程。在慕课平台中创设一个社交中心将有利于学习者之间的继续交流。在一起学习过的学习者将能够继续交流并分享将理论付诸实践的经验。尤为重要的是,学习者之间的这些交流可以在下一轮课程中发挥作用。

慕课已经展示并构建了超越时空的协作性网络(McAuley et al.,2010)。到 2030 年,世界顶尖的大学将是那些拥有高级智囊团的大学,这些大学的学生能够与全球各个角落的人讨论当天发生的大事件。这一切一旦成真,这些讨论以及大学的专业知识将被整合起来,并且对一些小的民族团体的教育具有借鉴意义。

### 政策:质量保证和监管

为了推动大范围教育变革的发生,政策的变革,尤其是涉及到质量保证以及监管的政策是必需的。目前,慕课是不受政府监管的,并且课程的质量也是参差不齐的。由于慕课与正式教育、企业培训以及认证之间的联系变得更加紧密,如果慕课的监管以及质量保证问题得不到解决的话，将会对其长久发展产生不利的影响。

　　Daniel 指出，全球范围内的质量保证机构都在思考课程以及学位的完成率问题。他指出，"这些机构认为学生不仅希望接受教育，还希望获得成功，因此这些机构在保证质量的同时，还应该竭尽全力满足学生的这些需求"（Daniel，2012）。因此，媒体很喜欢报道慕课的辍学率。然而，越来越多的人们认识到将课程完成率作为衡量成功的标准存在着巨大的局限。正如其他的种种非正式的学习方式，学习者可以设定自己的学习目标，而这些目标不一定要与教师设定的目标相一致。慕课课程的注册者中有一部分只是希望学习课程的某一部分或者参与部分讨论，或者只是为了更深入地了解开放教育，他们的学习方式以及对课程的期待是五花八门的，因此，传统的评价标准是不适用的。

　　慕课促使高等教育机构进行反思并且反思其所提供的教育，同时，慕课也促使质量保证机构考虑不同用户群体的需求。学习者投入了大量的时间用于学习，同时他们也在探索如何对其所学的内容做出更加客观合理的评价。类似猫途鹰这种对旅途经历进行评价的众包网站将比正式的报告更有用并更具时效性。用人单位也将会开发慕课，用于跟踪员工的学习记录，并根据员工的学习情况选拔人才。它们也在寻找质量保证机构对课程设计、教师以及效果做出客观的评价。到时课程保持率将不再是用人单位关注的重点，它们关注的将是使用不同学习方式的学习者是否成功地学完了课程。

324

　　政府批准成立的机构将在资格认证系统中扮演重要的角色。慕课是一种全球化的教育形式，因此，从慕课中获得的学分要能够得到全世界的普遍认可。认证需要与专业机构相结合，但是，每个国家都应该有一套统一的资格认证标准，并且该标准应该得到严格执行以最大限度降低抄袭及其他不端行为的发生。

　　政府将在批准、监管以及资助质量保证和资格认证系统中发挥重要的作用。与此同时，政府还应该起到确保大量的教师得到慕课培训以及学校的课程设置有利于培养学生成为终身学习者的作用。同时，政府还将确保慕课提供商以负责任的态度去保证学生的安全，认真对待和分析学生的数据以及协调好网络研讨活动。通过资助、立法以及研究，政府将推动慕课的发展以实现让开放教育满足社会需求以及让公众享受大规模开放教育的好处。

　　到 2030 年，我们可能不会使用"慕课"这一术语。人们开设慕课的初衷就是要试图理解,高等教育可以如何通过大规模在线的形式来展开。由于大学、企业、政府以及非政府组织纷纷涉足大规模网络学习领域,因此,慕课不仅要面对规模经济、进入新兴教育市场的机会以及承担向全世界传播思想的任务,还要面对传统的教育问题,比如教师教育、课程设计、质量保证、考试以及认证等,并辐射全球范围内的学生。当大学在原有的基础上引入网络学习,使来自不同地区并且具有不同文化背景的学习者一起进行远程学习时,大学的角色也将发生改变。不过,大学将在这种新型的教育模式下占有一席之地,因为大学可以引领创新教学法的研究,提供增值服务以及充当值得信任的测评机构。大学将在满足社会需求,开放教育以及使全世界的学习者享受到大规模学习的优势中扮演重要的角色。

325

**Rebecca Ferguson** 是英国开放大学的一名讲师,她主要关注教育未来、学习分析、慕课、增强学习以及在线社会性学习。她的新书《增强学习:连接真实和虚拟的学习》由 Palgrave 于 2014 年出版发行。

**Mike Sharples** 是英国开放大学教育技术研究院的教授。同时,他还是 FutureLearn 公司的学术领军人。他的研究领域包括以人为中心的新型技术以及学习环境的设计。他发起了 mLearn 学术会议,还是国际移动学习协会的创始人,同时还担任《电气和电子工程协会学习技术》的副总编辑。他还发表了 300 多篇有关教育技术、科学教育、以人为中心的个人技术的设计、人工智能以及认知科学等领域的文章。

**Russell Beale** 是英国伯明翰大学计算机学院人机交互中心主任、教授。Russell 教授参与了 FutureLearn 的创建,从初始的批判者变为现在的研究者。除了研究慕课教学法以及交互设计,他还关注用户中心的知识发现、浏览的智能支持以及复杂环境下信息的最佳呈现方式等。他目前的研究主要关注用户与复杂信息的交互方式,泛在的移动计算以及技术如何影响人类的社交结构和社交活动。

| 初译 | 交叉 | 二校 | 终审 |
|------|------|------|------|
| 范奕博 | 陈文宜 | 范奕博 | 焦建利 |

# 参考文献

Anderson，T. (2013). *Promise and/or peril：MOOCs and open and distance education*. Retrieved from http://www. col. org/SiteCollectionDocuments/MOOCsPromisePeril_Anderson. pdf.

Clifton，B. (2013). *FutureLearn to lauch unique social online learning experience，delivering free university courses to learners around the world*. Retrieved from http://www3. open. ac. uk/media/fullstory. aspx? id-26322.

Daniel，J. (1996). *Mega-universities and knowledge media：Technology strategies for higher education*. London：Kogan Page.

Daniel，J. (2012). Making sense of MOOCs：Musings in a maze of myth，paradox and possibility. *Journal of interactive Media in education*，18. Retrived from http://www-jime. open. ac. uk/jime/article/view/2012-18.

Ferguson，R. ，& Sharples，M. (2014). *Innovative pedagogy at massive scale：Teaching and learning in MOOCs*. Procedings of ECTEL 2014，Graz，Austria.

Haggard，S. (2013). *The maturing of the MOOC*. London：Department for Business Innovation and Skills.

Kurzweil，R. (2005). *The singularity is near*. London：Duckworth.

Leckhart，S. ，& Cheshire，T. (2012). University just got flipped：how online video is opening up knowledge to the world. Wired，5：May 2012. Retrieved from http://www. wired. co. uk/magazine/archive/2012/05/features/university-just-got-flipped? page = all.

McAuley，A. ，Stewart，B. ，Siemens，G. ，& Cormier，D. (2010). *The MOOC model for digital practice*. Retrieved from http://davecormier. com/edblog/wp-content/uploads/MOOC_Final. pdf.

Scanlon，E. ，Sharples，M. ，Fenton-O'Creevy，M. ，Fleck，J. ，Coohan，C. ，Ferguson，R. ，Cross，S. ，& Waterhouse，P. (2013). *Beyond prototypes：Enabling innovation in technology-enhanced learning*. London：Technology-Enhanced Learning Research Programme.

United Nations. (2013). *World population prospects，the 2012 revision：Highlights and advance tables*. Retrieved from http://esa. un. org/unpd/wpp/Documentation/pdf/WPP2012_HIGHLIGHTS. pdf.

University of Edinburg. (2013). *MOOCs@Edinburgh 2013-Report* #1. Retrieved from http://hdl. handle. net/1842/6683.

## 第 29 章
### 开放的视角

用未来的眼光重述这本书

Thomas H. Reynolds，Thomas C. Reeves，Mimi M. Lee，Curtis J. Bonk

## 结束语

感谢您读到了本书的最后一个章节。通读全书了解全球慕课和开放教育现状的    327
过程是漫长的,不过,我们希望这一过程同样是收获颇丰并富有启发性的。对全书做
一次总结并不是那么容易的,因为本书是由来自全球的 64 位作者撰写的 32 篇文章组
成的(2 篇具有真知灼见的序言、1 篇介绍性的前言、由我们几位合写的这最后一章以
及另外 28 篇由几十位慕课及开放教育领域的带头人所写的文章,这些文章涵盖了许
多当今慕课以及开放教育领域内的关键议题)。然而,即便如此,仍旧有许多观点没有
被包含进来。例如,我们还没有收录俄罗斯、墨西哥、中国大陆、韩国、芬兰、中东地区、
中南美洲等国家或地区学者的文章。

尽管如此,通过本书你仍旧认识了来自全球 14 个国家和地区的"慕课和开放教
育"这一新兴领域的支持者并了解了许多富有开创性的工作,而这些工作能够直接对
许多国家和地区产生影响。正如本书的"序言"提到的,本书中许多章节的作者所设
计、传播和评估的慕课以及各种各样的开放教育资源被世界上许多国家采用。因此,
本书能够反映当今全球范围内"慕课和开放教育"这一快速发展的新兴领域的现状。

除了支持的声音,本书中还包含批判性的声音,这些观点认为开放教育并不能解
决当前以及未来教育所面临的问题。西方国家主导开发的并以英语为唯一传播语言
的慕课能否充分满足全球范围内学习者的需求,这是有些学者的疑问。企业培训领    328
域、开放大学以及非营利性组织的学者提出了一些创新性的观点,但同时也表达了对
这一新兴领域的担忧。

因此,我们可以清楚地了解到,本书的目的绝不是选一些意见相同的专家并就当前全球范围内"慕课和开放教育"的现状达成一致意见。相反,我们写作本书的目的是展现能够反映当前全球范围内"慕课和开放教育资源"现状特征的观点、项目以及可能性。我们邀请了许多作者,并且也如愿以偿地获得了他们的支持。实际上,本书收录了全球范围内的创新教育者正在开展的"开放教育资源以及慕课运动",告诉我们"开放教育资源以及慕课运动"与传统的教育实践的最大不同在于其服务教育实践的方式的不同。

由于在是否实施开放教育与维持现状之间存在着一些有益的争论,因此,本章的目的是简要地归纳总结前面各章节中对于是否实施开放教育这一问题的一致性看法、不同的观点以及"开放"的选择。当你在阅读此书的过程中,我们希望你也保持一种开放的心态,因为正如我们全书的作者一样,想必你和你的同事也满心期待一个令人振奋的教育时代的到来。

## 全书综述

在本书中,你已经读到了由当今开放教育领域、慕课以及远程学习领域的一些顶级专家所执笔撰写的文章。我们很荣幸地邀请到第一位讲授慕课的专家 George Siemens 来为本书写开篇序言,而本书的另外一篇序言则是由来自荷兰开放大学教授 Fred Mulder 撰写的。Siemens 和 Mulder 都认为,当前正在出现的事物有其深厚的历史渊源(慕课的出现绝非偶然),同时,他们也提到了对未来的思考。我们非常荣幸地将他们的文章收录在本书中,因为他们都是这一新兴领域的领头羊。

本书的第一部分主要是为了激起人们对几个关键议题以及争议的讨论。这一部分的开篇文章由在开放教育领域中最负盛名的专家之一 David Wiley 执笔。他对开放教育资源这一领域进行了历史的考量,并深入考察了慕课"开放性"的真正含义。他的担忧值得人们认真思考,因为他在开放教育资源这一领域的早期发展过程中发挥了重要的作用。目前 Wiley 在鲁门学习(Lumen Learning)的工作主要致力于用较低的成本开发新型的开放教育资源。第 2 章的作者是来自乔治亚理工学院的 Karen Head,她深入探讨了慕课潜在的排他性以及被某些经济发达地区所主导的现状。Head 认为,慕课的单一提供者模式必须充分考虑到慕课的多样性特征,从而让更多的提供者参与进来。在前面的章节中,有一章可能会引起你的兴趣,在该章中作者描述

了远程教育、开放教育和网络教育在日本的发展历史（参见由 Kumiko Aoki 执笔的第
3章）。读者可能会对当今日本教育体系中技术与教育融合的落后现状感到非常惊
讶，因为这与人们对日本以消费类电子产品以及计算技术处于领先地位的印象相差
甚远。

本书的第二部分重点阐述了开放教育资源和开放学术的质量、可行性、可接受性
以及可持续性的政策演变过程，由来自不同国家的专家执笔完成，如美国（参见
Gerard Hanley 执笔的第4章）、澳大利亚和爱尔兰（参见 Carina Bossu 及其同事执笔
的第5章）以及南非（参见 Laura Czerniewicz 及其开普敦大学同事执笔的第6章）。
毫无疑问，MERLOT 独一无二的发展过程及其包含的海量的学习对象以及学习资源
值得人们深思。从事物连续发展的角度出发看待开放教育资源领域，Hanley 认为，慕
课是该领域发展进化的一个必然产物。在第5章中，Bossu、Bull 和 Brown 通过展示
他们制定的开放教育资源可行性协议并提供其使用指南而进一步扩展了该领域的进
化过程。在第6章中，Czerniewicz 等人强调了"数字学术"以及对内容的开放获取所
带来的巨大的、与日俱增的重要影响。他们认为，我们必须齐心协力推动开放教育资
源运动的发展从而使其对高等教育产生真正的影响。总结上述三章，我们可以清晰地
认识到仍旧有许多地方值得反思，同时，完成开放教育的使命依然任重道远。鉴于如
今开放教育领域的新颖性以及许多有趣的变革，或者当今高等教育领域内学者的定义
以及从事的工作所发生的巨大转变，个体很容易通过自学"数字学术"资源来开启自己
的研究生涯。

本书前面两个部分从历史的角度出发讲述了慕课与开放教育，而第三部分则探讨
了与两者相关的研究以及评价问题。你可能已经注意到本书中许多章节的作者都是
来自北美地区，并且关于慕课的研究早在 George Siemens 和 Stephen Downes 在 2008
年提出慕课之时便已经展开了。不过，我们也尽最大所能地将来自世界其他国家或地
区的文章收录在本书中。比如，在第三部分，你便可以看到这样一些早期的慕课研究，
分别是来自德国（第7章）、新西兰（第8章）、苏格兰（第9章）。虽然这些作者硕果累
累，但仍然有许多问题尚待解决，其中包括以社会责任为研究目标和研究问题，在教学
过程中的各种具体的变量，以及可靠有效的测量工具。

本书的第四部分关注质量保障和开放标准问题。这一部分中不仅有来自美国的
作者，也有来自加拿大、印度以及荷兰的作者。他们针对慕课和开放教育提出了自己

330

独到的指导方针、框架以及建议。来自伊利诺伊大学斯普林菲尔德分校的 Karen Swan 和她的研究团队介绍了一种能够用于对慕课教学法进行分类的工具（第 10 章）。来自英联邦学习共同体的 Sanjaya Mishra 和 Asha Kanwar 提出了开放教育资源的质量标准和"TIPS"框架（参见第 11 章中详细了解他们提出的框架）。在这部分的最后一章中，Fred Mulder 和 Darco Jansen 提出了一种用于评判不同慕课计划的开放程度的方法，这种方法是依据一门慕课面临的潜在障碍、问题以及激励因素而实施的。他们的泛欧洲开放教育计划作为开放教育的标准而有着大好的前景，其他类似的计划可能会在未来的十年时间里尝试效仿它，甚至在其基础上进行超越。这三章中所表述的观点显然不是对开放教育质量问题的盖棺定论，反之，我们希望这三章能够引起教育以及培训领域的学者对这一问题的足够重视。

接下来的一个部分关注创新式的课程、项目以及教学模式。显然，许多读者希望通过阅读本书找到如何设计、实施和评价一个以慕课为载体的创新式的、高性价比的学位项目。乔治亚理工学院提供的收费低廉的计算机科学硕士网络学位项目就是这样一个例子，该学院的 Richard DeMillo 所写的第 13 章中对此项目有详细的描述。

同时，许多读者可能非常想了解促进慕课中社群或者生态系统自发形成的方法，而这样的社群或者生态系统中的同伴互助行为是非常密集的。这种方法在 Kim 和 Chung 执笔的第 14 章中有所介绍，而这仅仅是 Paul Kim 在斯坦福大学负责的众多前沿项目中的一个。如果你对第 14 章的内容感兴趣，我们建议你进一步了解由 Kim 带头研究的其他项目。同样地，如果你想更多地了解本书中其他作者所做的研究，也可以采用此种方法。

同样，你可以阅读下一章来了解由来自密歇根州立大学的 Charles Severance 在其开设的慕课课程中所采用的创新教学方法，这种方法最先由他提出并不断完善。长期以来，他都是开源软件以及网路教育的坚实拥趸。事实上，他在著名的 Sakai 开源课程管理系统的开发和实施过程中起着关键的作用。在他所写的这一章中，他将自己的办公地点转移到世界许多地方的酒店大厅以及咖啡厅里，以此来给慕课学习者同时也给自己提供个性化的学习体验。如果你想了解他在洛杉矶、波士顿、奥斯汀，华盛顿特区和芝加哥以及在阿姆斯特丹、珀斯、巴黎、普埃布拉（墨西哥）、马里博尔（斯洛文尼亚）等地与学习者会面的更多细节，我们建议你观看由他以及课程学习者上传到 YouTube 上面的视频（详见网址 http://www.drchuck.com/）。显然，Severance 在其课程中建立起来的充满活力的以及可持续发展的社群是本书书名意义的最佳注解。

在接下来的一章中，休斯顿大学教学技术系的研究生与老师共同设计和开发了用于 K-16 阶段教师专业发展的慕课课程，而这一设计和开发过程同样也是这些研究生研究内容的一部分。在这一章里，Bernard Robin 和 Sara McNeil 提出了许多重要的、可行的慕课开发指导方针。他们的 Webscape 设计模型可能是首个关于小团体学生如何与教师以及其他教学专家合作开发一门完整慕课课程的模型。与 Severance 一样，他们所做的同样是对慕课这一新兴领域的一大贡献，其他人可以尝试效仿并且拓展他们的做法，进而提高慕课的质量。

本书第五部分的最后一章介绍了一个非常独特的项目——FemTechNet。这一开创性的项目最初由一些对技术、科学以及女权主义的交叉领域感兴趣的学者、艺术家和学生发起。本章由 8 位作者联合执笔撰写，介绍了或许是本书中最具协作性的开放教育项目。文中介绍了一种慕课的衍生品——分布式开放协作课程（DOCC），其中详细描述了美国乃至全球的许多大学和机构如何共同合作设计适用于一对一课程的公共课。当然，DOCC 只是慕课众多的衍生品之一，目前正处于试验和研究阶段，在未来十年必将有更多类似的衍生品出现。

本书的第六部分介绍了慕课和开放教育在发展中国家的兴起和使用的情况。例如，在第 18 章中，来自英联邦学习共同体的 Balaji Venkataraman 和 Asha Kanwar 介绍了慕课在引导发展中国家的人意识到移动技术的价值，培养他们的特定技能等方面所起到的巨大作用。同时，在第 19 章中，来自世界银行研究所的 Sheila Jagannathan 解释了世界银行是如何提供多样的开放学习机会的，这些学习机会致力于促进全世界范围内的各种形式的繁荣并消除贫困。Zoraini Wati Abas 执笔的第 20 章介绍了慕课与开放教育是如何影响东南亚国家的，尤其是马来西亚和印度尼西亚。Melinda Bandalaria 和 Grace Javier Alfonso 执笔的第 21 章则介绍了慕课和开放教育在菲律宾的发展过程。在东南亚，作为一个普及大众教育的手段，人们正在对慕课和开放教育进行研究、试验以及评估，从而促进当地经济的发展。在第 22 章，我们将视角转移到非洲，在这一章中，作者基于非洲虚拟大学（AVU）的经验，详细地描述了慕课和网络教育在非洲的发展情况。在文章中，Griff Richards 和 Bakary Diallo 介绍了面临严重基础设施问题的非洲虚拟大学中正在进行的激动人心的项目。

第七部分介绍了当前在企业背景下的开放教育。著名的教育和技术领袖 Elliot

Masie 介绍了开放教育在企业培训和学习领域内的进展以及趋势(详见 23 章)。他准确地指出像 TED 和 Youtube 这样的开放内容门户将越来越多地被开发并用于企业培训。在接下来的第 24 章中,ALISON 的创始人 Mike Feerick 指出了免费的网络学习资源在提升全世界的学习者的工作技能或者其他技能方面所具备的独特优势,这些技能包括领导力、计算机编程以及管理能力等。在文章中,Feerick 讨论了网络学习的评价以及技能认证所面临的问题。在本部分的最后一章即第 25 章中,来自伊利诺伊大学斯普林菲尔德分校的 Ray Schroeder 和他的同事介绍了慕课影响企业培训以及专业组织的几种方式,通过这样的方式,慕课可以进而影响全球的求职者。尤其值得指出的是,他们一直在针对医疗保健以及专业发展开发专门的慕课课程。由于慕课是一个新兴并快速发展的领域,你或许可以在本部分的剩余章节中找到第 25 章中的观点以及传统的企业培训方面的其他例子。

在本书的最后一个部分即第八部分中,来自南昆士兰大学的澳大利亚数字未来学院的 Michael Keppell 从学习和技术的 6 个维度介绍了他眼中的更为个性化的学习环境。围绕多维视角和蓝图,他介绍了如下内容:(1)一系列重要的数字素养;(2)无缝学习的机会;(3)学习者提高自主学习能力的需要;(4)评价方式从课程导向转变为学习导向;(5)建立终身学习型社会;(6)创建更多灵活的学习路径以帮助实现以上的目标。显然,以上的每一点在当今人文素养快速革新的 21 世纪都变的越来越重要,而在教与学方面更是如此。因此,我们建议你首先快速浏览全章内容以便从宏观的角度把握 Keppell 所做的工作。然后,再回头仔细阅读并记录文中与你或者你的同事正在做的工作相关的内容。

在这一部分中,除了你正在阅读的这一章,还有另外两章。在第 27 章中,来自加拿大的 Rita Kop 和 Hélène Fournier 认为,Keppell 和其他学者提出的个性化学习方式的实现需要正式学习与非正式学习领域知识的介入。作为 MOOC 尤其是 cMOOC 研究和评价的先行者,Kop 和 Fournier 对全球范围内的慕课及开放教育的现状和未来发展趋势有许多独到的见解。

最后,在第 28 章中,来自英国开放大学和 FutureLearn① 慕课学习平台的 Rebecca

333

---

① FutureLearn 是由英国开放大学于 2012 年 12 月建立的一个学习平台,这是英国第一个慕课学习平台,截至 2016 年 5 月,该平台已经有来自英国以及世界其他国家的 83 个合作伙伴。——译者注

Ferguson、Mike Sharples 和 Russell Beale 认为慕课和开放教育愿景的实现需要技术、教学法以及社会层面的整体性变革。他们认为,我们需要有远大的愿景。因此,他们展望未来的 15 年即到 2030 年,网络学习包括慕课以及其他形式的开放教育将如何被用于教化数以百万计的数字公民,而这些人当中的大多数直到现在还没有机会接受这样的教育。对这一部分感兴趣的读者可继续关注 Mike Sharples 和他的同事在英国开放大学以及 FutureLearn 所做的非常及时并且内涵丰富的研究(e.g.,Scanlon et al.,2013;Sharples et al.,2014)。

## 主题与价值

至此,本书集合了大量具有创新性的观点。这并不意味着本书忽略了反复出现的主题和理念,也不意味着我们忽略了一些具有指引性的指标。本书反映了以上的这两点,例如,尽管早在 2013 年上半年就有人过早地预言了慕课将死,但是本书的作者则认为作为开放教育资源运动中关键一环的慕课正在被热火朝天地讨论、试验、研究和运用。事实上,本书的许多章节证实了教学管理者、政策分析员、教师、教学顾问、教学设计师以及其他许多利益相关者都认为慕课和开放教育是解决教育资源的开发和传播问题的有效途径。不过,本书的目的之一是激起教育、行政、企业、非营利组织以及军事等领域的利益相关者对于慕课和开放教育的应用方面的讨论,并期待得出富有成效的结果。同时,我们也希望本书有助于本领域的策略制定以及未来的发展。

本书另外的一大主题也是最为强调的理念就是,慕课和开放教育资源正在逐步成为 21 世纪大学教师的一个小范围的、区域性的以及全球性的教学策略和教学方法。此外,它们也逐步成为许多教学组织机构的教学基础设施中的一个重要组成部分。它们正在促成一种跨界的教育形态,在这种形态下,教育突破了国家和地区的界限,形成了全球教育一体化的局面,这种现象在之前被认为是遥不可及的,而如今这正变得越来越司空见惯。

在本书的汇编整理过程中,我们四位通过阅读、分享和讨论大量文章和研究报告而意识到,慕课及其衍生物正在至少以下 4 种独特的方式展开:(1)通过形式松散的协作方式展开,在这种方式中,成员围绕一个共同的课程概念去自由选择不同的平台以及教学方法(如第 17 章中介绍的 DOCC);(2)依托于设计完好的分布式网络展

334

开,在这种形式中,课程、教学设计和传播,以及教学管理成为核心(例如 xMOOCs 和大部分 Coursera、edX 和 Udacity 中的课程);(3)通过个体结构的方式展开,需要遵循特定的目的和过程(如第 13 章中 DeMillo 介绍的乔治亚理工学院所做的工作);(4)通过个体或者小群体的形式展开,在这种形势下,教师和学生的角色以及课程教学的其他方面由个体或者小群体决定(详见由 Kim 和 Chung 所撰写的第 14 章、Severance 撰写的第 15 章以及由 Robin 和 McNeil 撰写的第 16 章)。

另外,正如人们所认为的,以上的几种方式的产生就好比教学方法的演变,从行为主义到认知主义的转变,从传统的标准化的教学到多种社会空间的创造、以经验分享为主的教学的转变。Kop 和 Founnier 在本书第 27 章中指出,有的学者拿 cMOOCs 和 xMOOC 的区别来解释这些方式。同时,正如 Kim 和 Chung 在第 14 章提到的,将慕课设计为一个公共的社会空间是负责的,它需要远见性、规划性、精湛的教育教学设计能力和信息技术能力,同时,还需要耐心、冒险精神和处理矛盾的能力。这些特征不仅在面对面的教学中非常重要,在慕课以及开放教育中同样如此。

从以上各章中可以看出,慕课和开放教育的涵盖范围非常广泛,因此有必要对各章中提到的项目和活动的目标与价值以及一些关键问题做进一步的讨论。因此,本书指出关注慕课和开放教育资源的高等教育机构、非营利组织和企业都非常关注和期待它们能从中得到什么潜在利益和成果。例如,它们希望利用这种模式,使其有可能在相关的机构和组织的预算、机构品牌化、招生与生源的保持以及教师的研究能力和职业发展中扮演重要的角色。同时,它们也非常关注其他一些重要的议题,例如认证、学分置换课程、质量保证以及教师的角色和责任等。然而,平心而论,其他许多类似的院校也都意识到,慕课以及开放教育资源有助于解决人道主义问题和全球的教育公平问题,它们把对其价值的肯定纳入了它们的工作计划中和资源配置中。

本书的另一个重要贡献是,它帮助确定并且深化了关于"开放性"的讨论,包括其历史、变量、社会角色和道德准则。本书明确地指出了"慕课和开放教育资源运动"对于建设更加开放并富有生产力的社会所具备的潜在巨大作用。从道义上讲,发达国家的高等教育机构以及其他组织是否必须促进慕课和开放教育资源变得更加开放,从而推进社会的公平和正义这一问题并没有得到一致确认的回答,并且本书的目的也并不在此。我们相信任何有关"慕课和开放教育资源运动"的获益者、获益的方式以及效果的判断都必须基于一系列不同的因素,而这些因素与"慕课和开放教育资源运动"所针对的对象以及具体的情形高度相关。任何项目或课程都有其本身的目标、受众、利益相关者、价值观和偏见等。因此,你自己的项目肯定会与本书中所提到的项目有或多或少的不同。

同时,当数量众多并且背景迥异的学习者学习同一门课程,如何从教学上满足这些学习者的需求是必须要面临的问题,针对这个问题,本书也提供了一些建议和辅助措施。慕课课程以及开放教育资源的负责人必须考虑这种复杂教学场景中存在的潜在困难以及益处。毫无疑问,任何层次的课程都汇聚了各个学习者的才能、兴趣和经验。当考虑到一门慕课有数以万计甚至数以十万计的学习者参与时,我们可以说,人类丰富的经验和历史正在被无限地扩大和延伸。

正如我们从自己负责的慕课课程中所感受到的,当个体参与一门慕课课程时,他/她会享受其中蕴含的人文气息并且获益良多。学习者在一门慕课课程中结识的同伴往往会成为其终身的朋友和同行。事实上,当一个教师在慕课中授课或者参与慕课的学习时,他/她将深刻地感觉到与来自全球各地的同伴和学习者之间的紧密联系。正如 Kim 和 Chung 执笔的第 14 章以及 Severance 执笔的第 15 章中所展示的一样,与慕课学习者之间的这种紧密联系是非常有趣并且独特的。当一门慕课的规划和设计得法,这门慕课便可以迅速地演化为许多活动,而这些活动可以促进来自不同院校以及不同国家的学习者的积极协作以及资源共享。不可否认的是,慕课的测试成绩和学习者保有率一直被人诟病,但是,课程学习者每天都会彼此建立新的联系,而这正是学习者之间思想碰撞的绝佳机会。

正如你们当中许多人,我们四位仍旧记得第一门慕课出现时的场景,George Siemens 和 Stephen Downes 将他们的课程免费开放给所有的学习者,这在当时引起了很大的轰动(Cobb, 2013)。当时,作为教学的设计者、研究者和大学教员的我们四位带着极大的兴趣阅读有关慕课设计和慕课教学的资料。像其他许多人一样,我们如饥似渴地收集有关慕课及其衍生物的新闻报道和信息图。我们也阅读和分享了大量有关"慕课和开放教育"的研究和评价方面的书本、期刊文献、技术报告及白皮书,这些研究的开展正是为了保证慕课设计和教学的一致性和质量。幸运的是,通过阅读这些早期的研究报告,我们了解到这个领域内的一些研究者,而他们最终成为了本书中各章的作者。

336

在这样的背景下,本书收录了 2008 年以来我们读过并研讨过的大部分研究,因为这些研究中涵盖了许多具有创新性以及进步意义的慕课设计与慕课教学方法,而其他人同样需要研读这些研究,或许还可以在这些研究的基础上加以改进从而满足自己的需求。或许经过这样的改进与实践之后,将来会出现另外一本书,里面包含大量将本书中的理论性模型应用到实践中的案例,又或许将来某本学术期刊会推出一期特刊来讨论目前尚未出现的学习方法。无论未来将发生什么,我们都希望有更多人能在本书的基础上进一步提出自己的经验和见解,从而在全球范围内建立起一套慕课和开放教育的质量保证标准并提供大量的最佳实践案例。

然而,平心而论,我们也必须承认,目前针对慕课和开放教育的批评却极具讽刺意味:虽然这是 21 世纪由技术革命引发的第一波大规模教育运动,但是,其沿用的教学设计方法和教学手段仍旧被 20 世纪的教学理论、教育哲学以及教学设计所禁锢(Hollands & Tirthali, 2014;Reeves & Hedberg, 2014)。此外,目前的慕课和开放教育资源多数由西方以英语为母语的国家所主导。显然,这样做就造成了慕课所提供的内容与教师认为的学生必须掌握的新千年素养技能之间的脱节。

本书还有一大贡献是,它清晰地阐明了一个观点:对于那些想参与慕课或者开放教育资源运动的人,比如学习者、设计者、管理者或者教师,他们也有很多方式可以参与。我们也希望读者可以意识到,向那些寻找学习机会的人提供开放教育资源的好处和益处,这些人需要多方面的知识和技能,其中不仅仅包括正规教育的内容以及程序化的知识。同时,还应该有企业慕课的进入,比如,最近 ALISON 公司专门开发了针对埃博拉病毒的传播以及治疗的慕课课程(Coughlin, 2014;Feerick, 2014;更多关于 ALISON 的内容详见本书第 24 章)。

337

类似 ALISON 这样的企业行为或者创新行为可以将慕课和开放教育置于全球教育服务的中心,方便学习者根据自己的需要获取特定的学习资源。与 ALISON 公司制作有关埃博拉病毒以及其他全球公共医疗慕课一样,爱丁堡大学最近专门制作了一门慕课,用于回应"苏格兰是否应该脱离英国"这一目前全球热点问题(BBC, 2014;同时请参考本书第 9 章)。这一慕课在苏格兰独立运动中能够起什么作用目前还不得而知,但是,它无疑给那些想要了解这一事件情况的人们提供了及时且重要的内容。

鉴于此,可以自由获取教育资源对于人类而言是非常重要的,不论这种获取是通过何种渠道进行的,比如广播、纸媒、慕课或者其他形式的网络教育以及混合教学等。我们期待这种可以自由获取的教育资源在未来几十年内能够广泛流行起来,到那时,尽管慕课和开放教育的可行性、可持续性、质量以及学习效果等问题依旧关键,不过人们可能会更加关注这种教育形式对于个体命运的影响和改变。我们将不再追问"慕课以及其他类型的开放教育是否能代替教师和传统教育",取而代之的是,我们将关注的是其能够如何影响社会的发展,我们可以在何处、何时以及如何运用慕课和开放教育。我们期待与你携手为实现这样的目标而努力。

## 放眼未来

作为本书的编者,我们衷心地感谢书中各位作者的贡献。借此机会,我们也希望各位作者了解,我们竭尽全力使全书成为有机的整体,不过,同时也尽量彰显各位作者的价值和观点。此外,我们四位编者在此次合作编写本书的过程中也都受益匪浅。在过去几年里,我们投入了大量的时间编排、讨论甚至争论,有时候还面对面一起从大量杰出的研究中筛选出我们需要的文章,我们在看到这些杰出研究的同时也见证了人们对这个领域的狂热。我们希望本书收录的文章可以反映我们编撰此书的目的,希望它能起到抛砖引玉的作用,同时也指明本领域的未来发展方向。相信读者诸君以及时间会对我们的工作作出评判。

正如在本书的前言提及的,本书的产生与在拉斯维加斯举办的 E-Learn 2013 的会前研讨会有很大关系,这次会议由"计算机教育促进协会"(AACE)资助。这个为期一天的研讨会极大地鼓舞了我们去完成今天这一本著作的编写,同时也使我们密切关注与慕课和开放教育相关的各种议题。毫无疑问,这极大地开拓了我们的视野,使我们了解了慕课以及其他形式的开放教育(开放教育资源(OER)、开放课件(OCW)、开放教育服务(OES)以及开放大学)在提高人类受教育机会方面的巨大作用。这次会议传递的一个很明显的信息是,开放教育这一新兴领域,尤其是慕课及其衍生物已经引起了高等教育、政府、军队以及企业培训领域学者足够的重视。于是,我们着手编写这一本书,同时我们也深深地感受到,慕课和开放教育是增加全球学习者互信以及理解的必要一环。

目前的难题是,下一步该怎么走,慕课和开放教育这一领域最终将走向何处以及它们将在未来几年产生怎样的影响,更困难的是预测它们能在未来几十年内产生怎样的影响。在这一大规模开放网络学习的时代,或许本书各章的作者以及读者们对于未来的期待或者想要做的事情都有不同的想法。因此,为了保险起见,我们不在本书中做任何具体的预测。毫无疑问的是,本书的许多读者已经意识到自己正在步入一个令人兴奋的开放教育时代,这是一个"人人为师、人人为学"的教育资源的大同世界。相反,另外有些读者可能还没有完全意识到这一点。而我们四位编者的立场是中立的,即便是我们四位对于慕课和开放教育的期许也有很大的不同。但是,至少在目前来看,对未来保持一个开放的态度是至关重要的。

不过,可以肯定的是,我们生活在一个剧烈变化的时代,它是那么的不可名状和难以捉摸,因为这个时代太不寻常、太吸引人,蕴含着希望以及无穷的潜力。不言而喻,目前慕课和开放教育都远远没有得到普及并且没有得到充分的检验。相反,我们的许多同行虽然负责鉴定和挑选教学资源和教学技术,可是他们对已经建设完善的开放教育资源库知之甚少(Allen & Seaman,2014),不过,也有一些同行经常使用开放教育资源来获取灵感,并且他们的学生对在教学中使用开放教育资源更加满意(de los Arcos,Farrow,Perryman,Pitt & Weller,2014)。总之,我们还需要继续大力加强普及开放教育。

因此,在我们继续向弱势群体提供慕课或者相关的开放教育资源的同时,我们也必须想方设法让那些对开放教育资源运动知之甚少的人们加入进来。必须承认的是,我们无法确定几年之后的终身学习会是什么状况,更遑论 25 年后终身学习的样子。但是,可以确定的是远程学习在人类学习中所扮演的角色会越来越重要。

我们四位编者都深信,慕课和开放教育领域非常奇妙,但是,也充满着各种曲折和变化。在这一领域,势必会有许多新的挑战、机遇以及成功。在我们看来,我们希望本书可以为未来教育提供指导,在这种教育形态下,充满好奇心的、非学校教育的、非传统意义上的学习者以及那些弱势群体中的学习者都可以自由获取所需要的教育资源。如果本书的每一位读者或者本章的每一位读者可以找到一种或多种方式解决学习者的困难,满足学习者的需求,那么,这个世界将变得更加美好!

愿慕课和开放教育风靡全球!

**Thomas H. Reynolds** 目前是美国国立大学拉荷亚分校教师教育专业教授,他的研究兴趣包括在线学习环境的设计、标准化的在线评价以及数字化学习创新。在就职国立大学之前,他在威斯康星大学麦迪逊分校获得课程与教学博士学位,并在德州农工大学工作过。Reynolds 教授曾两次成为富布莱特学者,第一次是 1998 年在秘鲁,当时他负责基于网络的教学和技术辅助的教学;第二次是 2010 年在哥伦比亚研究开放教育资源。他目前的工作主要包括在哥伦比亚的项目,负责协调一个数字化教学与学习的硕士学位项目,同时他是美国国立大学在线教育质量保障与在线课程评价和开发的主要负责人。他的邮箱为 treynold@nu. edu。

**Thomas C. Reeves** 是美国乔治亚大学学习、设计和技术专业的荣誉退休教授。Reeves 教授已经设计和评估了大量的交互式学习系统和项目。为了表彰他的贡献,在 2003 年,他被授予计算机教育促进协会会员奖(AACE Fellowship Award)。在 2010 年,他成为 ASCILITE 会员,2013年,AECT 授予他戴维·乔纳森杰出研究奖。他的著作包括《交互式学习系统评价》(*Interactive Learning Systems Evaluation*)(与 John Hedberg 合著)、《真实性学习指南》(*a Guide to Authentic E-Learning*)(与 Jan Herrington 和 Ron Oliver 合著)、《教学设计研究》(*Conducting Educational Design Research*)(与 Susan McKenney 合著)。他的研究方向包括评估、真实学习任务、教育设计研究以及发展中国家的教育技术。他的邮箱为 treeves @uga. edu,他的博客地址为 http://www. evaluateitnow. com/。

**Mimi M. Lee** 是休斯顿大学课程与教学部的副教授。2004年她在美国印第安纳大学布鲁明顿分校获得教学系统技术博士学位。她的研究方向包括全球教育和多文化教育、身份构成理论、在线社区的社会调查、表述的方法、人种学。她已经发表了与STEM 相关的网络教师教育的研究、跨文化培训研究、交互式视频会议研究、开放课件研究以及质性研究方面的论文。她的邮箱为mlee7@uh. edu。

**Curtis J. Bonk** 现任美国印第安纳大学教学系统技术系教授，同时也是 CourseShare 的主席。Bonk 教授具有企业管理、会计、教育心理学以及教学技术多重专业背景，他对商科、教育学、心理学及技术的交叉融合提出了许多独特的见解。作为新兴的技术学习领域的一位权威专家，Curtis J. Bonk 在其广受欢迎的博客 *TravelinEdMan* 回顾了他在世界各地进行的演讲。在 2014 年，他被授予"Mildred B. 与 Charles A. Wedemeyer 奖"，以表彰他在远程教育领域的杰出贡献。他已经出版了多本广受欢迎的著作，如《世界是开放的》(该书已于几年前由焦建利教授主持翻译，由华东师范大学出版社出版，深受读者欢迎)、《赋权在线学习》、《混合学习手册》、《数字化协作者》，以及最近出版的并可在网上免费下载的《增加一些技术灵活性：激励和维持在线学习的 100 多种活动》。在他的个人网页 http://php. indiana. edu/~ cjbonk/上面可以找到更多的免费资源，他的邮箱为 cjbonk @ indiana. edu。

| 初译 | 交叉 | 三校 | 终审 |
|------|------|------|------|
| 贾义敏 | 张彦琳 | 范奕博 | 焦建利 |

# 参考文献

Allen, E., & Seaman, J. (2014, October). *Opening up the curriculum: Open educational resources in U. S. Higher Education*, 2014. Babson Survey Research Group. Retrieved from http://www.onlinelearningsurvey.com/reports/openingthecurriculum2014.pdf.

BBC. (2014, August 24). Scottish independence: Edinburgh Universiry runs online referendum course. *BBC News*. Retrieved from http://www.bbc.com/news/uk-scotland-scotland-politics-28917876.

Cobb, J. (2013, January 22). What's it take to be an effective free range learner? *Mission to Learn*. Retrieved from http://www.missiontolearn.com/2013/01/free-range-learner/.

Coughlin, S. (2014, October 7). Online MOOC courses deliver Ebola health advice. *BBC News*. Retrieved from http://wwvv.bbc.com/news/education-29521360.

de los Arcos, B., Farrow, R., Perryman, L.-A., Pitt, R., & Weller, M. (2014). OER evidence Report 2013 – 2014: Building understanding of open education. OER Research Hub. The Open University (OU) Institute of Educational Technology. Retrieved from http://oerresearchhub.files.wordpress.com/2014/11/oerrh-evidence-report-2014.pdf.

Feerick, M. (2014, October 7). Why wait for others to fight Ebola? ALISON *Blog*. Retrieved from http://www.advancelearning.com/why-wait-for-others-to-fight-ebola.

Hollands, F. M., & Tirthali, D. (2014). *MOOCs: Expectations and reality*. New York: Center for Beneflt-Cost Studies of Education, Teachers College, Columbia University. Retrieved from: http://www.academicpartnerships.com/sites/default/files/MOOCs _ Expectations_and_Reality.pdf.

Reeves, T. C., & Hedberg, J. G. (2014). MOOCs: Let's get REAL. *Educational Technology*, *54*(1),3 – 8.

Scanlon, E., Sharples, M., Fenton-O'Creevy, M., Fleck, J., Cooban, C., Ferguson, R., Cross, S., & Waterhouse, P. (2013). *Beyond prototypes: Enabling innovation in technology-enhanced learning*. University of London, Technology-Enhanced Learning Research Programme, London, UK. Retrieved from http://tel.ioe.ac.uk/wp-content/uploads/2013/11/BeyondPrototypes.pdf.

Sharples，M.，Adams，A.，Ferguson，R.，Gaved，M.，McAndrew，P.，Rienties，B.，Weller，M.，& Whitelock，D.（2014）. *Innovating pedagogy 2014*：*Open University innouation report 3*. Milton Keynes：The Open University. Retrieved from http：//www. open. ac. uk/iet/main/files/iet-web/file/ecms/web-content/Innovating_Pedagogy_2014. pdf and http：//www. open. ac. uk/blogs/innovating/.

# 索 引

# 译者的话

每次翻译完一本著作,我都会在心中暗暗告诫自己,"以后,我再也不要翻译东西了"。可是,每次看到优秀的作品,我还是会有一种强烈地、按捺不住地想要把好东西分享出来的"冲动"。而这次"冲动"的结果,就是呈现在您面前的这本《慕课和全球开放教育》。

随着全球开放与远程教育的蓬勃发展,尤其是随着 2001 年由美国麻省理工学院倡导的"开放式课件"(MIT OCW)项目所引发的全球开放教育资源运动的迅猛发展,今天生活在这个时代的每一个人,都仿佛进入了一个教育资源的大同世界。

2008 年,由加拿大阿萨巴斯卡大学的 George Siemens 和加拿大国家研究委员会高级研究员 Stephen Downes 开设的一门名为"联通主义与联结的知识"(Connectivism and Connective Knowledge)的课程,被认为是历史上第一门真正意义上的慕课课程。如果以此来计算,到今天,慕课已经走过了十个春秋。慕课作为数字时代一种全新的学习形式,作为全球开放与在线教育发展的必然结果,在过去的十年间,为生活在这个时代的每一个人,都提供了一个借助网络,向其他任何人学习我们想要学习的东西的管道、机会和可能性,并且为推动早日实现全球教育公平贡献了自己的力量。

在过去的十年间,我和我的团队成员一直在关注和持续跟踪国内外慕课实践和研究的发展动向,尝试开设我们自己的慕课课程,发表一系列与慕课相关的论文,出版有关慕课的著作。2015 年上半年,我的团队成员,正在随我攻读硕士学位的范奕博同学很兴奋地向我推介这本书,简单了解之后,我为这本书全面系统的内容所吸引,顿时完全忘记了之前翻译时候的"痛苦",又一次开启了漫长而艰辛的学习和翻译之旅。

当年 9 月,我们正式开始了翻译工作。起初,我们以为可以在三个月内完成初稿,但是,事实证明我们还是过于乐观了,初稿耗时将近一年半,直到 2016 年底才完成。

之后,经过漫长的交叉校对和不断的修改,最终,《慕课和全球开放教育》以这样的样貌呈现在您的面前。我一直是个有点偏执的人,对译稿质量有着近乎苛刻的标准,因为我不想翻译出来的东西读起来犹如"天书",虽然读者字都认识,但是却不知所云。所以,我不断要求各章的译者修改和完善,这无疑也大大地拉长了翻译的周期。

本书的前3章由我翻译,第4、第5、第6和第29章由贾义敏翻译,第7、第8和第9章由刘晓斌翻译,第10、第11、第25和第28章由范奕博翻译,第12、第23和第24章由陈泽璇翻译,第13到第16章由陈文宜翻译,第17、第22和第27章由陈莉莉翻译,第18到第21章由张彦琳翻译,第26章由徐品香翻译。所有章节由我最后审核。在全书稿的翻译、校对和审定过程中,范奕博协助我做了许多联络、沟通、补漏、复核的工作。

在《慕课和全球开放教育》这本书中,作者在第一部分就对慕课和开放教育进行了历史性的回顾以及批判性的反思,鲁门学习(Lumen Learning)的联合创始人和首席学术官David Wiley对慕课发展过程中走过的弯路进行了回顾并重点论述了慕课并不是真正的"开放"的原因。乔治亚理工学院的Karen Head讨论了慕课与学术殖民这一比较敏感的话题,日本开放大学的Kumiko Aoki以日本开放大学为例展示了慕课以及开放教育在日本的发展。

全书内容丰富,各个章节作者的背景各不相同,他们从不同的角度对慕课和开放教育进行了论述。比如,在第二部分中,作者讨论了慕课和开放教育在南非开普敦以及澳大利亚的发展情况,第四部分重点讨论了慕课和开放教育资源的质量保证问题,第六部分介绍了慕课和开放教育在发展中国家的发展情况,在前面七个部分的基础上,作者在第八部分对慕课和开放教育的未来进行了展望。

《慕课和全球开放教育》这本书从全景的角度展示了全球慕课的发展情况,读者从中不仅可以深入而全面地了解全球慕课实践发展和研究的现状和趋势,而且可以对慕课相关的诸多核心议题进行深入的了解和把握。因此,慕课平台管理者、课程提供者、课程设计和开发人员、慕课的主讲教师、慕课学习者,或者试图利用慕课开展商业应用和非商业应用的人们,都可以从这本著作中获得启迪和教益。

我们深知,书中一定还有不少让人感到遗憾的地方甚至错误和疏漏。我怀着忐忑又兴奋的心情,写下这段文字,把这本书呈现在您的面前。有许多人值得我们感谢,感谢原版书版权持有人以及华东师范大学出版社的信任,感谢我们团队成员的通力合作，也非常感谢这本书的责任编辑。我们尤其应当感谢这个时代，感谢这个由大规模开放在线课程所营造的人人为师、人人为学的时代，感谢这个天下名师皆我师的时代。

焦建利

2018 年 7 月

**图书在版编目(CIP)数据**

慕课和全球开放教育/(美)邦克等主编;焦建利等译.
—上海:华东师范大学出版社,2018
ISBN 978-7-5675-7357-4

Ⅰ.①慕… Ⅱ.①邦…②焦… Ⅲ.①网络教学-教学研
究②开放教育-研究 Ⅳ.①G434②G728

中国版本图书馆 CIP 数据核字(2018)第 126820 号

慕课和全球开放教育

| | |
|---|---|
| 主　　编 | 〔美〕Curtis J. Bonk　〔美〕Mimi M. Lee　〔美〕Thomas C. Reeves |
| | 〔美〕Thomas H. Reynolds |
| 译　　者 | 焦建利等 |
| 策划编辑 | 彭呈军 |
| 审读编辑 | 孙　娟 |
| 版式设计 | 高　山 |
| 封面设计 | 倪志强　陈军荣 |

出版发行 华东师范大学出版社
社　　址 上海市中山北路 3663 号　邮编 200062
网　　址 www.ecnupress.com.cn
电　　话 021-60821666　行政传真 021-62572105
客服电话 021-62865537　门市(邮购)电话 021-62869887
地　　址 上海市中山北路 3663 号华东师范大学校内先锋路口
网　　店 http://hdsdcbs.tmall.com

印 刷 者 浙江临安曙光印务有限公司
开　　本 787×1092　16 开
印　　张 28
字　　数 458 千字
版　　次 2018 年 8 月第 1 版
印　　次 2019 年 8 月第 2 次
书　　号 ISBN 978-7-5675-7357-4/G·10869
定　　价 68.00 元

出 版 人　王　焰

(如发现本版图书有印订质量问题,请寄回本社客服中心调换或电话 021-62865537 联系)